Ensinando e aprendendo o Direito
com o método do caso

Bases epistemológicas e metodológicas

O livro é a porta que se abre para a realização do homem.

Jair Lot Vieira

2ª EDIÇÃO
Revista, atualizada e ampliada

André Gonçalves Fernandes

Ensinando
e aprendendo o
Direito
com o método do caso

Bases epistemológicas e metodológicas

Copyright desta edição © 2018 by Edipro Edições Profissionais Ltda.

Todos os direitos reservados. Nenhuma parte deste livro poderá ser reproduzida ou transmitida de qualquer forma ou por quaisquer meios, eletrônicos ou mecânicos, incluindo fotocópia, gravação ou qualquer sistema de armazenamento e recuperação de informações, sem permissão por escrito do editor.

Grafia conforme o novo Acordo Ortográfico da Língua Portuguesa.

2ª edição 2018

Editores: Jair Lot Vieira e Maíra Lot Vieira Micales
Coordenação editorial: Fernanda Godoy Tarcinalli
Produção: Alexandre Rudyard Benevides
Revisão: Georgia Evelyn Franco Guzman
Diagramação e Arte: Karine Moreto de Almeida

Dados Internacionais de Catalogação na Publicação (CIP)
(Câmara Brasileira do Livro, SP, Brasil)

Fernandes, André Gonçalves

    Ensinando e aprendendo o Direito com o método do caso : bases epistemológicas e metodológicas / André Gonçalves Fernandes. – 2. ed. – São Paulo : EDIPRO, 2018.

    Bibliografia.
    ISBN 978-85-521-0011-9

    1. Direito – Estudo e ensino 2. Pedagogia 3. Prática de ensino I. Título.

14-06536   CDU-34 (07)

Índices para catálogo sistemático:
1. Direito : Estudo e ensino 34 (07)
2. Ensino jurídico e pedagogia 34 (07)

São Paulo: (11) 3107-4788 • Bauru: (14) 3234-4121
www.edipro.com.br • edipro@edipro.com.br
@editoraedipro   @editoraedipro

Para minha esposa, fonte de estímulo terno e constante durante o trabalho de redação desta obra acadêmica.

Para meu filho, Pedro, com quem, no afã de buscar a "paciência do conceito", conversei muitas vezes para buscar a melhor forma de me fazer compreensível ao leitor. E para os demais filhos, os quais, sem saber, também me auxiliaram nesta empreitada intelectual.

Para meus pais, que me ensinaram o valor e o apreço pelo estudo sério, metódico e profundo.

Para meu orientador, César Nunes, modelo de fé na Educação, e sempre portador de uma palavra sábia, oportuna e apta a me sensibilizar na busca da verdadeira identidade do ensino do Direito.

Para Flávia, minha assistente, e para Lázaro, meu ex-estagiário, sem os quais a serenidade não poderia ter me assaltado para redigir essas longas linhas que refletem muito daquilo que com eles aprendi diariamente.

Para o padre Cesário, conselheiro de longa data, cuja formação filosófica, teológica e, sobretudo, jurídica, permitiram uma profunda revisão analítica desta obra, cujos aportes foram aqui incorporados.

Para meus pares da 169ª turma de bacharéis da faculdade de Direito do Largo de São Francisco, sementeira de vocacionados à reflexão do Direito.

Para os docentes e pesquisadores que acreditam ser o Direito uma razão prática e a realização do justo concreto.

Para os magistrados, cujo protagonismo na tarefa de distribuição da Justiça deve superar, em muito, a mera preocupação no funcionamento do sistema.

Para os atuais e futuros bacharéis em Direito, para os quais recordo que o Direito sempre foi tributário da fé secular humana, no lento labor de construção das realidades temporais de nossa civilização, as quais ele mesmo acabou por engendrar numa tradição multissecular de incalculável transcendência social.

Para meus jurisdicionados, cujo apreço pela justiça é o motor de minha atuação "jurisprudencial".

*Uma sociedade cheia de direitos é
uma sociedade vazia de justiça.*
SUMMUM IUS SUMMA INIURIA.

SUMÁRIO

PREFÁCIO 11

APRESENTAÇÃO 15

PREÂMBULO 17

PREFÁCIO DA 2ª EDIÇÃO 23

INTRODUÇÃO 25

CAPÍTULO 1. Situação atual do ensino jurídico no Brasil 39

CAPÍTULO 2. Escorço histórico do ensino do Direito 51

CAPÍTULO 3. Escorço histórico do ensino do Direito no Brasil 67

CAPÍTULO 4. Educação, o homem e sua dimensão ética 75

CAPÍTULO 5. Prudência, o Direito como razão prática e a jurisprudência,
o conhecimento do direito nas coisas 91

CAPÍTULO 6. Justiça, o dar a cada um o seu e o direito como o justo concreto 117

CAPÍTULO 7. Hermenêutica jurídica: a formação de hermeneutas como o fim
da escola de direito e o vigor epistemológico da hermenêutica clássica 143

CAPÍTULO 8. Método do caso no ensino jurídico: limites, vantagens,
interfaces com os eixos estruturantes 167

CAPÍTULO 9. Método do caso no ensino jurídico: aplicação prática 187

CONSIDERAÇÕES FINAIS 211

ANEXOS 223

ANEXO I – Resolução CNE/CES nº 9, de 29 de setembro de 2004 223

ANEXO II – USP – Faculdade de Direito – Curso de Lógica e Metodologia
Jurídica I – 1° semestre de 2016 (1° Bimestre) 228

ANEXO III – USP – Faculdade de Direito – Curso de Lógica e Metodologia
Jurídica II – 1° semestre de 2016 (2° Bimestre) 230

ANEXO IV – USP – Faculdade de Direito – Curso de Hermenêutica e Razão Prática – 1° semestre de 2016 232

ANEXO V – Lei Imperial de 11 de agosto de 1827 234

ANEXO VI – Exame Nacional de Cursos – Direito – 1996 237

ANEXO VII – Exame Nacional de Cursos – Direito – 2016 256

ANEXO VIII – Página da edição crítica do *Corpus Juris Civilis* 291

ANEXO IX – Página da Magna Glosa de Acúrsio 292

ANEXO X – Estatutos do Visconde da Cachoeira 293

ANEXO XI – Programa e currículo dos Estatutos do Visconde da Cachoeira 298

ANEXO XII – Comparativo dos currículos jurídicos de 1825, 1827 e 1831 301

ANEXO XIII – Modelo de Plano de Curso 302

ANEXO XIV – Caso "Os Livros do Mercador de Veneza" 314

ANEXO XV – Caso "Companhia Siderúrgica do Brasil S/A *vs.* Criptônio Gases Ltda." 320

ANEXO XVI – Caso "Governança Corporativa da Sadia" 328

REFERÊNCIAS 341

SOBRE O AUTOR 351

PREFÁCIO

O convite que recebi de André Gonçalves Fernandes para prefaciar seu precioso livro intitulado *Ensinando e Aprendendo o Direito com o Método do Caso: bases epistemológicas e metodológicas*, nascido e fundamentado em sua destacada pesquisa de Mestrado, na área de Educação, realizada e aprovada com louvor, no Programa de Pós-Graduação da Faculdade de Educação da UNICAMP, me fez um bem imenso. Porque essa distinção de poder prefaciar um livro é uma honra inigualável para um professor. Temos tantas e exigentes funções e tarefas em nosso ofício de educar, de formar para a pesquisa, na área de Filosofia e História da Educação, que por pouco não nos perdemos na opacidade desse cotidiano. São as aulas, as orientações, os debates, as mesas-redondas, simpósios, sessões acadêmicas de defesas de dissertações de mestrado, doutorado etc. Quando surgem esses generosos convites de ler um texto e apresentá-lo ao universo social e cultural mais amplo, para além da universidade, sinto uma alegria e uma realização plena! É um momento de transfiguração.

Tenho dito sempre que *bendizer* é um verbo raro na língua portuguesa. Não declinamos corriqueiramente esse verbo, nem o seu substantivo derivado *bendição*. Mas podemos constatar que usamos mais o diminutivo comum, consagrado pelo uso popular, *benção*, síncope muito conhecida derivada do substantivo *bendição*. Isso significa dizer que *bendição* e *benção* são sinonímias semiológicas. Dizer as coisas bem, *bem dizer*, resultou no verbo popular *benzer*. Essas ilações etimológicas sempre têm inspirado minhas reflexões.

O livro é, definitivamente, uma *benção*. Senti-me *benzido* em todas as suas páginas e em suas rigorosíssimas estruturas lógicas e criteriosas disposições formais, em seus encadeamentos expositivos de sólidas premissas, originais articulações e preclaras considerações conclusivas, orações a orações, suas fibras epistemológicas e inventários interpretativos e analíticos. O texto é *bendito* e bem escrito. Revela uma cultura geral, filosófica e jurídica, de seu autor, ratificando o resultado de uma rica e fecunda pesquisa sobre os fundamentos históricos, políticos e epistemológicos do Direito como uma distinta prática social. Textos e contextos que se entrelaçam na urdidura do pesquisador pelos fios dos argumentos, pela legitimidade das citações, dos rodapés oportunos, das ilações descritivas auxiliares e do coeso eixo argumentativo de sua proposição.

Trata-se de uma obra de referência. Sobretudo para a área de Filosofia do Direito, Ensino Jurídico ou Formação de pesquisadores do Direito. Apresenta-se como um livro original, bem escrito, bem dividido, bem ordenado e cadenciado, articulado sobre uma base histórica, com a pitada certa de firmeza do campo real da construção política da área do Direito, aliada à necessária crítica de suas formações tipológicas e de todos os seus pressupostos ideológicos. Os autores da filosofia, da literatura, da história política, da sociologia, da pedagogia, das artes e da arqueologia – tantos e diversos – conferem densidade cultural e solidez aos contextos analíticos, descritivos e interpretativos do texto. Todavia, seu contexto não se prende a um devir metafísico, quase teleológico, não anuncia um final feliz como as lineares crônicas de estudos conjunturais no campo das Ciências Sociais e da contabilidade do cotidiano, nem se desvanece na liquidez do pressentismo. É um texto clássico, costurado com a doutrina do Direito, sem ser doutrinário, com a consideração das condições sociais, sem ser determinista.

A dimensão educacional da pesquisa, que confere solidez ao texto pleno, reside na preocupação com a formação de profissionais do campo jurídico. Convoca a todos a uma volta aos fundamentos, aos autores clássicos e suas conceituações, e nisso reside sua original recuperação histórica da *prudentia atque iuris prudentiae*. A Hermenêutica, tão olvidada, no campo da prática do Direito, do exercício social da Justiça, reassume seu papel fundante, para resgatar sua identidade dilacerada diante do determinismo legalista e da ditadura processual, do burocratismo estreito e do formalismo opaco que tem empanturrado nossas escolas de Direito e nossas varas simulacradas.

A história e a sociedade como sujeito e princípio educativo são as notáveis premissas do estudo: as condições materiais transformam as ideias e engendram as necessidades jurídicas hegemônicas. O demiurgo é a história da constituição social do Direito, pelas mãos da Filosofia e de seus interlocutores. A formação para a prática da Justiça transcende a dogmática jurídica. Entendo que foi tudo isso que André Gonçalves Fernandes *bendisse*. O que me parece ser honesto confirmar, ao final desse prefácio agudo sobre seu texto, é que este livro expressa a *consciência possível* de nossa conjuntura jurídica e formativa recente. Um livro de alma didática, dadivoso, que permite a todos os jovens pesquisadores, iniciantes na arte de decifrar o Direito, a subir nos *ombros dos gigantes,* os clássicos, para assumir a tarefa de realizar a Justiça como apanágio do Direito.

Revelo que conheço André Gonçalves Fernandes há pouco tempo. Mas, através da convivência social e institucional na UNICAMP (tenho a honra de ter sido o orientador de sua pesquisa de Mestrado) compensei décadas de distanciamentos. Agora comungamos universos simbióticos e híbridos, como nossa alma brasileira e nossa cultura miscigenada, nossas convicções éticas e escolhas ocasionais de militâncias educativas e científicas, imanentes, e outras afeições transcendentais. Registro minha admiração e meus melhores votos ao André Gonçalves Fernandes e recomendo, a todos os que se importam com minhas pobres palavras e possíveis referências acadêmicas, a leitura e a ruminação crítica e profissional desse texto original. Que esse livro corra por mãos e corações de muitas outras pessoas, para produzir o efeito que produziu em mim: a sensação catártica de uma *benção*, o anúncio de uma esperança concreta no campo do Ensino e da Pesquisa Jurídica e de sua interface com a Educação.

Tenho esperanças que essa obra do pesquisador André Gonçalves Fernandes marcará uma nova aurora de reais possibilidades de formação de profissionais, operadores e agentes do Direito e da Justiça. Sonho com estudantes e interessados convidados a retomar as práticas da *prudência*, do diálogo, da emancipação, da conciliação e do esclarecimento, superando tradições céticas e dogmáticas, na direção da excelência teórica e da autonomia prática, da defesa da dignidade humana em todas as situações de demandas e de exercícios da Justiça.

Campinas, Outono de 2014.

Professor Doutor César Aparecido Nunes
Professor Titular de Filosofia e Educação – UNICAMP
Coordenador do Grupo de Estudos e Pesquisas PAIDEIA

APRESENTAÇÃO

Li o livro do amigo, professor e magistrado, André Gonçalves Fernandes, sobre o método do caso aplicado ao ensino do Direito. No trabalho, analisa o estado da arte, fazendo um retrospecto histórico: apresenta os pressupostos filosóficos e epistemológicos da educação na sua dimensão ética, com exame das vertentes da prudência e justiça, concluindo, esta parte, com reflexão sobre a hermenêutica jurídica, com especial enfoque na formação de exegetas, não sem antes tecer considerações sobre a hermenêutica clássica.

Conclui o estudo mostrando a eficiência do método do caso no ensino do Direito, porque permite este, ao aluno, experimentar os mais variados aspectos da vivência do operador de Direito, propiciando-lhe melhor fixação na memória do que as exposições em aulas magistrais. Estuda, todavia, seus limites, vantagens e compatibilização com os princípios filosóficos e epistemológicos.

De há muito, no Centro de Extensão Universitária, que fundei, em 1972, com os Professores Jorge Cintra, Walter Borzani, Emérico da Gama e Xavier de Ayala, vimos adotando, nos cursos de pós-graduação, o método do caso, com resultados excelentes. É um método de ensino muito mais trabalhoso, pois preparar um caso com todas as suas implicações na seara do Direito, obriga o lente a uma dedicação muito maior do que a mera elaboração de um programa de aula expositiva. Por isto são poucas as instituições que o adotam.

O livro do amigo André Gonçalves Fernandes é uma excelente colaboração ao estudo do método do caso no Direito, razão pela qual a obra, a meu ver, merece ser lida por todos aqueles docentes em atividade, visto que sua adoção, pelo menos em algumas aulas, eleva o grau de resultados no aprendizado. Li, com proveito, a bem elaborada obra, e parabenizo o autor pela oportunidade e excelência do escrito, cuja profundidade teórica rivaliza com os autores estrangeiros que se debruçam sobre o mesmo tema.

Ives Gandra da Silva Martins

Professor Emérito da Universidade Mackenzie
Presidente Honorário do CEU – Escola de Direito

PREÂMBULO

Não é frequente que, em meio ao que Fernando Vizcaíno Casas considerou *"la pavorosa dificultad del menester de juez"*, apareçam meditações como a que neste livro oferece o Juiz paulista, André Gonçalves Fernandes: pesquisador, professor, escritor laureado, à formação especializada no Direito – de que se fez bacharel pela Universidade de São Paulo –, agregou o grau de mestre em Filosofia e em História da Educação pela Universidade de Campinas, na qual cursa agora o Doutorado, propiciando-nos com o seu *Ensinando e aprendendo o Direito com o método do caso* a ocasião de refletir, de modo especial, acerca da premente necessidade de uma retificação paideica no âmbito do saber jurídico.

O amplíssimo sujeito do saber jurídico é a *rerum natura* ou, em célebre sentença de Ulpiano, a *divinarum et humanarum rerum notitia*, e, com efeito, era no *casus* que os romanos inventavam a *res iusta*. Não ao modo de um saber terminadamente empírico, mas ao modo de um saber prático, na medida em que o *casus* – tal o lembrava o autorizado Álvaro D'ors – não se considerava à margem de um liame necessário com o universal, tanto assim que, no período pós-clássico, merecia o nome de *visio*, correspondente à ideia grega de "teoria" (*theōrein*).

Comentando textos de Alfeno, consagrou Baldo as expressões *ex facto oritur ius* e *ius est implicitum factum*, que incorporam uma tradição de realismo que encontra, em nossos dias, a sólida reafirmação de Castanheira Neves, de que o casus é o *prius* metodológico do reparto da justiça, porque é nele que se realiza a *res iusta*, o objeto terminativo do direito. O direito – disse Castanheira Neves – "não o é antes de sua realização, pois só na sua realização adquire a sua autêntica existência e vem à sua realidade". E prossegue: "o direito não é (não é direito) sem se manifestar na prática e como uma prática".

De sorte que a *res iusta* é *obiectum rei effectæ* – vale dizer, alcança-se de modo concreto e terminativo –, e não com a *lex abstracta et generalis*, que apenas refere o direito ao modo de *obiectum rei affectæ*. É a partir do *casus* (*species*) que se vai, com a experiência do concreto, com a recolha progressiva e depurada da *divinarum et humanarum rerum notitia*, que os romanos descobrirão as regras – *regulæ* – e formarão a ciência efetivamente jurídica: *iusti atque iniusti scientia*.

Bem o disse a notável Graciela Hernández de Lamas, o fundamento natural da arte da educação deve encontrar-se no homem e em sua possibilidade de uma abertura radical *"para conocer y amar la realidad"*. Por isso, a vinculação do *casus* jurídico – ou, se isto se preferir, da *res iusta* – à natureza de todas as coisas e às coisas todas da natureza (*rerum natura et naturæ res*) responde ao princípio da realidade (*vel potius*: da verdade) como finalidade da gnosiologia e demanda a consideração da natureza humana, porque é ao homem, à felicidade do homem, que se destina o direito, e ainda porque cabe ao homem exercer, no universo, o vice-reinado de todas as coisas.

Das muitas e algumas clássicas indicações acerca da natureza humana, desde a célebre de Aristóteles – o homem "naturalmente político" –, passando pela do homem "naturalmente conjugal" de S. Tomás de Aquino, a do homem "naturalmente cristão" de Tertuliano, ou "naturalmente religioso" de Louis Salleron, não faltaria que se pudesse falar do homem "naturalmente paideico". Efetivamente, e isto já se disse noutra parte, os homens têm uma natureza paideica – pedagógica, ou, por outro aspecto, uma natureza educacional –, porque, à falta da inatidade do conhecimento, estão pendentes de verdades e de hábitos (intelectuais e morais) que tornem prontas e fáceis as disposições para dirigir-se a seu fim, ou seja, para que se alcem à felicidade, a que tendem por natureza.

Sendo, porém, animal naturalmente político, o homem tem por pessoal não apenas bens individuais, mas ainda o bem comum, de maneira que além de educar-se das verdades e dos bens próprios do indivíduo, o homem tem de educar-se quanto às verdades e aos bens políticos, porque sua vocação é a de ser feliz não só na vida individual, mas também na vida da pólis: Pio XI referiu-se, a propósito, em uma educação *quae civica appellari potest* (*Divini illius magistri*).

A verdade, enquanto fim da inteligência (tomado aqui o termo "inteligência" sem distinguir "entendimento" e "razão": *vide* S. Tomás de Aquino, *Suma Teológica*, I, q. 79, art. 8º), repete-se: enquanto fim da inteligência de todos os homens, é seu bem comum extrínseco. O homem especifica-se pela inteligência: *"homo est id quod est secundum rationem"* (S. Tomás de Aquino, *Suma Teológica*, III, q. 19, art. 2º), e o entendimento é um bem comum dos homens: "Todos os homens pertencem a uma mesma espécie e todos têm o mesmo modo conatural de entender (...)" (*Suma Teológica*, I, q. 108, art. 1º, *ad tertium*).

Ora, o principal fim do entendimento é a verdade, pois, com efeito, o fim do conhecimento especulativo é a contemplação da verdade: *"finis (...) intellectus speculativi est consideratio veritatis"* (*Suma Teológica*, I, q. 14, art. 16). E embora não se possa negar que o entendimento prático não se dirija à contemplação da verdade – *"intellectus (...) practicus ordinatur ad finem operationis"* (id.) –, porque é também causativo das coisas (*Suma Teológica*, IIa.-IIæ., q. 83, art. 1º) e a aplicação à obra é seu fim (IIa.-IIæ., q. 47, art. 1º), não se deve perder de vista o que já ensinara Aristóteles e abonou S. Tomás de Aquino: o entendimento prático é uma extensão do especulativo, até porque não são potências diversas: "(...) *intellectus speculativus per extensionem fit practicus. Una autem potentia non mutatur in aliam. Ergo intellectus speculativus et practicus non sunt diversæ potentiæ"* (I, q. 79, art. 11, *sed contra*).

A inteligência e a razão constituem uma só faculdade cognoscitiva e espiritual, distintas, no entanto, em suas funções e procedimentos: cabe, à inteligência, a função de conhecer, de modo imediato e intuitivo, os primeiros princípios tanto especulativos, quanto práticos, bem como apreender os conceitos e compô-los, ao passo que, à razão, cabe o discurso de uma coisa a outra, mas, para ambas essas funções, preciso é que, por natureza, exista no homem, acerca da verdade, um conhecimento sem inquisição – é dizer, um conhecimento que seja princípio de todo conhecimento ulterior –, de modo que seja um conhecimento natural, congênito ao homem e que lhe seja habitual, para usá-lo sempre que for necessário (cf. S. Tomás de Aquino, *De Veritate*, q. 16, art. 1º, *ad secundum*).

Mais ainda: a verdade é um bem, porque, se não o fosse, não seria apetecível, tanto quanto o bem é de algum modo a verdade, sob pena de não ser inteligível, de tal sorte que *"obiectum intellectus practici est bonum ordinabile ad opus, sub ratione veri"* (S. Tomás de Aquino, *Suma Teológica*, I, q. 79, art. 11, *ad secundum*). Mas aí se trata de um bem comum extrínseco, porque "entendemos e julgamos todas as coisas à luz da Primeira Verdade, na medida em que a própria luz de nosso entendimento, possuída naturalmente ou por meio da graça, não é outra coisa que uma impressão da Primeira Verdade (...)" (S. Tomás de Aquino, *Suma Teológica*, I, q. 83, art. 3º, *ad primum*).

A própria inteligência é um bem comum intrínseco dos homens. Todavia, um bem subordinado a outro superior: já Aristóteles distinguira na *Metafísica* (Bkk. 1075a10) um bem de ordem e um bem geral, distinção assim comentada por S. Tomás de Aquino: "(...) o bem da multidão, como o do exército, é duplo: um, que reside na multidão mesma, como, por exemplo, a ordem do exército; outro, que está separado da multidão, como o bem do chefe, e este é melhor, porque a ele se ordena o outro" (*Suma Teológica*, Ia.-IIæ., q. 111, art. 5º, *ad primum*).

E se o bem geral é melhor, isso se dá porque, no Universo, há um bem ótimo separado de todas as coisas – que é seu primeiro motor e seu fim – e um bem que corresponde à organização ou ordenação dessas coisas – um bem de meios. Dirá S. Tomás, comentando a lição de Aristóteles: "É o que nós observamos em um exército: seu bem reside em sua organização e no general que o comanda; é mais relevante o bem do general que o da ordem, porque o bem do fim é melhor do que a bondade das coisas ordenadas ao fim. Ora, a organização do exército visa a realizar o bem do general, é dizer: a vontade de obter a vitória. (...) Assim, o bem separado, que é o primeiro motor, é um bem melhor do que o bem de ordem que é imanente ao universo" (*Metaphysicam Aristoteles Commentaria*, Livro XII, nº 2.361).

Mas o bem comum político é diferente, segundo uma razão formal, do bem singular da pessoa humana e dos bens singulares dos grupos sociais intermédios:

- "(...) se a parte se ordena ao todo como o imperfeito ao perfeito, e sendo o homem individual parte da comunidade perfeita, é necessário que a lei propriamente vise àquela ordem de coisas que conduz à felicidade comum" (S. Tomás de Aquino, *Suma Teológica*, I-IIæ., q. 90, *respondeo*);

- "Assim como na ordem especulativa nada se dá por firmemente provado a não ser por uma redução aos primeiros princípios indemonstráveis, assim, na ordem prática, nada estabelece a razão senão pela ordem ao último fim, que é o bem comum" (*Suma Teológica*, I-Iæ., q. 90, *ad tertium*);

- "(...) o bem comum deve sempre ser preferido ao bem particular" (*Suma Teológica*, II-IIæ., q. 68, art. 1º, *ad secundum*);

- "Assim como o bem da multidão é maior que o bem de um particular dessa multidão, é também menor que o bem exterior a que se ordena a multidão (...)" (*Suma Teológica*, II-IIæ., q. 39, art. 2º, *ad secundum*).

Já por aí se avistam os erros consequentes de um personalismo que segue em moda: (i) o da exaltação da pessoa como um todo absoluto, um fim em si próprio e centro da liberdade; (ii) o da primazia da pessoa em relação ao Estado, e, pois, do bem da pessoa sobre o bem comum natural; (iii) o da substituição da filosofia da natureza e da moral da vida política por uma antropologia integrativa dos humanismos e da elevação da pessoa ao posto de polo espiritual (nesse sentido, *brevitatis causa*, a grave crítica de Alejandro Ordóñez Maldonado).

"Todo homem é parte da cidade: é, pois, impossível que um homem seja bom se ele não guarda a devida proporção com o bem comum" (*Suma Teológica*, I-IIæ., q. 92, art. 1º, *ad tertium*), e, tal o ensinou Charles De Koninck, o bem comum político, "*comme il s'agit d'un bien commun de natures raisonnables, il doit être conforme à la raison*".

De tudo isso deriva que a fórmula "*civitas homini, non homo civitati existit*" (a cidade é para o homem, não o homem para a cidade: Papa Pio XI, *Divini Redemptoris*, nº 29; em direção análoga, disse o Papa Pio XII, na Mensagem de 1º-6-1941: "a comunidade é para o homem", e no Discurso de 14-9-1952: "o erro de afirmar que o fim próprio do homem sobre a terra é a sociedade"), mas voltando: a fórmula "*civitas homini, non homo civitati existit*" deve entender-se no sentido não da individualidade de cada homem, mas em que "*ni la cité, ni la personne individuelle ne sont une fin dernière*" (Jean Madiran).

Além disso, o homem não está ordenado à cidade segundo todo seu ser e todas as coisas que lhe pertencem: "*homo non ordinatur ad communitatem politicam secundum se totum, et secundum omnia sua*" (S. Tomás de Aquino, *Suma Teológica*, I-IIæ., q. 21, art. 4º, *ad tertium*). Aristóteles, numa passagem da *Ética a Nicômaco* (Bkk. 1141a20), diz que, fosse o homem o ente mais perfeito do Universo, então o conhecimento mais perfeito seria o da ciência e o da prudência políticas, e não o da metafísica.

Sem embargo, propriamente o prático (*lato sensu*) – ou práxis – consiste em ato posterior à inteligência e oriundo de potências diversas do entendimento: ação da vontade (quando se trata do agir – ação imanente) ou de potências exteriores (quando se trata do fazer – ação transitiva). Só de modo análogo, porque o agir e o fazer devem conformar-se à reta razão, é que se fala em entendimento prático, intelecto prático, razão prática, na medida em que a inteligência participa de algum modo da operação da práxis.

Mas, sendo a ciência e a prudência políticas saberes práticos, devem dirigir-se a um fim conforme à reta razão, o que supõe: (i) conhecer a natureza da coisa que se dirige e (ii) conhecer o fim. Desse modo, dirá De Koninck, conhecer a retidão da disciplina prática pressupõe a retificação da inteligência especulativa (p. 86). E prossegue: se "(...) a regulação prática fosse independente da verdade especulativa, então o que as coisas são ou deveriam ser, assim o homem, o bem humano e a sociedade, seriam simplesmente o que desejássemos que fossem. Então, a ciência prática não seria ciência. O simples conhecimento prático não seria mais verdadeiramente prático. Toda direção se faria ao acaso, e não seria mais direção" (p. 86).

Além disso, continua De Koninck, "a prudência, com efeito, não escolhe seu fim, ela somente elege os meios" (p. 87), e, em última instância, "o homem seria em verdade a medida de todas as coisas" (p. 88), cabendo, então, indagar: "Qual homem ou quais homens têm o direito de se impor na condição de medida?" (p. 88). "Há no homem uma tendência de conceder primazia ao prático sobre o especulativo, e à arte sobre a prudência. E essa tendência provém da debilidade intelectual do homem" (p. 88). Daí os ceticismos, agnosticismos, niilismos etc.

Mas, felizmente, a essa poietização tendencial dos homens opõe-se o bem comum supremo de todo o universo: "*finis humanæ vitæ et societatis est Deus*" (S. Tomás de Aquino, *Suma Teológica*, Ia.-Iæ., q. 100, *ad sextum*). A educação sobre o direito e para o direito é parte da educação política ou cívica e assenta no fato de o homem ser partícipe da pólis e, enquanto parte dela, existir o homem para o todo – princípio da totalidade –, dando-se o primado do bem comum sobre os bens particulares. Isso não significa, porém, que deva o homem ordenar-se aos fins da sociedade, senão que, ao revés, é a sociedade quem se ordena ao homem.

Põe-se aí importante distinção entre o conceito de totalidade que preside a vida humana política e a dissolução totalitária dos homens no seio da cidade, como já sumariado no *slogan* mussoliniano de Alfredo Rocco (*tutto nello Stato, niente contro lo Stato, nulla al di fuori dello Stato*) e que avultou intensamente o socialismo marxista.

Deixou-se dito noutra parte que, "a admitir-se o liame de toda educação – e a educação política aí também se compreende – com a verdade e os fins humanos integrais, tem-se a evidência da indisfarçável contaminação educacional que emerge do relativismo ou já agora, mais agudamente, do niilismo que acomete nossos tempos e da redução dos homens ao papel de cidadãos dissolvíveis no todo do Estado (ainda uma vez pode aqui recorrer-se a Mussolini: "os indivíduos e os grupos [sociais intermédios] apenas são 'pensáveis' enquanto estão no Estado". Não se reconhecem, nesse quadro, objetivos individuais próprios ou dos corpos sociais menores, e não surpreende que a função do mestre, causa eficiente da educação, esteja sob o estendido controle da burocracia do Estado).".

E prosseguia-se: "Muito diversamente, Pio XI, na encíclica *Divinus illius magistri*, de 8 dezembro de 1929, ensinava que a educação '*quae civica appellari potest*' é da competência da **sociedade civil** e do Estado: *civilem societatem statumque*; e não está demais observar, ser claro, nesse ensinamento de Pio XI, que o Estado não se confunde com o todo da sociedade política, além de não se recusar o critério da **subsidiariedade** para a atuação do Estado docente, Estado cuja interferência educacional não se justifica **senão para auxiliar as sociedades menores** – famílias e outros grupos intermediários – e a Igreja nessa indispensável tarefa pedagógica".

Lewis Carrol, em *Alice no país das maravilhas*, diz, a páginas tantas, que Alice desejava sair de um bosque e, não sabendo como proceder, indagou do Gato Caçoador, que estava nas cercanias, qual o caminho que ela deveria seguir; e o gato respondeu-lhe: "isso depende; depende do lugar aonde você deseja ir". E quando Alice lhe disse que para ela tanto fazia o lugar a que dirigir-se, o Gato Caçoador sentenciou: "nesse caso, tanto faz o caminho que você seguirá". E, assim é, tanto faz o caminho educativo se não há verdade, tanto faz o caminho pedagógico se não se propõe um fim a que chegar.

Desembargador Ricardo Dip
11ª Câmara de Direito Público TJSP
Membro da Academia Paulista de Direito
e autor de várias obras jurídicas

PREFÁCIO DA 2ª EDIÇÃO

A presente edição de nossa obra foi revista, atualizada e ampliada em um capítulo (nono) e quatro anexos (XIII a XVI), fruto de nosso intenso trabalho de implantação do método do caso nos Programas Focados e nos Cursos de *LL.M.* em Direito e Prática Empresarial e de *Executive LL.M.* em Direito Empresarial, a convite da ilustre professora Ana Claudia Karam, Diretora do CEU Escola de Direito.

Em seu nome, saudamos toda a equipe e todos os professores do núcleo, com os quais, ao longo desses anos, pudemos aprender a servir à sociedade mediante os valores da excelência profissional, do diálogo interdisciplinar, do respeito intelectual, da valorização da pessoa do aluno, da liberdade e da responsabilidade acadêmicas.

Este livro nasceu do texto original de nossa dissertação de mestrado. Os aportes dos professores que compuseram a ilustrada banca examinadora foram incorporados ao texto nesta edição, não sem um criterioso processo de releitura global, de molde que alguns aspectos foram ressaltados e outros foram repotencializados.

A par disso, foram incorporadas leituras, citações, considerações e críticas, mas sem afetar a estrutura orgânica do trabalho original, submetida, desde a primeira edição, a palestras, cursos e congressos, ocasiões em que o embate dialógico pode proporcionar o aprofundamento intelectual de nossa linha de pesquisa pelas searas do método do caso no ensino jurídico.

Esperamos contar com a mesma acolhida que tivemos por ocasião do lançamento da primeira edição, a começar pela recomendação dos três grandes nomes que prefaciam esta obra, os quais enalteceram o valor pedagógico deste trabalho acadêmico, cujos influxos ecoaram em minha experiência docente como um forte estímulo rumo a novas e fecundas produções científicas.

Campinas, primavera de 2017.

André Gonçalves Fernandes

INTRODUÇÃO

Ese rostro que mira y es mirado.
(Jorge L. Borges – *Los espejos*, El Hacedor)

Esta obra, fruto de um destilado trabalho de mestrado, é uma perspectiva de resposta às nossas hesitações acerca da transformação epistemológica que o Direito vem sofrendo nos últimos dois séculos, desencadeado pelo advento do positivismo e do idealismo filosóficos que, no campo jurídico, comungaram seus influxos teóricos em prol de um fenômeno conhecido como positivismo normativista, cujo principal efeito social reside na ideia de ser o Direito um sinônimo exclusivo de segurança jurídica. A segurança jurídica é como um guarda-chuva: protege, mas obriga. Abriga, mas é um incômodo. No limite, o mundo dos chapéus de chuva é um universo cinzento de pessoas sem rosto. Abrigadas, seguras, mas, como a sociedade da qual fazem parte, desprovidas de vitalidade e de personalidade.

Ainda vivemos sob os efeitos desse fenômeno, mormente pelo fato de que nossa tradição jurídica repousa no rico legado da escola romano-germânica. Nossas intuições, acerca das limitações e dos reducionismos do positivismo normativista, decorrem de nossa experiência profissional como magistrado desde os 23 anos, como articulista desde os 27 anos e como docente, pesquisador e palestrante desde os 35 anos de idade.

Em suma, são vários ângulos de visão que coincidem num mesmo diagnóstico: a falta de uma finalidade última do ensino jurídico, a ausência de um conjunto de mecanismos metodológicos para sua sólida transmissão, aliado ao crescente baixo nível teórico (saber prático), axiológico (justiça), filosófico (prudência e hermenêutica) e ético (razão prática) da formação pedagógica do bacharel em Direito, provocado por longos cinco anos em que, como aluno, ele é mais levado a pensar na lei do que pensar a lei. Como se a lei fosse sinônimo do Direito, quando é, ontologicamente, apenas seu instrumento. Eis os eixos estruturantes da problemática que pretendemos enfrentar ao longo das sendas – algumas vezes, áridas intelectualmente – desta obra, sendo que o entrelaçamento daqueles eixos, indicados entre parênteses, ocorre com eficácia e vigor no seio do método do caso, em benefício de uma fecunda transmissão do saber jurídico.

Então, situado diante desse desafio, aproximamo-nos da área de Educação, sobretudo no eixo de Política, Ética e Educação, a fim de melhor compreender os postulados filosóficos e históricos desse ensino jurídico, que perpetua a identificação do Direito com a segurança jurídica, sem qualquer espaço para uma pedagogia e uma metodologia que fomentem: um agir social ético-virtuoso, o império do justo concreto, a vivência da prudência jurídica, a incondicionalidade das exigências práticas do Direito, o primado de sua indisponibilidade deôntica e o respeito à juridicidade imanente ao homem, justamente os objetivos que aqui assinalamos e pretendemos buscá-los ao longo dessas longas linhas.

O vínculo entre educação, direito e filosofia não é imediatamente elementar. Ulpiano, famoso jurisconsulto romano do século III, já afirmava que o direito é matéria que se aquilata em realidades muito concretas e comuns a homens e animais, a saber, a *coniunctio*, a *procreatio* e a *educatio*[1]. A educação é, portanto, um dos elementos essenciais do direito que, na época de Ulpiano, circunscrevia-se ao mundo do Direito Romano.

Hoje, o Direito Romano é o ramo mais clássico do direito e o substrato filosófico grego, que corria pelas seivas das questões jurídicas, nos processos dos tribunais romanos, fez emergir, pela primeira vez, com rigor científico, uma distinção – de cunho epistemológico e axiológico – que se prolonga até os dias atuais: a diferença entre um justo natural e um justo convencional[2] justamente naquelas realidades concretas e ordinárias.

A realidade histórica da humanidade aponta que não há sociedade sem direito, nem direito sem sociedade. A existência de normas jurídicas, mais do que fundada em uma

---

1. D. 1, 1, 1, 3: *Ius naturale est, quod natura omnia animalia docuit: nam ius istud non humani generis proprium, sed omnium animalium, quae in terra, quae in mari nascuntur, avium quoque commune est. Hinc descendit maris atque feminae coniunctio, quam nos matrimonium appellamus, hinc liberorum procreatio, hinc educatio: videmus etenim cetera quoque animalia, feras etiam istius iuris peritia censeri.* Em tradução livre: "o Direito Natural é o que a natureza ensina a todos os animais: pois esse direito não é próprio da espécie humana, mas de todos os animais que nascem seja na terra ou no mar, e também é pertencente às aves. Daqui deduz-se a conjunção do macho e da fêmea, a qual chamamos matrimônio, a procriação dos filhos, a educação: pois vemos que também os demais animais, até mesmo os ferozes, são considerados instruídos quanto a esse direito".

2. Segundo Reale (1993, p. 628-9), "estudando alguns fragmentos do Direito Romano, assim como as lições de alguns autores, entre os quais se distingue Cícero, verificamos que em Roma se repete a distinção já posta na Grécia entre o Direito Positivo e o Direito Natural, ou melhor, entre o justo por natureza e o justo por lei ou convenção. Existem, mesmo na obra de Cícero, passagens de invulgar beleza, nas quais se tece a apologia da *lex* como expressão da *ratio naturalis*, sempre igual por toda parte, sempiterna, que determina o que deve ser feito e o que deve ser evitado. Bem, poucas vezes a consciência da lei natural, enquanto momento essencial da Ética, atingiu tamanha beleza e precisão como na obra ciceroniana: *lex est ratio summa insita in natura, quae jubet ea, quae facienda sunt, prohibetque contraria... a lege ducendum est juris exordium; ea est enim naturae vis, ea mens ratioque prudentes, ea juris atque injuriae regula* (*De Legibus*, I, 6, 18-9). Em tradução livre: 'a lei é a mais elevada razão inserida na natureza que ordena o que deve ser feito e proíbe o contrário... o princípio da justiça deve ser conduzido a partir da lei. Pois tal é a força da natureza, tal é o discernimento e a razão do prudente, tal é o princípio básico da justiça e da injustiça'".

obra da consciente vontade dos homens, resulta de uma necessidade natural. A vida gregária gera naturalmente uma ordem social, fato que pode ser observado mesmo nas sociedades de malfeitores. E o homem, como ser racional e transcendente, precisa de uma ordem, porém, não de uma ordem instintiva, como numa colmeia, mas de uma ordem lastreada axiologicamente – uma ordem justa – aspiração esta inscrita no coração do homem e atestada por expoentes diversos como Agostinho[3] e Rousseau.

Contudo, no afã de consumar esta aspiração, o direito levanta profundos problemas no campo filosófico que, indiretamente, refletem no conteúdo pedagógico de seu ensino e na forma de transmiti-lo. Todo avanço do direito pressupõe uma determinada concepção de homem, de justiça e de agir social, com os efeitos daí decorrentes na dimensão jurídica e na pedagogia deste saber: uma espécie de jogo de espelhos[4].

---

3. Em sua obra autobiográfica (1958, p. 118), Agostinho refere-se à lei natural, como uma lei inscrita no coração humano: *Furtum certe punit lex tua, Domine, et lex scripta in cordibus hominum, quam ne ipsa quidem delet iniquitas.* Em tradução livre: 'certamente tua lei pune o furto, Senhor, e também a lei escrita nos corações dos homens, a qual nem sequer a própria iniquidade destrói'.

4. Ferreira da Cunha (1991, p. 9-11) ensina que "a reflexão sobre o direito é um jogo de espelhos. Pois o direito se pensa, e assim se vê ao espelho. Aí verá imagens de si próprio. E ao ver, teorizará. E ao teorizar, verá. Ver para teorizar; teorizar vendo. Os nossos espelhos são cruzados. Permitem ao Direito ver-se na sua multidimensionalidade, como que imitam sua imagem halográfica. Já que lhe mostram os diversos ângulos. Todavia, apesar desta visão total, os espelhos cruzados são também caleidoscópio. E o caleidoscópio é o labirinto das imagens, a floresta erigida das teorias. É preciso muito cuidado nesta visão omnicompreensiva. Porque tudo ver, e reflectir todos os reflexos, é demência construcionista, geometrismo estéril. Por isso, os espelhos em que o Direito vai mirar-se vão ser mais cruzados no tempo que no espaço (...). Sucessivamente, o Direito irá experimentar os espelhos do real até chegar àquele que é mera superfície polida de si próprio – o Direito como espelho. Assim, passaremos primeiramente pelo crivo do espelho da matéria, das ciências e das atividades humanas mais ligadas aos bens, às coisas exteriores, e à produção das mesmas, sem as quais o Direito como *objectum justitia* ou *ipsa res justa* se não pode conceber. Depois, contemplaremos as paisagens do espelho da vida (...), certos de que o Direito é realidade de vivos, serviço da vida, e imbuídos do maior respeito pelo protagonista da grande aventura jurídica, o Homem, sem o qual ou contra o qual, nada de tudo isso faz sentido. De seguida, entraremos na esfera do espelho espiritual ou cultural, abrindo a janela dos mundos mentais e das construções institucionais desses mundos. (...) E finalmente, passaremos à 'psicanálise' jurídica, com o Direito a enfrentar-se face a face consigo, como espelho de si próprio, espelho de um espelho. Espelho de um espelho, deveras. Porque se os espelhos exógenos serviram ao Direito para se testar, para se ver, para se compreender, na verdade ele também foi sendo sempre espelho de todas essas realidades a si exteriores. Do diálogo nasceu sempre um infinito de imagens híbridas. Em suma, o espelho jurídico face a qualquer espelho sempre produziu o caleidoscópio, o labirinto. Daí a sempre árdua saída, e a tentativa de, como no Dédalo de Creta, sair pelos ares, com asas mais ou menos ágeis e idealistas. É, contudo, cientes do labirinto virtual (porque as imagens labirínticas não são reais) que afrontamos este paradoxo óptico, munidos do fio de Ariana bem palpável do realismo jurídico. Até porque do outro lado do espelho não há, como no palácio de Minos, qualquer minotauro à nossa espreita, mas apenas a identidade de quem vive da simetria face ao real. E essa é uma nova prevenção contra os espelhos: eles produzem uma imagem que não é a verdade, mas o seu simétrico. Os espelhos informam mesmo de verdade desagradáveis (como o da bruxa da Branca de Neve), mas podem magnetizar-nos em efêmeras boas novas que cristalizam (como no mito de Narciso)".

Liberdade, responsabilidade, licitude, culpabilidade, bem comum, propósito da lei, entre outros, são problemas sobre os quais o direito não só reflete, como razão teórica, mas, sobretudo, decide, como razão prática, empregando fórmulas normativas ou comandos legislativos. Por isso, o direito é um saber não só teórico, mas, principalmente, prático.

Quando dizemos que o direito é um saber eminentemente prático, porque envolve uma decisão, necessariamente adentramos no campo da prudência,[5] a capacidade que temos para emitir um juízo acertado sobre aquilo que deve ser feito aqui e agora. O homem prudente é aquele que vê longe, é perspicaz e prevê com algum grau de acerto por meio das incertezas e da variabilidade dos fatos. Em suma, é a razão teórica, fundada na ciência, que, enquanto dirige o obrar humano no casuístico e no contingente, transforma-se em razão prática.

Se entendemos que o prisma mais adequado para uma correta visão do direito é o prudencial, o resultado dessa visão deve redundar naquilo que, por dezoito séculos e até o advento do positivismo jurídico, sempre caminhou ao lado do direito, isto é, a justiça. Mas qual justiça? A justiça das leis e dos códigos ou o justo natural, já intuído por Platão em vários de seus diálogos[6]? A justiça das leis e dos códigos, porque são uma obra do agir do homem para uma dada regulação social localizada no tempo e no espaço, e desde que tais leis e códigos tratem o homem como um ser digno e exigente, titular de direitos que são inerentes ao seu próprio ser.[7] Em outras palavras, o direito positivo como reflexo concreto do justo natural.

---

5. A prudência é tratada *ex professo* no livro VI da *Ética a Nicômaco*, que aborda as virtudes dianoéticas, e no capítulo 34 do Livro I da *Magna Moralia*. Segundo Aubenque (2003, p. 59-60), "a tradição moral do Ocidente pouco reteve da definição aristotélica de prudência. Enquanto as definições estóicas de *phronêsis* como 'ciência das coisas a fazer e a não fazer' ou 'ciência dos bens e dos males, assim como das coisas indiferentes', facilmente se impuseram à posteridade, a definição dada por Aristóteles no livro VI da Ética Nicomaqueia apresenta um caráter demasiado elaborado ou, se se prefere, demasiado técnico para poder conhecer a mesma fortuna. Ali, a prudência é definida como uma '**disposição prática acompanhada da regra verdadeira**' concernente ao que é bom ou mau para o homem (L. VI, 5, 1140b20 e 1140b5)" (Grifos do autor). Tomás de Aquino (*Suma Teológica*, V, 47, 2), alguns séculos depois, irá adotar fórmula semelhante para a definição da prudência, essa virtude da inteligência do concreto, como sendo a *recta ratio agibilium*, a reta razão aplicada ao agir. Hoje, os dicionários da língua portuguesa traduzem a palavra prudência como cautela, precaução, circunspecção, sensatez ou ponderação, expressões que bem pouco lembram seu significado original.

6. Nos diálogos *República* (L. I, 338-340), *Górgias* (482-484) e *Protágoras* (337d), Platão afirma que os sofistas buscaram muitas perspectivas de compreensão da lei e da justiça, oscilando entre a conveniência do mais forte, o resultado de uma convenção e a expressão de tendências naturais contra os abusos da legalidade positiva. Trasímaco identifica a justiça como a vantagem do mais forte ou superior; Cálicles antepõe o direito natural dos mais fortes à tática das leis defensivas a que recorrem os mais débeis, que se satisfazem com a igualdade; Hípias escolhe as leis não escritas, pois a lei positiva, tirana dos homens, obriga a muitas coisas contrárias à natureza.

7. Neste tempo histórico em que vivemos, uma interrogação fundamental que cobra uma justa solução do direito está na tutela do homem diante do perigo de ver desprezada sua dignidade e liberdade pela

INTRODUÇÃO | 29

Essa perspectiva jusfilosófica – conhecida por realismo jurídico – oferece uma solução crítica acertada para o dilema arquimediano no campo das relações especulares entre filosofia, direito e educação: um ponto de apoio formado pela prudência e pela justiça para fundamentar, capacitar a decidibilidade e transmitir o pesado edifício do direito, a fim de fornecer uma adequada regulação concreta do agir humano individual e coletivo.

É um ponto de apoio adequado, porque respeita a juridicidade imanente ao homem (e que decorre de sua dignidade de pessoa humana),[8] ao contrário do ponto de apoio originariamente defendido pelo positivismo jurídico, a "norma fundamental" pressuposta ou o puro poder estatal[9], substituído por suas variantes modernas, a mera maioria parlamentar ou os cambiantes valores culturais de um conjunto determinado de cidadãos.

---

prepotência das forças sociais e das arbitrariedades estatais. A nosso ver, desde o século XIX, quando o positivismo jurídico foi alçado à condição de senhor e mestre da noção de direito, essa corrente de pensamento jusfilosófico, que reduz todo direito à lei, já deu mostras suficientes de sua impotência no exercício daquela tutela. E não é só. Colocou a ciência do direito na postura de dar plena validade jurídica aos atentados contra o homem, desde que revestidos com o manto formal da lei posta, como nos regimes totalitários do século XX. Assim, a dignidade da pessoa humana, fundamento último de todo direito, foi sendo paulatinamente mutilada em prol da prepotência das forças sociais e das arbitrariedades do poder, pois seus instrumentos tinham o formato de lei. A juridicidade não é criação da sociedade ou do poder, mas decorre do ser humano. Por isso, o núcleo do direito de que o homem é portador marca a linha divisória entre uma ação jurídica e uma antijurídica. Fundir juridicidade e legalidade é fazer tábula rasa da dignidade da pessoa humana.

8. *Ius ex persona oritur*: o Direito emana da pessoa. A pessoa deve constituir o centro do Direito em quaisquer de suas dimensões. Por ser tanto racional como livre, a pessoa humana é a protagonista do Direito, o sujeito de direito por antonomásia. "Todo Direito tem sido constituído por causa dos homens", assinalou o jurisconsulto Hermogeniano, *magister libellum* de Diocleciano, inspirado na tradição do Direito Romano clássico (D. 1, 5, 2: *Cum igitur hominum causa omne ius constitutum sit*). O mesmo sentido é empregado por Justiniano em suas *Institutiones* (I. 1, 2, 12), quando afirma que pouco se pode saber do Direito se a pessoa é ignorada (*Nam parum est ius nosse si personae quarum causa statutum est ignorentur*.). Por isso, podemos afirmar – categoricamente – que o Direito procede da pessoa. Eis a regra de ouro do Direito. O Direito tem origem na pessoa e não no Estado, essa construção teórica criada para servir o homem, ainda que, em muitas ocasiões, tenha sido instrumentalizado para fins iníquos à humanidade. As pessoas são autênticas *nomoforas*, isto é, portadoras do Direito. A crise da noção de pessoa, própria do *ethos* pós-moderno, também produz efeitos nefastos no vocabulário jurídico. Isso é patente na complexa distinção entre pessoa física e pessoa jurídica, nascida na Idade Média, por impulso do canonista Sinibaldo de Fieschi, mais tarde conhecido por papa Inocêncio IV: no comentário às Decretais de Graciano (c. 57.X.11.20), disse que *cum collegium in causa universitatis fingatur una persona* (em tradução livre: "desde que a universidade, em assuntos corporativos, figure como uma pessoa"). Thomas Hobbes também contribuiu nessa distinção, na passagem em que ele, como Sinibaldo no comentário anterior, equipara as instituições com os homens: *quia civitates semel institutae induunt proprietates hominum personales* (*De Cive*, 14.4).

9. Kelsen (1984, p. 383-4) afirma categoricamente que "o Estado cumpre sua missão histórica – ensina-se – criando o Direito, o seu Direito, a ordem jurídica objetiva, para depois se submeter ele próprio a ela, quer dizer: para se obrigar e se atribuir direitos através de seu próprio Direito. Assim, o Estado é, como entidade metajurídica, como uma espécie de poderoso *macro-anthropos* ou organismo social, pressuposto do Direito e, ao mesmo tempo, sujeito jurídico que pressupõe o Direito porque lhe está submetido, é por ele obrigado e dele recebe direitos". Ou seja, Estado e Direito são ontologicamente iguais.

A adequada regulação do agir humano individual, mas, sobretudo, coletivo, demanda nossa inserção no mundo humano, mais precisamente no complexo e multifacetado tecido social, historicamente condicionado e axiologicamente amalgamado. E esta inserção, como observa Arendt (2002, p. 190), dá-se por meio da palavra e da ação e, de certa forma, é como um segundo nascimento[10]: o advento do "eu" individual junto ao "nós" social.

A palavra ou o discurso são uma forma concreta de ação e representam a via de construção de nosso mundo comum, entendido como uma comunidade de pessoas que se unem em função de um bem comum[11] e não somente por um interesse geral de caráter instrumental. Por isso, quando falamos em palavra ou discurso, somos remetidos à capacidade de interpretação dos sinais emitidos pelo interlocutor ou pelos interlocutores e isso nos conduz ao problema hermenêutico no campo do direito.

Quando um fato social é visto sob a perspectiva do direito, como, por exemplo, a família, o direito deve necessariamente interpretá-lo, a fim de levantar a pluralidade de significações que dele emerge. Mas a tarefa do direito não se resume à exegese fenomênica. Depois disso, deve ir além. Deve decidir, se for o caso, a normatividade que irá reger aquele fato social naquele contexto histórico determinado, segundo um dado filtro axiológico, cuja destilação, pensamos, é melhor feita quando se passa pela noção de natureza das coisas, de matriz aristotélico-tomista.

E essa normatividade é da própria natureza do direito, porque o direito não fica pela teoria. Concretiza-se na ação, de índole prudencial, visando à transformação da noção abstrata de justiça em justo aplicado no caso concreto. Para isso, é imprescindível que a escola de direito tenha, como principal fim pedagógico, a preocupação em formar não apenas bacharéis que, mais tarde, irão compor os quadros da advocacia, da magistratura, do ministério público ou do funcionalismo estatal. Mas, precipuamente, intérpre-

---

10. "É com palavras e atos que nos inserimos no mundo; e esta inserção é como um segundo nascimento, no qual confirmamos e assumimos o fato original e singular do nosso aparecimento físico original. Não nos é imposta pela necessidade, como o labor, nem se rege pela utilidade, como o trabalho. Pode ser estimulada, mas nunca condicionada, pela presença dos outros em cuja companhia desejamos estar; seu ímpeto decorre do começo que vem ao mundo quando nascemos, e ao qual respondemos começando algo novo por nossa própria iniciativa."

11. Entendemos a expressão "bem comum" como sendo o conjunto de todas as condições de vida social que consintam e favoreçam o desenvolvimento integral da personalidade humana. É a definição do Papa João XVIII, feita por ocasião da promulgação da Encíclica *Pacem in Terris* (I, 58). Outro Papa, João Paulo II, nas Encíclicas *Laborens Exercens* (IV, 21) e *Evangelium Vitae* (I, 23), atacou veementemente a relação instrumental do interesse geral que toma conta, cada vez mais, da sociedade ocidental, simbolizada pelo exacerbado individualismo e em prejuízo daquele bem comum. No período entre as guerras mundiais, a Escola Crítica de Frankfurt já apontava os sinais iniciais de reificação e de manipulação do indivíduo, como fez Theodor Adorno em sua clássica obra *Educação e Emancipação*, e que, segundo entendemos, foram o germe do problema diagnosticado pelo papa polonês nos documentos pontifícios citados.

tes jurídicos, hermeneutas do direito, porque pensamos que a atividade jurídica é uma atividade de natureza essencialmente exegética.

Formar intérpretes do direito significa formar sujeitos capazes de pensar "a" lei (e não somente "na" lei), de dimensionar, prudencialmente, o sentido e o alcance das normas aplicáveis ao caso concreto e de submeter a literalidade das disposições legislativas e constitucionais aos valores a elas subjacentes e à realização da justiça no caso concreto.

Hoje, o estudo do direito tornou-se mais um estudo da lei do que o estudo do justo concreto. Basta uma análise detida dos planos de ensino das disciplinas que compõem o eixo de formação fundamental a que alude a Resolução n° 09/2004[12] do Conselho Nacional de Educação (CNE), dentre as quais, a hermenêutica jurídica deve ter um lugar proeminente. Nesses programas,[13] não há qualquer menção aos problemas de fundo da justiça ou da prudência. Apenas são discutidos o objeto, a metodologia, a finalidade e a evolução histórica da hermenêutica como paradigma geral da interpretação humana.

É uma abordagem sistêmica, sem dúvida, importante. Todavia, se desatrelada da contribuição epistemológica da justiça e do aporte prático da prudência, o aluno transforma-se num hermeneuta que, invariavelmente, depois de formado, diante de um caso concreto, irá limitar-se a fazer a singela justaposição do fato ao texto da lei, sem qualquer consideração a ditames de justiça e de prudência.

Como se o direito fosse essencialmente uma ciência, na qual o esquema teórico-normativo simbolizaria uma espécie de camisa de força que deve ser justaposta, a qual-

---

12. A Resolução CNE/CES n° 09, de 29 de setembro de 2004 (Anexo I), ainda parcialmente em vigor, instituiu as diretrizes curriculares nacionais do curso de graduação em direito. Dividiu o ensino jurídico em três grandes eixos estruturantes, nos termos do art. 5°: "o curso de graduação em direito deverá contemplar, em seu projeto pedagógico e em sua organização curricular, conteúdos e atividades que atendam aos seguintes eixos interligados de formação: **I – Eixo de Formação Fundamental, tem por objetivo integrar o estudante no campo, estabelecendo as relações do Direito com outras áreas do saber, abrangendo dentre outros, estudos que envolvam conteúdos essenciais sobre Antropologia, Ciência Política, Economia, Ética, Filosofia, História, Psicologia e Sociologia.** II – Eixo de Formação Profissional, abrangendo, além do enfoque dogmático, o conhecimento e a aplicação, observadas as peculiaridades dos diversos ramos do Direito, de qualquer natureza, estudados sistematicamente e contextualizados segundo a evolução da ciência do Direito e sua aplicação às mudanças sociais, econômicas, políticas e culturais do Brasil e suas relações internacionais, incluindo-se necessariamente, dentre outros condizentes com o projeto pedagógico, conteúdos essenciais sobre Direito Constitucional, Direito Administrativo, Direito Tributário, Direito Penal, Direito Civil, Direito Empresarial, Direito do Trabalho, Direito Internacional e Direito Processual; e III – Eixo de Formação Prática, objetiva a integração entre a prática e os conteúdos teóricos desenvolvidos nos demais Eixos, especialmente nas atividades relacionadas com o Estágio Curricular Supervisionado, Trabalho de Curso e Atividades Complementares". (Grifos nossos.)

13. Como exemplo, mencionamos os planos de ensino das disciplinas "Metodologia e Lógica Jurídica I e II" da mais tradicional e conceituada faculdade de direito do país (Largo de São Francisco – USP), além do curso – optativo – oferecido pela mesma instituição de ensino e chamado de "Hermenêutica e Razão Prática", todos apresentados nos Anexos II a IV.

quer custo, ao corpo do caso concreto. O direito não é essencialmente uma ciência, ainda que haja uma ciência que o investigue. Agir e pensar são as duas vias inerentes aos afazeres cotidianos do profissional do direito de um modo geral e, para isso, é imprescindível que a escola de direito forme bacharéis que tenham o domínio da arte hermenêutica, segundo os moldes aqui preconizados.

Reconhecer o direito como prudência, ou seja, como um saber prático e dinâmico, implica colocar em xeque a lógica de um sistema educacional que somente ensina o aluno a memorizar leis e códigos; a repetir o teor da aula expositiva do professor; a reproduzir, no exame disciplinar, a definição, a categoria e a natureza jurídicas de um ato ou fato social e a redizer os atributos de um determinado instituto do direito, colhidos na obra ou no tratado deste ou daquele autor consagrado.

Se queremos profissionais do direito que exerçam seu labor conscientes de sua função de fazer viver a lei e que, no trabalho hermenêutico, tenham em conta os fins sociais e naturais do ordenamento jurídico, o império do bem comum e a realização da justiça no caso concreto (e não a mera justaposição da norma ao fato), devemos aprimorar a base do sistema pedagógico do direito.

Qual seria o método predominantemente idôneo para a formação de profissionais do direito nessas condições? Pensamos que a resposta passa pela familiarização dos estudantes com a interpretação jurídica real. Ao invés da matriz pedagógica basear-se nas longas e cansativas aulas teóricas e expositivas, o núcleo principal do estudo do direito passaria a ser a análise de casos reais ou hipotéticos e, sobretudo na primeira hipótese, dos acórdãos do tribunal encarregado de ser o guardião da Constituição Federal, a norma fundamental de nosso sistema legislativo, o Supremo Tribunal Federal.

Esse é o sistema predominante no ensino jurídico americano, conhecido por método do caso (*case method*). Criado por Christopher Columbus Langdell na faculdade de direito de Harvard em 1870, foi elaborado[14] para transmitir aos alunos os princípios mais importantes do sistema jurídico[15] daquela nação e para ensiná-los a pensar juridi-

---

14. Langdell (1871, prefácio) criou três princípios para uma aplicação frutífera do método, conforme se extrai de seu livro sobre contratos. "O direito somente pode ser ensinado ou aprendido efetivamente por meio de alguma forma de casos (...). Para o êxito no cumprimento desta tarefa – o ensinamento por meio de casos – é necessário, primeiro, que os esforços realizados pelos estudantes corram em paralelo com os meus, isto é, que estudem com referência direta aos meus ensinamentos; segundo, que o estudo que assim lhes é requerido seja de tal índole que extraiam, dele, os maiores e mais duráveis benefícios; terceiro, a instrução deve ser de tal caráter que os alunos possam derivar dela, pelo menos, vantagens superiores daquelas que obteriam caso se dedicassem mesmo tempo ao estudo privado" (tradução livre).

15. Desde 1870, o método do caso é a metodologia pedagógica básica para o ensino do direito nos Estados Unidos. Dois grandes fatores contribuíram para isso. Em primeiro lugar, o direito norte-americano, apesar do recente fenômeno de codificação da legislação federal, é fundamentalmente *case law*, na expressão consagrada pelo mundo do direito, isto é, os princípios são hauridos a partir das sentenças e as leis são interpretadas a partir das decisões judiciais que criaram esses princípios. Tais princípios servem de base

INTRODUÇÃO | 33

camente numa tradição legal – a *common law*[16] – em que o direito é criado a partir das decisões judiciais nos casos concretos.

O método do caso potencializa inúmeras vantagens metodológicas que, segundo pensamos, podem fomentar a formação ética discente, proporcionar o alcance dos objetivos estabelecidos no início desta introdução, predispor o aluno a uma postura ativa na sala de aula, conduzi-lo à análise e ao espírito crítico na busca do justo concreto, bem ao gosto do crescente protagonismo das cortes constitucionais[17] em nosso sistema judicial, as quais, em seus julgados, fazem-nos perceber a profunda unidade e a índole prudencial do saber jurídico e a necessidade de coerência na condução do discurso jurídico de defesa das teses, tornando cada vez mais complexa a articulação entre a argumentação jurídica e os postulados de sua justificativa axiológica.

A consciência da civilização ocidental, lastreada no legado filosófico grego, na tradição religiosa judaico-cristã e nos influxos principiológicos do direito romano, procurou moldar suas instituições e estruturas de forma a considerar a **transcendência do ser humano, a limitação do poder político pelo direito e a limitação do direito pela justiça**[18] **(...) pois, sem respeito à pessoa humana, não há justiça e, sem justiça, não há direito**[19].

Apresentado o delineamento básico do caminho que pretendemos prosseguir ao longo deste livro, acreditamos que as inúmeras conexões entre a finalidade pedagógica da escola de direito, a contribuição filosófica da hermenêutica como ferramenta de compreensão do justo no caso concreto, o aporte epistemológico da prudência no direito,

---

para a análise de mesmos casos futuros (princípio do *stare decisis* – deve-se manter o que já foi decidido, salvo fatos ou fundamentos novos). Em segundo lugar, o fim das escolas de direito deste país é o de formar advogados práticos, que possam atuar corretamente nos casos de seus clientes e, para tanto, é imprescindível interpretar, refletir e manejar casos judiciais, a favor ou contra os interesses do cliente individualmente considerado.

16. A *common law*, uma espécie de direito consuetudinário, surgiu no século XII, na Inglaterra, quando toda a Europa Continental fez ressurgir o direito romano. Os ingleses foram buscar sua identidade no direito comum do reino, pouco a pouco implantado por Henrique II ou Henrique Plantageneta. Para provocar a coesão dos súditos, Henrique II utilizou o *common law* como marco institucional em suas relações com o povo, alçado à condição de direito do reino, em contraposição aos usos e costumes dos senhores feudais, cuja jurisdição era marcada pela parcialidade e pelos meios cruéis de coerção legal. Assim, para atrair os súditos às cortes reais, a justiça do rei buscava uma rápida e justa solução ao caso concreto. A crescente confiança, alcançada pela justiça real, foi o fator de unificação dos povos ingleses no reinado deste monarca.

17. Apenas como exemplo, tome-se a repercussão social provocada pelas decisões da Arguição de Descumprimento de Preceito Fundamental 54 (aborto de feto com anencefalia), do Processo de Extradição 64470 (República Italiana x Cesare Battisti), da Arguição de Descumprimento de Preceito Fundamental 186 (política de cotas universitárias) e da Ação Penal 470 (mensalão), todas protagonizadas pelo STF.

18. Franco, 1958, p. 188.

19. Ibid.

a noção de justiça no direito como o justo concreto e a metodologia do caso como fator catalisador e exponenciador destes eixos estruturantes, no fundo, propõem um desafio intelectual de envergadura: pensar o direito.

Pensar o direito está muito além de pensar "a" lei ou, na visão estritamente positivista, pensar "na" lei. Pensar o direito é, necessariamente, buscar os princípios primeiros e as causas últimas do direito. No universo jurídico, existe uma errônea e pouco lisonjeira opinião sobre essa postura filosófica, ainda mais quando se pretende questionar o monopólio de uma pedagogia de ensino dominante, como a pedagogia téorico-expositiva.

Os cultores dessa opinião entendem que o direito precisa de menos teoria e especulação e muito mais de leis, códigos, regulamentos, decretos e outras espécies normativas que, no mais das vezes, limitam-se a repetir os mesmos regramentos (mas com outras palavras), sem uma ideia de unidade sistêmica e com pouco compromisso com as ideias diretivas de uma Constituição fundante (salvo como critério de validade lógica), os princípios gerais do direito, o bem comum e os fins sociais da lei.

Quanto mais legislada, codificada ou regulamentada uma situação social, menos necessidade haveria de um labor hermenêutico pelo profissional do direito, já que o legislador e o burocrata já teriam se incumbido de fazê-lo, de sorte a restar pouco espaço de atuação para o trabalho do profissional do direito. Concomitantemente, restaria inviabilizado qualquer sentido reflexivo de justiça, na acepção já citada, pois o trabalho do profissional do direito reduzir-se-ia praticamente à neutra subsunção do fato à lei, operação em que o aporte epistemológico da prudência não faria o menor sentido.

Mas sempre há uma postura filosófica no trabalho de interpretação da lei. E ela é tanto mais condicionadora de uma vivência jurídica prática quanto menos é percebida, porquanto o conhecimento dos princípios primeiros e das causas últimas do direito é o primeiro passo para se reconhecer suas eventuais limitações e potencialidades ainda não desvendadas.

Quando os juízes franceses afirmavam nem querer saber o conteúdo do direito civil, pois lhes bastava o Código Napoleônico, ou professavam sua fé e fidelidade exclusivamente aos textos legais, poderiam dizer não possuir uma postura filosófica ou reflexiva. Entretanto, logo isso seria desmentido pela constatação inequívoca de que eram, de fato, fiéis devotos do positivismo legalista e reducionista do ser do direito.

Esse positivismo ainda é a identidade epistemológica predominante no estudo do direito, o qual se caracteriza por conceder uma visão um tanto rematada e geométrica da realidade e que acaba por relativizar a realidade jurídica. E entendemos que a rota de fuga desse beco sem saída epistemológico – porque o positivismo é uma filosofia do direito de círculo vicioso – está em resgatar o realismo jurídico, essa clássica concepção epistemológica do direito, a fim de se contribuir com a ideia de critérios objetivos e fatores permanentes de juridicidade.

O realismo jurídico aponta, em nosso horizonte, como sendo portador de uma arte,[20] a arte do direito, cuja finalidade, apesar das inúmeras teorias desenvolvidas nos últimos dois séculos, ainda continua sendo a de dizer o justo: *iusti atque iniusti scientia,* a arte ou ciência prática do justo e do injusto[21].

A principal dificuldade para se analisar a perspectiva do realismo jurídico, nos dias atuais, decorre do fato de haver uma multiplicidade de noções que a justiça recebeu. São tantos os sentidos e as direções, muitas vezes até mesmo díspares, que seria extremante razoável se questionar acerca da utilidade do significado de justiça para se definir o conceito de arte do direito.

No entanto, existe uma noção de justiça bem precisa e invariável ao longo da história do direito, consistente em dar a cada um o seu, a ser tratada no capítulo específico, mas que, neste âmbito introdutório, serve como firme ponto de partida e como critério de validade axiológica nas relações entre o direito natural e o direito positivo, cujo efeito será o império da racionalidade e não o da prepotência.

---

20. No sentido da *techné* grega, um saber-fazer orientado por regras determinadas.

21. No *Corpus Iuris Civilis,* a magnífica compilação de toda a tradição jurídica romana feita pelo imperador bizantino Justiniano, por volta do ano 530, há um brocardo jurídico atribuído a Ulpiano, um dos últimos grandes juristas da época clássica do direito romano: "a jurisprudência é o conhecimento das coisas divinas e humanas, a ciência prática do justo e do injusto". Nesta rica fórmula, causa uma certa inquietação a integração da injustiça na definição, a ponto de proporcionar alguma dúvida ao estudioso acerca da necessidade e da importância da injustiça para um homem que pretende ser justo. Todavia, pelo contrário, a sagaz percepção de Ulpiano indica um paradoxo da vida humana. Quando a humanidade percebe que algo ou uma situação é injusta, a mesma humanidade não se limitou a desmascarar essa injustiça, porém, ao mesmo tempo, aprendeu em que consiste a justiça naquele caso concreto. O excepcional talento prático dos romanos, que faz um interessante contraponto com o superior talento reflexivo dos gregos, captou primorosamente esta misteriosa pedagogia da injustiça e exprimiu-a teoricamente ao lecionar que o bom jurista é aquele que domina o justo e também o injusto. Afinal, quem descobre a razão da injustiça de algo ou de uma situação, foi porque aprendeu não menos profundamente o que deve ser o justo. Conhecer o injusto elimina a ingenuidade e atribui realismo à ciência do justo. Compreender a exata dimensão e alcance deste paradoxo, sem se deixar levar pela vertigem do pessimismo ou de um assombro sem rumo, significa, em última análise, entender a miséria e a grandeza da realidade humana e o consequente reflexo no campo do direito. O mesmo homem que é capaz de se compadecer com a fome de uma criança abandonada é apto a matar a mesma criança em nome de um projeto ideológico de poder. A experiência humana demonstra que o homem sente com muito maior antecedência e intensidade o que os demais homens não devem fazer com ele do que aquilo que ele está obrigado a reconhecer e a dar ao seu próximo. E, depois, se o mesmo homem, por amor à coerência, compreende que ele também não deve fazer com o seu próximo aquilo que não quer que façam com ele mesmo, terá, então, captado o sentido da sugestão ulpiana: o conhecimento ou a experiência da injustiça pode ser um didático caminho para a justiça, pois alguém que tenha descoberto a injustiça de algo, também desvendou com igual profundidade o que deve ser justo no mesmo caso. Em dados momentos históricos, o torpor da sensibilidade e a desorientação da razão, a par da constatação de evidentes injustiças, incitam a esperança humana a uma rendição sem luta e sem horizonte. Convém lembrar-se que a noite é sempre mais escura logo antes do amanhecer e que o reencontro com o justo é, não raro, resultado de um sofrimento da injustiça, mas sem rendição.

A par disso, afigura-se imprescindível a compreensão do direito como um saber prático, uma prudência, e não como uma ciência, ainda que haja uma ciência que o investigue. Hervada (2006, p. 14-5) recorda-nos que:

> dar a cada um o seu exige, primeiramente, querer dar-lho. Se alguém não quiser dar a outro o que a este corresponde, é óbvio que não lho dará; em todo caso, mudar-se-lhe-á a vontade mediante pressões, e então ele quererá dar, apesar do seu pesar; ou até porque aquele de quem é a coisa, ou força socialmente organizada – neste caso para dar a alguém o que lhe pertence – retirarão essa coisa; mas sendo assim, ele nada terá dado. Não basta, contudo, que alguém não queira dar a outrem o seu; não menos importante é que saiba a quem pertence a coisa, que justamente é de outro; alguém que não saiba isto, ou não dará uma coisa ao seu verdadeiro dono, ou dará de menos, ou dará de mais, ou não se decidirá a dar. Este *saber* o que corresponde a outro para dá-lo é um conhecimento prático, é algo próprio da razão prática, que consiste em saber *o que* há de dar, a *quem* há de dar, *quando* há de dar, *como* há de dar, *onde* há de dar etc. Ao conhecimento do que falamos – que é uma parte da virtude, conforme entenderam os antigos – os romanos chamaram-lhe prudência do direito, *iuris prudentia*, de onde veio a palavra jurisprudência. (Grifos do autor.)

Nessa linha de conhecimento, o trabalho interpretativo, a noção de justiça como o justo concreto e a prudência do direito podem ser melhor transmitidos, desenvolvidos e apurados justamente pelo método do caso, alimentado pela realidade dos litígios jurídicos, tal como levada à apreciação dos tribunais, com toda sua contingência e dramaticidade. Sua dinâmica de estilo socrático do diálogo estabelecido a partir de perguntas e respostas fomenta uma postura de pensamento analítico no aluno, no bojo de um raciocínio jurídico indutivo apreendido de casos concretos.

É o ar da vida real que penetra no ambiente da sala de aula, onde, hoje, imperam os volumosos tratados distantes da realidade fática e uma pedagogia em que o aluno é tratado com um ser que não pensa, porque lhe é exigido somente a memorização de conceitos e textos para posterior transcrição no exame da respectiva disciplina. Por intermédio da metodologia do caso, a sala de aula perde o tom cinzento, ganha o colorido da vida real e os alunos deixam a condição de meros depositários do saber e alcançam a posição de protagonistas do saber, posto que capacitados para a formulação e a criação de soluções jurídicas.

A atual cultura pedagógica no ensino do direito no Brasil é de nítido enfoque reprodutivista,[22] porquanto se esgota na pura transmissão do texto legal e de toda parafernália

---

22. Saviani (2008, p. 381-2) afirma que "com base no pressuposto da neutralidade científica e inspirada nos princípios de racionalidade, eficiência e produtividade, a pedagogia reprodutivista advoga a reordenação do processo educativo de maneira a torná-lo objetivo e operacional. É uma pedagogia que minimiza as interferências subjetivas que possam por em risco sua eficácia. Para tanto, mister operacionalizar objetivos e mecanizar o processo. Daí advém as propostas pedagógicas como o enfoque sistêmico, o microensino, o telensino, o parcelamento do trabalho pedagógico com especialização de funções e a padronização do ensino aos quais devem se ajustar as diferentes disciplinas pedagógicas. É uma pedagogia que dá ênfase aos meios e à mediação entre professor e aluno, o que a difere radicalmente da pedagogia nova, inclusive em

regulatória que o cerca. Carece de qualquer pendor reflexivo, passando ao largo da busca do justo concreto, porque, para essa pedagogia, isso não existe, importando apenas a validade lógica dos resultados, como efeito da tarefa de singela justaposição do caso concreto à lei.

Ignora a prudência do direito, pois tem, para si, que o direito se esgota numa ciência portadora de sistemas e definições que devem ajustar a realidade a todo custo. Não dá o devido valor a uma formação ética que vise, acima de tudo, à forja acadêmica de intérpretes do direito e de seu fim último, a justiça social.

A superação de todos esses fatores negativos passa, necessariamente, por uma guinada metodológica no campo do ensino jurídico. Um importante estudioso do ensino jurídico brasileiro (BASTOS, 1998, p. XIV) já afirmou que:

> embora a questão do método de ensinar e pensar esteja subjacente nas questões do ensino jurídico desde os primeiros documentos e debates parlamentares no Império, ela sempre foi uma questão residual, prevalecendo as opções de natureza curricular ou programática. (...) O aspecto central do ensino de Direito não se restringe ao 'quê' ensinar, mas estende-se ao 'como' ensinar, expressão verbal que traduz uma verdadeira revolução na obtenção de objetivos.

Charles Eliot (STEVENS, 2001, p. 54), prestigiado acadêmico que assumiu o cargo de reitor da Universidade de Harvard em 1869, ainda que inspirado no pragmatismo pedagógico de John Dewey, em seu discurso inaugural, anunciou que "the actual problem to be solved is not *what* to teach, but *how* to teach"[23] (Grifos nossos.). Poderíamos, então, afirmar que *como* nós ensinamos é *o quê* nós ensinamos. É o caminho por onde trilharão as perspectivas de respostas aos nossos objetivos, ao longo dessa obra, congraçando direito, ética, justiça, prudência, hermenêutica e educação, com o intuito de se abandonar a secura da lei rumo ao renascimento da essência perdida do direito, cujo resultado vicejará sua plena vitalidade.

---

outros pontos: a educação é vista como um subsistema cujo funcionamento eficaz é essencial ao equilíbrio do sistema social de que faz parte. Sua base de sustentação teórica desloca-se para a psicologia behaviorista, a engenharia comportamental, a ergonomia, a informática, a cibernética, que têm em comum a inspiração neopositivista e o método funcionalista".

23. Em tradução livre: "o verdadeiro problema a ser solucionado não é o quê ensinar, mas como ensinar".

1

SITUAÇÃO ATUAL DO ENSINO JURÍDICO NO BRASIL

> *As faculdades de direito são verdadeiras nulidades scientíficas,*
> *mais têm funcionado como officina de sophistas,*
> *que enchem o paiz todos os anos de rabulas e chicanistas,*
> *do que como órgãos destinados ao ensino*
> *e à interpretação do Direito.*
>
> (MACHADO NETO, 1969, p. 57)

Inúmeras são as críticas formuladas ao modelo de ensino jurídico dominante no país. A crise do ensino do direito é assunto de muitas discussões, tanto no âmbito acadêmico,[24-25] quanto no seio da opinião pública,[26] há, pelo menos, uma década. A área

---

24. "Ensino jurídico na berlinda: MEC congela a criação de 100 novos cursos de Direito e estuda, em conjunto com a OAB, uma nova política regulatória para o ensino jurídico no país" (*Jornal do Advogado da OAB/SP*, São Paulo, abril de 2013, p. 16-7).

25. Medicina e Direito da USP debatem reforma curricular dos cursos. Disponível em: <http://www.estadao. com.br/noticias/vidae,medicina-e-direito-da-usp-debatem-reforma-curricular-dos-cursos,1027077,0. htm>. Acesso em: 30 de abril de 2016. MEC interrompe abertura de novos cursos de direito para mudar regras. Disponível em: <http://g1.globo.com/educacao/noticia/2013/03/mec-interrompe-abertura-de-novos-cursos-de-direito-para-mudar-regras.html>. Acesso em: 3 de maio de 2016.

26. Ensinar direito. Editorial. *Folha de São Paulo*. São Paulo, 18 mar. 2013, p. A2. "Sem contar com uma proposta acabada sobre o tema, o Ministério da Educação pôs em circulação nas últimas semanas algumas ideias para melhorar a qualidade das faculdades de direito no Brasil. O MEC divulgará, em fevereiro, que estudava alterar as regras para abertura de cursos jurídicos, limitando a expansão de vagas e direcionando novas instituições para regiões carentes de advogados, tal como pretende fazer com faculdades de medicina. Na semana passada, o ministro da Educação, Aloizio Mercadante, anunciou que os estudantes de direito precisarão passar por estágio obrigatório, a ser cumprido em órgãos públicos, como o Judiciário, o Ministério Público e a Defensoria. É preciso, sem dúvida, buscar soluções para as deficiências dos cursos de direito, um problema que persiste no país, sem sinais de melhora, há pelo menos uma década. Já em 2002, Carlos Miguel Aidar, então presidente da seção paulista da Ordem dos Advogados do Brasil (OAB-SP), escreveu artigo nesta Folha no qual dizia haver correlação entre a expansão

jurídica corresponde à segunda maior demanda acadêmica nacional e responde por 15% das matrículas do ensino superior. Em 2014, chegamos à impressionante marca de 1.260 cursos espalhados pelo país, com uma oferta de 215 mil vagas, das quais mais da metade está concentrada na Região Sudeste.[27]

São números superlativos[28] e que demonstram o peso do profissional do direito na realidade institucional. É sabido que bacharéis mal formados multiplicam-se e a gran-

---

desenfreada de vagas e a piora da instrução superior. 'O futuro do ensino jurídico não nos parece claro ou promissor. O número de escolas é excessivo, a formação dos alunos é precária', dizia. Naquele ano, 81% dos candidatos foram reprovados no exame da OAB-SP. O pior resultado desde a instituição da prova, em 1973. De lá para cá, o número de cursos jurídicos mais que dobrou, chegando a cerca de 1.200 em 2011. No último exame da OAB (hoje unificado em todo o país), 83% foram incapazes de acertar metade das 80 questões e passar à segunda fase. Ante desempenho tão constrangedor, não surpreende que a OAB só recomende 90 cursos de direito no Brasil, menos de 8% do total. Tudo leva a crer que o maior problema é mesmo o crescimento desabalado de faculdades. Faria melhor, o MEC, se atuasse com mais rigor para frear a expansão dos cursos precários e descredenciar instituições ineptas. Tais medidas teriam impacto positivo na qualidade do ensino e evitariam que jovens desperdiçassem tempo e dinheiro na busca do diploma. Iniciativas polêmicas e de eficácia duvidosa, como o direcionamento de novas escolas e o estágio obrigatório, poderiam ser postas em discussão num segundo momento. Por enquanto, tais ideias mirabolantes servirão apenas para tirar o foco da questão principal." Disponível em: <http://www1.folha.uol.com.br/opiniao/1247649-editorial-ensinar-direito.shtml>. Acesso em: 29 de abril de 2016. O recente editorial, em pese sua brevidade, acerta num ponto em concreto: sobram profissionais de direito e falta qualificação profissional, porque a imensa maioria dos cursos de direito foi autorizada sem critério e ensina precariamente.

27. Segundo os dados do artigo "Proliferação indiscriminada", publicado no *Jornal do Advogado da OAB/SP* (São Paulo, abril de 2013, p. 17), o qual relata que, "em **1960**, o Brasil possuía **69** escolas de Direito. Em **1997**, esse número sobe para **270**. Em **2008**, já eram **1.091**. Em **2014**, chegamos à impressionante marca dos **1.260** cursos. (...) Há, hoje, no Brasil, **mais de 730 mil** advogados, existindo ao lado, aproximadamente, **1 milhão** de bacharéis reprovados no exame de estado ou não submetidos a tal aferição". (Grifos nossos.)

28. Segundo a notícia do portal Congresso em Foco, em dezembro de 2013, o Ministério da Educação determinou a suspensão do ingresso de alunos em 38 faculdades de direito espalhadas pelo país. Com avaliações insatisfatórias pelos critérios estabelecidos pelo governo, a quantidade ajuda a revelar uma outra realidade existente no Brasil. Nos últimos 20 anos, de acordo com a Ordem dos Advogados do Brasil, houve uma explosão de cursos na área: de aproximadamente 200 na década de 1990, para atualmente os 1,3 mil existentes. "O curso de Direito se banalizou", resumiu o presidente do Conselho Federal da Ordem dos advogados do Brasil, Marcus Vinícius Coelho. Com esta banalização, **o país tem, a cada ano, cerca de 60 mil novos advogados no mercado. Segundo ele, o número corresponde ao total de graduados na** área existentes na França, por exemplo. O advogado qualifica o excesso como um "quadro de estelionato educacional", mesmo com a depuração feita pelo Exame da Ordem, prova contestada por parte dos bacharéis e congressistas. **O presidente da OAB afirma que nenhum país no mundo possui tantos cursos de Direito quanto o Brasil. Nos Estados Unidos, com uma população de 313 milhões, são 232.** Por lá, a American Bar Association (ABA), entidade equivalente à OAB nos EUA, apresentou um estudo em dezembro mostrando que o volume de matrículas nas universidades está em declínio. Já por aqui a proliferação de cursos mostra outra realidade. **"Nós temos mais faculdades de Direito do que o resto do mundo juntos", apontou Marcus Vinícius. Em 2010, enquanto o Brasil tinha 1.240 cursos de Direito, os demais países somavam 1.100, segundo levantamento divulgado pela própria**

de maioria dos diplomados jamais exercerá uma profissão jurídica, como professor-pesquisador, magistrado, advogado, promotor, delegado, procurador ou defensor. Eles irão engrossar as estatísticas do desemprego ou seguirão outros rumos profissionais. A disseminação e massificação das escolas de direito, no cenário nacional, contribuíram em muito para o desprestígio das leis e das profissões jurídicas, agravado ainda pelo academicismo, pedantismo verbal e apego ritualístico à noção de lei. Um retrato profissional muito preocupante.

Platão, nas cidades-estado gregas e, mais tarde, Cícero, na República Romana, pregavam um "governo de leis" no lugar de um "governo de homens". E foi sob o "império da lei", de alguns séculos para cá, depois dos movimentos constitucionalistas europeus, que o Estado de Direito teve seu complexo e pesado edifício construído.

Se justamente são os profissionais do direito as pessoas capacitadas a protagonizar os destinos de uma cidade assentada no império da lei, quando eles são mal formados, os fundamentos do Estado de Direito ficam seriamente ameaçados. No lugar da isonomia, da legalidade e da aplicação da justiça com independência, entrarão, pelas rachaduras das fundações desse edifício, a abusividade dos donos do poder, a arbitrariedade da ideologia, o despotismo da maioria, o capricho relativista vestido de direito subjetivo e a parcialidade das decisões judiciais.

Não é o melhor dos cenários sociais. Aquilo que a sociedade poderá vir a ter como direito repousará nas consciências desses profissionais. Logo, a formação acadêmica dos estudantes de direito não só interessa à sociedade, como é fundamental à própria experiência da mesma sociedade com o direito.

Assim, a crise do ensino jurídico deve ser vista, globalmente, à luz de um tempo presente em que os postulados da modernidade parecem indicar um sinal de esgotamento

---

entidade". (Grifos nossos.) Por isso, acrescentou, o presidente da OAB, uma das primeiras ações após ser eleito presidente foi encontrar o ministro da Educação e pedir o fechamento de faculdades que não tenham condições para funcionar. De acordo com ele, a Ordem nunca teve "um acolhimento completo" das propostas para dificultar a criação de cursos. "O ministro fazia uma parceria com a Ordem, congelava a criação de faculdades, mas no ano da eleição ele não conseguia conter as pressões políticas e fazia uma enxurrada de criação de faculdades. Se perceber, a criação das faculdades de direito normalmente acontece nos anos eleitorais", afirmou. No entanto, após a conversa com o ministro, foi estabelecido um pacto para enquadrar as faculdades que falhassem nas avaliações propostas pelo MEC. Quando anunciou, em dezembro passado, a suspensão do vestibular de 270 cursos da área de humanas – 38 de Direito –, o ministro da respectiva pasta disse: "É uma decisão dolorosa, mas ela é indispensável. E esse rigor contribui para melhora de qualidade. Vamos continuar com o mesmo rigor". No entanto, esta não é a única atitude do governo tomada em conjunto com a OAB para tentar melhorar a qualidade na área. Em março de 2013, o MEC proibiu a abertura de novos cursos de Direito no país. Na sequência, o ministro da Educação confirmou que todas as faculdades em atividade atualmente passarão por uma inspeção presencial. Terão atenção maior aqueles com desempenho insatisfatório no Conceito Preliminar de Curso (CPC). "Vamos fazer um pente fino nos cursos de direito. (...) Não podemos continuar com 80% dos formandos sem passar no exame da Ordem", disse. Disponível em: <http://congressoemfoco.uol.com.br/noticias/brasil-recordista-de-cursos-de-direito-no-mundo/>. Acesso em: 23 de janeiro de 2016.

em muitos âmbitos do saber científico e, analiticamente, à luz de fatores governamentais (regulação, avaliação e supervisão dos cursos jurídicos pelo Ministério da Educação), legais (política estatal e gestão educacional) e escolares (infraestrutural, curricular, pedagógico e docente). Passemos ao desenvolvimento de cada um destes fatores.

Nos dias atuais, acreditamos ainda não estarmos sob o pálio de um direito da pós-modernidade. Por outro lado, muitos autores que estudam a pós-modernidade indicam que mudanças estão em curso, porém, sem consenso nos planos conceitual e hermenêutico. Essa transição é um fenômeno que se manifesta em inúmeros níveis do relacionamento humano e social e decorre justamente das profundas alterações havidas nas matrizes dos valores que permeiam as ações individuais e coletivas.

Nessa atmosfera transitiva, a crença irrefreada na ordem e no progresso, segundo os postulados positivistas, foi abalada pela experiência contemporânea da fome em vários continentes, do nenhum caráter ressocializante do sistema carcerário nacional, da duvidosa eficácia dos resultados científicos em prol do bem comum, dos totalitarismos e regimes autoritários, da má distribuição da renda mundial, dos mandos e desmandos do sistema capitalista internacional, do pouco apreço governamental à formação pedagógica, da busca cega pelo hedonismo e pelo consumismo, da desagregação familiar e da trivialização das relações sociais. Enfim, um quadro nacional e internacional de alguma ordem e de pouco progresso.

O ideário positivista foi substituído pela noção de desenvolvimento sustentável, pelos princípios de justiça restaurativa, pela ideia de função social da propriedade dos bens, de justiça social e de diálogo entre ciência e religião, além de uma maior aproximação institucional entre Estado e sociedade civil por via das sociedades intermédias.

Dentro desse contexto, situa-se a questão da crise do ensino do direito, o qual também estaria passando por mudanças, instabilidades e incertezas. Se o modelo em que o direito foi sempre transmitido de geração em geração está em crise paradigmática, será que a atual forma de ensino do direito é capaz de fazer frente aos desafios dessa nova realidade?

O modelo em vigor, inaugurado aqui em 1827,[29] é uma derivação liberal e positivista da forma de conhecer a realidade e, nesse caso, a realidade do Direito. É importante observar que a criação dos cursos jurídicos no Brasil foi a solução institucional buscada para a formação de quadros políticos e administrativos aptos a viabilizarem e consolidarem a independência nacional e o estado imperial. Isto é, a formação política prevaleceu sobre a formação jurídica propriamente dita.

O objetivo precípuo era o de formar a elite política e administrativa brasileira e, como consequência, os debates legislativos sobre o projeto desta lei refletiram as con-

---

29. A "Lei Imperial de 11 de Agosto de 1827", conhecida como a Lei de Criação dos Cursos Jurídicos no Brasil, foi promulgada pelo Imperador D. Pedro I e assinada no Palácio do Rio de Janeiro por José Feliciano Fernandes Pinheiro, Visconde de São Leopoldo, então Secretário de Estado dos Negócios do Império. O texto integral desta legislação está no Anexo V (BRASIL, 1827, p. 5-7).

SITUAÇÃO ATUAL DO ENSINO JURÍDICO NO BRASIL | 43

tradições e as expectativas: de um lado, das elites locais comprometidas com o processo de independência e adeptas dos movimentos liberais e constitucionais que sucederam às revoluções francesa e americana, além do incipiente ideario positivista de Comte; do outro, da elite imperial conservadora, atrelada historicamente à máquina política colonial, aos institutos jurídicos da metrópole e aos postulados institucionais do Antigo Regime.

Uma aula do curso de graduação de direito, no século XIX, está revestida de um simbolismo sem par (BITTAR, 2006, p. 5),

> quase um ritual se segue até que a aula se inicie, ou seja, até quando o lente catedrático comece a proferir sua *lectio*. A aula é uma proposta de leitura *in verbis* do texto da legislação em vigor, e reflete, no máximo, a capacidade de intepretação literal da textualidade legal. A letra da lei parece tão sagrada e inviolável quanto a letra das Sagradas Escrituras; não pode ser alterada, violada e deve ser capturada em seu sentido mais originário possível. Eis o princípio da hermenêutica jurídica, a partir da hermenêutica sagrada. O Livro Sagrado? A Bíblia do jurista? O Código, ou o compêndio de legislação.

Esse ambiente pedagógico produziu, além da reprodução irrefletida da visão oficial do direito imperial, típico da atuação positivista no direito, outras práticas profundamente arraigadas no ambiente escolar jurídico: o bacharelismo[30], a linguagem empolada, a relação verticalizada entre professor e aluno, o método pedagógico autodidata, a carência de pesquisa científica, a academia como uma espécie de linha de produção fordista-taylorista de autoridades legais, a sala de aula como o local de produção, no corpo discente, da imagem especular do professor, a unilateralidade de verdade docente, o uso e abuso do argumento de autoridade e o desconhecimento de métodos pedagógicos de aprendizagem.

Sergio Adorno (1988, p. 103) retrata o ambiente de uma faculdade de direito na época imperial.

> Havia uma certa desilusão frente ao quadro geral do ensino jurídico. A deficiente qualidade didática dos mestres parecia a tônica geral, pela frequência com que os cronistas

---

30. O bacharelismo é um fenômeno da educação jurídica e que se caracteriza pela preocupação com a formação de bacharéis (aspecto formal) e não com a educação jurídica (aspecto pedagógico). Flávio Bento e Edinilson Machado (SILVEIRA; SANCHES; COUTO (Org.), 2013, p. 199-200) fazem uma breve e multidisciplinar compilação bibliográfica acerca do bacharelismo: "Também integram esse grupo os textos do bacharel Gustavo Barroso, que enxergou as Faculdades de Direito como 'fábricas de bacharéis', 'fábricas de descristianização da mocidade brasileira' (1937); de Gilberto Freyre e o seu 'bacharel ou doutor afrancesado' (1936, p. 311), com suas ideias e seus modismos europeus; de Sérgio Buarque de Holanda, que se referiu à 'praga' e ao 'vício do bacharelismo' (1995, p. 156-7); de Luiz Felipe de Alencastro, que denominou 'o fardo dos bacharéis' (1987, 1998), a ideologia que o autor caracterizou como uma 'ideologia de integração nacional a serviço das elites intelectuais e da burocracia imperial e republicana' (1998, p. 5); de Eliane Botelho Junqueira, que, ao analisar a presença dos bacharéis e, por consequência, da própria educação jurídica na literatura oitocentista, refere-se ao 'bacharel sem perspectivas, aético, frustrado', que demonstrava um 'profundo desinteresse por qualquer questão que ultrapassasse os limites de um quotidiano definido por saraus, óperas e bailes' (1998, p. 86). Em consonância com essa visão, surge a acepção de bacharelismo como 'dito pretensioso e enfadonho, com pouco ou nenhum nexo, ou irrelevante', ou como expressão sinônima de bacharelice, 'costume de falar à toa, palavreado pretensioso'".

tecem comentários, nem sempre elogiosos, sobre a personalidade de determinados lentes. (...) Ademais, em lugar da concentração, a dispersão constituía regra pedagógica em sala de aula. Era corriqueira a ocorrência de situações hilariantes que, se descontraíam o monocórdio desagradável das doutrinas lidas, afetavam seguramente a circunspecção indispensável ao aprendizado de complexos princípios jurídicos.

Essa identidade do ensino jurídico migrou até os dias atuais com poucas alterações e, quando isso se deu, foram estritamente pontuais, sem afetar a lógica positivista do conjunto científico do direito e de sua forma de transmissão e, o que causa maior preocupação, sem considerar ou mesmo questionar a eficácia dessa identidade para uma sociedade profundamente modificada em valores e paradigmas. Um ensino jurídico estagnado para uma realidade completamente diferente daquela na qual os cursos jurídicos foram criados no Brasil.

Quando se discute a crise no ensino jurídico nacional, é bom que se tenha em mente que não se está a debater uma estrutura curricular constantemente aperfeiçoada, uma eficácia dos métodos pedagógicos normalmente empregados ou uma solidez de planos de ensino altamente desenvolvidos e apurados, mas uma deficiente qualidade docente generalizada, uma extrema concentração da aula na figura do professor, uma visão positivista do estudo do Direito amoldada à grade curricular,[31] uma performance entediante da dinâmica de aula, uma apatia reflexiva discente e uma reprodução da ideologia jurídico-política oficial estatal.

Analiticamente, a questão da crise no ensino jurídico desafia a apreciação de fatores governamentais, legais e escolares. Quanto aos governamentais, o Ministério da Educação, depois de autorizada a criação do curso pela instituição de ensino superior, regularmente, deveria aplicar uma série de instrumentos e indicadores de avaliação de qualidade, segundo os princípios que iluminassem um marco regulatório legal (atualmente, inexistente), a fim de promover um aprimoramento qualitativo dos cursos de direito, corrigindo as distorções verificadas e acompanhando o cumprimento destas.

---

31. Márcio Satalino Mesquita aborda, com raro senso crítico, as principais consequências da adoção do ensino positivista do Direito (TAGLIAVINI (Org.), 2008, p. 86), a saber: "a) a desvalorização das disciplinas incluídas no denominado eixo de formação fundamental, e a forma como têm sido ministradas, de maneira paralela e não efetivamente fecundante de todo o ensino; b) a valorização do conhecimento das normas jurídicas abstratamente consideradas, em detrimento da solução de casos concretos, dificultando a introdução de novas técnicas de ensino e aprendizagem; c) a desvalorização do ensino de dimensão histórica do Direito e dos fatores socioeconômicos condicionantes da produção das normas jurídicas, a resultar numa visão tecnicista e acrítica". Em outras palavras, o ensino do Direito, quando inspirado pelo positivismo jurídico, tende a reduzir-se ao ensino da lei. A concepção normativista do Direito influencia decisivamente o conteúdo programático das disciplinas dos cursos jurídicos, que tendem a reproduzir os textos legais correspondentes. Os cursos e manuais mais utilizados no ensino jurídico seguem, na exposição doutrinária, com grande dose de correspondência, os textos legais relativos às respectivas áreas do Direito. E, se o conteúdo do ensino jurídico reproduz, em regra, a legislação das respectivas áreas de referência, na avaliação, o ensino positivista do Direito irá cobrar, do aluno, o conhecimento do direito positivo.

Hoje, somente existe o mecanismo do Exame Nacional de Desempenho dos Estudantes (ENADE), conhecido vulgarmente pelo nome de "provão do MEC", realizado no último semestre letivo do curso de direito (alunos concluintes). Desde 1996, na primeira vez em que foi aplicado (inclusive este autor teve a oportunidade de fazê-lo), até 2016, nota-se um esforço avaliativo, por parte do Ministério da Educação, no afã de exigir uma resposta reflexiva do aluno e não a pura reprodução do texto legal, por escrito ou na opção de múltipla escolha.[32]

Um passo adiante, sem dúvida, porém um tanto isolado de outros esforços na mesma direção, porque, por outro lado, outros instrumentos e indicadores de qualidade não são exigidos com o mesmo rigor do ENADE, como titulação acadêmica, percentual mínimo de professores em Regime de Dedicação Exclusiva (RDE) na Instituição de Ensino Superior (IES), programa de pesquisa docente, política de valorização salarial do professor, quantidade mínima de artigos publicados (indexados e não indexados), cursos de aprimoramento, participação em simpósios, palestras, congressos, bancas e número mínimo de orientandos na pós-graduação.

Estes e outros mecanismos poderiam ser melhor trabalhados em prol da melhoria qualitativa não só do corpo discente, mas, sobretudo, como sinal inequívoco de valorização profissional do conjunto docente das instituições de ensino superior na área do direito.

No que concerne aos fatores legais, a política estatal e a gestão educacional ainda são fortemente baseadas na relação "qualidade x quantidade", dicotomia essa de natureza falsa, porque um país com regionalismos marcantes, realidades jurídicas díspares, desníveis socioeconômicos regionais flagrantes, é evidente que a expansão dos cursos jurídicos pelo país parece-nos inevitável e, sobretudo imprescindível,[33] considerando que mais de metade das vagas está concentrada na região Sudeste, conforme já aventado anteriormente.

Entretanto, essa expansão deve ser feita com critérios claros e determinados por um marco regulatório legal, inexistente hoje, que preze o equilíbrio quantitativo entre oferta e demanda, a qualidade do corpo docente e da estrutura institucional, sem prejuízo de um espaço pedagógico, no âmbito das diretrizes curriculares, que permita uma diversidade

---

32. Para facilitar a compreensão dos conteúdos, reproduzimos o primeiro (1996) e o último (2016) exames no Anexo VI (<http://www.ambito-juridico.com.br/site/?n_link=provas_arquivos&id=116>) e no Anexo VII (<http://download.inep.gov.br/educacao_superior/enade/provas/2016/07_DIREITO. pdf>), sem as tabelas, gráficos e ilustrações, perfeitamente dispensáveis, porque o intuito é o de apenas se fazer um cotejo do grau de exigência reflexiva do aluno em cada uma das avaliações oficiais.

33. Frederico de Almeida ressalta que "se há mais de 30 anos fala-se em crise do ensino jurídico, é certo que as propostas para a resolução dessa crise se diversificaram ao longo do tempo, com o surgimento concomitante de atores e discursos diversos sobre como se alcançar um ensino jurídico de qualidade. A acelerada expansão da oferta de ensino superior, nas últimas décadas, e a recente e intensa ascensão social das classes populares à chamada 'nova classe média' – movimento que passa também pela inclusão educacional – apenas tornam o cenário do ensino jurídico mais complexo, demandando reflexões inovadoras e avançadas para seu aprimoramento". Disponível em: <http://ultimainstancia.uol.com.br/conteudo/artigos/53201/os+cursos+juridicos+e+a+educacao+republicana.shtml>. Acesso em: 3 de novembro de 2016.

de modelos de ensino jurídico e de projetos institucionais na mesma área, segundo a própria vocação da região em que estiver situada a Instituição de Ensino Superior (IES).

E o mesmo marco regulatório legal deveria estruturar uma grade curricular que possibilitasse uma formação para além das atividades tradicionais do Direito: juiz, advogado, delegado e promotor de justiça, levando em conta as múltiplas interações do Direito com a dinâmica social e econômica.

Apesar do silêncio legal, a perspectiva de diversidade profissional é contemplada por ato administrativo, a saber, o art. 2º, §1º, inciso I, da Resolução nº 09/2004 do Conselho Nacional de Educação (CNE) (Anexo I). Contudo, na prática, seus efeitos são nulos, porque as Instituições de Ensino Superior (IES) estão mais preocupadas em formar bacharéis de baixa qualidade para, depois, serem despejados num mercado de trabalho cada vez mais saturado. Em síntese, elas formam para o mercado de trabalho e não para o mundo do trabalho.

Diante da pouca qualificação e da incapacidade das mesmas instituições em atender aos objetivos pedagógicos (artigos 3º e 4º da Resolução nº 09/2004 do Conselho Nacional de Educação – CNE) (Anexo I), tais bacharéis acabarão por preencher as longas fileiras de matrícula dos cursos de extensão universitária ou de especialização, os quais, em termos pedagógicos, em sua maioria, são uma espécie de "mais do mesmo" da graduação.[34]

O advento de um marco regulatório legal faria diminuir consideravelmente o espaço da famosa "política de balcão" do Ministério da Educação para os cursos de direito, fato que está nas entrelinhas do processo de mercantilização do ensino superior, principalmente no campo jurídico, inspirado em princípios puramente pragmáticos, sem qualquer outro compromisso que não seja para com a lógica dos fluxos e contrafluxos do mercado.

O resultado dessa aliança espúria entre o público e o privado é a banalização do saber jurídico, a delegação, cada vez maior, por parte do ente público, da obrigação constitu-

---

34. Segundo Saviani (2008, p. 431), configura-se, nesse contexto, a "pedagogia da exclusão": "trata-se de preparar os indivíduos para, mediante sucessivos cursos dos mais diferentes tipos, se tornarem cada vez mais empregáveis, visado a escapar da condição de excluídos. E, caso não o consigam, a pedagogia da exclusão lhes terá ensinado a introjetar a responsabilidade por essa condição. Com efeito, além do emprego formal, acena-se com a possibilidade de sua transformação em microempresário, com a informalidade, o trabalho por conta própria, isto é, sua conversão em empresário de si mesmo, o trabalho voluntário, terceirizado, subsumido em organizações não governamentais etc. (...) Eis o que ensina a pedagogia da exclusão". Na mesma linha de Saviani, Gentili (LOMBARDI, 2005, p. 55) assevera que "o conceito de 'inempregável' parece traduzir, no seu cinismo, a realidade de um discurso que enfatiza que a educação e a escola, nas suas diferentes modalidades institucionais, constituem sim uma esfera de formação para o mundo do trabalho. Só que essa inserção depende agora de cada um de nós. Alguns triunfarão, outros fracassarão. Nessa perspectiva, o indivíduo é um consumidor de conhecimentos que o habilitam a uma competição produtiva e eficiente no mercado de trabalho. A possibilidade de obter uma inserção efetiva no mercado depende da capacidade do indivíduo em 'consumir' aqueles conhecimentos que lhe garantam essa inserção. Assim, o conceito de empregabilidade se afasta do direito à educação: na sua condição de consumidor o indivíduo deve ter a liberdade de escolher as opções que melhor o capacitem a competir".

cional de administrar a educação superior em favor da rede privada de ensino e, diante da pífia atuação estatal na avaliação da qualidade do ensino jurídico, influenciada também pela má qualidade da educação básica brasileira, a formação de um exército de bacharéis com um diploma que dificilmente lhes abrirá uma porta no mercado de trabalho.

No que atine aos critérios escolares (que abrangem, de maneira organicamente entrelaçada, fatores infraestruturais, curriculares, pedagógicos e docentes), a realidade é mortificante e exponencia consideravelmente a crise no ensino jurídico.

A infraestrutura das faculdades de direito, em regra, não exige vultosos investimentos, ao menos se comparada com outras faculdades em que um aporte de monta é incontornável, como uma faculdade de medicina ou de engenharia. Entretanto, se a maioria das faculdades oferece uma boa infraestrutura física, composta basicamente de salas de aula, auditório, laboratórios de informática, equipamentos de multimídia e espaço para o núcleo de prática jurídica, por outro, acomodam, em regra, bibliotecas com um acervo de baixo nível qualitativo e mal conservado, sem um processo constante de atualização e catalogação das obras.[35] Não são bibliotecas: são verdadeiros amontoados de livros.

Se a formação do estudante de direito depende de constantes leituras e de um profundo conhecimento acerca da dogmática jurídica, legislação, jurisprudência e direito comparado, uma instituição de ensino superior (IES) que não zela pelo bom nível de seu acervo bibliográfico certamente não conseguirá inculcar, no espírito do corpo discente, o famoso conselho de Miguel de Cervantes, segundo o qual "quem lê muito, vai longe e sabe muito". E, como consequência, faz prevalecer a máxima do padre Antônio Vieira: "quem não lê, não quer saber; quem não quer saber, quer errar"[36].

Por fim, naquilo que guarda profunda afinidade com os objetivos desse labor acadêmico, alcançamos os fatores curriculares, pedagógicos e docentes. Em primeiro lugar, o ensino jurídico tem um viés notoriamente profissionalizante, desde a implantação dos cursos jurídicos no Brasil em 1827, porquanto, conforme já ressaltado, a finalidade exclusiva da faculdade de direito era a de capacitar o conjunto discente para a advocacia e o preenchimento dos cargos da administração pública.

---

35. Como ilustração, segue um link em que um consagrado professor da faculdade de direito da USP, do qual fui aluno na disciplina "latim jurídico", denuncia o mau estado de conservação da maior biblioteca jurídica da América Latina, cujo acervo é de mais de um milhão de obras catalogadas: <http://cadeabiblioteca.wordpress.com/2010/03/29/carta-do-professor-helcio-madeira-aos-alunos-da-gradua cao-e-da-pos-graduacao/>. Outras notícias sobre o mesmo tema: <http://cadeabiblioteca.wordpress.com/2010/03/29/usp-recebe-ultimato-para-zelar-por-livros/>; <http://cadeabiblioteca.wordpress.com/2010/03/29/usp-guarda-160-mil-livros-amontoados-em-caixas-ha-2-meses/>; <http://cadeabiblioteca.wordpress.com/2010/03/29/biblioteca-de-direito-usp-esta-inacessivel-para-alunos/>; <http://cadeabiblioteca.wordpress.com/2010/03/29/as-bibliotecas-e-o-ministerio-publico-federal/>. Acesso em: 3 de novembro de 2016.

36. NEVES DA SILVA, Paulo. *Citações e Pensamentos do Padre Antonio Vieira*. Alfragide: Casa das Letras, 2010. p. 135.

As grades curriculares – rigidamente estruturadas – são compostas por disciplinas voltadas para a especialização do aluno, dotadas de um grau notável de tecnicismo e, no conteúdo, atrelam-se explicitamente à apreensão de mecanismos lógico-formais de exegese da legislação positivada. Um foco pedagógico marcado pela pura transmissão normativa, sem espaço para uma reflexão de sua natureza prudencial e globalizante, uma preocupação com os ditames da justiça e os fins sociais do direito.

Num ambiente teórico de matriz positivista, não há espaço e condição curriculares para o implemento do eixo de formação fundamental (art. 5º, inciso I, da Resolução nº 09/2004 do Conselho Nacional de Educação – CNE) que tem, por objetivo, "integrar o estudante no campo, estabelecendo as relações do Direito com outras áreas do saber, abrangendo dentre outros, estudos que envolvam conteúdos essenciais sobre Antropologia, Ciência Política, Economia, Ética, Filosofia, História, Psicologia e Sociologia" (Anexo I). Poderíamos incluir, nesse rol, o estudo do latim também, imprescindível para quem pretende conhecer a história do direito e o verdadeiro sentido e alcance dos famosos brocardos jurídicos.

Fechado às outras dimensões do conhecimento que tratam diretamente do ser humano, um currículo desse naipe só pode transmitir um saber falso da realidade que cerca o aluno, cuja vivência é marcada por um constante fluxo de interdisciplinariedade, na qual o Direito tem um importante destaque. Mas o hermetismo curricular encerra o Direito na dogmática fria e lógica de seus postulados.

Nem mesmo o estudo da jurisprudência dos tribunais é alçado à dignidade de disciplina curricular. A jurisprudência, enquanto a prudência do *ius*, isto é, aquele corpo de sentenças e acórdãos proferidos pelos juízes, desembargadores e ministros nos casos concretos dos inúmeros processos judiciais, representa o próprio Direito vivo e pulsante de vitalidade existencial, no qual a equidade pode contribuir com seu tom corretivo da lei aplicada na resolução dos conflitos da vida social.

O currículo jurídico, na prática acadêmica, apesar do louvável conteúdo da Resolução nº 09/2004 do Conselho Nacional de Educação (CNE), sob uma perspectiva de conjunto, condiciona o aluno para a compreensão estritamente formal do Direito, obrigando o professor, necessariamente, a submeter a classe à leitura monocórdica e inútil de leis e códigos.

Como efeito secundário dessa pedagogia reprodutivista, o autodidatismo vai tomando corpo no interior da consciência do aluno, a ponto dele questionar a importância de sua própria presença numa aula, cujo protagonismo, nessa dinâmica pedagógica, é centrado na pessoa do professor e a participação do aluno restringe-se ao exercício auricular de apreensão e memorização do conteúdo transmitido,[37] porque não existe espaço

---

37. Julio Cueto Rua (2009, p. 1.283-4), em precisa síntese e em tradução livre, aponta a atual realidade espanhola do ensino jurídico, que não difere muito daquela traçada nesse capítulo: "É uma prática comum de nossas faculdades de direito requerer, dos alunos, a exposição de doutrinas abstratas. Se lhes interroga

para a capacidade reflexiva e o desenvolvimento da criatividade discente, salvo por ocasião da apresentação da monografia final de curso.

Aqui, inclusive, está outro campo de batalha para a direção pedagógica de uma faculdade de direito, porque raramente se recruta um professor – com formação jurídica – adequadamente preparado para o ensino de metodologia de pesquisa aos alunos. Aliás, pode-se afirmar que um ambiente acadêmico de graduação que dá pouco valor à pesquisa ao longo do curso é incapaz de produzir um conjunto de monografias de final de curso qualitativamente apreciável.

Nesse estéril mundo curricular e pedagógico positivista, não se admira que o professor peque pela falta de identidade social e política. Elemento essencial de qualquer projeto educacional, o professor-pesquisador, no caso do ensino jurídico, tem dificuldades em se afirmar como alternativa profissional e estilo de vida exclusivo. É predominante o perfil do magistrado, advogado, delegado ou promotor que, com ou sem formação e titulação específica, dedica-se ao magistério como sua segunda atividade, sem que, por isso, a desmereça ou a ela se dedique com menos afinco.

Construir uma identidade do docente em Direito passa necessariamente pelos debates sobre a formação para a docência, sobre suas condições objetivas de trabalho (envolvendo aspectos trabalhistas e outros ligados ao desenvolvimento do ensino, da pesquisa e da extensão) e sobre seu posicionamento político acerca da possibilidade de influenciar os debates acadêmicos, legislativos e regulatórios sobre os fins do ensino jurídico.

Ao propor para o conjunto discente um saber fragmentado em inúmeras e cada vez mais crescentes especialidades, sem uma visão de conjunto;[38] um conhecimento estrita-

---

sobre a natureza jurídica de uma instituição e sobre os fundamentos em que a dita natureza se apoia, os alunos, salvo casos excepcionais, não estão em condições de compreender o alcance da pergunta nem o significado funcional de uma natureza jurídica. Eles se limitam a memorizar e a repetir. Os professores, por seu lado, acostumam-se a se dar por satisfeitos com a resposta tomada com base na memorização daquilo que foi escutado em sala de aula, sem demonstrar maior inquietação acerca da efetiva compreensão da pergunta pelo aluno. Estes, normalmente, não fazem ideia clara sobre as diversas teorias elaboradas para justificar uma determinada natureza jurídica. Tampouco eles são levados a compreender o funcionamento dessa natureza jurídica na atividade forense ou na solução dos conflitos concretos sugeridos no seio da comunidade. Em suma, perguntas sobre a natureza jurídica de uma instituição terminam por resultar obscuras e intimidantes. A palavra natureza é equivocadamente empregada. Parece referir-se a uma qualidade ou dado da realidade natural, mas não é assim, como acredita a ideia que a naturaliza como sendo jurídica. Isso gera ambiguidade ou lembra um enigma. O estudante fica atrapalhado no uso desses termos e não encontra outra salvação que a repetição mecânica daquilo que foi escutado na aula ou lido no manual. Não tem a oportunidade de pôr em jogo a capacidade de raciocínio ou mesmo sua imaginação criativa. Tão negativa, como a pergunta obscura, é a exigência de citações de artigos de códigos, de exposições de motivos de leis ou de opiniões doutrinárias. Ao invés de ao aluno ser dada a oportunidade de utilizar os artigos de códigos, as exposições de motivos de leis ou as opiniões doutrinárias para argumentar a favor ou contra uma determinada solução de um conflito, pede-se a repetição memorativa do texto normativo ou do número que o individualiza".

38. Transcrevo um trecho de um artigo do filósofo alemão Josef Pieper, como contraponto teórico à fragmentação do saber: "Em todo caso, as novas fundações continuarão a receber o nome tradicional de uni-

mente abstrato/científico e pouco (ou nada) prudencial da realidade jurídica; um aprendizado de costas para a pesquisa e calcado exclusivamente na reprodução do texto normatizado e não refletido; um ambiente escolar avesso a uma maior atuação discente na dinâmica pedagógica; uma despreocupação na formação dos alunos como intérpretes de leis e uma ausência de certo percentual de docentes-pesquisadores em regime de dedicação exclusiva, o Direito, como refém do positivismo,[39] perde sua magnanimidade social e torna-se uma caricatura e não o objeto da justiça.

---

versidades: quanto a isto não há divergências. Ora, este nome contém – como todo mundo sabe – uma palavra fundamental da linguagem humana: *universum*. E palavras fundamentais não podem sofrer alterações arbitrárias de sentido. Como pode o vocábulo *universum*, que se refere ao caráter de todo único e uno da realidade, de repente passar a significar algo de novo e diferente? Assim, é claro que também não depende do nosso gosto entender por universidade qualquer coisa, algo que não tivesse nada a ver com aquilo que expressa esta palavra fundamental. De fato, por mais que em sua realidade concreta nossas universidades se diferenciem das escolas superiores da cristandade medieval (e nem se podia esperar outra coisa), mesmo assim elas realizam a mesma concepção fundamental que se exprime sob o nome de *universitas*: uma instituição que, de modo específico e singular, está relacionada com a totalidade do real, com o mundo como um todo. De resto, as escolas de Paris, Oxford, Pádua etc. – que desde o princípio do século XIII começaram a se chamar universidades – não se concebiam, de modo algum, como algo simplesmente novo, mas como herdeiras e continuadoras da escola do bosque de Academos, que o patriarca de todo o filosofar ocidental, Platão, fundara em Atenas um milênio e meio antes. Os historiadores não têm, parece-me, dado à devida atenção ao fato de que os grandes fundadores da cultura ocidental, pelo menos desde o grande mestre Alcuíno, constantemente invocam a Academia de Platão como modelo dos seus próprios projetos: estes fundadores consideram que o cultivo da sabedoria foi transplantado de Atenas para o meio dos francos. Naturalmente, aqui este particular não é de maior interesse. Importante é, isto sim, que a própria fundação de Platão se autoconsiderava *universitas*, uma comunidade de ensino e aprendizagem formada por homens – é o que diz Sócrates na República (486 a) – "cuja alma se lança continuamente para atingir o todo e o universal, tanto divino quanto humano". Disponível em: <http://www.hottopos.com.br/mirand9/abertu.htm>. Acesso em: 3 de novembro de 2016.

39. No fundo, o positivismo jurídico vende a ideia de direito como sinônimo exclusivo de segurança jurídica. A segurança jurídica é como um guarda-chuva: protege, mas obriga. Abriga, mas é um incômodo. No limite, o mundo dos chapéus de chuva é um universo cinzento de pessoas sem rosto. Abrigadas, seguras, mas, como a sociedade da qual fazem parte, desprovidas de vitalidade e de personalidade.

2 ESCORÇO HISTÓRICO DO ENSINO DO DIREITO

Homines dum docent discunt.[40]

(Sêneca)

Começamos pelos antecedentes históricos do Direito e de seu ensino, a fim de melhor contextualizar os problemas lançados na introdução desta obra e explicar como nossas instituições de ensino jurídico são e porque são as que existem. A História do Direito ensina que o Direito é, no fundo, uma permanente história do homem em sua contínua interação social. O homem, segundo a tradição aristotélica, é um animal social. Ou seja, por sua própria natureza, não pode viver fora da sociedade. E, por outro lado, a sociedade não pode existir sem direito: *ubi societas ibi ius*,[41] sentenciaram, com precisão, os romanos, povo dotado de um gênio prático, político e organizativo sem paralelo na história das civilizações.

A vida social apresenta uma série de peculiaridades que surgem de maneira muito variada ao longo do tempo e do espaço. Sobre alguns alicerces universais – a natureza humana e a sociabilidade natural – assenta-se uma realidade jurídica e social multifacetada. Não foi à toa que Isidoro de Sevilha[42] (2009, p. 389) afirmou que "a lei deve ser honesta,

---

40. *Epistulae ad Lucilium*, 7, 8. Em tradução livre: "ensinando, os homens aprendem".

41. Em tradução livre: "onde há sociedade, há direito".

42. Isidoro (560-636), nascido em Sevilha, por ocasião da época visigoda, foi bispo nesta cidade entre os anos 600 e 636. É um dos responsáveis pela transmissão da cultura greco-romana para a Idade Média. Sua obra *Etimologias* é uma espécie de enciclopédia que expressa a cosmovisão da época e foi amplamente utilizada durante a Idade Média, como pode ser comprovado pelas inúmeras referências que Tomás de Aquino dela fez ao longo de sua *Suma Teológica*. O título, pouco usual para os dias atuais, é explicado pelo fato de o autor medieval, ao examinar uma questão qualquer, analisar a etimologia das palavras envolvidas no problema, com o intuito de buscar informações sobre a própria realidade referida. A obra de Isidoro compõe-se de vinte livros, cada um deles elucidando as etimologias das palavras de um determinado campo do saber: I. Gramática; II. Retórica e Dialética; III. Matemática (Aritmética, Geometria, Música e Astronomia); IV. Medicina; V. As leis e os tempos; VI. Os livros e os ofícios eclesiásticos;

justa, possível, conforme aos costumes pátrios, conveniente ao lugar e ao tempo, a fim de atender ao bem comum dos cidadãos".

Mas a sociedade, um dia, já foi bem primitiva e seu elemento organizador lastreava-se no princípio do parentesco, cujos efeitos irradiavam-se nos campos político, econômico e cultural, produzindo uma segmentação que estruturava a comunidade em famílias, grupos de famílias, clãs e grupos de clãs. Nesse nível de arranjo social, só há lugar para uma única ordem jurídica: aquela decorrente do costume,[43] querida por uma dada divindade e, por isso, sagrada. E o "ensino" do direito, nesse universo rudimentar, é feito no seio familiar, pela educação, de geração em geração, dos costumes civis imemorialmente estabelecidos naquela comunidade.

Com a expansão das sociedades, fruto do aumento quantitativo ou do adensamento do tecido formado pelas interações humanas, o princípio do parentesco, em razão de seu limitado alcance regulatório, é substituído paulatinamente. Surge o domínio político, localizado em centros de administração e diferenciados de uma organização de matriz religiosa, guerreira, familiar ou tribal.

O primado do centro político é um dado digno de apreço, mormente para o direito como poder de constituição do equilíbrio social. As comunidades passam a se organizar como pólis[44], uma forma hierárquica de domínio fundada no prestígio político ou econômico. Nessa toada histórica, o direito, como ordem normativa, vincula-se ao homem não mais por ele pertencer a esta ou àquela família, a este ou àquele clã, mas por estar vinculado a esta ou àquela sociedade política.

Essa mutação demanda, do direito, uma manifestação por meio de fórmulas prescritivas de validade permanente e que não mais se prendem necessariamente aos costumes cívicos havidos em virtude do vínculo parental, reconhecendo um campo de possibilidades de escolha pelo homem em seu agir social. Como corolário, o ensino de tais fórmulas prescritivas deixa a seara familiar e desloca-se para o meio social.

VII. Deus, os anjos e os santos; VIII. A Igreja e outras religiões; IX. Línguas, povos, reinos, milícia, cidades e parentesco; X. Etimologia de palavras diversas; XI. O homem e os seres prodigiosos; XII. Os animais; XIII. O mundo e suas partes (elementos, mares, ventos); XIV. A terra e suas partes (Geografia); XV. As cidades, os edifícios e o campo; XVI. As pedras e os metais; XVII. A agricultura; XVIII. Guerra, espetáculos e jogos; XIX. Naves, edifícios e vestimentas; XX. Comida, bebida e utensílios.

43. "A palavra *dike*, que nomeava a deusa grega da Justiça, derivava de um vocábulo significando *limites às terras de um homem*. Daí uma outra conotação da expressão, ligada *ao próprio, à propriedade, ao que é de cada um*. Donde se seguia que o direito se vinculasse também ao que é devido, ao que é exigível e à culpa. Na mesma expressão se conotam, pois, a propriedade, a pretensão e o pecado; e, na sequência, o processo, a pena e o pagamento. Assim, *dike* era o poder de estabelecer o equilíbrio social nesta conotação abrangente" (FERRAZ JUNIOR, 1991, p. 53). (Grifos do autor.)

44. Pólis é uma espécie de comunidade (*koinonía*) e, como toda comunidade, é dotada de fins próprios. A pólis é a comunidade cívica mais perfeita para a coexistência humana. Em sua etimologia, não dá margem a nenhuma ambiguidade. O transporte histórico dessa expressão e as tentativas de conjugação com os valores da modernidade acentuam os problemas de tradução adequada da palavra em foco. Nesse trabalho, o termo "pólis" será empregado de acordo com sua semântica originária, ou seja, a de cidade-estado.

Na Grécia, os filósofos discutiam o Direito,[45] em suas escolas de ensino, junto com seus discípulos, porque a questão do direito não se constituía numa preocupação autônoma, porém era entendida como parte dos problemas institucionais da pólis. Pensadores como Sócrates, Platão[46] e Aristóteles[47] trataram o Direito com seus alunos. E os sofistas deram sua contribuição também. Cada qual de uma forma: aqueles ensinavam por meio de questões e buscavam uma resposta desinteressada, sem preocupações de ordem retórica; estes ensinavam qualquer cidadão a defender qualquer causa, não importando de que lado estivesse na contenda judicial, com forte acento no manejo do sentido e do alcance das palavras.[48]

Por isso, na escola sofista, havia um traço metodológico marcante: o uso da retórica,[49] porque a palavra, na vida política grega, a arena da arte da persuasão por excelência, reinava soberanamente. Nesse ponto, afirma Cambi (2009, p. 91) que:

> o modelo alternativo/complementar ao platônico e que resultará dominante no mundo antigo foi, todavia, o de Isócrates (436-338 a.C.), de inspiração retórico-oratória e gramático-literária. Aluno dos sofistas, entrou em contato também com Sócrates, "dedicou-se à profissão de logógrafo, escritor de discursos pronunciados depois no tribunal pelos interessados" (Bowen) e fundou em Atenas uma escola de retórica. De Isócrates nos restam diversas orações, políticas e forenses, que bem caracterizam sua concepção de oratória. Na

---

45. Na Grécia, foi muito usual a distinção, no campo jurídico-filosófico e no seio da concretude dos problemas sociais, entre um justo legal e um justo natural, porque os gregos já tinham uma certa intuição de que a justiça deveria corresponder a uma expressão unitária e integrante dos cosmos e dos valores de convivência social. A justiça deveria ser o verdadeiro pressuposto de toda ordem jurídica no mundo espiritual da pólis, onde já se percebia que um justo natural antecedia um justo legal, servindo-lhe de limite ético. É uma correlação de origem grega e, em virtude do modo de sentir e da tradição grega, por sua íntima razão e força, sempre ressurge ao longo da história e jamais foi superada. A importância do contributo grego para a noção de um justo natural decorre justamente do fato de, pela primeira vez na história, o homem ter despertado para a consciência do problema. Não houve uma proposta deliberada de composição epistêmica de critérios capazes de distinguir a juridicidade da legalidade, ou seja, o justo natural do justo legal respectivamente. Até porque, como a pólis era a expressão mais alta da vida ética na Hélade e tudo convergia para a manifestação do indivíduo na vida política, de certa forma, não havia a necessidade daquela distinção científica.

46. Platão: nas obras *República, Críton, Político, Leis, Górgias* e *Apologia de Sócrates*.

47. Aristóteles: nas obras *Política, Ética a Nicômaco, Ética a Eudemo* e *Retórica*.

48. "A figura que na Grécia clássica precede o jurista e contra a qual nasce a Filosofia e a promessa do Direito, é a do sofista. Em geral, o sofista é um logógrafo, vendedor de palavras (...), embora o sentido crítico, a dúvida e a capacidade retórica dos sofistas tenham, cada uma por seu lado, constituído um progresso que viria a preparar terreno para (...) os retóricos *proprio sensu*, que foram imprescindíveis para a formação jurídica e, no limite, para toda a cultura ocidental durante muitos séculos" (FERREIRA DA CUNHA, 2009, p. 57).

49. "O gosto dos gregos pela retórica é, para nós outros, um fenômeno algo estranho: não se cansaram de ouvir discursos, inúmeros e intermináveis, na assembleia e perante o tribunal; de discursos metrificados encheram as tragédias, e até nas obras de historiografia inseriram discursos inventados; a retórica era considerada discípula principal da educação superior, e enfim foi identificada com a própria cultura" (CARPEAUX, 2008, p. 73).

sua escola, a formação do orador durava quatro anos e compreendia o ensino da dicção e do estilo (...). O aprendizado da oratória ocorria falando e escrevendo sobre qualquer assunto e confrontando analiticamente os resultados com os princípios estabelecidos pelo mestre. (...) Com Isócrates, outrossim, fixa-se a organização do discurso em quatro partes (proêmio, narração, demonstração, peroração), conhecendo vastíssima fortuna.

Manacorda (2010, p. 78) reforça o vigor da paideia isocrática, ao asseverar que:

a arte da palavra, a *institutio oratoria*, se tornará de fato o conteúdo e o fim da instrução grega, assim como tinham começado a ensiná-la os sofistas Górgias, Protágoras, Pródico, Hípias e Eutidemo, estes ativos interlocutores de Sócrates nos diálogos platônicos. E a eles se seguirá a fileira de oradores, profissionais da palavra falada 'nos conselhos e nas assembleias', dos retores, mestres dessa profissão, dos gramáticos, filólogos, filósofos e novos sofistas, para os quais as questões das palavras (...) se tornam a cultura por excelência.

E, por sua vez, Jaeger (2003, p. 1.180-1) lembra que:

Isócrates ilustra o caráter do conteúdo e da forma dos seus discursos à luz de uma série de trechos exemplares, que seleciona de seus discursos já publicados. Desta forma, esclarece realmente a essência dos seus discursos escritos. Nada ilumina melhor que esta seleção a tendência de Isócrates para educar à base de modelos; é ela que nos dá a chave para compreendermos o método didático da escola isócratica. Nesta escola também não se ensinavam só os detalhes técnicos da língua e da composição, mas a própria inspiração final devia vir do mestre.

No campo do ensino jurídico, a retórica produziu seus efeitos de forma muito definida. O mestre retórico submetia o aluno a uma série completa e graduada de exercícios preparatórios, sendo que cada qual era objeto de uma regulamentação cuidadosamente estabelecida. Um exercício muito praticado era o da "proposição de lei". Consistia na defesa ou no ataque de um texto legal, mediante o emprego de um discurso judicial. O estudante cuidava de sua composição apoiado numa série de conselhos e regras precisos, analisando os vários aspectos, elementos e variantes do caso concreto.

Como ilustração, Marrou (1998, p. 282) expõe, analiticamente, o exercício anteriormente citado, ao acentuar:

a incrível complexidade de tal sistema de ensino: não fiquemos estupefatos ante o desencadeamento de abstrações que provocaria, por exemplo, a análise dos "estados das causas", um dos elementos básicos na preparação dos discursos judiciais. O acusado matou? A questão de fato: "é o estado de causa atual"? Esta morte é um crime? (...) Segundo as escolas, distinguiam-se entre um, dois, três (posição clássica), quatro e até nove estados de causa.

Se, na Grécia, a preocupação com o Direito era uma ocupação filosófica e o ensino de sua aplicação nas várias situações sociais da pólis, por outro lado, era ministrado nas escolas sofistas, em Roma, o jovem poderia se submeter ao ensino do Direito, depois de superado o ensino retórico nos Ateneus, centros de cultura nos quais os mestres retóricos e os poetas instruíam seus alunos, em virtude do arraigado costume romano dos discursos públicos nas mais variadas solenidades. Nesse sentido, a educação romana ombreou-se com a grega.[50]

Paulatinamente, o ensino retórico começou a preparar os alunos para unir a arte da palavra ao conhecimento das estruturas sociais e jurídicas, com o claro intuito de promover uma oferta de profissionais aptos para a defesa dos interesses imperiais junto aos tribunais e órgãos administrativos. Assim, o ensino da retórica enveredou para uma finalidade prática, instruindo os alunos para uma carreira voltada para as leis. Conforme a práxis ia ganhando corpo pedagógico, surgem escolas focadas apenas para o ensino jurídico. Marchese (2006, p. 15) sustenta que:

> esse novo ensino dedica-se a transmitir, ao aprendiz, o conhecimento da legislação, do sistema, dos processos e procedimentos judiciários. Formaria uma pessoa capaz de compreender a sociedade e seus costumes, criar, interpretar e modificar as normas colocadas para regê-la. Essa nova escola ministra uma formação pautada por uma educação geral e humanística. Ela não introduz o discípulo nas leis antes que tenha concluído seu aprendizado nas letras latinas, e em alguns momentos também nas gregas. O estudo da filosofia, da lógica, da retórica e principalmente da política e da ética, eram sempre feitos através do estudo dos clássicos. Todas as instituições destinadas ao ensino do direito, dentro do quadro de evolução pedagógica que sofreram na monarquia, república e império romano, preparavam o futuro homem de leis no campo da ética, da filosofia, da política e da retórica.

Como consequência desse novo ensino, o Direito deixa de ser cultivado por pensadores, moralistas ou sacerdotes e desatrela-se do ensino das artes retóricas (ainda que guardassem sua importância no exercício da profissão), constituindo-se como uma ciência autônoma: um fenômeno que iria desencadear, para sempre, uma mudança de paradigma na forma de se transmitir e pensar o Direito. Surge o novo homem do Direito: o jurisconsulto[51] ou o jurisprudente (*juris prudens*), um homem que tem plena

---

50. "A pedagogia também muda completamente: heleniza-se, racionaliza-se, libertando-se do vínculo com o 'costume' romano arcaico e republicano, para aproximar-se cada vez mais dos grandes modelos da pedagogia helenística. Em particular, também em Roma, penetra a grande categoria-princípio da pedagogia grega, aquela noção e ideal de *paideia*, de formação humana pela cultura, que produz uma expansão e uma sofisticação, bem como uma universalização das características próprias do homem. A *paideia* de Isócrates (...) vem radicar-se também na cultura pedagógica romana, sobretudo por obra do grande mediador entre estas duas civilizações – a grega e a romana – que foi Cícero. A ele, de fato, devemos a versão latina da noção de *paideia* na de *humanitas*, que sublinha ulteriormente sua universalidade e seu caráter retórico-literário, permanecendo durante séculos no centro da reflexão educativa e da organização escolar do Ocidente" (CAMBI, 1999, p. 108-9). (Grifos do autor.)

51. "A influência destes jurisconsultos (no ensino jurídico) manifestou-se então sob a forma dos *responsa*, que, mais tarde, apareceriam em uma forma escrita, em termos de uma informação sobre determinadas questões jurídicas levadas aos juristas por uma das partes, apresentados no caso de um conflito diante do tribunal. Os *responsa* são, por assim dizer, o início de uma teoria jurídica entre os romanos. A princípio, eles argumentam pouco, no sentido de um desenvolvimento concatenado e lógico de premissas e conclusões, limitando-se a apoiar suas decisões pelo fato de serem afirmados por personalidades de

consciência do objeto próprio de sua indagação e do potencial de aprimoramento e de especialização dessa nova arte, sobretudo no campo pedagógico.

Reale (1993, p. 628) pontua que:

> esse novo homem se converte em um profissional de uma nova Ciência (...), cultivando a justiça em seu sentido prático, como *voluntas*,[52] e não como um dos aspectos teóricos da sabedoria. O Direito Romano é, efetivamente, uma criação nova, que pressupõe, em quem o cultiva, a convicção de que a experiência humana, por ele estudada, se subordina a categorias próprias, sendo suscetível de ordenação em um todo unitário e coerente.

Os *responsa* dos jurisconsultos (que, em regra, também exerciam a docência) foram objeto de estudo escolar, pois, por intermédio dos casos concretos, o Direito poderia ser elucidado analiticamente, visando sempre a enfatizar o valor do justo, extraído a partir da comunhão entre a Moral e o Direito.[53] O *munus publico* do jurisconsulto é tão valorizado

---

reconhecido mérito na sociedade romana. O desenvolvimento de *principia* e de *regulae* aparece mais tarde, na medida em que o acúmulo dos *responsa* conduz ao seu entrelaçamento, à escolha das premissas e ao fortalecimento das opiniões através de justificações. Daí, consequentemente, o recurso a instrumentos técnicos, em geral apreendidos dos gregos, que contribuem, então, com sua retórica, sua gramática, sua filosofia etc. (...) **Esta influência grega (...) nos permite, ao menos, ensaiar uma descrição deste modo de teorizar o direito, característico dos romanos. Trata-se de uma maneira de pensar que se pode denominar de jurisprudencial.** A palavra *jurisprudência* liga-se, neste sentido, àquilo que a filosofia grega chamava de *fronesis*. Tal palavra era entendida, entre os gregos, como uma forma de saber. *Fronesis*, uma espécie de sabedoria e capacidade de julgar, na verdade consistia numa virtude desenvolvida pelo homem prudente, capaz, então, de sopesar soluções, apreciar situações e tomar decisões. Para que a *fronesis* se exercesse, era necessário o desenvolvimento de uma arte no trato e no confronto de opiniões, proposições e ideias que, contrapondo-se, permitiam uma explanação das situações. Esta arte ou disciplina corresponde aproximadamente àquilo que Aristóteles chamava de "dialética". "Dialéticos", segundo o filósofo, eram discursos somente verbais, mas suficientes para fundar um diálogo coerente – o discurso comum. (...) O pensamento prudencial desenvolvido nos *responsa* dos jurisconsultos romanos tinha algo de semelhante às técnicas dialéticas dos gregos" (FERRAZ JUNIOR, 1991, p. 57-8). (Grifos nossos.)

52. "Por outro lado, sabemos que os romanos não foram grandes apaixonados pelos estudos filosóficos, nem pelos pressupostos gerais da vida jurídica, atraídos de preferência pelo plano da atividade prática ou do Direito como *voluntas*" (REALE, 1993, p. 628).

53. "Ao proceder-se à análise daqueles que no Digesto são apresentados como preceitos fundamentais do Direito: – *'Juris praecepta sunt haec: honeste vivere, alterum non laedere, suum cuique tribuere'* (D. I, 1, 10) (...) consonante opinião dominante, esses três princípios refletiriam três grandes correntes filosóficas da Grécia. 'Não prejudicar a outrem' traduziria a orientação epicurista de uma ordem social na qual cada homem só fosse obrigado a não prejudicar a outrem. O Direito teria por finalidade traçar os limites de ação dos indivíduos, de forma negativa, não impondo o dever de fazer algo, mas a obrigação de não causar dano. O segundo princípio: 'viver honestamente', seria de inspiração estoica, segundo o ideal de alcançar a felicidade com fiel subordinação à natureza, aos ditames da razão. O último dos preceitos já representaria a lição aristotélica da justiça distributiva, como proporção de homem para homem segundo seus méritos. (...) Em conclusão, pensamos que os chamados *praecepta iuris* não nos auxiliam a esclarecer a distinção possivelmente existente no mundo romano entre Moral e Direito, **mostrando antes a alta compreensão moral que os jurisconsultos tiveram da vida jurídica**" (REALE, 1993, p. 632). (Grifos nossos.)

ESCORÇO HISTÓRICO DO ENSINO DO DIREITO | 57

socialmente que o Imperador Augusto, no século II d.C., concede, aos jurisconsultos mais proeminentes,[54] a investidura de autoridade oficial para dizer o direito (*iurisdictio*), conhecida como *ius publice respondendi ex auctoritate principis.*[55]

Como efeito secundário, igual magnitude é conferida às escolas de Direito e aos seus mestres (*magister iuris*), os quais, apesar de não se preocuparem em informar o pensamento, que os levou à decomposição analítica de cada *responsum,* por ocasião de sua explicação no ambiente escolar, naturalmente, existiram regras e pontos de vista que iluminavam sua tarefa docente. Coing (2002, p. 311-2) dá-nos uma concisa argumentação a respeito e que se aplica também ao ofício do jurisprudente.

> Seguramente, tiveram um grande papel os aspectos linguísticos; isto é evidenciado pelo formalismo verbal que, no desenvolvimento do direito romano, teve um papel tão importante. (...) Utiliza os resultados da teoria linguística grega, os princípios da gramática, mas também, por exemplo, a etimologia. Adiante, ele usa o método da doutrina científica grega, como ela foi, especialmente desenvolvida, na sequência da lógica de Platão: a determinação de conceitos diretivos, a distinção de gênero e espécie, que estavam sob tais conceitos, e com isto a introdução conceitual do material jurídico. Na utilização desta técnica, baseia-se, principalmente, o livro didático de Gaio (160 d.C.), que oferece um sistema do direito privado desenvolvido para fins de aprendizado, o qual determinou a sistemática jurídica de mais de um milênio e meio.

Algum tempo depois, entre os séculos II e IV, o ensino jurídico começa a se valer de outras ferramentas pedagógicas, de autoria dos jurisconsultos clássicos, inexistentes até então, sem prejuízo do habitual estudo de toda a legislação imperial: *institutiones, regulae, enchiridia* e *definitiones,* livros destinados exclusivamente ao ensino; *sententiae* e *opiniones,* obras elementares que visavam ao ensino, mas também à prática; *responsa,* livros de consultas e respostas sobre o estudo de um caso concreto; *quaestiones* e *disputationes,* repositórios de controvérsia jurídica; *libri ad, libri ex* e *notae ad,* comentários ou notas de um jurisconsulto à obra de um seu antecessor, cujo nome se seguia a essas expressões latinas; *libri ad edictum,* obras que obedeciam ao plano do *Edictum Perpetuum,* legislação do imperador Adriano sobre o ensino superior e o *digesta,* espécie de enciclopédias sobre o *ius civile.*

De todas essas obras pedagógicas, apenas três chegaram até nós. São elas:

a) as Institutas de Gaio (*Gai Institutionum Commentarii Quattor*), livro de escola, de inestimável valor pelas informações que fornece sobre o direito romano clássico;

---

54. Sálvio Juliano (século II d.C.), Papiniano, Paulo e Ulpiano (século III d.C.) são considerados os maiores jurisconsultos romanos.

55. O direito de dar respostas publicamente, em virtude da autoridade do príncipe "significava privar os jurisprudentes de sua pessoal *auctoritas,* substituída pela do Imperador. Desse modo, os *responsa* jurisprudenciais que, até então, gozavam de um distinto valor em função da pessoal *auctoritas* do jurisprudente que os dava, ver-se-ão, agora, igualados como documentos provenientes da autoridade do Imperador que os respalda" (D'ORS, 2001, p. 230-1).

b) as Regras de Ulpiano (*Ulpiani liber singularis regularum*), resumo de doutrina, com fins didáticos, composto por 29 títulos e 1 proêmio;

c) as Sentenças de Paulo (*Pauli sententiarum ad filium libri V*), composto pela sexta parte das decisões paulinas, também em forma de sinopse, com destinação docente.

O *magister iuris* passará, então, a lecionar por intermédio da leitura, explicação e exegese dessas obras. Marrou (1998, p. 397) dá-nos uma exata noção do currículo e do processo pedagógico de ensino do direito.

> O ensino que, na época cristã, ocorre à tarde, à sombra da catedral de Eustácio (semelhante ao que se dá ainda hoje no mundo muçulmano em relação ao ensino superior, que se abriga nas mesquitas), compreende normalmente quatro anos. O mestre lê, explica, comenta os textos de base: no primeiro ano, com os "conscritos", *dupondii*, ele estuda as *Institutas* de Gaio e os *Libri ad Sabinum* de Ulpiano; no segundo, os *Libri ad edictum* do mesmo Ulpiano; no terceiro, as *Responsae Papiniani* e, no quarto, as *Responsae Pauli*. Logo foi introduzido um quinto ano, suplementar, consagrado às constituições imperiais que os códigos reúnem a partir dos anos 291-295. É sabido que os primeiros, Código Gregoriano e Código Hermogeniano, são devidos à iniciativa privada (somente com Teodósio II e em 439 o imperador promulga um Código oficial), e não é despropositado supor terem sido compilados para facilitar o ensino. Este, em Beirute, como em Constantinopla, é ministrado em latim. Somente entre os anos 381-382 e 410-420 que o grego nele se introduz, sem chegar a destronar o latim por completo, o qual manterá, com diversa fortuna, pelo menos em parte, sua posição até o advento de Justiniano.

Em seu auge, o ensino do Direito em Roma gozou de prestígio ímpar[56] e foi alçado à condição de instituição pública, em virtude de sua notória importância na preparação de indivíduos capacitados para a provisão dos cargos de administração imperial e de consulente público para os particulares. Aliando teoria a uma prática profícua,[57] o profissional romano do ramo jurídico era capaz de depurar a hipótese de incidência a partir dos fatos, com-

---

56. "(...) pelo edito sobre os preços das coisas venais de 301 d.C., os ordenados dos mestres dos vários graus, como também os salários de outras profissões (...) são rigorosamente estabelecidos. Um pequeno extrato da longa lista destes preços nos dá a ideia do *status* social: VII. 64. Ao massagista, por cada discípulo, denários mensais 50. (...) 65. Ao pedagogo, por cada criança, denários mensais 50. (...) 72. Ao advogado ou jurisprudente, por petição, denários **250**; por causa, **1.000**" (MANACORDA, 2010, p. 126). Conforme se depreende da leitura do aludido edito, o prestígio do profissional do ramo jurídico não era só social. (Grifos nossos.)

57. "Mas o estudo do direito torna os homens mais honestos, porque as leis lhes põem, perante os olhos, recompensas para a virtude (...). Passemos ao meu caso particular. Tu concedes-me, fazendo uma exceção em meu favor que, sem ter algum conhecimento do direito, me desembaraço bem de toda espécie de causas. Responder-te-ei, Crassus, que, de fato, jamais aprendi o direito civil, mas que também jamais, nas causas que debati perante o pretor, tive de lamentar esta lacuna da minha instrução. Uma coisa é ser um especialista no seu gênero, na sua arte, outra coisa é possuir o saber e a experiência suficientes para a vida cotidiana e ao comércio ordinário dos homens" (CÍCERO, 2010, p. 66). Esta passagem de Cícero dá bem conta do forte acento prático do povo romano e, sobretudo, da classe jurídica como um todo.

preender o sentido e o alcance da norma, do costume, do edito, da jurisprudência aplicáveis, corrigir eventual excesso hermenêutico pela equidade e atribuir o direito no caso concreto.

Depois da divisão do Império Romano entre o Ocidente e o Oriente, o estudo do direito, que havia combalido juntamente com a queda de Roma, ressurge, graças às escolas do Império Romano do Oriente, dentre as quais se destacam a de Constantinopla e a de Beirute. Segundo Moreira Alves (2012, p. 48), "apesar desse reflorescimento, não se encontra uma obra verdadeiramente criadora. Os professores dessas escolas de direito, em geral, se dedicaram ao estudo das obras dos juristas clássicos para adaptá-las, por via de reelaboração, às necessidades sociais de sua época".

De fato, uma formação geral, fundada no estudo da filosofia, da retórica, da lógica, das letras, da política, da ética e da gramática, aliada às técnicas desenvolvidas nas matérias práticas do curso de direito (principalmente, a hermenêutica jurídica), sem prejuízo do aprimoramento profissional do estudante, ainda na escola, decorrente do exercício da função de assessoria dos senadores e dos administradores públicos, só poderia redundar na formação de um indivíduo altamente habilitado para o desempenho de suas responsabilidades jurídicas e sociais. Em suma, esse foi o homem das leis, o maior legado que a escola romana do Direito transmitiu para a posteridade.

Com a invasão das hordas de bárbaros em todas as direções do Império Romano, somada à decadência institucional, social e moral que fracionou qualquer chance de reação defensiva, toda rede escolar imperial, em todos os níveis, caiu em colapso. Os últimos bastiões educacionais restringiram-se às antigas colônias norte-africanas (por influência de Cartago e do imperador Justiniano) e à algumas províncias romanas situadas na península itálica, como Milão e Ravena, onde ainda se estudava o Direito. Mas, com a conquista desta região pelos Lombardos em 568 d.C., a escola da Antiguidade chega ao seu fim. A tarefa educativa, então, foi assumida pela Igreja.[58]

A Igreja, por ocasião do caos civilizacional provocado pelas invasões dos bárbaros, já estava razoavelmente organizada, desde que Constantino publicou o edito de Milão (312 d.C.), assegurando a liberdade religiosa imperial e uma sobrevida de mais um século e meio para Roma, reforçado, posteriormente, pela ascensão à condição institucional de religião oficial com Teodósio e seu edito de Tessalônica (380 d.C.).

---

58. A sobrevivência das escolas da Antiguidade no norte africano, por razões geográficas e políticas, foi de extrema importância para a história da cultura ocidental, porque, nos séculos seguintes (V ao VIII), muitos indivíduos foram formados, fizeram inúmeros manuscritos e traduções de obras clássicas, sobretudo da tradição grega, os quais foram conservados naquelas escolas, levados para as grandes cidades da Ásia Menor (como Alexandria, Beirute e Constantinopla), da Gália, da Espanha e da Itália Meridional. Graças a muitos desses manuscritos e traduções, muitos pensadores medievais tiveram acesso à essência do pensamento grego e ao legado político-jurídico romano. Por exemplo, no primeiro caso, Tomás de Aquino conseguiu estudar a filosofia aristotélica em virtude daqueles manuscritos, comentados e traduzidos por filósofos árabes da envergadura de Maimônides, Averróis e Avicena. No segundo caso, o movimento pandectista alemão do século XIX logrou êxito no estudo do Direito Romano, na fase arcaica (transição da Realeza para a República), em razão de muitos manuscritos que glosavam a legislação romana daquele período, principalmente a famosa Lei das XII Tábuas.

Assim, a Igreja supera a barbárie social e política e faz prevalecer uma educação com outro viés: o acento greco-romano é matizado pelo religioso. As escolas não são mais instituições fisicamente autônomas, porque ficam jungidas aos conventos das inúmeras ordens religiosas medievais, as quais tinham, entre seus cânones, o cuidado pelo estudo intelectual e pela difusão do saber harmônico com as escrituras.

A Igreja, à luz e dentro dos limites da matriz agostiniana de seu pensamento filosófico (principalmente no que atine às relações entre a "cidade de Deus" e a "cidade dos homens"), zelou pela transmissão da cultura e do pensamento da Antiguidade clássica, pois, do contrário, teriam sido aniquilados pelas tradições primitivas dos povos bárbaros. Tanto que consagrados estudiosos da Idade Média, como Le Goff, Verger e Charle, consideram que as exposições dos autores medievais sobre a lógica, a gramática, a retórica e o Direito são muito mais fruto de um *aggiornamento* reflexivo da cultura antiga do que propriamente uma inovação intelectual.

O ensino do Direito, depois de um longo hiato existencial, ressurge a partir do final do século XI no Ocidente (correspondente ao antigo Império Romano do Ocidente), em razão dos influxos pedagógicos da época Carolíngia, desencadeados pelo monge Alcuíno[59]. Movidos pelo afã de resgate do tesouro de conhecimento da Antiguidade, houve um grande movimento para propiciar a cópia, a reprodução e a tradução dos textos e manuscritos dos autores clássicos, o que contribuiu enormemente para o incremento do conjunto de textos jurídicos estudados pelos alunos nas escolas.

Obras da envergadura jurídica e histórica do *Corpus Iuris Civilis*[60] ou das *Institutas de Gaio* não foram citadas entre os séculos VII e XI, porque eram simplesmente desconhecidas. A partir do século XII, assegurada alguma estabilidade institucional no Ocidente,[61] as atividades civis, mercantis e comerciais renascem e, como efeito, o meio de vida jurídico

---

59. Alcuíno nasceu em Nortúmbria no ano de 735 d.C.; estudou na Escola da Catedral de York, onde entrou para a ordem beneditina. Como monge, lecionou depois na mesma instituição durante quinze anos e ali formou uma das melhores bibliotecas e um dos maiores centros de saber da Europa. Como bispo, reformou a Corte de Carlos Magno e o Clero Carolíngio. Fundou a *Aula Palatina* de Aix-la-Chapelle, escola em que eram ensinadas as sete artes liberais compostas pelo *Trivium* e o *Quadrivium*. Foi o responsável pela Renascença Carolíngia no cargo de conselheiro de Carlos Magno. Depois de ter se retirado da Corte, tornou-se abade na cidade de Tours, onde veio a falecer. Canonizado posteriormente, o monge Alcuíno foi alçado à condição de patrono das universidades católicas.

60. Essa denominação (Corpo do Direito Civil) foi dada pelo romanista francês Dionísio Godofredo, em 1538, à compilação legislativa feita por Justiniano e por ele promulgada em 29 de dezembro de 534 d.C., composta por quatro partes: *Institutas* (manual escolar), *Digesto* (compilação dos *iura*, o direito contido nas *leges*, as constituições imperiais), *Codex* (compilação das *leges*) e *Novellae* (reunião das *leges* promulgadas exclusivamente por Justiniano).

61. "Não são poucos os fatores a influenciar (...) o incremento do ensino jurídico, quais sejam: a forte presença do ensino monástico, sobretudo de caráter teológico; o crescimento das cidades, com o incremento do comércio, que estimularam as demandas pelo saber e pela profissão; as cruzadas, que abriram os horizontes do mundo para a sociedade europeia" (BITTAR, 2006, p. 95).

ressurge,[62] aos poucos, das cinzas da história, para o fim de capacitar os indivíduos no conhecimento dos costumes e das leis reinantes que conduziam aquelas atividades.

Os administradores, os reis e os eclesiásticos estimulam a pesquisa e o estudo do Direito Romano e do Direito Canônico no ensino jurídico. Nos primórdios do século XIII, surgem, ao lado do renascimento das cidades, as universidades,[63-64] agrupadas em torno dos professores ou dos alunos que atuavam nos *collegia* (escolas particulares e das catedrais, nas quais se ensinavam as artes liberais e as escrituras), ministrando quatro cursos, no início, em sua maioria (Teologia, Direito, Medicina e Artes Liberais), e sempre sob vigorosa tutela papal.

Paris, Bolonha e Oxford protagonizaram o advento desse fenômeno que marcaria a civilização ocidental até os dias atuais, com destaque para Bolonha, no que toca ao ensino jurídico, objeto de nossa análise, porque as escolas de direito bolonhesas já detinham enorme respeitabilidade desde o século XI, a ponto de o Imperador Frederico Barba-Ruiva haver-lhes concedido sua proteção especial em 1155 (Constituição *Habita*).

Desde aquela época, o ensino jurídico bolonhês era feito por escolas particulares e laicas que funcionavam autonomamente, sob a responsabilidade exclusiva do mestre que firmava contrato com seus alunos. Recebiam o nome de *studium generale*. Entretanto, não incluíam todos os ramos do saber medieval, consistindo num instituto geral (não local) para todos os estudantes preparados, sem distinção de nacionalidade, e focado no ensino exclusivo de artes liberais e de noções práticas de Direito à luz do Código Teodosiano[65].

---

62. "Contudo, o século XII enriqueceu de forma considerável o estoque das autoridades disponíveis. Foram resgatados antigos manuscritos esquecidos. Na Itália, o conjunto do *Corpus Iuris Civilis*, ou seja, a codificação do Direito Romano realizada no século VI pelo imperador Justiniano, foi 'redescoberta' e transformou-se no objeto exclusivo do ensino jurídico. No que se refere às Artes Liberais e à Medicina, destacam-se as traduções então realizadas na Espanha e na Sicília dos textos filosóficos e científicos gregos (principalmente de Aristóteles) e de seus comentários antigos, gregos ou árabes, que expandiram de forma espetacular a própria matéria do ensino" (VERGER, 1996, p. 16).

63. "Foram sobretudo a Itália e a França que prepararam o movimento de fundação de instituições universitárias, seguindo modelos diferentes, mas agrupados por um rigoroso itinerário de estudos, fixado nos estatutos e submetido ao controle da corporação" (CAMBI, 1999, p. 183).

64. "'Universitas' não designa, na Idade Média, o conjunto das faculdades estabelecidas na mesma cidade, mas o conjunto das pessoas, mestres e alunos, que participam do ensino dado nessa mesma cidade. Portanto, nem sempre se tem o direito de concluir, da palavra *universitas*, a existência de uma universidade organizada num lugar determinado; basta que se tenha tido a necessidade de se dirigir ao conjunto de professores e estudantes residentes no mesmo lugar para que a expressão tenha sido naturalmente empregada" (GILSON, 2007, p. 483).

65. O Código Teodosiano foi redigido no Oriente, por ordem do Imperador Teodósio II, e destinado a conter o texto integral de todas as constituições imperiais desde Constantino (312 d.C.). Foi publicado em 438 d.C. e sobreviveu à derrocada do Império Romano. Foi retomado em parte na *Lex romana Visigothorum*, exercendo uma influência indireta no Ocidente por séculos, até ser retomado pelo *studium generale* bolonhês.

A Universidade de Bolonha surge em 1230, constituída solidamente nas disciplinas de Direito Civil e Direito Canônico.[66] Seus mais antigos estatutos conhecidos datam de 1252, mas somente depois de 1270 haverá o reconhecimento de sua existência por parte da Comuna, ocasião em que esta lhe concederá alguns privilégios, como as isenções fiscais para mestres e alunos.

Nessa universidade, surge a ciência do direito propriamente dita. Com uma índole inovadora, mas sem renunciar ao pensamento prudencial romano, o ensino jurídico introduz um novo elemento teórico, a saber, sua dogmaticidade em sentido estrito, cujo ápice se dará com o positivismo jurídico do século XIX. Essa índole dogmática decorre de uma tradição pedagógica bolonhesa no mesmo ensino: a *littera boloniensis*, uma espécie de resenha crítica do Digesto de Justiniano,[67] transformada, na medida em que ganhava peso e volume, em textos escolares do ensino na universidade bolonhesa.

Elevados à condição de substrato teórico para o ensino do direito, tais textos foram subordinados a uma técnica analítica inspirada pelas disciplinas do *Trivium* – Gramática, Retórica e Lógica – e glosados gramatical e filologicamente.[68] O mestre procurava harmonizar os inúmeros textos, desenvolvendo uma atividade hermenêutica inevitável, porque:

> os textos nem sempre concordavam, dando lugar às *contrarietates*, as quais, por sua vez, levantavam as *dubitationes*, conduzindo (...) à sua discussão, *controversia, dissentio, ambiguitas*, ao cabo da qual se chegava a uma *solutio*. A *solutio* era obtida quando se atingia, finalmente, uma concordância. Seus meios eram os instrumentos retóricos para evitar-se incompatibilidade, isto é, a divisão do objeto no tempo e no espaço, a hierarquização dos textos conforme a dignidade da sua autoridade e a distinção entre textos gerais e especiais, conforme o esquema escolástico da tese, da antítese e da *solutio* (FERRAZ JUNIOR, 1991, p. 61-2).

O ensino da *littera boloniesis* transforma-se numa disciplina universitária, auxiliada pedagogicamente por um referencial bibliográfico que gozava de reputação intelectual, segundo o critério da autoridade. Verger (1996, p. 54) explica que:

> em direito, os textos eram os do *Corpus Iuris Canonici*[69] e do *Corpus Iuris Civilis*. Os mais importantes eram reservados às aulas "ordinárias" dos doutores (*Decreto* e *Decretais* para

---

66. "O *studium* bolonhês foi especializado só no direito canônico e civil – *in utroque iure* – (jamais teve faculdade de teologia e a medicina foi introduzida tardiamente), mas desenvolveu também um estudo da retórica como *ars dictamini* (arte da escrita), pela qual se empenharam inovadores da retórica, como Buoncompagno da Signa, que valorizou o modelo ciceroniano, mas sublinhando seu caráter prático" (CAMBI, 1999, p. 184).

67. Ilustração no Anexo VIII (GILLISEN, 1986, p. 338).

68. Ilustração no Anexo IX (GILLISEN, 1986, p. 339).

69. O "Corpo de Direito Canônico", na verdade, era o *Decretum Gratiani*, o Decreto de Graciano, monge jurista e professor de teologia bolonhês. Sua vida transcorreu entre os séculos XII e XIII. É considerado o pai do direito canônico graças a sua obra *Concordia discordantium canonum* (*Concordância das Discor-*

ESCORÇO HISTÓRICO DO ENSINO DO DIREITO | 63

o Direito Canônico, *Digesto Velho* e os nove primeiros livros do *Código* para o Direito Civil), os outros, às aulas "extraordinárias" dos bacharéis; eram sempre segundo a classificação em uso em Bolonha, o *Digesto Novo*, o *Infortiatum*, as *Institutas*, os últimos livros do *Código*, as *Authentica* imperiais e o *Liber feudorum* para o Direito Civil, o *Sextus* e as *Clementinas* para o Direito Canônico (no século XIV). O comentário desses textos era feito com a ajuda das glosas dos doutores bolonheses, de que Francisco Acursio fez a síntese na metade do século XIII, reunindo em sua *Glosa ordinária* 96 mil glosas anteriores.

As fontes bibliográficas contemporâneas eram tidas como secundárias e, na teoria, sempre subordinadas às tradicionais. Como os textos discutiam casos singulares, a reflexão prudencial ainda demonstrava vigor, com uma alteração de caráter: de casos singulares e problemáticos para casos gerais e paradigmáticos. Ao invés de se valer de instrumentos tipicamente prudenciais no trabalho hermenêutico, como a equidade, o mestre vai adiante, resolvendo o caso concreto, mas abstraindo princípios e regras capazes de reconstituir o Direito harmonicamente.

Coing (2002, p. 311-2) confirma essa tendência dogmatizante da prudência, ao sustentar que:

o trabalho da ciência jurídica medieval é determinado por dois fatores. Ele baseia-se, primeiramente, na lógica da época; ele utiliza nisto tanto a lógica finalista, como especial-

---

dâncias dos Cânones), um verdadeiro estudo científico do Direito Canônico, que permaneceu em vigor até 1917, quando foi substituída pelo Código de Direito Canônico. Com comentários ulteriores e adendos, a obra de Graciano foi incorporada à chamada *Corpus Juris Canonici* e tornar-se-ia rapidamente o livro-texto padrão de estudantes do Direito Canônico por toda a Europa. Suas conquistas, no campo do Direito Canônico, tornaram-no uma eminência da época e, junto ao prestígio de Irnério no campo do Direito Civil (MANACORDA, 2010, p. 180-1), converteram a comuna de Bolonha no centro de excelência de estudo do Direito. Graças a ambos, após a proliferação das universidades por toda a Europa, o Direito consolidou-se, definitivamente, como uma ciência independente da retórica, difundindo-se se por todo o continente. O mérito de Graciano está em ter: deduzido, dos textos antigos, seu sentido genuíno; submetido as normas pretéritas às exigências de sua época; resolvido as controvérsias e suprido as lacunas hermenêuticas. O Decreto de Graciano é uma coleção de cerca de 3.800 textos que recolhem e sistematizam o direito canônico anterior. A obra foi estruturada em três partes: a primeira consiste nas *distinciones*, que trata das fontes do direito, da hierarquia eclesiástica e das disciplinas do clero; a segunda parte consiste em trinta e seis *causae*, cada uma dividida em *quaestiones* que tratam, entre vários assuntos, do processo judicial, das ordens religiosas, das heresias, do casamento e da penitência; a terceira parte, *de consecratione*, diz respeito aos demais sacramentos. As fontes do Decreto de Graciano foram a Bíblia, as bulas papais, a patrística, os cânones pertencentes aos concílios e sínodos de qualquer natureza. Em sua magna obra, Graciano recorreu à técnica dialética do *sic et non* elaborada por Pedro Abelardo. Também reconheceu o valor relativo às diferenças das fontes e introduziu a ideia de jurisprudência no Direito Canônico, além de conferir a este um valor notavelmente prático e útil para sua aplicação. O nome pelo qual Graciano batizou seu trabalho sugere o objetivo que buscava: harmonizar os cânones redigidos ao longo da Alta e da Baixa Idade Média que, em muitos casos, mantinham contradições aparentemente insolúveis entre si. Nesse sentido, Graciano discute, em sua obra, as diversas interpretações e uma única solução proposta para cada tema. Por ter uma estrutura bastante didática e voltada para o ensino, a obra foi adotada rapidamente pelas escolas de Direito de toda a Europa, a começar pela principal delas, a de Bolonha.

> mente a doutrina lógica da argumentação. Faltam argumentos históricos e sociológicos; derivações sistemáticas de princípios são raras. A ciência jurídica orienta-se no texto isolado, e isto significa, diante da peculiaridade das coleções jurídicas romanas e canônicas, na casuística. A partir do texto isolado é, primeiramente, trabalhado o caso isolado a ser decidido (*casus*) e sua solução. Então, também desenvolve-se um processo lógico que argumento geral pode-se usar para um princípio jurídico a partir desta decisão. Nesta forma – como argumento – os textos isolados são utilizados na solução de casos dúbios, bem como na explicação de *Quaestiones*, quando se trata de encontrar princípios, com cuja ajuda a *Quaestio* pode ser respondida. A explicação de tais questões sucede em um severo esquema: tese, antítese e *solutio*; em cada passo são apresentados os textos isolados, que servem como argumento.

Nessa quadra histórica e nesse labor especulativo, o pensamento grego, que os romanos haviam romanizado, mas não absorvido enquanto tal (pelo pouco pendor reflexivo do povo romano), finalmente conquista, por completo, o Direito Romano, utilizando, como instrumento, o pensamento cristão de Agostinho, cuja base filosófica *"sedis animis est in memoria* ('a sede do espírito está na memória', em tradução livre) é precisamente aquela articulação conceitual da experiência especificamente romana que os próprios romanos, avassalados como eram pela Filosofia e pelos conceitos gregos, jamais completaram" (ARENDT, 2011, p. 169).

Os dois métodos principais de ensino jurídico eram a lição e a disputa. A lição (*lectio*), no sentido etimológico da palavra (que permaneceu em inglês e alemão, *lectures* e *lekturen* respectivamente), consistia na leitura e na explicação de um determinado texto jurídico clássico glosado. A disputa era uma espécie de torneio dialético que se desenrolava sob a coordenação de um ou vários mestres. Feita uma pergunta, cada um sustentava a solução a favor ou contra por meio dos argumentos que lhe parecessem mais convincentes. Depois de uma ou duas rodadas, o mestre reunia e ordenava os argumentos a favor e contra e dava a solução.

Algumas disputas se davam a cada quinzena e, nessas ocasiões, o mestre tinha o cuidado de escolher temas mais complexos, cujo conjunto pudesse constituir um todo. Daí decorrem as *quaestione disputatae* que caracterizaram o ensino universitário medieval. Outras disputas ocorriam uma ou duas vezes por ano, de tema livre. São as atas dessas disputas que formam as famosas *quaestiones quodlibetales*.

A par desses influxos epistemológicos e metodológicos, no processo de independência científica do Direito, que fizeram com que esse ramo do conhecimento, quase desconhecido das antigas classificações do saber, se impusesse de forma bastante autônoma na universidade do século XIII. Existiam ainda dois dados empíricos que reforçaram sua rápida proliferação universitária no teatro do ensino europeu: a utilidade social evidente e a bela perspectiva de carreira profissional. Sem questionar o primado da Teologia, os mestres do Direito procuravam valorizar, no exercício docente e no âmbito social, a dignidade intelectual desse saber, sua dimensão moral, seu vetor ético-social, sua axiologia antropológica e seu primado de busca do bem comum.

Sem desmerecer o contributo de outras escolas de direito europeias, a escola de Bolonha foi a principal responsável pelo processo de enriquecimento do estudo e do ensino jurídico durante os séculos XI e XIII: criou uma estirpe de glosadores dos textos jurídicos da Antiguidade (Irnerius, Acúrsio, Azo e Baldo), aprimorou os métodos até então tradicionais de preleção do Direito, desvinculando-o estruturalmente do *Trivium* e do *Quadrivium*, e consolidou a autonomia teórica do Direito como ciência, lastreada numa prudência dogmatizante.

Na sequência da escola de Bolonha, porque partindo das premissas de sua epistemologia e de sua metodologia pedagógica, virão a escola francesa de Órleans (Revigny e Belleperche – século XIII), a escola italiana dos pós-glosadores (Bártolo e Baldo – século XIV), a escola humanista (Budé, Zasius e Cujácio – século XV), a escola do direito nacional (Dumoulin, D'Argentré, Coquille – século XVI) e a escola do direito natural (Grotius, Pufendorf, Thomasius e Wolff – século XVII). Tais escolas procurarão, cada vez mais, acentuar aquela autonomia científica conquistada pela escola bolonhesa, desvinculando o ensino do Direito das amarras teológicas e atrelando-o à influência dos sistemas racionalistas.

Nessa tarefa, contarão com o auxílio da crescente perda de jurisdição dos tribunais eclesiásticos, a partir do século XV, decorrente de inúmeros fatores: o menor interesse pelo estudo do Direito Canônico pelos universitários leigos (até sua completa marginalização), a diminuição do número de legistas habilitados nesse mesmo saber, o avanço da jurisdição civil no vácuo jurisdicional deixado pela jurisdição eclesiástica, o renascimento italiano, com seu pensamento antropocêntrico, e a reforma protestante, que defendia uma educação geral subordinada exclusivamente ao Estado.

Tais determinantes criarão as condições propícias para um novo espírito de ensino do Direito, com viés fortemente laico, conduzido por profissionais leigos em sua maioria e desatrelado de uma mentalidade educativa fundada nos valores religiosos e morais, predominantes até então. No campo político, o fenômeno dos Estados Nacionais incrementará o espírito de liberdade do ensino do Direito nas universidades, as quais sofrerão um gradativo aumento de influência dos monarcas, em razão das perspectivas instrumentais que o Direito oferecia para o fortalecimento de seus regimes políticos, absolutos ou esclarecidos, e para a provisão dos cargos administrativos governamentais.

O ensino do Direito, a partir da Idade Moderna, perde o caráter sagrado e a conotação prudencial que carregava consigo desde a Antiguidade: passa a ser visto e transmitido como um fenômeno da estatalidade e um saber fruto de uma reconstrução puramente científica, escrita e sem lacunas, pela razão, das regras de convivência. Essa razão sistemática e capacitada para operar as novas realidades e circunstâncias dessa nova sociedade irá conduzir seu ensino, mais tarde e sob o influxo de outras razões históricas, à absolutização dessa maneira de assimilar a realidade do Direito, levando-o a um excessivo dogmatismo, como efeito necessário da incidência dos postulados do racionalismo no estudo do Direito.

Surge uma nova e mais sofisticada forma de sua compreensão: o positivismo jurídico, uma autolimitação do pensamento jurídico ao estudo e ao ensino estrito da lei positiva. O Direito, como a norma posta pelo legislador, que aumenta a segurança jurídica, a precisão de seu entendimento e aguça a consciência de seus limites. Nesse contexto, entra em cena o ensino jurídico no Brasil.

3 ESCORÇO HISTÓRICO DO ENSINO DO DIREITO NO BRASIL

Pela educação jurídica é que uma sociedade assegura
o predomínio dos valores éticos perenes
na conduta dos indivíduos e, sobretudo,
dos órgãos do Poder Público.

(SAN TIAGO DANTAS, 1955, p. 452)

Na mesma linha teleológica traçada no primeiro parágrafo do capítulo anterior, desde 1500 até 1822, a legislação portuguesa vigorava em nosso território e toda rede judiciária metropolitana tinha uma natural extensão na colônia do além-mar. Com a proclamação da Independência, foi outorgada a primeira Carta Constitucional pátria (1824) e, ato contínuo, durante o regime imperial, foram codificadas várias legislações civis e comerciais, ainda fortemente influenciadas pelo legado jurídico português, de conotação positivista.

A criação dos cursos jurídicos no Brasil atendeu a várias finalidades: consolidação dos quadros administrativos imperiais, fim da pressão metropolitana sobre estudantes brasileiros que se formavam em Coimbra, formação das elites políticas nacionais (adeptas dos movimentos liberais e constitucionais que se sucederam às Revoluções Americana e Francesa) e autonomização cultural da sociedade brasileira.

Durante os debates parlamentares que antecederam a promulgação da Lei Imperial de 11 de agosto de 1827 (Anexo V), houve pouco interesse numa discussão profícua sobre o ensino jurídico: currículo, finalidade pedagógica do curso e metodologia pedagógica. A retórica parlamentar focou-se basicamente nas questões ideológicas e geográficas (BASTOS, 1977, p. 11-2, 48, 165, 175, 179, 197, 213-4, 218, 221-2, 229, 236-7, 241, 245, 250, 254-6, 263, 269-71, 279, 282, 406-7, 413, 424, 434-5, 444, 452-6, 463-4, 475, 477, 481, 552 e 611).

No primeiro caso, a dúvida era se o curso jurídico deveria ser mais voltado para a sociedade civil ou para o Estado, que refletia o embate político entre a elite imperial conservadora, atrelada ao modelo político colonialista, e a elite nacional civil, liberal e preocupada em atender à demanda social por profissionais do direito (BASTOS, 1998, p. 13). Prevaleceu a composição entre as duas facções políticas, de sorte que os interesses foram acomodados legislativamente (BASTOS, 1998, p. 14).

No segundo, a hesitação girou em torno da instalação da primeira faculdade no Rio de Janeiro, em São João Del Rei, em Salvador, em Olinda ou em São Paulo (BASTOS, 1998, p. 4-11). Venceu a proposta apresentada pela Emenda Paula e Sousa e a Lei de 11 de agosto de 1827 contemplou Olinda e São Paulo com um curso jurídico, uma vitória das elites civis regionais liberais (BASTOS, 1998, p. 7).

Assim, a história da instalação dos cursos jurídicos no Brasil, que começou com os debates na Assembleia Constituinte de 1823 e culminou com a promulgação da legislação específica em 1827, é, basicamente, em primeiro lugar, "a história das conciliações que se deram entre as elites imperiais e determinadas frações das elites civis; e, em segundo lugar, a oscilação da fração derrotada das elites civis, que sempre esteve numa posição optativa entre a sua proposta e as propostas oficiais da elite imperial ou as da sua fração que tinha acesso direto ao Estado" (BASTOS, 1998, p. 7).

Superada a contextualização político-institucional do advento dos cursos jurídicos no país, adentraremos na análise histórica propriamente dita do ensino jurídico nacional e tão somente naquilo que respeitar aos eixos estruturantes desta obra, já expostos na introdução, e, sobretudo, no que concerne à questão do ensino jurídico de viés positivista, sem espaço para uma visão crítica do aluno, sem preocupação com uma finalidade metaempírica e com uma metodologia pedagógica de natureza reprodutivista.

O art. 10 da Lei de 11 de Agosto de 1827 dispunha que "os Estatutos do Visconde da Cachoeira[70] ficarão regulando por ora naquilo que forem aplicáveis e se não opuserem à presente Lei. A Congregação dos Lentes formará quanto antes uns estatutos completos, que serão submetidos a deliberação da Assembleia Geral". Apesar do teor do texto legal (e da ressalva nele contida expressamente), a proposta curricular do citado estatuto era substancialmente diferente do currículo vitorioso nos debates parlamentares e aprovado pela Lei de 11 de agosto de 1827, assim como dela divergirá também o estatuto de autoria dos lentes, que será, doravante, conhecido como Regulamento de 1831.

Os Estatutos do Visconde da Cachoeira, apesar da antinomia já referida, tinham uma minudente preocupação com a metodologia de ensino, como pode ser visto na recomendação explícita para, no ensino de Direito Natural, o professor "ser breve e claro nas suas exposições e (...) tratar só de doutrina o que for necessário para a perfeita inteligência da matéria que ensinar" (Anexo X).

Sobre o ensino das *Institutas* de Gaio, os estatutos diziam que a autoridade desse texto legal não poderia impedir "o que foi sempre subsidiário e doutrinal, que nunca

---

70. Anexo X (MELO, 1977, p. 11-6).

teve autoridade extrínseca, como mui doutamente observam os autores dos Estatutos da Universidade de Coimbra (...). O professor apontará aos seus ouvintes os livros onde se acham as doutrinas que houver expendido, para irem estudar com mais vastidão (...), relevando que os estudantes ouvem e aprendem sempre com o fito na sua aplicação prudencial no foro" (Anexo X).

Novamente aos lentes, os estatutos recomendavam o devido auxílio nas explicações com o conhecimento de outros autores, sem que fossem "todavia, escravos das ideias destes autores, mas escolhendo só deles e dos mais que modernamente têm escrito sobre o mesmo objeto o que puder servir para dar aos seus ouvintes luzes exatas, regras ajustadas e conformes aos princípios da razão e justiça universal" (Anexo X).

Também deve ser observada a atenção dada para a estrutura curricular do último ano do curso. Os alunos deveriam aprender técnicas de interpretação de leis e prática forense, mediante a apreciação de leis romanas e a realização de uma decisão prática a respeito, a fim de propiciar o perfeito conhecimento das leis pelo método analítico (Anexo X). No ensino de prática forense, além do emprego de uma obra jurídica, os estatutos lembravam "ao lente acrescer às suas observações o que lhe ensinou a prática" e observar "os defeitos dos praxistas e erros do foro ou confirmar a praxe nele seguida conforme a lei" (Anexo X).

No cotejo entre alguns trechos do aludido estatuto e os artigos da lei regente dos cursos jurídicos (Anexo V), resta evidente a contradição entre o curso jurídico que a Lei 11 de agosto de 1827 pretendia implementar e o curso jurídico que os Estatutos do Visconde da Cachoeira (aprovado em 02 de março de 1825, nos termos do Decreto Imperial de 09 de janeiro de 1825) tinham esboçado.

No que concerne à estrutura curricular, a lei regente suprimiu as disciplinas de Direito Romano e de Hermenêutica Jurídica; os estatutos sempre as valorizaram, justificando a necessidade, da primeira, para uma boa formação jurídica e, da segunda, para o perfeito conhecimento das leis.

Em relação aos pressupostos epistemológicos do ensino, a lei regente simplesmente foi silente a respeito, em consonância com os estatutos de Coimbra, que já tinham uma índole positivista; os estatutos observaram a adoção, nos estudos, dos princípios elementares do Direito Natural, em enfoque completamente antípoda dos postulados positivistas.

No que toca à atuação do aluno no bojo da relação pedagógica e à sua postura diante do saber transmitido, a lei regente novamente silenciou-se; os estatutos, por sua vez, *a contrario sensu* ressalvaram que o currículo deveria formar bacharéis com uma visão crítica do Direito. No que atine à metodologia pedagógica, a lei regente nada mencionou; os estatutos centralizaram a transmissão do Direito na pessoa do professor, auxiliado por um referencial bibliográfico, modulando a teoria com a experiência da prática forense, sem prejuízo do cumprimento obrigatório da disciplina de Hermenêutica Jurídica. Ou seja, a proposição substantiva vinha acompanhada de uma proposta formal para seu ensino.

Em relação à finalidade pedagógica, a lei regente nada dispôs a respeito; os estatutos visaram à formação não só de "peritos advogados e sábios magistrados", assim como de "dignos deputados e senadores", mas de "verdadeiros e hábeis jurisconsultos", na melhor tradição romana, segundo já exposto no capítulo anterior.

Salta aos olhos que os Estatutos do Visconde da Cachoeira (de 2 de março de 1825) tinham uma visão completa e integrada do ensino jurídico e, até a entrada em vigor da Resolução nº 09/2004 do Conselho Nacional de Educação (Anexo I), foi "um dos únicos documentos acadêmicos oficiais no Brasil que insistem na importância dos métodos e modos que deveriam os lentes utilizar na transmissão do conhecimento, chegando, inclusive, a detalhar as linhas de atuação pedagógica e um panorama bibliográfico, para a época, de grande extensão e percepção[71]" (BASTOS, 1998, p. 41).

Nas palavras do próprio Visconde da Cachoeira (Anexo X):

> é de forçosa e evidente necessidade e utilidade formar o plano dos mencionados estudos; regular a sua marcha e método; declarar os anos do mesmo curso, especificar as doutrinas que se devem ensinar em cada um deles; dar as competentes instruções por que se devem reger os professores e, finalmente, formalizar Estatutos próprios e adequados para o bom *regimen* do mesmo curso, e sólido aproveitamento dos que se detiveram nessa carreira. (...) De que serviriam bacharéis formados, dizendo-se homens jurisconsultos, na extensão da palavra, se o fossem só no nome? (...) Haveria em grande abundância homens habilitados com a Carta somente, sem o serem pelo merecimento, que pretenderiam os empregos para os servirem mal, e com prejuízo público e particular, tornando-se uma classe improdutiva com dano de outros misteres (...).

O Regulamento de 1831 (Decreto Imperial de 7 de novembro de 1831), cumprindo o mandamento da Lei de 11 de agosto de 1827 (art. 10), suspendeu, definitivamente, os efeitos provisórios do Estatuto do Visconde da Cachoeira, em vigor desde 11 de agosto de 1827, adaptando o currículo jurídico e o método de ensino às exigências da legislação-base de 1827.[72]

Nessa empreitada, em essência, o citado regulamento consolidou os pressupostos epistemológicos de um ensino jurídico de cunho positivista, apegado à transmissão do texto legislativo; sem espaço para uma visão crítica do aluno, que criou o fenômeno, até hoje presente, do autodidatismo; sem preocupação com uma finalidade pedagógica para o curso de Direito, diante do banimento das cadeiras de Direito Romano e Hermenêutica Jurídica, nas quais o acento prudencial e reflexivo é marcante, e com uma metodologia pedagógica de natureza reprodutivista das estruturas jurídicas e sociais então existentes.

Superada essa fase histórica, o ensino do Direito sofreu inúmeras outras reformas curriculares, algumas pontuais e outras mais abrangentes. A Reforma Leôncio de Carvalho

---

71. Anexo XI (BASTOS, 1998, p. 38-40).

72. Anexo XII (BASTOS, 1998, p. 42).

(Decreto nº 7.247, de 19 de abril de 1879) preocupou-se em implantar a liberdade de ensino em todos os níveis e, para os cursos jurídicos, estabeleceu uma grade curricular voltada para a preparação de profissionais aptos para o preenchimento dos cargos administrativos do Império. As preocupações legislativas destinaram-se à viabilização do ensino livre. Nenhuma ideia foi apresentada acerca das questões pedagógicas ou curriculares.

Nessa esteira, a Reforma Benjamin Constant (Decreto Republicano nº 1.232-H, de 2 de janeiro de 1891) apenas consolidou as bases do ensino livre e dividiu as faculdades de Direito em três cursos: Ciências Jurídicas, Ciências Sociais e Notariado, segundo o perfil de bacharel (advogados e juízes), de servidores públicos e de notários respectivamente.

Depois, o ensino jurídico veio a ser reorganizado pela Lei nº 314, de 30 de outubro de 1895, a qual aumentou a duração para cinco anos, fez uma redistribuição das disciplinas pelo currículo, com o acréscimo das matérias de Diplomacia, Direito Internacional Público, Ciência das Finanças e Economia Política, além de ter aumentado as exigências estruturais para a instalação das faculdades livres de Direito.

A Reforma Rivadávia Corrêa (Decretos nº 8.659 e nº 8.662, ambos de 5 de abril de 1911) promoveu nova alteração do eixo curricular: introduziu-se a disciplina Introdução Geral ao Estudo do Direito, excluiu-se a matéria de Direito Comparado e a duração foi majorada em um ano, com foco na prática forense.

A Reforma Maximiliano (Decreto nº 11.530, de 7 de setembro de 1915) surgiu logo em seguida, revogou a reforma anteriormente feita e remanejou o estudo do Direito Romano para o primeiro ano do curso (e não mais no terceiro ano do curso, por força do Decreto Imperial nº 608, de 16 de agosto de 1851, o qual restaurou essa disciplina no ensino jurídico brasileiro). Durante a Primeira República, o ensino do Direito continuou na mesma linha curricular e pedagógica do Império.

A Reforma Francisco Campos (Decretos nº 19.851 e nº 19.852, ambos de 11 de abril de 1931) reformulou o currículo do ensino jurídico, reestruturando-o com um fulcro profissionalizante, altamente prático, com acentuada tônica no estudo do direito positivo, a fim de se alinhar às demandas e necessidades da economia brasileira.

A Constituição de 1934 inovou ao lançar as bases para um plano nacional de educação e, no campo jurídico, foram acrescentadas as disciplinas de Direito Industrial e Direito do Trabalho. O Decreto-Lei nº 2.639, de 27 de novembro de 1940, dividiu a disciplina do Direito Público Constitucional em Teoria Geral do Estado e Direito Constitucional, com o afã de provocar o estudo jurídico do Estado e das estruturas que o compõem.

No ano de 1961, surgiu a Universidade de Brasília, cujo currículo jurídico vinculava estudos humanísticos preparatórios às disciplinas dogmáticas e à formação jurisprudencial, dotada de disciplina própria, com um perfil interdisciplinar, porque dispunha de disciplinas eletivas, inovando nesse sentido.

A Lei de Diretrizes e Bases de 1961 (Lei nº 4.024, de 20 de dezembro de 1961) deu sustento institucional para a adoção do Parecer nº 215 de 15 de setembro de 1962, no qual o Conselho Federal de Educação impôs o currículo mínimo do curso de bacharelado em Direito e que, na prática, promoveu a articulação didática do conhecimento oficializado.

A Reforma Universitária de 1968 (Lei nº 5.540, de 28 de dezembro de 1968) estabeleceu o processo de integração das faculdades de Direito às universidades, tanto física quanto curricularmente, principalmente em relação ao cumprimento das disciplinas básicas. Ao mesmo passo, liberou a expansão do ensino superior, por meio de uma política menos rigorosa de autorização de funcionamento para a rede privada de ensino, sem um claro comprometimento dessas instituições junto aos parâmetros da Lei de Diretrizes e Bases (aspectos curriculares) e do Decreto nº 63.341, de 1º de outubro de 1968 (expansão da rede superior de ensino privado em áreas remotas do país).

O efeito dessa falta de compromisso foi o crescimento desmedido dos cursos de direito, a mercantilização do ensino e, em razão do baixo nível docente, o ensino do Direito nada reflexivo e demasiadamente apegado ao mero entendimento do texto legal. Para corrigir essas distorções graves, o então Conselho Federal de Educação aprovou a Resolução nº 3, de 25 de fevereiro de 1972, a qual se pautou por uma formação mais ampla do bacharel no ramo jurídico, com flexibilidade curricular e abertura formativa a outros ramos do saber com afinidade ao Direito. Inovou ao implantar a obrigatoriedade de estágio supervisionado e da interdisciplinaridade.

Em 1994, o Ministério da Educação e Cultura baixou a Portaria nº 1886, de 13 de julho de 1994, fixando novas diretrizes curriculares e metodológicas para os cursos jurídicos: fortaleceu a interdisciplinaridade; criou mecanismos institucionais para o desenvolvimento do Ensino, da Pesquisa e da Extensão; aumentou a carga horária do estágio supervisionado e indicou, claramente, a finalidade do curso jurídico, a saber, a formação de um bacharel comprometido com sua formação fundamental, sociopolítica, técnico--jurídica e prudencial. Para tanto, dividiu as disciplinas em duas partes: as de formação fundamental e as profissionalizantes, tornando obrigatória a realização de uma monografia para os alunos concluintes.

Em 2004, o Conselho Nacional de Educação editou a Resolução nº 09 (Anexo I), dispondo sobre as diretrizes curriculares nacionais dos cursos jurídicos, e estabeleceu que o ensino jurídico deve expressar-se por intermédio de seu projeto pedagógico, abrangendo o perfil do formando, as competências e habilidades, os conteúdos curriculares, o estágio curricular supervisionado, as atividades complementares, o sistema de avaliação, o trabalho de curso como componente curricular obrigatório do curso, o regime acadêmico de oferta e a duração do curso. Sem prejuízo disso, foram permitidos outros aspectos que tornem consistente o referido projeto pedagógico, como a interdisciplinaridade, a integração entre teoria e prática e graduação e pós-graduação, além do incentivo à pesquisa e à extensão.

Quanto ao perfil formativo do aluno, segundo a mesma resolução, o ensino jurídico deve propiciar sólida formação geral, humanística e axiológica, capacidade de análise, domínio de conceitos e da terminologia jurídica, adequada argumentação, interpretação e valorização dos fenômenos jurídicos e sociais, aliada a uma postura reflexiva e de visão crítica que fomente a capacidade e a aptidão para a aprendizagem autônoma e dinâmica, indispensável ao exercício da Ciência do Direito, da prestação da justiça e do desenvolvimento da cidadania.

O curso de Direito, quanto aos fins e nos termos da referida resolução, deve possibilitar a formação profissional que valorize as habilidades de leitura, compreensão e elaboração de textos, atos e documentos jurídicos ou normativos, com a devida utilização das normas técnico-jurídicas; interpretação e aplicação do Direito; pesquisa e utilização da legislação, da jurisprudência, da doutrina e de outras fontes do Direito; adequada atuação técnico-jurídica, em diferentes instâncias, administrativas ou judiciais, com a devida utilização de processos, atos e procedimentos; correta utilização da terminologia jurídica ou da Ciência do Direito; utilização de raciocínio jurídico, de argumentação, de persuasão e de reflexão crítica; julgamento e tomada de decisões e domínio de tecnologias e métodos para permanente compreensão e aplicação do Direito.

O curso ainda deve contemplar, nos aspectos pedagógico e curricular, os seguintes eixos interligados de formação:

a) Eixo de Formação Fundamental, com o objetivo de integrar o estudante no campo teórico, estabelecendo as relações do Direito com outras áreas do saber, abrangendo dentre outros, estudos que envolvam conteúdos essenciais sobre Antropologia, Ciência Política, Economia, Ética, Filosofia, História, Psicologia e Sociologia;

b) Eixo de Formação Profissional, abrangendo, além do enfoque dogmático, o conhecimento e a aplicação, observadas as peculiaridades dos diversos ramos do Direito, de qualquer natureza, estudados sistematicamente e contextualizados segundo a evolução da Ciência do Direito e sua aplicação às mudanças sociais, econômicas, políticas e culturais do Brasil e suas relações internacionais, incluindo-se necessariamente, dentre outros condizentes com o projeto pedagógico, conteúdos essenciais sobre Direito Constitucional, Direito Administrativo, Direito Tributário, Direito Penal, Direito Civil, Direito Empresarial, Direito do Trabalho, Direito Internacional e Direito Processual;

c) Eixo de Formação Prática, que objetiva a integração entre a prática e os conteúdos teóricos desenvolvidos nos demais Eixos, especialmente nas atividades relacionadas com o Estágio Curricular Supervisionado, Trabalho de Curso e Atividades Complementares.

A Resolução nº 09/2004, ainda que parcialmente suspensa desde 2013, parece caminhar no sentido de permitir a formação de profissionais do Direito com habilidade para não serem mais meros reprodutores do direito oficial e fiadores de um superado positivismo normativista, lastreado num modelo educacional dogmático, unidisciplinar, descontextualizado da realidade circundante e completamente avesso à reflexão, à prudência jurídica e ao ideal de justiça social.

A educação jurídica no Brasil, como se percebe nitidamente, evoluiu lentamente. Toda configuração posterior sempre tomou, como ponto de partida, a tradição anterior, por blocos ou itens de acomodação, sem que houvesse rupturas institucionais na condução dos destinos do ensino jurídico. Se as questões do método de pensar e ensinar o Direito e da finalidade do curso jurídico já estavam subjacentes nos debates parlamentares da Assembleia Constituinte de 1823 e no Estatuto do Visconde da Cachoeira de 1825, hoje, passados quase duzentos anos, está na hora dessas questões se transformarem em respostas e protagonizarem uma nova realidade para o ensino do Direito.

4 EDUCAÇÃO:
O HOMEM E SUA
DIMENSÃO ÉTICA

> *Mas a educação não é um adestramento animal.*
> *A educação no homem é um despertar humano.*
> (MARITAIN, 1959, p. 36)

> *O homem supera infinitamente o homem.*
> (PASCAL, 2003, p. 197)

Muito antes de sermos detentores desta ou daquela nacionalidade, ou mesmo de ambas, somos seres humanos. O profundo dizer do poeta pagão Píndaro recorda-nos que nosso primeiro dever é o de nos tornarmos aquilo que somos. Se isso corresponde à verdade, logo, nada é mais importante do que nos tornarmos homens. Essa bela e difícil tarefa é assumida pela educação: formar o homem que está por trás de um homem do sertão, da universidade, do Ocidente, do Oriente, da metrópole europeia, da aldeia sub--saariana ou do clã de esquimós do Polo Norte. Hoje ou amanhã.

Saviani (1991, p. 21) afirma que:

> o trabalho educativo é o ato de reproduzir, direta e intencionalmente, em cada indivíduo singular, a humanidade que é produzida pelo conjunto dos homens. Assim, o objeto da educação diz respeito, de um lado, à identificação dos elementos culturais que precisam ser assimilados pelos indivíduos da espécie humana para que eles se tornem humanos e, de outro lado e concomitantemente, à descoberta das formas mais adequadas para se atingir esse objetivo.

Do ponto de vista lógico, a afirmação de nosso poeta seria uma contradição, porque ninguém pode vir a ser o que já é. Se já sou um ser humano, não posso vir a sê-lo. Goergen (2005, p. 61) elucida essa aparente contradição:

> na verdade, a percepção refinada do poeta traduz algo mais profundo, algo que ultrapassa o mero esquematismo lógico. Mesmo que sejamos seres humanos desde o nascimento, podemos admitir, sem contradição, que aos nascermos ainda não somos seres humanos em plenitude, pois, não temos uma identidade. Somos apenas seres abertos ao vir-a-ser

humano. Este era o conselho do poeta: construa sua identidade, ou seja, torna-te de fato o que já és como possibilidade: ser humano. O que torna o ser humano verdadeiramente humano, ou seja, em plenitude, não é o fato de nascer filho de humanos, mas a construção de sua identidade. Por isso, faz muito sentido o "torna-te o que és" do poeta. Suas palavras escondem, ainda, um outro sentido igualmente importante: Píndaro diz "torna-te", e não "permita que façam de você" um ser humano. Vale dizer que tornar-se um ser humano implica construir a própria identidade que é tarefa de cada um. O ser humano é artífice, escultor de si mesmo. Tal processo ocorre por conta do duplo movimento de socialização e individuação. Pela socialização, o ser humano adapta-se ao meio e torna-se um ser pertencente a uma cultura. Pela individuação, ele constrói a sua própria individualidade, tornando-se único, distinto de todos os demais no interior da mesma cultura.

O fenômeno da educação decorre do fato de que o ser humano surge para a vida numa situação de desamparo ou de indigência (do latim *indigere*, "ter necessidade de") e, por isso, está necessariamente referido a outro. Existem seres vivos que são autônomos desde os primeiros momentos de sua existência, o que pode ser observado fartamente na natureza animal. Ao contrário, um ser humano recém-nascido demanda uma série de cuidados para poder sobreviver e levar adiante seu próprio desenvolvimento até a maturidade.

Surge assim uma relação entre uma nova vida, que ainda não tem a consciência de sua própria existência, e uma outra em andamento, representada pelos pais, educadores, mestres e docentes, cuja função é a de facilitar o advento das capacidades que resultem necessárias das circunstâncias vitais e históricas, as quais estão delimitadas por um arco de tempo que, normalmente, encerra-se no momento em que aquela nova vida alcança sua independência existencial.

Essa independência costuma surgir com a conquista de uma profissão. Mesmo assim, o processo educativo não cessa, porque o elemento de potencialidade interior, no ser humano, é essencialmente maior do que nos animais irracionais: nestes seres, os limites de possibilidade e de realidade alcançam rapidamente sua descoberta, causando a impressão de já estarem predispostos em sua própria natureza. No ser humano, a situação é completamente diversa.[73]

Se considerarmos que as possibilidades de um indivíduo concretamente considerado vão além de sua realidade, existem graduações imprevisíveis em cada indivíduo. Nesse processo de formação humana, não existe um vínculo unilateral, pois, na medida em que o educando incorpora os elementos pedagógicos que lhes são transmitidos, o educador ensina a si próprio, toma consciência de suas próprias carências, encontra novas possibilidades de ensino e incorpora novas experiências educativas.

Por conseguinte, esse processo pedagógico – pelo qual se forma o ser humano, conduzindo-o à sua realização – é multidimensional, porquanto nele concorrem forças, ati-

---

73. Existe um adágio popular que guarda uma realidade bem profunda e é inexplicavelmente dirigido apenas para o gênero masculino: "Filhos, a mãe começa a criá-los e a esposa termina".

tudes e posturas de variada natureza, a seguir analisadas tripartitemente. Em primeiro lugar, há o desenvolvimento orgânico – a evolução do educando. O ser humano nasce como uma realidade evolutiva desde sua forma originária, a partir da qual acrescenta possibilidades que, no transcurso da vida, realizam-se mediante tendências intrínsecas coordenadas e que, muitas vezes, permanecem latentes como uma espécie de devir qualificado.

O educador conduz o educando ao desenvolvimento de sua vida material, mas, sobretudo, anímica: a aptidão de pensar, de saber valorar, de tomar partido, de decidir, de atuar e de referir-se ao outro. A tarefa do educador é justamente potencializar esse impulso interior, incentivando-o, dirigindo-o e retificando-o quando necessário, até que alcance seus limites.

Guardini (2000, p. 690) justifica essa limitação ao asseverar que:

> em cada ser humano, a capacidade de evolução é limitada. Não somente quanto à dinâmica, mas também no que se refere às determinações qualitativas. Os limites radicam naquilo que chamamos de dotes, quero dizer, na especial estrutura correspondente à individualidade (...). Existem, desde logo, diferenças muito importantes, pois determinados seres humanos podem manejar facilmente coisas e ferramentas, para as quais outros são menos hábeis (...). Estas diferenças alcançam uma importância decisiva na eleição da profissão e no modo em que o indivíduo encontra seu lugar no tecido das relações sociais (...). Um homem que não goste de música nunca poderá chegar a uma real compreensão de uma sinfonia ou exercer uma criatividade musical; o mesmo se dá num homem frio por essência, que não chegará a desfrutar grandes vivências afetivas.

Em segundo lugar, o processo pedagógico é, também, biunívoco: sua direção não é só de dentro para fora, mas de fora para dentro, isto é, o devir do educando deve entranhar-se no entorno existencial concretamente dado – a inserção do educando –, porque o homem não é um leão ou uma águia. É um animal cultural e histórico: vive num determinado caldo cultural e civilizacional e num certo período temporal, sendo condicionado por tais fatores. Por isso, nós somos filhos de nosso tempo.

Nessa perspectiva, a educação tem um peso importante. Maritain (1968, p. 27) aponta que:

> por ser dotado de um poder de conhecimento ilimitado e que deve no entanto avançar gradativamente, o homem não pode progredir na sua vida específica, que lhe é própria, ao mesmo tempo intelectual e moralmente, se não for auxiliado pela experiência coletiva que as gerações precedentes acumularam e conservaram, e por uma transmissão regular dos conhecimentos adquiridos. A fim de atingir essa liberdade, com a qual se determina e na qual foi feito, necessita de uma disciplina e de uma tradição que, simultaneamente, pesarão sobre ele e o fortificarão de modo a torná-lo apto a lutar contra elas, o que enriquecerá a própria tradição, tradição esta que, uma vez enriquecida, tornará possível novas lutas e assim por diante.

O processo educativo não reside somente no movimento dos impulsos naturais para o exterior. Igualmente relevante é a necessidade do educando de se situar entre as coisas e os fenômenos que estão ao seu entorno, ambos historicamente localizados no tempo e no espaço. Nessa linha de raciocínio, o homem é um "ser-aí", porque ele não é um ente cuja natureza esteja assepticamente isolada dos demais ou das coisas e fenômenos vitais.

Ele é circundado por um mundo composto por uma natureza material e por um rol de interesses, preocupações, desejos, afetos, conhecimentos e saberes, nos quais sempre está imerso. Assim, o homem sempre está colocado numa situação histórico-temporal determinada, caracterizando-se por ser um ser-no-mundo, onde deve desenvolver sua essência, ou seja, sua natureza, por meio de uma postura de abertura para fora de si.

As diversas formas de apreensão do mundo circundante estão determinadas não só pelas necessidades do educando, mas também pela natureza daquelas coisas e fenômenos. Se as necessidades já contêm em si sua determinação específica (por exemplo, a escrita e a leitura), as conquistas serão condicionadas pela realidade do entorno.

Em terceiro lugar, ao lado da evolução e da inserção, radica o momento em que o educando relaciona-se com outros semelhantes, coisas e fenômenos – o encontro do educando. Esses dados da realidade não se entrelaçam com ele a partir de uma ordem pré-determinada e absolutamente incondicionada, como o liame religioso que havia entre os gregos e seus deuses, mas se põem à sua frente, em virtude da recíproca abertura desses dados para ele. Como consequência, o educando passa a conhecer profundamente uma área do saber, um conceito até então pouco esclarecido ou uma nova forma de abordagem intelectual de um assunto complexo.

No encontro, está subjacente uma atitude aberta ao mundo e à imprevisibilidade.[74] Compreender o novo, enfrentar aquilo que surge e aprender a dar forma ao dado não planejado. É aqui onde jaz a mais acabada expressão da amplitude de movimento dos impulsos naturais do educando e, por ser cada pessoa uma individualidade irrepetível, essa capacidade de encontro não se dá do mesmo modo e na mesma intensidade. Se, na inserção, o educando é um "ser-aí", no encontro, vincado na evolução, ele é um "vir-a-ser-aí".

Julián Marías (1971, p. 36-7) exprime bem esse ser e "vir-a-ser-aí" humano, ao dizer que:

---

74. "Com efeito, sucede no caso do homem exatamente o mesmo que no caso do recinto aberto, ao ser projetado nos planos longitudinal e horizontal de um quadro fechado. O homem é representado no plano biológico como um sistema fechado de reflexos fisiológicos, e no plano psicológico, como um sistema fechado de reações psicológicas. Mais uma vez, portanto, a projeção tem por resultado uma oposição. Mas, porque pertence à essência do homem o ser ele, em todo caso, aberto, o ser 'aberto no mundo' (Scheler, Gehlen e Portmann) –, ser homem significa, já de si, ser para além de si mesmo. A essência da existência humana, diria eu, radica na sua autotranscendência. Ser homem significa, de *per se* e sempre, dirigir-se e ordenar-se a algo ou a alguém: entregar-se o homem a uma obra a que se dedica, a uma pessoa que ama, ou a Deus, a quem serve. Esta autotranscendência quebra os quadros de todas as imagens do homem que, no sentido de algum monadologismo, representem o homem como um ser que não atinge o sentido e os valores, para além de si mesmo, orientando-se, assim, para o mundo, interessando-se exclusivamente por si mesmo, como se lhe importasse a conservação ou o restabelecimento da homeostase" (FRANKL, 1989, p. 44-5).

esse alguém corporal ou pessoa, não somente acontece, como também está unido à futurição, a essa tensão para frente – ou pretensão – que é a vida. Começamos agora a vislumbrar o sentido de *prosópon* como "frente" ou "fachada" ou "dianteira"; é importante reter esse caráter frontal da pessoa, pelo fato de ser a vida uma operação que faz para frente. Esse "alguém" é *futuriço*; isto é, presente e real, porém voltado para o futuro, para ele orientado, projetado para ele; para o futuro "dá" a face em que a pessoa se denuncia e se manifesta, e por isso é a face, entre as partes do corpo, estritamente pessoal, aquela em que a pessoa se contrai e se patenteia, se expressa. Porém, essa condição futuriça da pessoa envolve um momento capital: é parcialmente *irreal*, já que o futuro não é, mas *será*. No rosto a pessoa denuncia-se *agora* – na realidade presente – o que será. Entendemos por pessoa uma realidade que não é só real. Uma pessoa "dada" deixaria de o ser. O caráter programático, projetivo, não é algo que meramente aconteça à pessoa, mas que a constitui. A pessoa não somente "está aí", nunca pode como tal só estar aí, *está vindo*.

Quando dizemos que "se está fazendo", facilmente podemos entender mal: ou no sentido de a pessoa ainda não estar feita, ou de que se procura seu "resultado". Não é isso: a pessoa *já é*, está feita como pessoa, e, por outro lado, não interessa seu "acabamento" ou resultado. Seu ser atual é se estar fazendo, ou melhor, estar vindo. Toda relação estritamente pessoal – amizade, amor – o prova: nela o "estar" é um "continuar estando", feito de duração e primariamente de futuro, um constante estar *indo e vindo*; sobretudo, um "ir a estar" (...).

É claro que isso vale para mim mesmo. Igual caráter programático, durativo e eveniente tem minha própria posse, em virtude da qual o pronome pessoal – mim, eu – é possessivo – meu. O que inverte a caracterização ontológica tradicional. Longe de haver autarquia ou suficiência, a pessoa está definida pela indigência, pela carência, pela irrealidade da antecipação, estribada numa realidade que espera.

Eu sou uma pessoa, mas "o eu" não é pessoa. "Eu" é o nome que damos a essa condição programática e eveniente. Quando digo "eu", me "preparo" ou "me disponho" a ser. Para o homem, ser é preparar-se a ser, *dispor-se a ser*, e por isso consiste em disposição e disponibilidade. Quando dizemos "eu", não se trata de um simples ponto ou centro de circunstância, mas sim que esta é *minha*: por ser *eu mesmo*, posso ter algo *meu*. Na pessoa, há mesmidade, mas não identidade: sou *eu mesmo*, porém nunca o mesmo. É preciso, porém, acrescentar algo que disse muitas vezes, mas que se costuma esquecer: o "eu" passado não é eu, mas circunstância com a qual me encontro; isto é, com a que *eu* – projetivo e futuriço – me encontro quando *vou* viver. E não bastaria a mera "sucessão" para que houvesse mesmidade: falta essa antecipação de mim mesmo, esse ser *já* o que *não sou*, a futurição ou carência intrínseca. O homem pode possuir-se ao longo de toda sua vida e ser o mesmo, *porque* não se possui integralmente em nenhum momento dela. (Grifos do autor.)

Existem inclinações no interior do educando que atribuem ao encontro uma rigidez relacional. Não são aptas a interpretar o imponderável emergente como um novo, porque o reduzem imediatamente a um esquema já existente, tanto teórico como prático. Não se preocupam em, antes, esgotar a investigação do novo, pois o *status quo* do esquema envolvido com o elemento imprevisível não pode ser alterado ou mesmo visto sob outra perspectiva, sem que se macule uma essência já consolidada pelo estado da arte.

Indubitavelmente, essa postura conservadora também pode ser portadora de valores (perenes ou não), como a tradição e a ordem; todavia, falta o fluir caudaloso do novo (que necessariamente não é sinônimo de ruptura ou de contradição) e, com ele, um importante elemento que se denomina realidade, o qual abarca evolução, inserção e encontro: um dado homem aqui e agora, nessas circunstâncias vitais, com esses limites históricos e sociais e aberto ao projeto de si mesmo.

Em suma, o encontro representa aprendizado constante, abertura ao imprevisto, espírito livre de investigação, perspectiva para distinguir o comum do peculiar, capacidade de reflexão e de autocrítica, convicção para bem decidir e, por trás disso, uma sensibilidade para o sentido e o alcance do próprio acontecimento decorrente do encontro. Tanto para ordená-lo no seio do já conhecido como também para tomar uma posição diante do novo enquanto tal.

Nunes (2005, p. 101-3) assevera, nessa linha de raciocínio, que:

> a educação, quer em seu aspecto institucional e jurídico, em suas bases filosóficas e éticas, quer em suas determinações políticas e constituições formais, sempre efetiva, isto é, torna aberta e presente uma consequente expressão de cultura e poder. Assim, pois, ao investigar as redes de poderes que sustentam nossa vida, as experiências que internalizam símbolos e determinam ou condicionam condutas, estamos exorcizando as formas de um poder disciplinar e autoritário, para propor novas formas de poder e de organização (...). (...) O ser humano produz uma realidade objetiva que passa a ser portadora de características humanas, assumindo identidades e características socioculturais, acumulando a atividade de gerações de outros seres humanos. Esse processo social institucionaliza-se como forma de *apropriação*, agora não apenas como apropriação da natureza, isto é, apropriação das objetivações do gênero humano, historicamente acumulado por conquistas, experiências e processos distintos no tempo e espaço. No campo da ética isso é ainda mais patente, pois as apropriações da identidade e das significações das condutas morais são nada menos que a objetivação coletiva, cultural e civilizatória, da marcha das sociedades. O homem, ao produzir os meios para a satisfação de suas necessidades básicas de existência, ao produzir uma realidade humanizada pela sua atividade, humaniza-se a si próprio. Trata-se, como dissemos anteriormente, da dialética entre a humanização da natureza e a hominização de si mesmo. Constitui, portanto, em seu processo de fazer-se homem, cada pessoa, uma realidade humanizada tanto objetiva como subjetivamente. Ao apropriar-se da natureza, transformando-a para satisfazer suas necessidades, objetiva-se a si próprio como subjetividade única, nessa relação dinâmica, nessa transformação prática de si. Por sua vez, essa atividade humana objetivada passa a ser ela também objeto de apropriação pelos demais homens, isto é, essas materializações passam a responder àquilo que de humano cada ser humano criou, apropriou-se, assumiu e superou em sua idiossincrática situação de constituinte e constituído, criatura e criador da cultura humana. Tal apropriação gera, nele, necessidades humanas de novo tipo, que exigem nova atividade, num processo sem fim.

A tarefa educativa, assim entendida, orienta o educando para uma postura em que se dá concomitante valor para os fatores do risco e da experiência, sendo que a modulação de um e de outro será estabelecida pela realidade pedagógica concretamente considerada. Essa atitude dispõe o educando para a originalidade do acontecimento, para a liberdade vital e para a amplitude da existência, lapidando a mais relevante dimensão humana: a dimensão espiritual, onde reside o motor que leva todo homem a naturalmente desejar o conhecimento (ARISTÓTELES, 2006, p. 43)[75].

De fato, para bem se compreender a tarefa educativa, é imperioso, também, assimilar, com clareza, justamente o protagonista dessa tarefa, ou seja, o homem: quem é ele? É um problema difícil, em razão da complexidade de nosso ser, de nosso virtuoso dinamismo, de nossas mais elevadas aspirações, mas também de nossos constantes retrocessos, de nossa potencial baixeza e de nossa omnipresente aptidão para o mal.

Todos os filósofos, desde Sócrates, em algum momento, debruçaram-se sobre a questão do homem e, independentemente da resposta alcançada, há um consenso em se atribuir ao estudo do homem uma relevância capital. Tomás de Aquino, citado por Mondin (2008, p. 22), já advertia que "conhecer a alma humana é algo extremamente difícil e só se chega lá por meio de um raciocínio que procede dos objetos e se dirige para os atos e dos atos para as faculdades".

Scheler (2007, p. 173) ressalta que:

em certo sentido, todos os problemas fundamentais da filosofia podem reconduzir-se à questão seguinte: que é o homem e que lugar e posição metafísica ele ocupa dentro do ser, do mundo, de Deus. Se há um problema filosófico cuja solução é requerida com urgência pela nossa época, este problema é o da antropologia filosófica. Entendo, por isso, uma ciência fundamental acerca da *essência* e da *estrutura* ética do homem; da sua relação com os reinos da natureza (minerais, plantas e animais) e com o princípio de todas as coisas; da sua origem essencial metafísica e ao seu início físico, psíquico e espiritual no mundo; das forças e potências que agem sobre ele e aquelas sobre as quais ele age; das direções e das leis fundamentais do seu desenvolvimento biológico, psíquico, espiritual e social, consideradas nas suas possibilidades e realidades essenciais. Os problemas da relação entre alma e corpo (entre psíquico e físico) e a relação entre o espírito e vida estão compreendidos em tal antropologia, somente a qual poderia dar um válido fundamento de natureza filosófica e, juntamente, finalidades determinadas e seguras à pesquisa de todas as ciências que têm por objeto o homem. (Grifos do autor.)

Heidegger (1953, p. 28) acentua a dimensão do problema ao sentenciar que:

nenhuma época teve noções tão variadas e numerosas sobre o homem como a atual. Nenhuma época conseguiu, como a nossa, apresentar seu conhecimento acerca do homem de modo tão eficaz e fascinante, nem comunicá-lo de modo tão fácil e rápido. *Mas também é verdade que nenhuma época soube menos que a nossa o que é o homem. Nunca o homem assumiu um aspecto tão problemático como atualmente.* (Grifos do autor.)

---

75. *Metafísica*, L. I, 980a22: "todos os seres humanos naturalmente desejam o conhecimento".

O estudo do homem passa pelo campo da antropologia filosófica. O método da antropologia filosófica, segundo acreditamos, distingue-se em duas fases complementares: a fenomenológica e a transcendental.[76] Na primeira, são recolhidos todos os dados relativos à essência do homem e, na segunda, tenciona-se revelar o significado último desses dados, conferindo-lhes alcance e sentido.

Em suma, é uma abordagem, no seio de suas fases complementares, que se move vertical e indutivamente, dos fenômenos às suas causas ou às últimas razões, as quais justificam seus modos de ser e de agir, inferindo as condições que os tornam possíveis. E essa abordagem permite-nos afirmar que o homem, pois, é dotado de corpo e alma. Veja-se.

---

76. "*Crítica do positivismo*, portanto, a fenomenologia se apresenta também como pensamento desconfiado em relação a todo apriorismo idealista. Com isso, se insere naquele vasto movimento de pensamento caracterizado pela 'tendência para o concreto' (...). Nessa preocupação de construir uma filosofia ligada o mais possível a 'dados imediatos' e inegáveis, com base nos quais erguer *depois* as teorias, a fenomenologia está de acordo com o pensamento de Henri Bergson. E esse é o motivo por que ela promoveria, ou se entrelaçaria, com as concepções de Heidegger, Sartre ou Merleau-Ponty. Escreve, Heidegger, em *Ser e Tempo*: 'a expressão fenomenologia significa antes de mais nada um conceito de método, um lema que poderia ser assim formulado: voltemos às próprias coisas! E isso em contraposição às construções desfeitas no ar e às descobertas casuais, em contraposição à aceitação de conceitos só aparentemente justificados e aos problemas aparentes que se impõem de uma geração à outra como verdadeiros problemas'. Portanto, a palavra de ordem da fenomenologia é a de *retorno às próprias coisas*, indo além da verbosidade dos filósofos e de seus sistemas construídos no ar. Mas como se fez para construir uma filosofia que se sustente? Para cumprir essa tarefa, é preciso partir de *dados indubitáveis* para com base neles construir *depois* o edifício filosófico. Em suma, procuram-se *evidências estáveis* para colocar como fundamento da filosofia. Essa, portanto, é a intenção de fundo da fenomenologia, intenção que os fenomenólogos procuram realizar através da descrição dos 'fenômenos' que se anunciam e se apresentam à consciência depois que se faz a *epoché*, isto é, depois que são postas entre parênteses as nossas persuasões filosóficas, os resultados das ciências e as convicções engastadas naquela nossa atitude natural que nos impõe a crença na existência de um mundo de coisas. Em outros termos, é preciso suspender o juízo sobre tudo o que não é apodítico nem incontrovertido até se conseguir encontrar aqueles 'dados' que resistam aos reiterados assaltos da *epoché*. E os fenomenólogos encontram esse ponto de aproximação da *epoché* – o resíduo fenomenológico, no dizer de Husserl – na consciência: a existência da consciência é imediatamente evidente. A partir dessa evidência, os fenomenólogos pretendem descrever os *modos típicos* como as coisas e os fatos se apresentam à consciência. E esses modos típicos são precisamente as *essências*. A fenomenologia não é ciência dos fatos, e sim ciências de essências. (...) Eis, portanto, o que a fenomenologia pretende ser: *ciência, fundamentada estavelmente, voltada à análise e à descrição das essências.*" (ANTISERI, 1991, p. 553-5). (Grifos do autor.) Adotamos a noção de fenomenologia retro exposta, sendo a essência, captada a partir das aparências, encarada como uma realidade objetiva e determinante do pensamento, postulado da filosofia aristotélico-tomista. Assim, entendemos que a fenomenologia (ainda que, depois, alguns de seus pensadores tenham permanecido apenas na intencionalidade, como Husserl, e outros caminharam para um diálogo com o realismo clássico, como Edith Stein) e o realismo aristotélico-tomista são portadores de princípios que se complementam, epistemologicamente, no que concerne ao estudo do ser do homem, porque o sentido de essência, para Husserl, aproxima-se, em muito, da *quidditas* (atributo estudado na estrutura metafísica do ente), com a diferença de que, na fenomenologia, a essência não é uma realidade propriamente metafísica, tampouco um conceito, mas uma "unidade ideal de significação" que se oferece à consciência quando esta procede à descrição do dado.

O corpo é uma realidade física e material, dotado de uma série de propriedades (sistêmico, biologicamente intelectivo, não especializado, pouco instintivo e vertical) e que porta uma somaticidade que, se por um lado, está exposta à corrupção e a um fim, por outro, é cheia de consciência e aberta no ser: aqui jaz um fenômeno, ou seja, uma manifestação de algo que a ultrapassa, de uma realidade mais profunda e vital, que a permeabiliza e a transforma totalmente, atendendo pelo nome de alma.

A alma corresponde a essa realidade íntima e orgânica que ela, ao mesmo tempo, esconde e revela por meio da somaticidade humana. Afinal, é no corpo que vemos a bondade ou a malícia, a magnanimidade ou a mediocridade e a beleza e a fealdade de um homem. O corpo subjaz à alma, que desempenha o papel de forma e que possui o ser diretamente, isto é, tem seu próprio ato de ser e dele faz participar o corpo. Existe uma densa e substancial unidade entre corpo e alma, porque é "único seu ato de ser" (AQUINO, 2005, p. 41)[77].

Em outras palavras, o homem tem três dimensões: uma matéria orgânica, um princípio vital que organiza e que também vivifica essa matéria. A matéria orgânica é o corpo. O princípio vital, aquele pelo qual um ser é organizado e vivificado, é a alma, o que o faz ser e ser como é. Por isso, é a forma do corpo, aquilo que faz movê-lo e comportar-se de um determinado modo. A tradição filosófica clássica definia com clareza essa relação unitária entre corpo e alma: *anima forma corporis* (a alma é a forma do corpo). E isso corresponde à realidade do ser humano, porquanto aquilo que acontece na alma tem estreita relação com o corpo e vice-versa: a saúde chama a alegria; a depressão, a tristeza; o pessimismo, a inação, por exemplo.[78]

Considerada a dimensão unitária do ser do homem – composta por corpo e alma –, a educação – nas perspectivas da evolução, da inserção e do encontro – acaba por fomentar a direção de si mesmo e a possibilitar o alcance da harmonia entre corpo e alma no mundo real[79]. Isso implica afirmar que a educação é uma arte, no sentido grego-clássico,

---

77. *Suma Teológica*, I, qq. 75-95.

78. Diz um ditado italiano que "se il corpo va bene, l'anima balla" (se o corpo está bem, a alma dança).

79. Um bom exemplo disso está justamente numa área pedagógica tão delicada como o ensino superior, cuja finalidade é a de capacitar o estudante para uma profissão no mundo do trabalho. A profissão é o meio pelo qual o ser humano se instala num *locus* social e, a partir de então, adquire um ângulo de vista a partir do qual pode acrescentar novas e ricas realidades ao lugar em que vive. Por isso, uma deficiência orgânica nos princípios epistemológicos do ensino de uma área tão sensível socialmente como o Direito provoca uma espécie de "desemprego forçado" do bacharel recém-egresso dos bancos acadêmicos. Esse desemprego é um grande atentado contra a dignidade da pessoa humana, pois impede – no nascedouro de uma longa perspectiva de vida profissional – que esse ex-estudante possa ser útil socialmente, ao mesmo tempo em que lhe diz o que efetivamente não é: a lógica da razão instrumental (na mais genuína acepção habermasiana) pede-lhe que não se incomode, pois logo lhe será concedido um polpudo e longevo seguro-desemprego, já que essa pessoa não tem mais nada para oferecer à sociedade. Condenar uma pessoa – na flor da existência humana – à estrita *sobrevivência* é, no fundo, *exilá-la* precocemente do mundo dos homens e relegá-la à "periferia existencial" da realidade, na condensada e feliz expressão empregada pelo Papa Francisco em seu discurso de posse na cátedra de Pedro em 19.3.2013.

cuja finalidade não se resume à mera transmissão de um puro conhecimento teórico[80], mas, sobretudo, de modelos e valores que guiem o conhecimento, a reflexão e a ação do educando, aprimorando-o nas excelências que podem bem reger a razão teórica e a razão prática.[81]

Assim, educar não é apenas um saber teórico: é, sobretudo, um saber prático,[82] visto que consiste em ensinar ao educando como agir e, no caso do ensino jurídico, como atuar na defesa dos interesses de uma pessoa, de uma instituição, de uma empresa, de uma sociedade; como proceder no reconhecimento espontâneo e bilateral daqueles interesses; e, no caso de uma pretensão resistida, sob o ângulo do titular da distribuição da justiça, o magistrado, como obrar segundo o justo concreto no seio daquela pretensão.

No caso do ensino jurídico, existe uma profunda cisão entre razão teórica e razão prática, como se esse dualismo existisse efetivamente na realidade profissional. Falta, ao ensino

---

80. A cultura tem um assento reservado no trabalho pedagógico em qualquer nível. Não existe uma verdadeira educação sem transmissão de cultura, sem o fecundo ensinamento do tesouro intelectual daqueles que nos precederam. A cultura é o cadinho onde se deposita o resultado do longo e complexo processo de destilação do sentido das realidades históricas produzidas pelo homem ao longo dos séculos. A cultura, como ensinou Hegel, é o lugar onde se transcende o estreito limite das ocorrências particulares, das vontades interesseiras. Sem aprendizagem, não existe o homem.

81. "Assim o demonstra a teoria de S. Tomás de Aquino, que se liga à filosofia de Aristóteles. Este não perfilhava o idealismo platônico e a sua filosofia incide na problemática do mundo empírico. Todavia, as concepções de Aristóteles constituem um dos fundamentos da pedagogia da essência. Aristóteles fez uma distinção que teve grande importância na história da filosofia: separou a matéria de forma. De acordo com sua concepção, a matéria é passiva, variável e neutra; a forma é ativa, duradoura, e dá um aspecto qualitativamente definido. A <forma> do homem é a atividade, uma atividade específica. Não a que possui à semelhança de plantas e animais, mas a atividade pensante. Esta <forma> molda a <matéria> e cria o homem. Há, portanto, uma <forma> para cada homem. A tarefa da educação consiste em atuar da mesma maneira em todos. Não é a partir da matéria que convém avançar para a <forma> do homem; pelo contrário, é preciso moldar a matéria com a energia do sentido contido na noção de forma humana. A orientação da ação educativa é assim idêntica à de Platão, embora variem seus motivos de justificação. Inspirando-se embora nesta filosofia, São Tomás de Aquino opôs-se aos aspectos excessivos da interpretação ascética da pedagogia da essência, mas conservou as teses principais, tal como o fez Aristóteles em relação às teorias pedagógicas de Platão, cujos aspectos extremos igualmente rejeitava. Na obra *De Magistro*, São Tomás de Aquino definiu a tarefa e as possibilidades da educação, baseando-se na distinção entre potencial e atual. Ao negar a concepção das ideias inatas, como reserva sempre disponível do espírito do conhecimento, São Tomás considerou que o ensino era uma atividade em virtude da qual os dons potenciais se tornam realidade atual. Este processo, quer pelo lado do educador, quer pelo do próprio aluno, implica uma atividade. Alargando este ponto de vista a todo trabalho educativo, São Tomás pôs em relevo o papel da vontade para se assenhorar da natureza falível do homem (...) e esta (a atividade do homem) não é mais do que um meio pelo qual o ideal da verdade e o ideal do bem devem formar a natureza corrompida do homem" (SUCHODOLSKI, 1984, p. 20-2).

82. "Paideia, a palavra que serve de título a esta obra, não é apenas um nome simbólico; é a única designação exata do tema histórico nela estudada. (...) Os antigos estavam convencidos de que a educação e a cultura não constituem uma arte formal ou abstrata, distintas da estrutura histórica objetiva da vida espiritual de uma nação" (JAEGER, 2003, introdução).

jurídico, a necessidade de se conferir para ambas razões um sentido humano por intermédio de uma visão global e harmônica dos vários campos segmentados da ciência do Direito.

A chave para a solução desse problema apoia-se na personalização da relação entre educando e conhecimento jurídico transmitido pelo professor, a fim de se evitar a realidade dominante nos bancos escolares: o monótono discurso repetitivo das aulas expositivas, do lado docente, e a passividade de copiadores profissionais de anotações de aula, aliada à ausência de reflexão, a que tantos reduzem o conteúdo de sua formação profissional, do lado discente. Daí a importância da metodologia do caso no ensino jurídico, cujos delineamentos serão aprofundados no capítulo próprio.

Mas não é só. No ensino do Direito, por se tratar de um saber eminentemente prático, somado ao fato de que, como dissemos acima, ser a educação, de *per se*, um saber igualmente prático e, também, em ambos os casos, haver o envolvimento de um agir dotado de bilateralidade, é de extrema importância que a ética seja a seiva da cena pedagógica, a fim de que as tecnicalidades do direito a ela não se sobreponham, de molde a reduzir o direito a um mero joguete de interesses dos titulares de um poder político ou econômico, à ideia de uma simples convenção entre seus protagonistas sociais[83] ou à singela expressão de tendências naturais contra os abusos da legalidade positiva.

E, nesse diapasão, conforme será objeto de exposição no capítulo próprio, a metodologia do caso é uma ferramenta pedagógica dotada de notável fecundidade ética na consecução de uma ideia de justiça que impeça tais reducionismos e de uma noção de Direito como saber prudencial e não estritamente científico.

No que toca ao aspecto ético, convém lembrar que o homem está inserido numa ordem do ser de cunho teleológico, na qual todos os entes naturalmente tendem para o fim que lhes é próprio. Entre as causas que constituem todos os entes, a mais relevante é a causa final ou o bem, isto é, "aquilo para o qual todas as coisas tendem"[84] (ARISTÓTELES, 2009, p. 17). O bem é uma realidade metafísica (AGOSTINHO, 1958, p. 121).[85] Segundo Garcia Hoz (1988, p. 41), o bem:

> tem, principalmente, um sentido moral na medida em que o bem indica o que corresponde à natureza humana e, consequentemente, é objeto de tendências naturais do homem. De certa forma, poderíamos considerar que a ideia metafísica de bem corresponde à sua consideração objetiva, ôntica, enquanto o conceito moral implica na sua referência ao ho-

---

83. Platão, em três famosos diálogos, explica como os sofistas tentaram várias perspectivas de compreensão da lei e da justiça. Reportamos o leitor ao conteúdo da nota de rodapé n. 6.

84. *Ética a Nicômaco*, L. I, 1094a.

85. *Confissões*, VII, 18: "Vi claramente que todas as coisas que se corrompem são boas: não se poderiam corromper se fossem sumamente boas, nem se poderiam corromper se não fossem boas. Com efeito, se fossem absolutamente boas, seriam incorruptíveis, e se não tivessem nenhum bem, nada haveria nelas que se corrompesse (...). Logo, se forem privadas de todo o bem, não existirão em absoluto: pois, enquanto são, são boas".

mem. Se aplicamos estas ideias à atividade humana, exprimida através de obras, poderemos distinguir entre o fazer, a ação e o resultado.

À luz desse postulado metafísico, segundo o qual o bem de um ente corresponde ao seu fim (*telos*), a cogitação aristotélica desloca-se para *telos* da vida do homem. Para Aristóteles, o fim ou o bem supremo da existência humana é a felicidade (*eudaimonia*), porque é o único bem buscado por si mesmo, consistente na vida plenamente realizada segundo a reta razão (*orthos logos*), *telos* para o qual o homem deve convergir seus impulsos e instintos naturais, orientados sempre pela razão, em prol do cultivo das virtudes ou excelências que aprimoram a dimensão moral do homem.

A ética aristotélica é teleológica, porque tudo aquilo que colabora para o alcance do fim do homem deve ser realizado, evitando-se, como consequência, tudo aquilo que o impede. Esse fim é objetivo, está inscrito na ordem do ser, determina o bem moral e não pode ser modificado segundo o arbítrio do sujeito, no afã de estabelecer uma outra ordem, antítese de ideia contemporânea de autonomia moral. Esse lastro metafísico da ética aristotélica deve ficar bem acentuado, pois o papel da prudência (a reta razão), conforme será abordado no capítulo específico, não consiste em fundar o bem moral, mas descobri-lo na realidade das circunstâncias específicas e concretas de cada ação.

O bem moral, em cada situação singular, está no seio de uma ação virtuosa. Para Aristóteles, no agir humano, pode existir um excesso, uma falta e um justo meio: numa circunstância de perigo iminente, posso ser temerário (excesso), medroso (falta) ou corajoso (justo meio). Nessa situação, a ação será virtuosa ou excelente se atingir o justo meio entre os extremos, mediada pela reta razão, e, assim, serei conduzido, de ação virtuosa em ação virtuosa, nessa e naquela outra circunstância, para meu fim último, a felicidade.

O justo meio, por sua vez, não é fruto de uma equação algébrica, mas (ARISTÓTELES, 2006, p. 48) "consiste em fazer o que se deve, quando se deve, nas circunstâncias em que se deve, às pessoas a quem se deve, pelo fim pelo qual se deve e como se deve"[86]. Sem dúvida, a fim de se conseguir a medida de uma ação que se configure no justo meio, é imprescindível uma espécie de saber prático que delimite, em cada caso concreto, o justo meio a ser realizado.

Esse saber prático não pode estar voltado para a busca da essência do bem moral objetivo, empreitada de cunho estritamente teórico e a cargo da filosofia, mas à definição daquilo que é o bem aqui e agora, nessa situação concreta, sopesando-se todas as circunstâncias. Essa categoria de saber atende pelo nome de prudência e será enfocada com profundidade no capítulo específico.

Assim, a ética, entendida como a busca do sumo bem pelo exercício da excelência (ou virtude) na circunstância concreta, cujo agir é mediado pela reta razão, não se reduz a um saber prático padronizado acerca do desempenho de papéis sociais, mas se preocupa com

---

86. *Ética a Nicômaco*, L. II, 1106b.

crescimento moral do titular desses papéis, porque o homem, como visto acima, é um ser vivente cuja radicalidade é espiritual e cujo fim repousa na felicidade.

Ao colocar essa pauta ética de lado, o homem corre o risco de descambar para uma escravidão existencial, porque fica mais suscetível aos seus instintos egoísticos[87]. Torna-se massa de manobra sobre a qual gravitam interesses insensíveis ao semelhante e ao bem comum.[88]

---

87. Acerca do individualismo egoísta, são pertinentes as palavras de Adorno e Horkheimer (1985, p. 67), no excurso 1 da dialética do esclarecimento: "Esse idílio é, na verdade, a mera aparência da felicidade, um estado apático e vegetativo, pobre como a vida dos animais e, no melhor dos casos, a ausência da consciência da infelicidade".

88. O Papa João Paulo II, na Encíclica *Dives in Misericordia* (VI, 11-12) retratou bem uma realidade social que dá as costas para a dimensão ética do homem: "Aumenta, no nosso mundo, a sensação de ameaça, aumenta o medo existencial que anda ligado sobretudo – conforme já tive ocasião de insinuar na Encíclica *Redemptor Hominis* – com a perspectiva de um conflito que, tendo em conta os hodiernos arsenais atômicos, poderia significar a autodestruição parcial da humanidade. A ameaça não diz respeito apenas ao que os homens podem fazer uns aos outros, utilizando os recursos da técnica militar. Ela envolve ainda muitos outros perigos que são o produto de uma civilização materialista, que, não obstante declarações 'humanistas', aceita o primado das coisas sobre a pessoa. O homem contemporâneo receia que, com o uso dos meios técnicos inventados por este tipo de civilização, não só *cada um dos indivíduos*, mas também os ambientes, as comunidades, as sociedades e as nações, *possam vir a ser vítimas da violência de outros* indivíduos, ambientes e sociedades. Na história do nosso século não faltam exemplos a esse respeito. Apesar de todas as declarações sobre os direitos do homem, tomado na sua dimensão integral, isto é, na sua existência corpórea e espiritual, não podemos dizer que tais exemplos pertencem somente ao passado. O homem tem, justamente, medo de vir a ser vítima da opressão que o prive da liberdade interior, da possibilidade de manifestar publicamente a verdade de que está convencido, da fé que professa, da faculdade de obedecer à voz da consciência que lhe indica o reto caminho a seguir. Os meios técnicos à disposição da civilização dos nossos dias encerram, de facto, não apenas a possibilidade de uma autodestruição por meio de um conflito militar, mas também *a possibilidade de uma sujeição 'pacífica' dos indivíduos, dos ambientes de vida*, de inteiras sociedades e de nações que, seja por que motivo for, se apresentem incómodos para aqueles que dispõem de tais meios e estão prontos para empregá-los sem escrúpulos. Pense-se, ainda, na tortura, que continua a existir no mundo adoptada sistematicamente por Autoridades, como instrumento de dominação ou de opressão política, e posta em prática, impunemente, por subalternos. Assim, ao lado da consciência da ameaça contra a vida vai crescendo a consciência da ameaça que destrói ainda mais aquilo que é essencial ao homem, ou seja, aquilo que está intimamente relacionado com a sua dignidade de pessoa, com o seu direito à verdade e à liberdade. Tudo isto se desenrola, *tendo, como pano de fundo, o gigantesco remorso* constituído pelo facto de que, ao lado de homens e sociedades abastados e fartos, a viverem na abundância, dominados pelo consumismo e pelo prazer, não faltam na mesma família humana indivíduos e grupos sociais *que sofrem a fome*. Não faltam crianças que morrem de fome sob o olhar de suas mães. Não faltam, em várias partes do mundo, em vários sistemas socioeconômicos, áreas inteiras de miséria, de carência e de subdesenvolvimento. Este facto é universalmente conhecido. O *estado de desigualdade* entre os homens e os povos não só perdura, mas até aumenta. Sucede ainda, nos nossos dias, que ao lado dos que são abastados e vivem na abundância, há outros que vivem na indigência, padecem a miséria e, muitas vezes até morrem de fome, cujo número atinge dezenas e centenas de milhões. É por isso que a inquietação moral está destinada a tornar-se cada vez mais profunda. Evidentemente na base da economia contemporânea e da civilização materialista há uma falha fundamental ou, melhor dito, um conjunto de falhas ou até um mecanismo defeituoso, que não permite à família humana sair de situações tão radicalmente injustas. Eis a imagem do mundo de hoje, onde existe tanto mal físico e moral, a ponto de o tornar um mundo enredado em tensões e contradições e, ao mesmo

Sem essa dimensão ética, na forma aqui defendida, capaz de perpassar, como uma seiva, o conteúdo do ensino jurídico, o resultado sociologicamente identificável da edu-

---

tempo, cheio de ameaças contra a liberdade humana, a consciência e a religião. Tal imagem explica a inquietação a que está sujeito o homem contemporâneo inquietação sentida, não só pelos que se acham desfavorecidos ou oprimidos, mas também por aqueles que gozam dos privilégios da riqueza, do progresso e do poder. Embora não faltem aqueles que procuram descobrir as causas de tal inquietação, ou reagir com os meios à disposição que lhes oferecem a técnica, a riqueza ou o poder, todavia, no mais fundo da alma humana, *tal inquietação supera todos os paliativos*. Como justamente concluiu na sua análise o Concílio Vaticano II, ela diz respeito aos problemas fundamentais de toda a existência humana. Esta inquietação está ligada ao próprio sentido da existência do homem no mundo. É mesmo inquietação quanto ao futuro do homem e de toda a humanidade e exige resoluções decisivas que hoje parecem impor-se ao gênero humano. Não é difícil verificar que no mundo atual despertou em grande escala o *sentido da justiça*, o que indubitavelmente põe mais em relevo tudo o que se opõe à justiça, tanto nas relações entre os homens, grupos sociais ou 'classes', como nas relações entre os Povos ou os Estados e até mesmo nas relações entre inteiros sistemas políticos ou os assim chamados 'mundos'. Esta corrente profunda e multiforme, em cuja base a consciência humana contemporânea situou a justiça, atesta o carácter ético das tensões e das lutas que avassalam o mundo. A *Igreja compartilha com os homens do nosso tempo* este profundo e ardente desejo de vida justa sob todos os aspectos. Não deixa de fazer objeto de reflexão os vários aspectos da justiça exigida pela vida dos homens e das sociedades. Bem o comprova o amplo desenvolvimento alcançado no último século pela doutrina social católica. Na linha deste ensino, situam-se tanto a educação e a formação das consciências humanas no espírito da justiça. Apesar disso, seria difícil não se dar conta de que, muitas vezes, *os programas que têm como ponto de partida a ideia da justiça* e que devem servir para sua realização na convivência dos homens, dos grupos e das sociedades humanas, *na prática sofrem deformações*. Embora depois continuem a apelar para a mesma ideia de justiça, todavia a experiência mostra que sobre ela predominam certas forças negativas, como o rancor o ódio e até a crueldade. Então, a ânsia de aniquilar o inimigo de limitar a sua liberdade ou mesmo de lhe impor dependência total, torna-se o motivo fundamental da ação. Isto contrasta com a essência da justiça que, por sua natureza, tende a estabelecer a igualdade e o equilíbrio entre as partes em conflito. Esta espécie de abuso da ideia de justiça e a sua alteração prática demonstram quanto a ação humana *pode afastar-se da própria justiça*, muito embora seja empreendida em seu nome. Não sem razão, Cristo reprovava, nos seus ouvintes, fiéis à doutrina do Antigo Testamento, a disposição manifestada nestas palavras: 'Olho por olho, dente por dente'. Era, esta, a forma de alterar a justiça naquele tempo; e as formas de hoje continuam a pautar-se pelo mesmo modelo. É óbvio efetivamente, que, em nome de uma pretensa justiça (por exemplo, histórica), muitas vezes se aniquila o próximo, se mata, se priva da liberdade e se despoja dos mais elementares direitos humanos. A experiência do passado e do nosso tempo demonstra que a justiça, por si só, não basta e que pode até levar à negação e ao aniquilamento de si própria, se não se permitir *àquela força mais profunda, que é o amor,* plasmar a vida humana nas suas várias dimensões. Foi precisamente a experiência da realidade histórica que levou à formulação do axioma: *summum ius, summa iniuria*. Tal afirmação não tira o valor à justiça, nem atenua o significado da ordem instaurada sobre ela, indica apenas, sob outro aspecto, a necessidade de recorrer às forças mais profundas do espírito, que condicionam a própria ordem da justiça. Tendo, diante dos olhos, a imagem da geração de que fazemos parte, a *Igreja compartilha a inquietação de não poucos homens contemporâneos*. Além disso, devemos preocupar-nos também com o declínio de muitos valores fundamentais que constituem valor incontestável não só da moral cristã, mas até *simplesmente da moral humana, da cultura moral*, como sejam o respeito pela vida humana desde o momento da concepção, o respeito pelo matrimônio, com a sua unidade indissolúvel e o respeito pela estabilidade da família. O permissivismo moral atinge sobretudo este setor mais sensível da vida e da convivência humana. Paralelamente, andam também, a crise da verdade nas relações dos homens entre si, a falta de sentido de responsabilidade pela palavra, o utilitarismo nas relações dos homens entre si, a diminuição do sentido do autêntico bem comum e a facilidade com que este é sacrificado. Enfim, é a dessacralização que se cação jurídica consistirá na mera implantação de uma série de pautas de comportamentos profissionais, dotadas de uma suposta neutralidade, como pretende fazer crer o positivismo jurídico reinante.

E, ao mesmo tempo, tais pautas serão caracterizadas pela superficialidade, porquanto não atingirão o âmago do ser homem, diante da ausência de lastro ético, o único lastro que permite, na dimensão do agir (ARISTÓTELES, 2009, p. 156; AQUINO, 2005, p. 56), "a efetiva transformação interior do indivíduo (...) quando, porém, cuida-se da ética, a ação humana é vista com afetando não um aspecto particular, mas a totalidade do ser do homem. Ela diz respeito ao que se é enquanto homem"[89].

Para a concepção aristotélico-tomista da ética, a faceta de maior importância jaz na dimensão interna do agir humano, porque a reflexão, o juízo intencional e o comando da ação operam nesse âmbito interior do agente, resultando numa potencial ação ética propriamente dita que, por sua vez, é capaz de levar o ser humano à realização de sua órbita axiológica. A outra faceta desse mesmo agir humano – o fazer – representa exatamente o aspecto externo desta ação. Como o agir profissional é, em essência, um agir humano, mas voltado para o exercício de um labor, logo, o agir profissional deve subordinar-se ao influxo ético aqui enfocado.

Dessa forma, a educação do ser humano atinge a totalidade do real no qual se insere e processa dinamicamente o indivíduo. Na seara jurídica, a essência da universidade (do latim, *universitas*) corresponde, no aspecto institucional, justamente àquilo que constitui o espírito humano, por sua vez, no aspecto ontológico. Isto é, na condensada fórmula de Pieper (1989, p. 5-8), "a abertura para a totalidade do real em suas conexões globais"[90].

---

transforma muitas vezes em 'desumanização'; o homem e a sociedade, para os quais nada é 'sagrado', decaem moralmente, apesar de todas as aparências. (Grifos do autor.)

89. *Ética a Nicômaco*, 1179a; *Suma Teológica* I-II, 21, 2, ad 2.

90. "Podemos agora falar da experiência fundamental que se encarnou e que tem permanecido por mais de dois mil anos nesta instituição da civilização ocidental europeia: essa experiência que, só ela, é, em última análise, o fundamento da universidade e sua razão de ser. Essa experiência tem por objeto, nada menos, a natureza do espírito humano. Para formulá-la, pode-se dizer o seguinte: o espírito, por sua própria essência, refere-se ao todo da realidade; não é, no fundo, senão aquela capacidade de relacionamento que aponta para a universalidade do real; está capacitado e disposto a entrar em contato (e a manter este contato) com o 'em si' de tudo que é. 'Ter espírito', ser 'um ente dotado de espírito', significa sobretudo ser *capax universi*, capaz de abarcar e de ser receptivo ao todo do mundo. Ao contrário do animal, que está encerrado num meio fragmentário, num 'mundo circundante', ter espírito significa existir face ao conjunto da realidade, *vis-à-vis de l'univers*. Este pensamento tem sido repetido inúmeras vezes, desde os antigos até hoje: Aristóteles diz que a alma é, de certo modo, todas as coisas, *anima est quodammodo omnia*; S. Tomás de Aquino atribui, ao espírito humano, a potência natural de *convenire cum omni ente*, 'ir junto', entrar em positiva relação com qualquer ente; e Max Scheler fala de 'abertura para o mundo' e de 'posse-do-mundo' (*Welt-haben*); todos estes pensadores estão falando da mesma situação da realidade. Mas esta situação implica em algo mais: implica que um ente espiritual (e portanto também o homem) só realiza suas verdadeiras potencialidades quando divisa o todo da realidade e a ele se abre expressamente. A educação daquilo que é própria e especificamente humano, ou, em outras palavras, a verdadeira

Por conseguinte, nessa missão pedagógica baseada nos postulados expostos ao longo desse capítulo – a advertência de Píndaro ("Torna-te o que és!"); a educação entendida como evolução, inserção e encontro; a natureza espiritual do homem; a dimensão prática da tarefa pedagógica e a essência ético-virtuosa do agir humano –, duas atitudes éticas fundamentais devem ser desenvolvidas no educando na órbita do Direito: a prudência e a justiça.

Ambas as excelências devem ser adquiridas por um processo pedagógico em que se privilegie seu manejo teórico-prático às circunstâncias concretas (método do caso), sempre à luz de um trabalho de criação do Direito a partir da norma abstrata visando ao justo concreto (hermenêutica jurídica clássica), labor essencial para qualquer profissional do ramo jurídico (e, por isso, devendo ser considerado o fim primordial da escola de Direito) e numa perspectiva de formação aberta, reflexiva, crítica, operante e criativa, conforme trataremos, com maior profundidade, nos próximos capítulos.

---

formação do homem, somente se dá quando se põe em marcha esse confronto com o todo existente. Um homem verdadeiramente formado é alguém que sabe como se relacionar com o mundo como um todo, ainda que (e sobre isto ainda falaremos mais adiante) esse conhecimento da realidade seja imperfeito. Na medida em que uma comunidade humana considere como plenas de sentido e necessárias, não só as instituições que têm por fim assegurar a existência do homem e atender 'às necessidades da vida' (nas quais se incluem também as, sem dúvida, indispensáveis organizações de ensino especializado, técnico, de treinamento e instrução), mas também a 'escola superior' em sentido pleno, verdadeiramente dirigida para o ideal de construir um lugar de formação que sirva para a educação daquilo que é propriamente humano; nessa mesma medida, essa comunidade considerará necessária uma instituição que tenha expressa e metodicamente por projeto o confronto do homem com o todo real. Tal instituição é exatamente a universidade! O que faz com que a universidade seja universidade não é a ciência, mas... Mas o quê? Mas a resoluta orientação do pensamento para o *universum*, para a unidade do conjunto do real; o decidido e persistente esforço de abertura para o todo, que desde sempre tem sido designado e entendido como filosofar. Com esta tese – que traduz uma realidade complexa no mais alto grau e, infelizmente, não triunfalmente unívoca como talvez poderia parecer à primeira vista – encontramo-nos naturalmente situados no meio de uma polêmica. Antes de tomarmos nossa posição, porém, é necessário precisar um pouco melhor o que deve ser entendido por filosofia, filosofar e ciência. Filosofar significa: dirigir o olhar a tudo aquilo que se nos depara e, num esforço de pensamento preciso e metodicamente disciplinado, suscitar a questão de seu significado último e fundamental. Alfred North Whitehead († 1947), o célebre filósofo da Universidade de Harvard, que foi ao mesmo tempo um dos fundadores da moderna Lógica Matemática (e em relação a quem, portanto, não se admite facilmente a suspeita de que não expressasse seu pensamento com suficiente precisão), afirmou em seus últimos anos de vida que a Filosofia simplesmente se ocupa da questão: *What is all about?*, questão que indaga do *todo* e que quer saber o que o todo tem a ver com *esta* realidade concreta" (PIEPER, 1989, p. 5-8). (Grifos do autor.)

5

PRUDÊNCIA:
O DIREITO COMO RAZÃO PRÁTICA E A JURISPRUDÊNCIA, O CONHECIMENTO DO DIREITO NAS COISAS

*O Direito reduziu a complexidade
da vida jurídica à secura da dogmática
e redescobre o mundo filosófico
em busca da prudência perdida.*

(SOUZA SANTOS, 1996, p. 46)

Quando o Imperador Augusto outorgou, no século I de nossa era, o *ius publice respondendi ex auctoritate Principis* aos mais notáveis juristas[91] da Roma Imperial, fê-lo em razão da qualidade, publicamente reconhecida, de *iuris prudentes*, isto é, de possuidores, em grau eminente, de uma especial forma de conhecimento jurídico, o conhecimento prudencial. Papiniano, Ulpiano, Gaio, Paulo e Modestino destacavam-se no mundo romano por sua peculiar aptidão para a investigação e a busca de uma justa solução para cada um dos casos concretos trazidos pelos consulentes.

Esse conhecimento acertado daquilo que correspondia o direito[92] em cada situação singular concretamente analisada, isto é, a jurisprudência ou a "prudência do *ius*", poste-

---

91. "A jurisprudência, no sentido romano, era o conhecimento do direito e sua atuação pelo uso prático (...). Era obra dos jurisconsultos que desempenharam um papel capital na fixação das regras do direito. Na verdade, os jurisconsultos eram homens muito experientes na prática do direito, quer enquanto davam consultas jurídicas (*responsa*), quer enquanto redigiam atos e orientavam as partes nos processos, embora aí não interviessem. A autoridade de suas consultas decorria de seu valor pessoal e de seu prestígio social. Apesar de seu caráter privado, os escritos dos jurisconsultos constituíram uma verdadeira fonte do direito na época clássica, não somente pelos seus comentários de textos legislativos e dos éditos dos pretores, mas sobretudo pela maneira de resolver as lacunas do direito" (GILISSEN, 1986, p. 90-1).

92. O Direito nasce e desenvolve-se em Roma como um saber prudencial, dado o perfil extremamente prático e pouco dado à abstração do povo romano. Assim, nunca houve uma preocupação teórica no desenvolvimento de uma teoria do Direito que explicasse, além das categorias jurídicas e conceitos, a natureza e os fins da atividade da prudência do Direito, a *jurisprudentia*. Mas não foi uma mera obra do acaso a nomeação, dessa disciplina, como *prudência do direito* e, do jurista, como *prudente*. Os romanos, influenciados pelo legado filosófico grego, pretendiam expressar com o termo *prudentia* a *phronesis* grega:

riormente, foi desvirtuado, por uma derivação linguística, para uma ideia de "ciência do Direito". Ciência e prudência são duas dimensões diferentes do saber humano: a ciência é um saber estritamente teórico, abstrato, especulativo e relativo ao universal e perene; a prudência, por sua vez, é prática concreta, real e diz respeito ao singular e contingente. Assim, a ideia do conhecimento do justo concreto como um saber prudencial perdeu seu sentido original e profundo.

Atualmente, a expressão "prudência" tem uma noção completamente divergente daquela criada pelos gregos. No léxico, tornou-se sinônimo de cautela, apoucamento ou temor excessivo; o indivíduo prudente deixou de ser um virtuoso e tornou-se um timorato. Por conseguinte, resulta difícil falar da prudência propriamente dita ou mesmo da "prudência jurídica" como um modo especial e indispensável de se conhecer o Direito.

Entretanto, no âmbito filosófico, a prudência ainda demonstra sua vitalidade como objeto de estudo, muito embora vista, por muitos e equivocadamente, como uma das partes mais caducas da tradição moral escolástica. Aubenque (2003, p. 7-9), no prefácio de um dos clássicos sobre o assunto, faz um longo libelo sobre a atualidade do estudo da prudência, ao afirmar que:

> hoje, o autor não tem mais por que se desculpar do que poderia passar por um apego intempestivo à tradição, pois a tradição moral aristotélica irrompeu, nesse ínterim, na modernidade. As razões dessa atualidade, não persistente, mas renascente, devem ser procuradas na urgência da reflexão que os dramas e as catástrofes do século XX reclamam e no malogro trágico dos modelos intelectuais que os tinham, se não suscitado diretamente, ao menos tornado possíveis. A *hybris*, a desmesura – quase que poderia traduzir por imprudência, atribuindo a esta palavra toda sua força – era para os gregos a falta por excelência, causa de todas as infelicidades privadas e públicas. No início, erro, mais do que vício, mas tornando-se vício pela perseverança e obstinação no erro, a *hybris* era o desafio lançado aos deuses, a ambição quase risível na disputa pelo saber absoluto, a pretensão usurpada à imortalidade e, a partir daí, o desprezo pelos outros, o desdém soberano pela escolha dos

---

a *phronesis*, na cultura grega, de Homero a Aristóteles, designa um tipo de saber que orienta a ação do homem. Para o grego, o ser prudente era aquele que sabia agir corretamente nas inúmeras situações diárias da vida na pólis. E, para agir bem, ou seja, corretamente, era necessário que o indivíduo soubesse, teoricamente, o que correspondia ao bem genérico e, depois, aquilo que corresponde ao bem genérico naquela dada circunstância da vida e aos meios necessários para efetivá-la na práxis. Na análise da expressão *phronesis*, seguiremos a recomendação de Jaeger (2003, p. 93): "nenhuma filosofia vive da pura razão. Ela é apenas a forma conceitual e sublimada da cultura e da civilização, tais como se desenrolam na história". Séculos mais tarde, Tomás de Aquino, na *Suma Teológica*, irá alçar a prudência ao posto de principal virtude cardeal, concedendo-lhe, no âmbito das virtudes humanas, o mesmo *status* que Aristóteles (2009, p. 144) conferia à prudência no trato das excelências éticas, a de olhos da alma: "a sabedoria prática não é faculdade, mas não existe sem ela; esse olho da alma não alcança seu completo desenvolvimento sem a virtude, como já dissemos" (L. VI, 12, 1144a). Segundo o filósofo medieval (2006, p. 189), "*ergo prudentia non inesti nobis a natura sede ex doctrina et experimento* ('a prudência não é inata em nós, mas procede da educação e da experiência', em tradução livre)" (*Suma Teológica*, II-II, 47, 15, *sed contra*). Como se nota, para ambos os filósofos, a prudência é um hábito operativo bom.

meios e o cálculo das consequências da ação julgada boa, numa palavra, a irresponsabilidade. Sem dúvida, se reconhecerá nisso alguns traços de um passado recente ou ainda atual: a insistência ideológica, a obstinação axiológica, a arrogância tecnológica e mesmo a consciência moralista. A *hybris* não nasce da falta mas do excesso de teoria, mais exatamente da inadequação entre a teoria e a prática. Que a teoria, mesmo a mais bem formada, não possa determinar imediatamente a prática, mesmo a mais bem intencionada, nisso reside a lição tirada da prudência aristotélica. A ação bem sucedida requer a mediação concomitantemente intelectual e volitiva que é a única que permite escolher e fazer o que Aristóteles chama de "bem factível", isto é, não um utópico bem absoluto, mas o melhor possível num mundo contingente e incerto. A prudência é a virtude da boa deliberação (...). Nesses quarenta anos, numerosos trabalhos enriqueceram nossa meditação sobre a prudência. Citamos, em primeiro lugar, os trabalhos de Hans Georg Gadamer na Alemanha; os de Hannah Arendt e Martha Nussbaum nos Estados Unidos. O famoso seminário realizado por Heidegger, em Fribourg (1923), sobre o livro VI da Ética *Nicomaqueia* (...) especialmente *enfatizando que a phronesis aristotélica é a que melhor cumpria o programa de hermenêutica da existência humana voltada para a práxis. A tradição analítica, por seu lado, precisou a análise psicológica do julgamento prudencial* e, em particular, a economia da deliberação, especialmente em relação à difícil questão de saber se a prudência diz respeito ao fim ou aos meios da ação. (Grifos do autor.)

Também no âmbito do ensino jurídico e das decisões judiciais, notamos o reaparecimento de referências à necessidade de um conhecimento prudencial do Direito, como um elemento indispensável para a busca de uma solução judicial que corresponda ao justo concreto, porque o Direito não é estritamente uma ciência, ainda que haja uma ciência que o investigue. É uma prudência, um saber prático, pois o objeto do conhecimento jurídico não é uma essência puramente investigativa, posta ante nossa consideração para ser contemplada. No dizer de Martínez Doral (1960, p. 16-7):

tratam-se aqui de condutas, ações, decisões humanas, isto é, objetos que fazem referência à realidade concreta e que não podem ser compreendidos, sobretudo se produzem reflexos jurídicos, privados dessa referência à realidade. Trata-se, também, do fato de que a Justiça carrega consigo uma tendência inexorável à realização, numa tentativa de conformação e configuração de situações concretas em sociedades determinadas. De qualquer ângulo que se contemple essa tentativa, a ideia de realização e a referência à ação e à vida intervêm sempre e de uma maneira verdadeiramente decisiva.

Eis uma das notas mais características do fenômeno jurídico. Seu objeto de análise recai sobre condutas que, por si mesmas, não estão definitiva e pormenorizadamente "antecipadas" normativamente, mas que, antes, devem ser examinadas em circunstâncias concretas e específicas, rodeadas de um contexto pormenorizado, razão pela qual dão um lugar a uma conclusão própria e que não encontrará, em regra, um paralelo em outra situação vital, porquanto somente em ocasiões carentes de mediana ou superior complexidade será possível uma remissão às soluções análogas.

Nesse afã de se desvelar o juízo prudencial de um caso concreto, vem à tona, inexoravelmente, o labor hermenêutico. Nessa empreitada, o hermeneuta revela o sentido e o alcance de um esquema normativo, a fim de que, uma vez aplicado ao fato concreto, projete o justo concreto na solução judicial, pois a norma apresenta-se dotada de abstração e generalidade e, por outro lado, o caso reveste-se de concreção e individualidade.

O objetivo hermenêutico é a conversão da norma genérica em norma particular, dimensionando-a prudentemente. É uma tensão heurística que diz respeito ao ponto central da problemática hermenêutica, cuja apreciação será feita mais detidamente no capítulo próprio. Conforme ressalta Utz (1967, p. 20-1), "o direito não se realiza senão na relação interpessoal concreta. A análise da ordem real deverá então evidenciar os preceitos segundo os quais o caso concreto e particular está em condições de ser determinado juridicamente" (tradução livre).

O Direito – e, em última análise, seu processo gnoseológico – não envolve somente uma simples operação de lógica formal, bem ao gosto do positivismo jurídico, mas deve expor, por intermédio de adequados juízos prudenciais, o sentido e o alcance dos preceitos normativos. Não há espaço para fórmulas normativas acabadas e prontas para uma imediata aplicação ao caso concreto, previsto, pela norma, como hipótese de incidência.

Aristóteles (2009, p. 124-5) declarava ser viciosa uma aplicação meramente mecânica da lei, sem qualquer preocupação prudencial e axiológica, na melhor linha do pensamento positivista no Direito. Recorda-nos o filósofo que:

> o que origina o problema é o fato de o equitativo ser justo, porém não o legalmente justo, e sim uma correção da justiça legal. A razão disto é que toda lei é universal, mas não é possível fazer uma afirmação universal que seja correta em relação a certos casos particulares. Nos casos, portanto, em que é necessário falar de modo universal, mas não é possível fazê-lo corretamente, a lei leva em consideração o caso mais frequente, embora não ignore a possibilidade de erro em consequência dessa circunstância. E nem por isso esse procedimento deixa de ser correto, pois o erro não está na lei nem no legislador, e sim na natureza do caso particular, já que os assuntos práticos são, por natureza, dessa espécie. Por conseguinte, quando a lei estabelece uma lei geral e surge um caso que não é abarcado por essa regra, então é correto (visto que o legislador falhou e errou por excesso de simplicidade), corrigir a omissão, dizendo o que o próprio legislador teria dito se estivesse presente, e que teria incluído na lei se tivesse previsto o caso em pauta.

Em suma, o Direito (e sua hermenêutica, conforme veremos no capítulo próprio) não se reduz a uma singela atividade cognoscitiva racional, mas compreende uma atividade decisória e volitiva, campo de valoração das possíveis soluções judiciais para o caso concreto, culminando com a prolação daquela apta a produzir o justo concreto. Logo, vê-se que o Direito é muito antes uma prudência do que uma ciência e sua hermenêutica é muito mais um ato de construção prudencial do que racional, conforme aprofundaremos no capítulo específico.

Ollero Tassara (1998, p. 121) conclui que "toda atividade jurídica parece-nos, na realidade, como filosofia prática, que capta e conforma, por sua vez – determina –, essas exigências objetivas de justiça, positivando-as existencialmente. Positivar o direito – fazer justiça – é, pois, estar disposto a conhecer uma verdade prática, inevitavelmente por fazer". Conhecer o Direito, desta forma, é um saber prático.

Porém, não um saber segundo uma noção um tanto esvaziada de "prático" que hoje temos, normalmente associada a tudo aquilo que produz uma utilidade imediata, como o dinheiro, o prazer ou os bens de consumo. Mas como um saber prático que corresponde ao sentido último do Direito, a saber, um conjunto de conhecimentos orientados não para o puro conhecer, porém, para o fazer, já que seu objeto visa proporcionar ao indivíduo um rol de meios necessários para uma escorreita regulação exterior de sua conduta nas mais diversas situações que se apresentam ao longo de sua vida no seio social.

Hoje, a reabilitação do Direito, como um saber prático, passa pelo resgate da filosofia prática. Sem se desprezar o auxílio dos mecanismos científicos, é preciso ir aflorando hermeneuticamente a verdade inesgotável da convivência humana. Dessa forma, a atividade jurídica (OLLERO TASSARA, 2006, p. 313) converte-se numa relevante aliada de propostas reabilitadoras de uma filosofia prática: "a filosofia não é apenas o reflexo de uma verdade prévia, mas a arte de realização dessa verdade. A relação do filósofo com o ser não é uma relação frontal do espectador diante do espetáculo; é como uma cumplicidade, uma relação oblíqua e oculta" (MERLEAU-PONTY, 1945, p. XV).

Essa preocupação focada num saber que orienta para um correto agir individual no âmbito de uma comunidade – campo de atuação da ética e da política, incluída nesta o Direito[93] – retroage a Homero, à religião délfica e à tragédia grega. Homero, conhecido como o "educador da Hélade", em razão da magnitude e da extensão de sua paideia,[94] a qual influenciou os conceitos filosóficos de sua época, não utiliza o

---

93. A entranha interpretativa da tarefa jurídica a coloca ao lado da filosofia prática: "hermenêutica é filosofia e não só filosofia, mas filosofia prática" (GADAMER, 1972, p. 331-2 e 343).

94. O advento de sucessivas *poleis* gregas, a partir do século VIII a.C., proporcionou alguns problemas de convívio e de cooperação entre seus habitantes. Até então, o paradigma ético predominante residia no legado histórico-literário homérico (composto no século IX a.C.), com um ideal de homem virtuoso que já não mais atendia aos anseios do cidadão grego. O *ethos* da obra homérica lastreava-se na *arete* ou excelência dos chefes das famílias aristocráticas, consistente na aptidão retórica e guerreira geradora de honra e prestígio sociais, a fim de transformar o homem num guerreiro bom e belo. A Ilíada e a Odisseia eram memorizadas pelos mais jovens e inúmeras expressões ali contidas determinaram todo um vocabulário político, moral, religioso e estético. Influenciando em menor grau, não se pode olvidar da *arete* de Hesíodo, fundada na figura do trabalhador, e que servia, em certa medida, como contraponto à *arete* homérica. Para reverter o quadro de litigiosidade social, foi introduzido o *nomos* ou lei, a fim de que novas formas de capacidade e de virtudes ganhassem corpo social, em superação das antigas *aretai* em estado de agonia, no contexto racional da pólis e de seu equilíbrio proporcionado pela boa lei. O desenho teórico e empírico da nova *arete* visava justamente à capacidade de moderar os desejos individuais, a irascibilidade (típica do guerreiro) e as emoções particulares em prol dos ditames legais. Mas os sofistas logo submeteram o *nomos* ou a lei a uma crítica acertada, de tal sorte que a solução puramente legal logo pareceu inconsistente: como mestres da retórica e pessoas cosmopolitas, acusaram a diversidade desse paradigma legal, reduzindo-o ao campo do estritamente convencional, o que fomentaria a canalização exclusiva das

termo *phronesis* na *Ilíada*; entretanto, nesta obra, estão presentes expressões de mesma raiz, como *sophrosyne* (moderação) e *euphronein* (pensar corretamente). Na *Odisseia*, o termo *phronis* já é utilizado por Homero em várias passagens e corresponde à forma arcaica da expressão *phronesis*.

Em todas as situações do legado literário homérico[95], o indivíduo sempre se vê diante de um dilema social, isto é, diante de uma situação concreta, ele deve tomar uma atitude em relação ao papel social que lhe compete desempenhar: pai, guerreiro ou conselheiro do clã, porque a ordem social está entranhada na ordem cósmica e esta ordem é conservada sempre que cada um cumpre sua função social de maneira adequada. Quem vai além ou falta nesse cumprimento, comete a *hybris* (a desmedida), compromete a ordem estabelecida e torna-se merecedor do castigo divino.

Por conseguinte, o homem prudente é justamente aquele que conhece os deveres relativos ao *locus* que ocupa na ordem social e age em conformidade com as exigências intrínsecas àqueles deveres nas mais diversas realidades concretas. Para Homero (2013, p. 99), Nestor, rei de Pilos, corresponde a esse modelo, pois era um "ancião que reinava sobre a terceira geração"[96]. Na disputa entre Agamemnon e Aquiles, Nestor é aquele que aponta a motivação do conflito, o abandono dos deveres inerentes à sua posição social, cada qual de sua maneira: Agamemnon apropria-se da escrava de Aquiles, ferindo o dever de governar com justiça; Aquiles abandona a batalha e transgride o dever de subordinação militar.

Nestor dá a cada um deles o conselho que merece e, assim, Homero (2013, p. 118) afirma que Nestor "pensa bem"[97] (*euphronein*). Na Odisseia, Homero (2011, p. 107), pela voz de Telêmaco, afirma que se deve buscar o conselho de Nestor, porque ele "mais do que os outros, possui justiça e prudência (*phronis*)"[98]. Nesse diapasão, "pensar bem (*euphronein*) ou solidamente (*sophronein*) é uma questão de lembrar-se a si mesmo ou a outro o que *arete* (conjunto de excelências necessárias, que habilitam um indivíduo, a fazer seu papel social) e *dike* (justiça segundo uma ordem cósmica fundamental que estrutura natureza e sociedade concomitantemente) exigem" (MACINTYRE, 1991, p. 26).

---

demandas decorrentes do poder dos mais fortes. Daí a importância atribuída à *techne* retórica por eles ensinada, de maneira que sua argumentação mais convincente pudesse fazer impor, pelo consenso, os interesses diretamente buscados. Inclusive, a arbitrariedade criada pela lei, fruto de uma mera convenção sem lastro no justo natural, fora tratada por Sófocles em *Antígona* (século IV a.C.).

95. Na *Ilíada*, a estatura do Aquiles de Homero só pode (ARENDT, 2002, p. 34) "ser compreendida quando se o vê como 'o autor de grandes feitos e pronunciador de grandes palavras'. A frase é do discurso de Fênix, *Ilíada*, IX, 443, e se refere claramente à educação para a guerra e para a *agora*, a assembleia pública, nas quais o homem pode sobressair-se aos demais. A tradução literal é: 'teu pai, Peleu, encarregou-me de ensinar-te tudo isso, para seres um dizedor de palavras e um fazedor de feitos (*mython te rheter emenai prektera te ergon*)'".

96. *Ilíada*, I, 245.

97. *Op. cit.*, I, 253.

98. *Odisseia*, III, 244.

O exame da noção de prudência também está ligada ao culto de Apolo, o deus do sol, da luz e da clareza racional, realizado desde o século VII a.C. no santuário de Delfos. A síntese desse culto foi bem expressa pelos dísticos esculpidos no dintel do portal délfico: "Conhece-te a ti mesmo" e "Nada em excesso".

"Conhecer a si mesmo", na realidade grega, consistia justamente no constante exame de si mesmo acerca do alcance das *aretai* imprescindíveis para o correto desempenho do papel social, a fim de que o império da *dike* se concretizasse. Um exame não só introspectivo (*eu phronein*), mas focado na consciência do lugar do indivíduo naquela mundividência.

"Nada em excesso" (*sophrosyne*), por sua vez, naquela mesma realidade, representava a índole objetiva da ordem cósmica e a necessidade de conformação individual e social, ao mesmo tempo em que sugeria ao homem uma constante investigação sobre a justa medida da ação naquela cosmovisão, sem transgredi-la, poupando a si e a todos da *hybris*, a portadora do estado de anomia.

Em suma, um agir moderado (*sophrosyne*). Logo, a religião délfica dá seu aporte epistemológico para a formação do conceito de prudência, com duas ideias expressas por termos da mesma raiz linguística de *phronesis*: *phronein*, pensamento e ação corretos, e *sophrosyne*, respeito aos limites. A expressão *phronesis* incorporará ambas as noções.

Quando surge a tragédia grega, o termo *phronesis* já é de uso corrente na língua popular grega. Ésquilo, na tragédia *Os Persas*, faz surgir o fantasma de Dario reprovando a ação militar de seu filho Xerxes, que ordenou a pilhagem dos templos religiosos depois da invasão da Grécia, de maneira a ofender os deuses com uma audácia insolente. Todavia, é com Sófocles que a importância da prudência toma foros de magnitude. Já tivemos oportunidade de fazer remissão à tragédia de *Antígona* na introdução deste capítulo.

Aqui, afirmamos que o dramaturgo procurou fazer uma advertência estética à catástrofe que se segue à ausência da prudência no agir. O tirano Creonte condenou Antígona à morte, por ter enterrado seu irmão traidor da pátria e, dessa forma, por meio de um decreto, rompeu com a ordem do mundo, pois Antígona agia de acordo com as leis "divinas, não escritas e imutáveis".

Se o decreto de Creonte é plausível, porque o direito penal da época conhecia a pena de privação de sepultura, sua condenação é implausível, porquanto puniu um indivíduo que tinha o dever religioso de enterrar um morto, cuja qualidade de traidor era estranha à aplicação do tipo penal. A falta de discernimento de Creonte, nesse caso concreto, acarreta o castigo decorrente da *hybris*, pois seu filho e sua esposa suicidam-se.[99] A tragédia grega, tal como a conhecemos até hoje e à semelhança do legado trágico de Shakespeare,

---

99. Na última estrofe (Epílogo, 1350) da peça (SÓFOCLES, 2006, p. 95), o coro recorda o papel central da prudência na vida do homem: "A prudência é a primeira condição da felicidade/ Não se deve ofender os deuses em nada/ A desmedida empáfia nas palavras reverte em desmedidos golpes contra os orgulhosos/ E não é senão na velhice, que eles aprendem afinal a prudência".

nada mais é do que a catástrofe proporcionada pela *hybris*, decorrente da falta de um pensar e agir não só incorretos, mas desmedidos segundo as fronteiras da ordem existencial.

Nasce, na Hélade, então, a filosofia: a transcrição da experiência religiosa da ordem cósmica para a linguagem racional. A experiência da ordem, na filosofia, será vista como a experiência da ordem do ser. A filosofia naturalista, cujos expoentes foram Tales e Anaximandro, especularam sobre a ordem do ser, mas essa investigação era mais focada em elementos da natureza do que no homem.

Heráclito foi o primeiro filósofo a adotar o conceito de *phronesis*, ao deduzir os efeitos da ordem do ser para o homem e ao identificar a *phronesis* como o conhecimento dos imperativos da ordem cósmica para a práxis humana. Ela era o instrumento de mediação entre a ordem do ser e a ordem do mundo humano, porque a ordem do ser é total e seus limites são intransponíveis. "Pensar sensatamente é a mais alta virtude; e a sabedoria consiste em dizer a verdade e em agir conforme a natureza, ouvindo sua voz (...). A todos os homens é permitido o conhecimento de si mesmos e o pensar sensatamente" (HERÁCLITO, 2012, p. 112 e 116).

Depois, Sócrates, em sua ética intelectualista que associa o conhecimento à virtude, na esteira da conhecida *phronesis* do mundo grego, entendeu (MASSINI CORREAS, 2006, p. 32) ser, a prudência, a inteligência do bem e o domínio da inteligência sobre a alma. Platão, ao arvorar sua filosofia no mundo das ideias, fez prevalecer o conhecimento teórico em detrimento do prático, de maneira que não oferece uma contribuição relevante para o tema. Entretanto, reconheceu (2008, p. 176) que "a prudência é a excelência que assegura o acerto na condução dos destinos da cidade"[100] e distinguiu (1993, p. 135) entre "uma sabedoria decorrente do conhecimento das ideias e outra fundada no conhecimento prático, puramente humano e imposto pelas necessidades da vida"[101].

Demócrito, contemporâneo de Platão, reconheceu na prudência (GAUTHIER, 2002, p. 464-5) uma tripla função: deliberar bem, falar bem e fazer como é devido. Epicuro (1999, p. 39), em sua carta sobre a felicidade para Meceneu, afirma que:

> de todas essas coisas, a prudência é o princípio e o supremo bem, razão pela qual ela é mais preciosa do que a própria filosofia; é dela que originaram todas as demais virtudes; é ela que nos ensina que não existe vida feliz sem prudência, beleza e justiça, e que não existe prudência, beleza e justiça sem felicidade. Porque as virtudes estão intimamente ligadas à felicidade, e a felicidade é inseparável delas.

Todavia, foi somente com Aristóteles que a *phronesis* seria profundamente estudada e sistematizada e seu aporte epistemológico ganharia foros de perenidade, porque toda reflexão posterior acerca da prudência sempre partiria do marco inicial aristotélico. Por que Aristóteles faria a *phronesis* depender de um saber e, se assim fosse, de qual saber? Aubenque (2003, p. 54-5) afirma que:

---

100. *República*, L. IV, 428b.

101. *Cartas*, VI, 322d.

a resposta a esta questão não se encontra, pelo menos em parte, nos tratados éticos, pois ela deriva da estrutura da ação humana em geral e, através dela, do ser do homem e do ser do mundo sobre o qual o homem tem de agir. Não se pode falar de prudência sem se perguntar por que o homem tem de ser prudente no mundo, prudente mais que sábio ou simplesmente virtuoso. O problema da prudência e, secundariamente, das diferentes variações de seu sentido, não poderia ser resolvido enquanto não se fizesse dele um problema metafísico. Entretanto, Aristóteles nos põe nessa via: a prudência tem por objeto o *contingente*, o qual atende pelo nome de *acaso*, quando somos afetados por ele; por outro lado, ela é sabedoria do homem e para o homem. Seria porque o mundo em que vivemos é contingente que a sabedoria dos deuses é impotente e muda? Seria porque o homem não é um deus que ele deve se contentar com uma sabedoria apropriada à sua condição? Esses problemas não eram novos e, *no entanto, não são platônicos*. A tragédia grega estava repleta de interrogações desse gênero: o que é permitido ao homem conhecer? O que deve fazer em um mundo onde reina o contingente? O que pode esperar de um futuro que lhe é oculto? Como permanecer nos limites do homem, nós que somos homens? A resposta, incansavelmente repetidas pelos coros da tragédia tem uma palavra: *phronesis* (em grego). Para dizer a verdade, é espantoso que não se tenha divisado anteriormente uma filiação tão manifesta. Mas porque sempre se viu Aristóteles à sombra de Platão, acabou-se por esquecer que ele era antes um grego, talvez mais grego que seu mestre, mais próximo que este da *prudência* reverencial, verdadeira mensagem trágica da Grécia, da qual Platão acreditou enterrar os últimos escrúpulos, dissipar as últimas sombras, e que, no entanto, renasce no homem aristotélico que, num mundo dividido, não é mais dirigido pelo espetáculo de um Deus demasiado distante. (Grifos do autor.)

Aristóteles herdou o legado platônico e continuou na busca do saber sobre a ordem na alma e na pólis, mas submetendo-a a partir de outro método, a fim de vencer as vicissitudes subjacentes na resposta platônica. Aristóteles logo notou a principal aporia no ideário platônico: a separação (*chorismós*) entre mundo inteligível e mundo sensível, cuja relação era fundada pela correspondência das coisas às ideias, a noção de participação. Sob o ângulo da pólis, tal cisão demandava o conhecimento das ideias por via da reminiscência (*anamnese*), o que provocava um choque radical com o senso comum, segundo o qual o acesso ao saber era fruto do embate entre as opiniões dos cidadãos.

Como efeito, as relações entre o governante-filósofo e a pólis seriam um tanto dissonantes, aporia (THOMSEN, 1990, p. 225-36) essa que permanece insuperável no pensamento platônico. Rejeitando o *chorismós* e introduzindo as ideias nas realidades sensíveis, ou seja, descendo com as ideias do mundo inteligível ao mundo sensível – as formas da matéria – Aristóteles abriu uma nova senda para a ontologia.

Sob o ângulo do sujeito na relação de conhecimento com o objeto, o homem é visto como um ser capaz de conhecer a natureza das coisas, isto é, a verdade intrínseca de cada uma delas. Do ponto de vista do objeto, as realidades sensíveis, em virtude da forma nelas subjacentes, são naturalmente cognoscíveis. Para a vida na cidade, abre-se a possibilidade de que os cidadãos tenham opiniões verdadeiras sobre os assuntos da pólis – desde que correspondam à natureza da coisa opinada – e, assim, o filósofo pode e deve tomar as opiniões práticas como ponto de partida de sua investigação especulativa.

Sem dúvida, uma inversão completa do caminho do modelo platônico. O homem aristotélico não vai mais buscar, na teoria da reminiscência, o acesso ao conhecimento da ordem do ser e dos assuntos da pólis, mas no caminho da abstração da experiência sensível. Isto é, a forma (a ideia platônica) está na substância de cada ser (no mundo sensível e não mais no mundo inteligível). E também na ordem do ser das ações humanas multifacetadas que tomam parte na vida da pólis.

A investigação filosófica aristotélica rompe com a unicidade do saber platônico: um conhecimento das ideias incindivelmente teórico e prático, posto que as ideias, situadas no mundo inteligível, constituem o substrato sobre o qual são formadas as realidades do mundo sensível e da ordem do ser. Uma investigação do saber que contempla as ideias e que, por isso, configura-se num saber infalível, na ótica platônica, porque forma as coisas segundo as ideias.

Aristóteles, inspirado pela episteme do conhecimento platônico, que tentou conciliar a primeira crise histórica da filosofia, desencadeada pela questão da mutabilidade entre Parmênides (mundo imutável) e Heráclito (devir constante e perpétuo), propõe que, no âmbito do saber humano, a realidade sensível, objeto de estudo da física e da metafísica, tem, em si mesma, o princípio (ou o motor) de seus movimentos. E as ações humanas (tanto aquelas voltadas para o agir quanto as voltadas para o fazer) têm seu princípio no homem.

O resultado de uma arte (como a escultura ou a pintura) tem seu princípio na arte (*techne*) de quem a produz. A ação humana que se encerra em si mesma (como o ajudar alguém ou se omitir a fazê-lo) tem seu princípio na escolha. Assim, para Aristóteles, o saber com relação ao puro saber é teórico. No que toca às coisas feitas ou produzidas (externamente), é um saber poiético. No que concerne ao agir, é prático.

A diversidade nos objetos e na relação dos respectivos saberes com os objetos volta ao ponto de partida, sob a denominação aristotélica de filosofia teórica e filosofia prática: ambas investigam a verdade e a causa que proporciona essa realidade. E, logo, são *episteme*. Todavia, a filosofia teórica busca a verdade como um fim em si mesmo. A filosofia prática busca a verdade que é posteriormente ordenada à obra a ser feita aqui e agora[102]. O saber prático não é um fim em si mesmo, como o saber teórico, mas sempre tem em vista o horizonte de outro fim[103], ou seja, da ação.

Na investigação ética e política – os campos, por excelência, da filosofia prática –, o objeto é conhecido de modo a poder ser posto em obra pelo agente da ação[104]. A par-

---

102. *Metafísica*, L. II, 993b.

103. *Da Alma*, L. I, 407a.

104. *Ética a Nicômaco*, L. I, 1095a1; L. II, 1103b; L. X, 1179a.

tir de então, a ética passa a ser encarada como uma disciplina filosófica específica, com objeto, método e conceitos próprios. Para a vida na pólis, essa revolução no campo das ideias significou uma revolução no campo da práxis: no seio da *pólis*, as ações deixam de ser conduzidas pelo saber teórico do filósofo, o justo e o político platônicos, e passam a ser regidas pelo saber prático do bom político, iluminada pela *phronesis*.[105]

A filosofia prática aristotélica investiga o modo pelo qual a *phronesis* é o princípio das escolhas e ações humanas que são tidas como virtuosas no *ethos* da pólis. Ensina Giuseppe Abbà (2011, p. 74) que:

> o ponto de partida da filosofia prática são as "aparências" do sábio (*phronimos*), do virtuoso (*spoudaios*) no *ethos* da pólis: isto é, os seus juízos sobre a excelência de determinar as ações concretas e, de modo mais geral, os *endoxa*, as opiniões de autoridade acerca do modo conveniente e nobre de viver e de agir. Ademais, o filósofo prático começa sua investigação, mais em geral, a partir dos *legomena*, as opiniões correntes acerca dos assuntos humanos, das excelências e dos bens humanos. O filósofo prático visa a dar razão dessas opiniões mediante processo diaporético: isto é, examina as eventuais aporias às quais as opiniões conduzem e busca resolver as aporias explicando a parte de verdade e a parte de erro contida nas opiniões. Mais em geral, o filósofo prático procede dialeticamente: examina as opiniões possíveis acerca de um problema prático, descarta, com argumentação contra-interrogativa ou refutatória, aquelas que levam a aporias ou que incorrem em contradição ou que contravêm os *endoxa*. As opiniões que resistem ao exame, ele as considera verdadeiras e mostra a sua compatibilidade. Assim procedendo, o filósofo prático parte do "quê", isto é, das opiniões sobre as ações justas, boas, convenientes e remonta ao seu "porquê", isto é, à razão (*logos*) que as justifica. Este procedimento não é exclusivo da filosofia prática, pois também se acha na filosofia teórica (física e metafísica): é a via para se recobrar o conhecimento dos princípios próprios de uma ciência, princípios dos quais parte, então, a argumentação apodítica para explicar por que certas propriedades pertencem necessariamente ao objeto específico estudado por aquela ciência. O que diferencia a filosofia prática é o fato de que o "quê" do qual ela parte é-lhe fornecido pelo *ethos* da pólis, *ethos* que, por via da educação e da disciplina, tornou-se *ethos* ou caráter do indivíduo que age bem. Assim, o ponto de partida da investigação filosófica "ética" é o mesmo a partir do qual tem início o raciocínio prático do *phrónimos*.

Ademais, a filosofia ética diferencia-se pelos motivos pelos quais alcança o procedimento dialético. Tal justificativa reside numa concepção normativa da vida boa e das excelências que a constituem. Superada esta etapa, o filósofo prático pode estipular e fundamentar normas gerais de como se deve agir em vários planos práticos para realizar a vida boa.

---

105. "O modelo de homem prudente de Aristóteles não é o filósofo, mas o político e o chefe de família, tipos sociais envolvidos com problemas práticos: são prudentes 'Péricles e outros homens como ele (...) na medida em que são capazes de perceber aquilo que é bom para eles mesmos e aquilo que é bom para o homem em geral. Ora, são os chefes de família e os políticos que são capazes disso (*Ética a Nicômaco*, 1140b)'" (BARZOTTO, 2010, p. 164).

Concomitantemente, a filosofia prática assume um perfil tipológico, porquanto não indica uma concepção absolutamente delimitada e rigorosa da vida boa e das excelências para o homem, bem como dos meios ou das ações necessárias para tanto. A ética limita-se a informar os postulados gerais (*typos*) do bem supremo realizável pelo homem, sem fazê-lo de maneira certa e determinada, competindo, nessa hipótese (ou seja, no caso concreto e contingente), à prudência conferir ao homem o discernimento necessário para o correto agir social, segundo aquele bem supremo.

Aristóteles expôs sua noção de prudência em várias obras, mas em duas ele apresenta uma definição completa. Na *Retórica* (2011, p. 82), ele a define como "a virtude da inteligência que torna as pessoas capazes de decidir no tocante aos bens e aos males que indicamos como tendo relação com a felicidade"[106]. Na *Ética a Nicômaco* (2009, p. 133), o filósofo – de maneira similar, mas um pouco menos precisa – a conceitua como "uma disposição verdadeira e prática a respeito daquilo que é bom e mal para o homem"[107].

Resta claro que, para Aristóteles, a prudência é uma potência habitual da inteligência, ou seja, uma virtude intelectual; porém, delas se diferenciará, em espécie, em razão de seu objeto: a práxis, o agir ético do homem, que pressupõe uma compenetração, no âmago dessa excelência, entre a parte intelectual e a parte afetiva do homem, porquanto (GAUTHIER, 1973, p. 89-92) o objeto da ação é, indissoluvelmente, objeto da inteligência e do desejo e, para agir, é necessário conhecê-lo de forma veraz e almejá-lo com retidão.

Dessa forma, a prudência é uma virtude do intelecto prático (e não especulativo), cujo objeto está em estabelecer e prescrever, no caso concreto, a reta conduta no agir propriamente humano. É composta por dois planos distintos. No primeiro, especifica-se o agir humano devido, mediante a constituição de valores objetivos (causalidade formal, composta por um ato de deliberação e por um ato de juízo); no segundo, realiza-se efetivamente esse agir, por intermédio de um comando apto a produzir atos que comprometam todo o indivíduo (causalidade eficiente, formada por um ato de império).

Enquanto se inscreve na órbita da causalidade formal, ou seja, na determinação da conduta humana concreta, a prudência não busca na conduta propriamente dita seu princípio determinativo intrínseco, mas fora dela, no intelecto do indivíduo. O juízo resultante da dimensão intelectual da prudência desloca-se para a conduta como uma espécie de modelo ou paradigma exemplar, de acordo com o qual deve estruturar-se o ato humano livre para alcançar a retidão devida nas circunstâncias do caso concreto.

Nesse âmbito normativo da causalidade formal, deve ser feita uma distinção imprescindível. Em primeiro lugar, existe uma causa formal extrínseca *remota* dessa conduta, composta pelas normas gerais que descrevem, em geral, os tipos de ação devida para uma classe de situações de uma maneira mais ou menos abstrata (ato de deliberação). Em segundo

---

106. *Retórica*, L. I, 1366b.

107. *Ética a Nicômaco*, L. VI, 1140b.

lugar, aparece uma causa formal extrínseca *próxima*, consistente por um preceito singular referido a uma conduta concreta e que determina o modo de ser do agir humano, naquelas circunstâncias, em sua máxima proximidade (ato de juízo).

Depreende-se, claramente, que o juízo prudencial, como um todo, corresponde, no fundo, a uma concreção de natureza normativa (preponderando, assim, a segunda fase, de natureza preceptiva), cuja finalidade, na órbita jurídica, está em delimitar o justo concreto para toda uma comunidade ou para um indivíduo numa situação específica, porque, ao agir de acordo com o juízo prudencial, o agente dá a cada um o devido. Nessa mesma órbita, é a lei que assume o caráter de causa formal extrínseca *remota* e a sentença judicial, por sua vez, a de causa formal extrínseca *próxima*.

No primeiro plano da prudência (causalidade formal), as normas gerais acima citadas são conhecidas, pelo indivíduo, por meio da razão natural ou sindérese,[108] um hábito natural do intelecto que entende e concebe os princípios da ordem da ação, que incita ao bem e condena o mal, na medida em que julga o que encontramos, mediante os primeiros princípios. São estudados pela Filosofia Moral (como, por exemplo, o respeito à dignidade da pessoa humana) ou pela Filosofia do Direito, nesse caso quando se referem expressamente à ordem jurídica (por exemplo, a impossibilidade de ninguém poder transferir mais direitos do que tem).

Ademais, a sindérese nunca falha. Se o indivíduo errou num dado juízo prudencial, esse equívoco encontra seu lugar na consciência, a qual não soube aplicar corretamente os primeiros princípios da sindérese ou a fez deturpada sob a influência de alguma paixão. Albertuni (2006, p. 85-6) explica que:

> no *Escrito*, Tomás não trata diretamente num artigo específico do problema da infalibilidade da sindérese, mesmo assim é possível fazer uma análise a partir principalmente das questões que tratam sobre a consciência e sobre a razão e, ainda, a partir de alguns elementos extraídos de artigos que tratam do problema da natureza e da extinção da sindérese. É somente no *De veritate* (q. 16, a. 2) na questão "Se a sindérese pode pecar", que Tomás abordará de forma direta o problema de sua infalibilidade. No Escrito, essencialmente, Tomás irá sustentar que a sindérese jamais erra. Por sua vez, no raciocínio prático, o erro estará implicado na consciência, quando não aplica corretamente os primeiros princípios da ordem prática, conhecidos pela sindérese, aos casos particulares. Portanto, como é análogo entre a sindérese e o *intellectus principiorum*, o erro nunca acontece em relação aos primeiros princípios e sim em relação à razão que, ao fornecer premissas falsas para compor

---

108. *Suma Teológica*, I, a. 12 e a. 79; II-IIæ., q. 47, a. 6, resp. e s. 1. A expressão porta um caráter inovador no seio da teoria da ação moral, em comparação com a ética aristotélica, pois Tomás de Aquino a compreende como o hábito dos princípios primeiros da moral, *topos* equivalente ao hábito dos primeiros princípios teóricos de Aristóteles, designado por este como *intellectus principiorum*. Segundo Nascimento (1993, p. 365-85), após o estudo detalhado dos 16 artigos da questão 47 da IIa.-IIæ., Tomás de Aquino inova no conceito aristotélico de prudência ao introduzir a noção de sindérese, frisando que, mesmo assim, a virtude da prudência não é desconfigurada na teoria moral tomista, por ser reputada como "a sabedoria das coisas humanas".

o silogismo prático, como é exemplar o caso do herege, que compreende falsamente que todo juramento é uma desobediência a Deus, faz que a consciência erre na conclusão do raciocínio, ou ainda, o erro na conclusão acontece por influência de alguma paixão que deturpa o juízo da razão. Primeiramente, para compreensão do tema, é importante destacar no *Escrito* um argumento (*Sent*. II, d. 24, q. 2, a. 3, *sed contra*) em sentido contrário que é recorrente, como já observado, na questão da natureza da sindérese, em que Tomás se apoia na infalibilidade dela para demonstrar que a sindérese não é uma potência racional, pois esta se direciona para os opostos e a sindérese sempre se direciona para o bem, pois nunca erra. Logo depois, quando enfrenta a questão *utrum conscientia sit actus* (*Sent*. II, d. 24, q. 2, a. 4.), Tomás, no corpo do artigo, relaciona a teoria do silogismo prático contida no Livro VI da *Ética a Nicômaco* (cap. VIII) com a concepção agostiniana da razão, demonstrando que o erro não acontece em relação à sindérese e sim no que tange à consciência. Para tanto, segue dizendo que, no silogismo prático, a premissa maior contém o princípio universal fornecido pela sindérese, a premissa menor depende do julgamento da razão superior ou inferior e a conclusão depende da consciência, que aplica a lei universal ao ato particular. Por isso, somente a consciência pode errar, mas não a sindérese. Por exemplo, a sindérese propõe isto: Todo mal deve ser evitado; a razão superior assume isto: O adultério é mau, porque é proibido pela lei de Deus; ou se a razão inferior assumisse isso, porque é mau, porque injusto ou desonesto; a conclusão, por outro lado, que este adultério deve ser evitado, pertence à consciência. Assim, a consciência erra não por causa do erro da sindérese, mas por causa do erro da razão. Como é evidente no caso do herege, ao qual a consciência dita que é preferível morrer queimado do que jurar, porque a razão superior está distorcida por acreditar que o juramento é pura e simplesmente proibido.

Superado o primeiro plano da prudência, passemos ao segundo. Compete, à causalidade eficiente, a tarefa de mover o indivíduo à realização daquilo que foi determinado como devido, pelo primeiro plano, numa dada circunstância: o comando, representado por um ato de império. Desde Aristóteles, é reconhecida, ao comando, a natureza de elemento integrante da prudência. Tomás de Aquino (2005, p. 598) atribui, ao comando, a maior relevância no seio da dinâmica da prudência: "o comando consiste em aplicar, à ação, o resultado obtido no entendimento e no julgamento. E porque este ato está mais próximo do fim da razão prática, segue-se que este é o ato principal da razão prática e, consequentemente, da prudência"[109].

Significa dizer que o entendimento ou intelecto, onde reside a prudência, não se detém somente na especificação do devido, mas que, com o concurso da vontade do indivíduo, produz o ato ordenado a consumar, na realidade concreta, a conduta tida como reta. De fato, assiste razão a Tomás de Aquino, porquanto, do contrário, a prudência se reduziria a um puro saber especulativo e sem qualquer virtualidade prática. A ação da vontade, nessa instância da ordem prudencial, é fruto das potências da alma, as quais têm, por função elementar, mover o homem à realização daquilo que a razão apresenta como bom[110].

---

109. *Suma Teológica*, V, q. 47, a. 8.

110. *Suma Teológica*, I, q. 82, a. 4.

A participação da vontade na ordem prudencial demonstra que a determinação da conduta humana, por parte dessa virtude, não seja somente racional, mas também volitiva. Para tanto, é necessário que essa vontade esteja previamente ordenada, tarefa que corre por conta das virtudes morais (por exemplo, a justiça e a fortaleza): um viciado etílico não pode agir prudentemente, pois, ainda que seu entendimento prescreva, no caso concreto, que o álcool lhe é prejudicial, sua conduta não acompanhará aquele juízo, pois sua vontade, debilitada pelo vício, não estará disposta a colaborar no afã de realização daquilo que o juízo reputa como devido.

Estabelecidos os marcos conceituais da ética e da prudência, vêm à tona seus consequentes vínculos. Nesse diapasão, podemos concluir que, se por um lado, o procedimento tipológico da ética confere a esta um caráter científico, por outro, ela diferencia-se da *phronesis*, que não pode ser uma ciência, na medida em que extrai, dos postulados gerais da ética (igualmente informados pela sindérese), os princípios do raciocínio prático para determinar, no caso concreto, a ação que convém ser feita para viver bem nas circunstâncias singulares e contingentes.

O processo deliberativo no qual a prudência está inserida pode ser descrito como um silogismo prático. A premissa maior é o fim moral a ser levado a cabo (o universal) e a premissa menor é a correta reprodução das circunstâncias do caso (o singular), seguida da ação devida, isto é, um agir consequente ao juízo formado a partir do entendimento e do julgamento, segundo o jargão tomista.

A formação desse silogismo, como se depreende, exige dois tipos de saber, o conhecimento do universal e o conhecimento do singular. O filósofo (ARISTÓTELES, 2009, p. 136) ressalta que "a prudência não tem por objeto somente o universal, mas ela deve também conhecer os singulares, pois ela dirige a ação e a ação dirige-se aos singulares"[111]. O universal é aprendido pela educação, e o particular, pela experiência.

O raciocínio silogístico estará eivado de erro se ignora o correto conhecimento do universal ou se descreve a situação singular incorretamente, situações geradas por uma imperfeição da consciência: "O erro pode dizer respeito seja ao universal, seja ao singular. Pois se pode ignorar tanto que as águas pesadas são prejudiciais à saúde, como o fato desta água aqui ser uma água pesada"[112] (ARISTÓTELES, 2009, p. 138).

A tendência empírica do pensamento prudencial aristotélico demonstra aqui todo seu vigor, quando afirma que o conhecimento do singular é mais relevante que o conhecimento do universal para a elaboração de um juízo prudencial acertado, pois (ARISTÓTELES, 2009, p. 136) "nós devemos ter os dois conhecimentos, aquele do universal, e do particular, ou, se devemos escolher, de preferência este último"[113].

---

111. *Ética a Nicômaco*, L. VI, 1141b.

112. *Ética a Nicômaco*, L. VI, 1142a.

113. *Ética a Nicômaco*, L. VI, 1141b.

Daí decorre a importância que Aristóteles atribui à experiência como meio de aquisição da prudência e é por isso que a prudência não está associada à juventude, mas à velhice, porque o jovem carece de experiência de vida, ainda que possa ser um grande matemático, porquanto esse saber trata do universal e não do particular.

Por intermédio da experiência, chega-se à verdade prática, ou seja, à verdade ligada à práxis: "Essa verdade é de ordem prática"[114] (ARISTÓTELES, 2009, p. 130). A verdade, no pensamento aristotélico, consiste na correspondência entre uma asserção e a realidade; a verdade prática[115] é a conformidade entre o ditame da razão prática e as exigências da própria realidade. O justo meio é a conformidade do desejo e da ação à regra racional, que é sua medida. Se esta regra tem também sua própria medida, esta medida não é uma outra regra, sob pena de indução ao infinito, mas a própria realidade das coisas e a conformidade do espírito à realidade não é justo meio, mas a verdade (GAUTHIER, 1992, p. 71).

Em outras palavras, a regra racional proveniente da prudência, apta a indicar o justo meio no caso concreto, deve ser justaposta à realidade que se pretende orientar. A prudência, como um saber, tem por objeto a verdade; todavia, ao contrário da verdade investigada pelo pensamento filosófico ou científico, é uma verdade prática, isto é, uma verdade contingente e mutável de acordo com as circunstâncias do caso concreto.

Como a verdade prática está associada à toda práxis social, Aristóteles especifica as várias formas de prudência (individual, doméstica, legislativa e política)[116] e acaba por engajar toda a sociedade num macro processo prudencial, de sorte que todos os indivíduos tornam-se comprometidos com o uso da razão prática. Naquilo que atine ao eixo estruturante desta obra, na órbita jurídica, as prudências individual, doméstica e legislativa não suprem a prudência jurídica, espécie de prudência política; complementam-se, porque cada situação fática demanda um juízo prático orientado pela respectiva prudência.

Diante da magnitude virtuosa da prudência, por outro lado, a filosofia prática aristotélica procura justificar os fins das virtudes éticas, dentre as quais a prudência tem relevância ímpar, refluindo-os a uma concepção normativa da vida boa e descrevendo os atributos do raciocínio prático com o qual o homem prudente aplica às situações os fins virtuosos que definem a vida boa.

---

114. *Ética a Nicômaco*, L. VI, 1139a.

115. Segundo Merleau-Ponty (1960, p. 160), "a verdade prática é a memória de tudo que se encontrou ao longo do caminho".

116. Segundo Aristóteles, a prudência individual orienta as decisões do indivíduo; a prudência doméstica, as decisões familiares; a prudência legislativa, as decisões do legislador; a prudência política divide-se em discricionária e judicial: a primeira corresponde à prudência do indivíduo investido no poder de deliberação sobre os assuntos públicos; a segunda orienta as decisões dos juízes nos processos judiciais.

Logo, conclui-se que a filosofia prática aristotélica[117], ao contrário da filosofia platônica do Bem, é perfeitamente compatível com o *ethos* da pólis e os *endoxa*, as opiniões de autoridade acerca do modo conveniente e nobre de viver e de agir. E o filósofo prático não se limita a observar a realidade empírica e reproduzi-la: ele vai além, pois compreende o *ethos* da pólis, submete-o a uma argumentação dialética e diaporética, examinando as eventuais aporias às quais as opiniões conduzem e busca resolvê-las, mediante a explicação da parte de verdade e da parte de erro contida naquelas opiniões. Ao fim, identifica uma concepção normativa de vida boa e, nessa tarefa, acaba por ser um crítico do mesmo *ethos*, buscando aprimorá-lo.

A distinção entre sabedoria prática (*phronesis*) e filosofia prática requeria um giro copernicano em relação à posição platônica: se, aqui, a justiça era considerada primeiro na pólis e depois na alma, com Aristóteles, ainda que ele concordasse com a máxima platônica de que o regime da pólis e de suas leis educavam o caráter moral e as excelências do cidadão, inverte-se a mão de direção e se inicia a consideração da justiça pela vida boa dos cidadãos, prescindindo do regime político ao qual estava afeta, a despeito do benefício decorrente de seus efeitos pedagógicos na situação singular de cada cidadão.

E, nesse estudo, Aristóteles analisa a vida boa em si mesma, como vida humana virtuosa, o *locus*, por excelência, da *phronesis*, o saber prático exercitado pelo indivíduo na condução de uma vida boa e feliz: uma ética que é vista sob o ângulo do agente na direção do fim por ele realizado, exercitando sua sabedoria prática. Entretanto, não se pode esquecer que a realidade do indivíduo grego era uma realidade eminentemente pública no seio da pólis, na tarefa de condução dos destinos da cidade.

Nesse momento, surgem em cena as relações entre filosofia prática e filosofia política. Para Aristóteles, a ética assume uma função normativa, pois estabelece o fim em ordem do qual devem ser constituídos os regimes políticos e as leis e, como somente pode ser realizado no âmbito da pólis, a especulação ética, que fornece os postulados gerais

---

117. Segundo a ética aristotélica, conforme já exposto no capítulo anterior, a experiência humana tem um papel fundamental: a atuação do homem prudente, a opinião dos mais velhos, sua vivência existencial e os costumes da pólis representam dados indispensáveis, a ponto de extrair, por indução, seus princípios racionais, motivo pelo qual confere um denso espaço para os dados empíricos e psicológicos que podem ser coletados em muitos capítulos da *Ética a Nicômaco*. Consciente da natureza ética do homem, Aristóteles propôs uma justificação teleológica dos valores e regras morais em função de um fim último, situado no plano da existência terrena e hierarquizado pela contemplação no ápice de sua felicidade (*eudaimonia*), para o qual todas as ações virtuosas do homem devem convergir. A fim de possuir o bem supremo, o homem deve, por um lado, regular as funções inferiores por intermédio da razão e, por outro, desenvolver as virtualidades do espírito, situadas sempre no meio – entendido como o ápice da excelência e não como a mediocridade – de dois vícios opostos. Assim, à luz de uma ética das virtudes, a sociedade seria capaz de alcançar o bem comum. Na alma do homem, está sediada a faculdade intelectiva que, aprimorada pela educação, permite à pessoa valorar o conteúdo de suas ações e ordená-los à consecução de seus fins naturais. Ou seja, a consciência individual, potencializada pelo desenvolvimento das virtudes e adequadamente educada por critérios éticos ordenadores do agir humano, leva o homem à sua plena realização existencial.

para a prudência, deve ser complementada por uma investigação sobre uma constituição da pólis que propicie efeito pedagógico junto à tarefa singular de cada cidadão em auferir as virtudes necessárias para aquele mesmo fim, o que, na prática, seria feito pelo exercício da prudência.

Para esse trabalho especulativo, Aristóteles resolve escrever *A Política*, cujo fulcro foi o de analisar as inúmeras constituições das *poleis* gregas, determinar aquela que pode ser reputada como a melhor, delimitar os tipos de constituições possíveis, apontar as formas e as causas da corrupção das constituições e indicar aquelas que melhor se coadunavam com o exercício da prudência pelos cidadãos, a fim de se proporcionar a vida boa na pólis.

No enfoque de suas obras éticas (*Nicômaco, Eudemo* e *Magna Moralia*) com a *Política*, o filósofo deduz que a vida boa e feliz para o indivíduo é formada pela união dos três gêneros de vida, a vida contemplativa ou filosófica, vida ativa na pólis e a vida prazenteira. A primeira é a principal felicidade e a mais elevada, a segunda ordena as tarefas humanas rumo à primeira e ambas comportam um prazer apropriado (a terceira).

Esse elevado ideal demanda um aperfeiçoamento interior da alma do indivíduo, feito pelo cultivo de disposições excelentes, o que se dá somente quando as virtudes da parte apetitiva obedecem à razão e às virtudes da parte racional. Por isso, boa parte da investigação em *Ética a Nicômaco* é uma investigação sobre as virtudes para uma vida boa, as disposições estáveis da parte apetitiva que formam o substrato para a atuação da sabedoria prática, as chamadas virtudes éticas, distintas das virtudes dianoéticas, na qual se insere a *phronesis*.

Se o indivíduo carece das virtudes éticas que corrijam seus apetites, ele até pode saber como deve agir corretamente no caso concreto, mas tal saber não será prático em ato. Atuará seguindo um apetite não reto, o que basta para que aja mal voluntariamente. Então, por faltar a habitualidade no exercício dessa virtude, o indivíduo justo que comete injustiça torna-se menos justo até que, de ato injusto em ato injusto, a inclinação de seu apetite que, antes era devotada para a justiça, agora, é para a injustiça. Passa a ser um indivíduo injusto.

Aqui reside a diferença entre a *techne* sofista e a *phronesis* aristotélica. Esta é um saber pelo qual as virtudes éticas chegam ao próprio *ato* no caso concreto, mediante a escolha certa ou o fim virtuoso, de sorte que autor e obra são idênticos (como no exemplo acima, ambos são justos e, depois, tornam-se injustos). As virtudes éticas valem-se da *phronesis* para operar seu próprio fim bom no âmbito da práxis do caso concreto. Já a *techne* sofista é um saber independente das virtudes éticas. Sua obra é distinta do autor e situa-se no domínio da *poiesis*.

O resultado da obra conjunta formada pela ação das virtudes éticas e da *phronesis* é a boa *prohairesis*, a boa escolha: constitui-se no princípio, interno ao agente, das boas ações. O conjunto de boas escolhas forma a *eupraxia*, a boa práxis. Com essa explicação da *prohairesis*, Aristóteles atuava em linha de continuidade com a especulação grega acerca da prudência, sistematizando-a finalmente e por completo. Agora, deixamos a prudência e ingressamos na jurisprudência, a prudência do Direito.

Sob os olhos da modernidade e, sobretudo das relações entre Direito e razão prática, percebe-se que a moral prudencial aristotélica é completamente diferente da moral normativista em voga desde Kant, renovada na última quadra de século por John Rawls. Segundo Barzotto (2010, p. 167):

> Toda filosofia moral da modernidade (...) discute a questão: 'Que regra eu devo seguir?' A concepção aristotélica não está centrada na regra,[118] mas no saber prático que determina se uma regra é ou não aplicável ao caso. Assim, a questão central da teoria moral é: que tipo de conhecimento torna o agente moral capaz de aplicar regras ou a agir na ausência de regras? Afinal, a regra não determina seu caso de aplicação, isto é, não há uma regra para aplicação de regras. A concepção normativista da moral que impera na modernidade está ligada à concepção normativista do direito como um conjunto de regras. A concepção clássica da moral, fundada na prudência, está ligada a uma concepção do direito onde a regra não ocupa o papel central.

Segundo uma visão prudencial (e não normativista) do Direito, o direito não emana da regra, mas a regra emana do direito[119]. Em outras palavras, na aplicação do direito ao caso concreto, as circunstâncias fáticas – singulares e contingentes – delimitarão o sentido e o alcance da regra, prevista genericamente pela lei, a ser justaposta naquela situação, de molde a assegurar o império do justo concreto.

Essa concepção, que nega a identificação do direito com a norma (porque o direito identifica-se com o justo e a norma é apenas o instrumento do direito, conforme será aprofundado no capítulo próprio), está na base da prudência do direito romano, na *jurisprudentia*[120] romana, a primeira e mais perene síntese entre prudência, direito e ética.

---

118. Segundo Gauthier (2002, p. 437), a expressão "norma" aparece uma única vez na *Ética a Nicômaco*. Na passagem 1153b, o termo "norma" refere-se à filosofia. Hoje, na maioria dos manuais do curso de graduação de Direito, essa expressão aparece, como sinônimo de Direito, já na introdução da obra, sendo repetida ao longo do livro, nesse mesmo sentido, segundo a maior ou menor amplitude do normativismo jurídico do autor.

119. D. 50, 17, 1.

120. "Com efeito, a teoria das quatro virtudes (sabedoria ou prudência, justiça, coragem e temperança), já sugerida por Platão, tornar-se-á clássica com os estoicos (...); ao que Platão chama indiferentemente *sophia* ou, nas *Leis*, *phronesis*, e que designa sabedoria, isto é, o conhecimento do inteligível, os estoicos adotarão *phronesis* que, conforme o sentido popular da palavra, designa uma virtude intelectual orientada imediatamente para a ação (os estoicos, que economizam o mundo inteligível, ignoram evidentemente o conceito platônico de *sophia*). É Cícero que, para traduzir a *phronesis* estoica, recorreu à palavra *prudentia* (contração de *providentia*, que evoca a ideia de previdência, saber eficaz) e é, finalmente, do *De officiis* de Cícero que Santo Ambrósio (*De officiis ministrorum*, I, 24, 115) e, através dele, toda a Idade Média latina, toma a lista das quatro virtudes cardeais, que Santo Ambrósio chama *virtutes principales*" (AUBENQUE, 2003, p. 63).

A civilização romana, à semelhança da grega, era indo-europeia e de acentuado viés religioso. Assim, a experiência da ordem também constituía o fundamento da sociedade, porque, do contrário, tudo retornaria ao caos. Na órbita política romana, os atos políticos são protagonizados por um magistrado e um sacerdote e submetidos a um processo dúplice: o magistrado, discricionariamente, escolhe um curso de ação e consulta o sacerdote acerca da conveniência da decisão, respondendo afirmativa ou negativamente. Esse procedimentalismo político representa a crença romana na perfeição de um ato político decorrente do consenso entre homens e deuses.

"Dizer o jus"[121] estava entre as atividades políticas dos sacerdotes. O termo "jus" surge em Roma ligado essencialmente à atividade sacerdotal e, por isso, expressando um profundo significado religioso. Os sacerdotes respondiam aos questionamentos dos cidadãos que desejavam saber o "jus", isto é, aquilo que deveria ser feito numa situação concreta, em harmonia com os imperativos da ordem cósmica, que abrangia as ordens natural e a humana. Uma vez revelada a resposta (*responsum*), válida somente para o caso consultado, esta se impunha, em virtude da índole oracular da resposta, portadora de uma mensagem divina, e da natureza religiosa da autoridade sacerdotal.

A partir dessa atividade pontual dos sacerdotes, vai se formando, lentamente, uma espécie de saber intrinsecamente casuístico, pois cada *responsum* produz efeito somente no caso levado ao conhecimento do sacerdote. A noção de *jus*, dessa maneira, só podia estar profundamente ligada à solução de problemas concretos e imediatos.

Diante do processo de expansão geopolítica de Roma, somado à influência da filosofia grega, a sociedade romana alcança um processo de secularização e a tarefa do *respondere* deixa o âmbito sacerdotal e ingressa na órbita leiga, sendo assumida pelos membros da aristocracia republicana, que passam a ser chamados de *prudens*. Sua resposta, embora não mais religiosa, ainda é vinculante, porque, se antes era oracular, agora, torna-se motivada racionalmente, porque visava ao preenchimento das lacunas da Lei das XII Tábuas e à adaptação da lei às necessidades mutáveis da prática social.

Com o passar dos anos, esse trabalho de acomodação ou de respostas para problemas do cotidiano criam uma massa crítica de conhecimento prático e assume a forma de *jurisprudentia*, a prudência do direito, até o momento em que o Imperador Augusto outorgou, no século I de nossa era, o *ius publice respondendi ex auctoritate Principis* aos mais notáveis juristas da Roma Imperial, em razão da qualidade, publicamente reconhecida, de *iuris prudentes*, isto é, de portadores, em grau eminente, de uma especial forma de conhecimento jurídico, o conhecimento prudencial, um saber marcado por sua peculiar aptidão para a investigação e a busca de uma justa solução para os casos concretos.

---

121. Segundo Barzotto (2010, p. 169), "o termo *jus* vem constantemente unido ao verbo *dicere*. Esse, oriundo do indo-europeu *deik*, do qual se originou o grego *dike*, sempre significou 'mostrar de modo impositivo e pela palavra'. Daí as expressões *jus dicere*, *judex*, *jurisdictio*. O *jus* é, portanto, algo que é dito. Dele irá derivar o verbo *jurare* (jurar). *Jurare* é pronunciar o *jus*. O *jus* proferido em um juramento é a fórmula que expressa a ação a ser realizada".

Villey (1969, p. 73) ensina, acerca da jurisprudência, que:

> os juristas romanos atribuíam à jurisprudência o papel primordial na gênese de seu direito. Há um texto do Digesto que especifica que nas origens e, na ausência de qualquer lei escrita, os seus verdadeiros autores foram os prudentes. A jurisprudência representou, para os romanos, o berço do direito. Creio que continua sendo verdadeiro no século XX quanto aos setores dinâmicos do direito. Ao menos onde o sentido da palavra não foi falsificado, onde ela não se desviou para o papel de serva estática, onde ela permaneceu conhecimento dos casos, isto é, **do direito nas coisas.** (Grifos nossos.)

Assim entendida, como o conhecimento do direito nas coisas, a *jurisprudentia* romana é dotada de cinco grandes características: é um saber realista, prático, ético, casuístico e tradicional (BARZOTTO, 2010, p. 170-4). É realista, porque está fincado na realidade posta e não numa atividade puramente especulativa ou abstrata. A atitude espiritual do romano é a do camponês-soldado, apegado às verdades que emanam intuitivamente do senso comum e que repudia qualquer normatividade que pretenda se impor, de fora, à estrutura do real. Não é de se espantar que a única definição acerca de jurisprudência seja dotada de um realismo impressionante: "a jurisprudência é o conhecimento das coisas divinas e humanas, a ciência prática do justo e do injusto"[122].

É um saber prático. O povo romano ocupava-se das construções teóricas gregas na exata medida de suas necessidades práticas e materiais. Por exemplo, a matemática é transformada em engenharia, a geografia é empregada na estratégia militar e a retórica assume a atividade política. Ciente de que não poderia renunciar ao poder institucional decorrente da posse de um saber voltado para a resolução de conflitos sociais, a aristocracia romana fomenta a formação de quadros voltados para o exercício da jurisprudência,[123] essa tarefa de importância tão manifesta como fonte do direito[124] (a lei era fonte subsidiária, ao contrário da mentalidade moderna), como capacitação para o exercício da atividade política na urbe romana. Logo, a formação jurídica está voltada para a política e não para o direito.

Uma vez formados, não há dedicação exclusiva à carreira jurídica, pois todos os jurisconsultos são políticos ao mesmo tempo e só passam a dar os *responsa* depois que angariaram o reconhecimento público no exercício das magistraturas civis. Esse vínculo íntimo entre política e jurisprudência provocou, no jurisconsulto, uma forte orientação prática, porque, estando em contato direto com as realidades governamentais, não tinham tempo

---

122. D. 1, 1, 10. Reportamos o leitor ao conteúdo da nota de rodapé n. 21.

123. Cícero (2010, p. 51) conta que "entre os gregos, homens da mais baixa condição, impelidos pelo incentivo de um magro salário, oferecem-se para assistir em justiça aos oradores sobre as questões de direito: chamam-lhes 'práticos'. Na nossa cidade, pelo contrário, os mais ilustres personagens desempenham esse trabalho".

124. D. 1, 2, 12: segundo Pomponius, "o *jus civile* propriamente dito é aquele que, sem estar escrito, consiste na interpretação dos prudentes".

para tecnicidades. Eles desenvolveram o direito romano na medida das necessidades imperiais de Roma.

É um saber ético, porquanto o jurisprudente, no caso concreto, está preocupado em buscar a resposta que corresponda ao justo, donde decorre a natureza moral de seu mister. O próprio Digesto começa com uma definição acerca do *jus*: "Convém que aquele que vai dedicar-se ao direito conheça primeiramente donde deriva o termo *jus*. É chamado assim por derivar de *justitia*"[125]. Ou seja, ainda que seja o contrário (*justitia* derive de *jus*), ao definir o objeto de seu saber, o jurisconsulto o vincula imediatamente com a justiça. Não busca um lastro epistemológico que encerre a atividade jurisdicional em si mesma.

Ulpiano resume bem essa assertiva: "Podem os jurisconsultos ser chamados de sacerdotes da justiça; com efeito, prestamos culto à justiça e professamos o conhecimento do bom e do equitativo,[126] separando o justo do injusto, discernindo o lícito do ilícito"[127]. Atribuindo, no âmago de sua atividade, a cada indivíduo o seu *jus*, compreendido este último como o bom e o equitativo, no dizer do jurisprudente Celso, os jurisconsultos romanos conferiram um verdadeiro e próprio acento ético ao seu trabalho.

Os jurisconsultos entendiam o direito como um saber a ser construído responsavelmente e (VIEHWEG, 1986, p. 80-1) "toda sua personalidade estava comprometida nisso; como dizia Ihering, 'seu orgulho não é somente de tipo intelectual, mas também de tipo moral'".

É um saber casuístico. O Direito Romano não tem a lei como fonte primária, mas a obra destilada dos jurisconsultos. A lei é pouco manejada no âmbito do direito privado, porque a formação jurídica, conforme já visto no capítulo próprio, consistia em assistir um jurisconsulto experiente aconselhando os particulares, seguido de um debate, posteriormente, entre seus discípulos, destilando-se, de geração em geração, um saber fincado na experiência.

Em Roma (KÄSER, 1962, p. 121), a lei contrapõe-se ao direito dos juristas: ela é uma fonte de direito em virtude de uma imposição, ao passo que o direito dos juristas

---

125. D. 1, 1, 1.

126. Barzotto (2010, p. 172-3) aprofunda as conexões entre *justitia* e *jus*: "segundo a definição de Ulpiano, a '*justitia* é a vontade constante e perpétua de dar a cada um o seu *jus* (D. 1, 1, 10). O *jus* é a parte que cabe a cada um em uma partilha. Mas 'essa parte que cabe a cada um' deve ser a materialização do 'bom e do equitativo', pois, segundo Celso: '*jus est ars boni et aequi*'. O conteúdo do *jus* é determinado, assim, pelos valores do *bonum* e da *aequitas*. O jurista, ao investigar o *jus* no caso, não faz mais do que procurar determinar o que é bom e equitativo nas circunstâncias dadas. É por isso que (...) a jurisprudência, que tem como objeto o *jus*, é definida como 'o conhecimento do bom e do equitativo', pois o 'bom e o equitativo' são o conteúdo do *jus*. *Aequitas* é uma palavra de raiz latina, ausente em outras línguas indo-europeias. É a igualdade, o equilíbrio, a proporção. *Bonum* é aquilo que é conveniente, bom para algo, não só para os envolvidos em uma lide, mas para toda coletividade. É a atenção ao bem comum que deve acompanhar a decisão do caso singular. O *jus* é assim a materialização da *aequitas* no caso concreto, levando em consideração as exigências do bem comum".

127. D. 1, 1, 1.

não é senão a experiência derivada dos casos particulares e progressivamente consolidada. É por isso que a lei pôde aparecer aos juristas romanos não tanto como o cerne da sua ordem jurídica, mas antes uma barreira limitando a liberdade de descoberta do direito pelos juristas.

Na solução dos casos, o jurisconsulto não inicia sua investigação a partir de uma regra preexistente. Vale-se, essencialmente, do método do caso, cujo fim é o de buscar, depois do exame da realidade, o justo concreto. Sopesam-se as circunstâncias do caso, invocam-se casos semelhantes (analogia), casos opostos (argumento *a contrario*) e emprega-se o argumento *ad absurdo*, a fim de se checar a razoabilidade da solução encontrada. A atenção do jurisprudente está no caso e não na regra.

Pela via da sedimentação das soluções, naturalmente vão se formando regras por um processo de generalização empírica, como as seguintes: "Ninguém pode transferir mais direitos do que tem"[128], "Não se considera que alguém perca o que não era seu"[129] ou "É nula a obrigação de objeto impossível"[130]. Interessante notar que o pensamento do jurisprudente ainda é fortemente concreto e empírico, mesmo quando formula regras gerais.

É um saber tradicionalista, eis que, a fim de se evitar a insegurança jurídica que poderia emanar do tratamento casuístico dos problemas, a jurisprudência valia-se da tradição da moral e dos costumes, além do recurso aos precedentes jurisprudenciais, conferindo coerência e organicidade ao conjunto das soluções tomadas. O novo caso inseria-se numa cadeia específica de soluções, onde a evolução no entendimento acontecia de forma gradual e lenta, mas segura.

A experiência romana demonstra que o verdadeiro conhecimento do Direito que, segundo pensamos, deve definir o profissional deste ramo, não corresponde a uma gnoseologia estritamente científica do Direto, mas, sem prejuízo disso, a um conhecimento prudencial do Direito, porque o direito é uma prudência, um saber prático, uma atividade própria do agir, impulsionada pelo pensamento: "mais que um emaranhado de regras, suscetíveis de aprendizagem, o direito consiste num 'saber-fazer', que dita como e quando elas se aplicam, transcendendo-as" (OLLERO TASSARA, 2006, p. 316). Saber leis não é saber o Direito.

Com efeito, Gadamer (1994, p. 178) acentua esse liame entre Direito e prudência ao sustentar que:

> o conhecimento do direito que caracteriza o jurista segue chamando-se, com boas razões, jurisprudência, literalmente, prudência jurídica. Esta palavra recorda ainda o legado da filosofia prática, que via na *prudentia* a virtude suprema de uma racionalidade prática. O fato de que a expressão ciência do direito tenha prevalecido a partir do final

---

128. D. 50, 17, 54.

129. D. 50, 17, 83.

130. D. 50, 17, 185.

do século XIX indica a perda da ideia de uma peculiaridade metodológica deste saber jurídico e de sua definição prática.

Nessa linha argumentativa, o Código Ibero-americano de Ética Judicial (2008, p. 19) em vigor reforça, na exposição de motivos, a importância da prudência jurídica, constituin-do-se a essência do modo com que a prestação jurisdicional deve ser feita pelo magistrado na solução dos processuais. Aliás, se é certo que não se pode reduzir a prudência jurídica ao estrito campo da aplicação judicial das normas, pois existem uma prudência política e uma prudência legislativa que a antecedem, resulta evidente que, em seu modo judicial, pode-se apreciar mais claramente as notas e particularidades da prudência jurídica. A prudência judicial é, então, a prudência jurídica por excelência. Veja-se.

3.11 PRUDÊNCIA

A incorporação, como capítulo XI, desta exigência é uma prova de que na ordem dos princípios não há hierarquia, dado que a prudência constitui a essência do modo com que o serviço de justiça deve ser prestado. Efetivamente, a mesma denominação de "jurispru-dência" remete à obra dos "jurisprudentes", por isso o artigo inicial conecta a prudência com o "autocontrole" judicial e com o "cabal cumprimento da função jurisdicional". E, no artigo seguinte, o juiz prudente é definido como aquele que pauta seus comportamentos e decisões em julgamentos racionalmente justificados que derivam da meditação e valo-ração de argumentos e contra-argumentos disponíveis no marco do Direito vigente. A vir-tude clássica da prudência se relaciona com a razão prática que, à vista das circunstâncias da causa (*circunspire* ou circunspecção), avalia alternativas e consequências, optando pela melhor, depois de uma reflexão e ponderação apropriada e esforçando-se em todo momen-to "para ser objetiva" (art. 72). Sem dúvida, a prudência se contrapõe às atitudes dogmá-ticas, inerciais e soberbas, por isso o art. 70 exige, do juiz, uma abertura mental que lhe permita escutar novos argumentos e retificar critérios assumidos.

A mesma codificação continental (2008, p. 36 e 43) prescreve, em vários pontos, a forma geral de exercício da prudência judicial (artigos 8º e 68 a 72).

Art. 8º. O juiz deve exercer com moderação e prudência o poder que acompanha o exercício da função jurisdicional.

Art. 68. A prudência tem por objetivo o autocontrole do poder de decisão dos juízes e o cabal cumprimento da função jurisdicional.

Art. 69. O juiz prudente é aquele que cuida para que os seus comportamentos, atitu-des e decisões sejam o resultado de um juízo justificado racionalmente, após haver meditado e avaliado argumentos e contra-argumentos disponíveis no âmbito do Direito aplicável.

Art. 70. O juiz deve manter uma atitude aberta e paciente para ouvir ou reconhecer novos argumentos ou críticas, de modo a confirmar ou retificar critérios ou pontos de vista assumidos.

Art. 71. Ao adotar uma decisão, o juiz deve analisar as diversas alternativas que o Di-reito oferece e avaliar as diferentes consequências que advirão de cada uma delas.

Art. 72. O juízo prudente exige do juiz capacidade de compreensão e esforço para ser objetivo.

Uma adequada compreensão do Direito supõe a busca de um estatuto teórico que corresponda à sua efetiva dimensão na realidade das coisas. Atualmente, as categorias e os pressupostos de especulação epistemológica da modernidade são incapazes de dar conta de uma análise prudencial da experiência jurídica, ao contrário do que sucedeu entre a filosofia grega e a *jurisprudentia* romana. Logo, não é muito simples a tarefa de revitalização epistemológica da essência do Direito, ainda submetido aos influxos do positivismo normativista kelseniano, que fez do direito positivo, enquanto ordem normativa, um mundo completamente independente de qualquer influência, direta ou indireta, da filosofia moral.

O próprio jurista austríaco (KELSEN, 1990, p. 166), a propósito da experiência romana, declara que "uma jurisprudência normativa tendo como objeto uma análise estrutural do direito como sistema de normas válidas também é possível, assim como indispensável. *Durante dois mil anos*, esta tem sido, de fato, *a única abordagem intelectual* do fenômeno do Direito, além da *abordagem puramente histórica*; e não há nenhum fundamento razoável pelo qual devamos negar o nome de 'ciência' a essa *tradição contínua* de tratamento intelectual do direito" (Grifos nossos). Assim, Kelsen conclui que a prudência do Direito Romano é uma ciência normativa do Direito, já que tem por escopo a descrição do fenômeno jurídico como um grande sistema teórico de normas dotadas de validade.

Nada mais equivocado em termos de epistemologia jurídica e de interpretação da jurisprudência romana, o primeiro e mais perene paradigma do pensamento prudencial jurídico. Uma falsa conclusão que macula não só o rico legado dos jurisconsultos romanos, como produz efeitos nefastos em relação à própria essência da ideia de prudência do direito. Então, invoquemos um dos mais reputados jurisconsultos – Paulo – para responder à essa infundada ilação, por intermédio da pena do maior romanista do século XX (KÄSER, 1962, p. 111):

> Paulo (D. 50, 17, 1) ensina com efeito: "o direito não é tirado da regra, mas a regra do direito". Desse texto resulta claramente que os jurisconsultos não viam de modo algum as regras como uma fonte autônoma do conhecimento do direito; para eles, elas não faziam senão refletir o direito tal como ele se manifestava nas soluções dos casos particulares obtidos pelo método casuístico.

A definição clássica de jurisprudência, em seu rigoroso sentido de prudência do direito, como o saber do justo e do injusto[131] por meio do conhecimento de todas as coisas humanas e divinas, de um lado, abre a ciência jurídica à experiência da totalidade do Direito. Por outro, centra sua especificidade na determinação do justo e no discernimento do injusto. Dessa maneira, o justo jurídico, determinado prudencialmente, adquire um

---

131. Reportamos o leitor ao conteúdo da nota de rodapé n. 21.

status próprio entre a virtude da justiça e as exigências da natural essência política do homem, fundada na ideia de bem comum e nos ditames da filosofia prática.

O saber jurisprudencial é um saber em que o fato concreto, preteritamente havido, renova-se presencialmente nos autos do processo, a fim de adquirir pleno sentido jurídico pela pena do magistrado que, desvendando a essência na aparência fática, dá continuidade[132] prudencial ao núcleo operável do trabalho hermenêutico, declarando, motivadamente na sentença, o justo concreto.

---

132. Afonso Botelho (1990, p. 41-2) nota que "estar" já implica um "permanente renovo" e estar de novo é continuar.

6

JUSTIÇA:
O DAR A CADA UM O SEU E O DIREITO COMO O JUSTO CONCRETO

> *É sobretudo com fundamento na justiça*
> *que os homens são considerados bons.*[133]
>
> (Cícero)

> *A justiça ocupa, na vida prática,*
> *o papel que, no campo teórico, desempenha a verdade,*
> *pois a justiça é a primeira virtude das instituições sociais,*
> *como a verdade o é nos sistemas de pensamento.*
>
> (JOHN RAWLS, 1971, p. 13)

Dentre os vários problemas que as sociedades enfrentam, boa parte deles prende-se com a questão da justiça: direitos humanos, direitos sociais, intervenções militares da ONU, criminalidade, desobediência civil, cotas raciais, aborto, eutanásia, feminismo, direitos das minorias, proteção ao meio ambiente, educação e saúde entre outros temas candentes. Cada um desses pontos é uma verdadeira arena de combate intelectual e prática e todos eles comportam uma boa dose de subordinação a um desejo de justiça. Kant (1945, p. 245) já dizia que "a maior e mais frequente miséria dos homens procede mais da injustiça entre os homens do que da má fortuna".

Fernández aponta que:

> se o fundamento da ética social é a dignidade da pessoa da qual derivam os direitos fundamentais do homem, o *centro* é a justiça, pois a justiça é a virtude que protege a dignidade do homem e a que regula os direitos e deveres dos cidadãos. Por isso, a proteção da dignidade da pessoa e a defesa dos direitos humanos demandam uma normativa justa que as defenda. Por isso, como ensina João Paulo II, "o amor pelo homem se concretiza na *promoção da justiça* (*Centesimus annus*, 58). (...) Por sua parte, Platão relaciona a justiça à saúde e a injustiça à enfermidade: "A justiça e a injustiça são exatamente parecidas às coisas sãs e

---

133. *De Officiis*, 1, 7.

malsãs, o que aquelas são no corpo, são-no elas para a alma (*República*, IV, 18, 444c)". Por consequência, uma sociedade sã é aquela regida pela justiça, ao passo que a sociedade injusta seria uma sociedade enferma. A justiça é, pois, uma noção fundamental da existência do homem. Constitui, ao lado da verdade e do bem, a trilogia dos grandes conceitos humanos. Pelo contrário, a injustiça guarda relação com a mentira e o mal. Por conseguinte, a otimização do homem está na direção da verdade, do bem e da justiça, assim como sua existência perde sentido se toma o rumo do erro, do mal e da injustiça. (Grifos do autor.)

O ofício do profissional do direito, sobretudo do juiz, tem uma íntima ligação com a justiça. Está relacionado a um saber ser justo, pois, muito embora não deva realizar sozinho a obra da justiça, deve, para ser fiel a seu ofício, ser pessoalmente justo, no sentido de amante da justiça. Do contrário, dará ouvido à injustiça e terá se corrompido. Tomás de Aquino (1976, p. 74) dizia que "a corrupção da justiça tem duas causas: a falsa prudência do sábio e a violência do poderoso"[134].

A missão do profissional do direito, mormente do magistrado, está em discernir e assinalar o seu de cada um para que seja dado a seu titular. Considerar essa peculiar e típica relação do profissional do direito com a justiça é importante para perceber que a virtude específica de seu ofício não é a justiça, mas, antes, a prudência, porque sua missão está em discernir e assinalar, atitudes próprias da órbita prudencial, como já visto no capítulo específico, para depois dar ao seu titular. **Assim, por excelência, o profissional do Direito (também conhecido como jurista) não é o justo, mas o *jurisprudente*.**

É próprio do profissional do direito uma arte ou ciência prática. Todo o sistema filosófico do direito deve ser visto da perspectiva do profissional do direito, porém nunca é demais insistir nisso ao entrar na análise da justiça, porque, atualmente, é muito comum transpor para a filosofia jurídica a ideia de justiça que a filosofia social e a retórica política costumam utilizar.

É uma ideia que tem sua importância no campo próprio, mas, na órbita jurídica, acaba por provocar uma noção de justiça magnificada, sendo, por isso, necessário um certo trabalho de desmistificação. Os fins de um ideal de justiça podem orientar, como princípio interpretativo, alguns aspectos da função do profissional do direito, mas não condicionar a justiça desse profissional, pois sua função é mais modesta, muito mais prática e tangível: a justiça do caso concreto.

O ofício do profissional do direito atende a uma necessidade social bem específica, qual seja, a de criação de uma ordem justa: uma ordem em que cada homem e cada instituição tenha o seu, aquilo que lhe pertence e cabe. Dado que a vida social é dinâmica e o seu de cada um pode estar em situação de interferência por uma ação ou omissão alheia, gera-se um dinamismo orientado para estabelecer ou restabelecer a situação devida, que

---

134. *Expositio in Librum Sancti Job*, cap. VIII, lect. 1.

podemos descrever com uma fórmula de comprovada expressividade: *suum cuique tribuere*,[135] dar a cada um o seu.

Se se classifica de necessidade social o estabelecimento da situação devida – cada um ter o seu – é porque essa situação constitui uma ordem, uma harmonia, uma proporção social em que cada coisa está na correta relação com seu titular: uma **ordem social justa**. Qualquer ruptura ou alteração dessa correta relação produz uma anomalia ou uma desordem social: uma **ordem social injusta**.

Essa harmonia é uma exigência da pessoa humana, por sua qualidade de ser que tem coisas verdadeiramente suas, e, ao mesmo tempo, da sociedade, pois, uma vez preservada aquela harmonia, conserva-se o grupamento social; corrompida, provoca sua destruição. A ordem justa não é um simples fato. Pertence à categoria do dever-ser: deve ser dado a cada um o seu.

O Digesto expressa "o dar a cada um o seu" sob a fórmula de *praeceptum iuris* ou norma primordial do direito, verdadeira *Grundnorm* ou norma fundamental da ordem jurídica, primeiro princípio da razão prática[136] no que atine a esta ordem. E é um *praeceptum iuris* (não *praeceptum iustitiae*), porque, de fato, o imperativo do dever é a expressão da obrigatoriedade do direito, de modo que essa harmonia é um dever-ser em razão do *debitum* inerente ao direito.

Assim, (ARISTÓTELES, 2005, p. 5) a justiça é a ordem da comunidade política.[137] Uma harmonia dos homens que se relacionam de um modo tal que alcançam sua própria perfeição possível e, como resultado, a perfeição possível do conjunto da cidade. Se não há justiça, as relações interpessoais desaparecem e passa a prevalecer o arbítrio do mais forte ou do mais poderoso. Se há justiça e o direito baseia-se no discernimento do justo, supera-se a barbárie. A primeira forma de cultura de uma comunidade é o direito.

Esse lugar de relevo atribuído à justiça no seio social também é conferido ao homem individualmente considerado, no âmbito da ordenação de si próprio: a justiça, além de *bonum alteris* (o bem do outro), reclama o indivíduo em seu centro anímico, isto é, a preponderância de sua dimensão espiritual, que desencadeia e dinamiza o ato de

---

135. D. I, 1, 10. Reportamos o leitor ao conteúdo da nota de rodapé n. 53.

136. Existem dois tipos de leis humanas: a escrita e a não escrita. Esta corresponde àquela que o homem tem dentro de si como premissa de sua ação. É chamada de lei moral e está expressa em diversos textos religiosos e laicos (como o Decálogo e a Declaração Universal dos Direitos do Homem) e, principalmente, no coração e na consciência do homem, como ressaltaram expoentes tão diversos como São Paulo e Rousseau. Refere-se aos critérios mais elementares de ação e de justiça, como não matar, não roubar, falar a verdade, respeitar a dignidade da pessoa humana, respeitar os pactos e, principalmente, fazer o bem e evitar o mal (*Suma Teológica*, I-II, q. 94, a. 2). Tais critérios básicos podem ser chamados de princípios da razão prática, porque constituem as premissas de toda ação humana. O homem, na medida em que age, porque tem inteligência e vontade, acrescenta uma dimensão moral em todos seus atos. Assim, os atos humanos são atos morais.

137. *Política*, L. I, 1253a37.

justiça, fundado num dever-ser que, por sua vez, sempre implica um fato correspondente, o cumprimento desse dever-ser. Para isso se orienta a própria ideia de dever: o que se deve, faz-se.

E, por isso, Pieper (1960, p. 98-9) conclui que "já que o espírito, na sua energia expansiva, é o detentor direto da força que vai dinamizar o ato de justiça; já que a justiça – diz São Tomás[138] – habita no compartimento mais nobre da alma, e o mandamento de ser justo, dado ao homem, atende ao mais íntimo de seu querer espiritual, compreende-se que a justiça ocupe o primeiro lugar entre as outras excelências humanas".

Naquele universo interior de ordenação de si próprio, orbitam as virtudes, como a da justiça, que não estão no nível do dever-ser, mas no de seu cumprimento. O homem não é virtuoso porque tem deveres e sim porque os cumpre, proporcionando-lhe o bem (*bonum hominis*). As virtudes são hábitos das potências humanas que propendem para o cumprimento do dever. Elas próprias não são juízos deontológicos – juízos de dever – mas disposições do indivíduo para agir de acordo com os juízos deontológicos.

Por conseguinte, as virtudes não pertencem ao dever-ser (*sollen*), mas ao ser (*sein*), embora relacionadas a um dever-ser. Assim, visto que deve ser dado a cada um o seu e que isso constitui um bem social (*bonum alteris*) e um bem individual (*bonum hominis*), a correta disposição do homem para cumprir com o dever-ser jurídico é uma virtude: a virtude da justiça. É a virtude cujo ato – a ação justa – consiste em dar a cada um o seu. Em outras palavras, como virtude, isto é, como hábito operativo, a justiça pertence ao mundo do ser; contudo, relaciona-se com um dever-ser bem específico, o de dar a cada um o seu, a partir do qual uma comunidade é capaz de construir uma ordem social justa.

Hervada (2008, p. 65-6) aponta, por outro lado, que:

> entretanto, três coisas são opostas à verdadeira concepção da justiça. **Por um lado, entender a justiça como dever**; a justiça, como virtude que é, pertence ao *sein*, pois é uma disposição entitativa da vontade. É virtude *por relação* com um *sollen* ou dever-ser, a norma primordial do direito; porém ela mesma não é esse dever-ser, não é um juízo deontológico. **Por outro lado, não se pode confundir a justiça com uma dimensão da realidade, com uma ordem ou harmonia.** Essa terminologia, que possui antigos precedentes e se baseia em um uso frequente, tem o inconveniente de introduzir grandes confusões em matéria de justiça e de direito. A justiça não é a ordem justa, mas virtude de tender estabelecer a ordem justa. Por último e em terceiro lugar, **a justiça não pertence ao intelecto: não é um juízo ou uma ideia. A justiça pertence à vontade e está relacionada ao querer. Não podem, então, ser consideradas adequadas as concepções que dão à justiça um estatuto intelectual, em vez de um estatuto volitivo.** (Grifos nossos.)

Analisada a justiça como virtude em termos gerais, passamos à sua definição. Embora tenham sido dadas várias definições da justiça, há uma comum e praticamente universal. É a mais simples, a mais antiga e a mais divulgada: a justiça consiste em dar a cada

---

138. *Suma Teológica*, II-II, q. 58, a. 12; I-II, q. 66, a. 1.

um o seu. A compreensão da norma fundamental da ordem jurídica e a correspondente compreensão de que a disposição para dar a cada um o seu constitui um aspecto da ordem básica da pessoa humana em relação ao outro são tão antigas quanto a própria humanidade. De fato, o *praeceptum iuris* de referência é uma aplicação imediata dos primeiros princípios da razão prática, de conhecimento universal e, logo, igualmente universal é o conhecimento dos efeitos éticos da correspondente disposição para cumprir aquela norma fundamental.

Com o antecedente de *themis*,[139] a palavra grega que primeiro designou a justiça foi *dike*, que inicialmente significou tanto a ação judicial ou o processo como a sentença do juiz, para, depois, passar a denominar o direito e a justiça.[140] Enquanto o direito e a justiça

---

139. Morrison (2006, p. 24) lembra que "muitos dos filhos de Zeus e Têmis tornaram-se fiadores das leis e da estabilidade social, em particular Dike, Eunomia e Irene. Dike passou a personificar o ideal de justiça que colocava o homem acima do mundo animal (...). Como deusa, Dike levava os juízes a se empenhar em deliberar com integridade lógica em vez de tomar decisões arbitrárias; sua irmã Eunomia representava a harmonia social e jurídica que resulta desse comportamento racional e Irene expressava a paz. Em conjunto, configuravam a ideia social de *homonoia*, ou o ideal de uma comunidade urbana harmoniosa". Os Sofistas, Sócrates, Platão e Aristóteles, na filosofia, e Sófocles, com sua célebre "Antígona", na literatura, assumiram a tarefa de compreender esse ideal, correlacionando-o ao problema do justo. Porque os gregos já tinham uma certa intuição de que a justiça deveria corresponder a uma expressão unitária e integrante dos cosmos e dos valores de convivência social. A justiça deveria ser o verdadeiro pressuposto de toda ordem jurídica no mundo espiritual da pólis, onde já se percebia que um justo natural antecedia um justo legal, servindo-lhe de limite ético. É uma correlação de origem grega e, em virtude do modo de sentir e da tradição grega, por sua íntima razão e força, sempre ressurge ao longo da história e jamais foi superada. Frise-se que a importância do contributo grego para a noção de um justo natural decorre justamente do fato de, pela primeira vez na história, o homem ter despertado para a consciência do problema. Não houve uma proposta deliberada de composição epistêmica de critérios capazes de distinguir a juridicidade da legalidade, o justo natural do justo legal. Até porque, como a pólis era a expressão mais alta da vida ética na Hélade e tudo convergia para a manifestação do indivíduo na vida política, de certa forma, não havia a necessidade daquela distinção.

140. Jaeger (2003, p. 134-7) relata que o conceito de *dike* não é etimologicamente muito claro. "Vem da linguagem processual e é tão velho quanto *themis*. Dizia-se das partes contenciosas que 'dão e recebem' *dike*. Assim se compendiava, numa palavra só, a decisão e o cumprimento da pena. O culpado 'dá' *dike*, o que equivale originariamente a uma indenização ou compensação. O lesado, cujo direito é reconduzido pelo julgamento, 'recebe' *dike*. O juiz reparte *dike*. **Assim, o significado fundamental de *dike* equivale aproximadamente a dar a cada um o que lhe é devido**. Significa, ao mesmo tempo, concretamente, o processo, a decisão e a pena (...). Enquanto *themis* refere-se principalmente à autoridade do direito, à sua legalidade e validade, *dike* significa o cumprimento da justiça (...). Encontramos, desde os tempos mais recuados, uma série de palavras que designam certos gêneros de delitos, como adultério, assassínio, rapto e furto. Mas falta-nos um conceito genérico para designar a propriedade pela qual evitamos aquelas transgressões e nos mantemos dentro de justos limites. Para esse efeito, a nova época criou o termo abstrato *dykaiosyne*, tal como na época do mais alto apreço pelas virtudes combativas se criaram substantivos correspondentes à destreza guerreira, à valentia nos combates pugilísticos, termos hoje ausentes nas línguas modernas. O novo termo proveio da progressiva intensificação do sentimento da justiça e da sua expressão num determinado tipo de homem, numa certa *arete*. Originariamente, as *aretai* eram tipos de excelências que se possuíam ou não. Nos tempos em que a *arete* de um homem equivalia à sua coragem, colocava-se no centro este elemento ético e todas as outras excelências que um

constituíam a medula da ordem social, *dike* foi usada pelos primeiros filósofos gregos – transpondo para o mundo em geral as categorias sociais – para designar a ordem cósmica (Heráclito e Anaximandro), a ordem dos seres (Parmênides), a ordem social da pólis (Aristóteles) e mesmo a ordem pessoal (a bondade moral).

Com isso, *dike* ou justiça adquiriu um sentido objetivo, a ordem ou a harmonia. A virtude da justiça foi denominada a partir de um derivado de *dikaios* – justo – a saber, a expressão *dikaiosyne* (a virtude do justo), no sentido da vontade particular – o juiz que profere a sentença conforme o direito, o comerciante que cobra o preço justo e assim por diante –, e, no sentido geral e onicompreensivo, que, comum a outras línguas, não perdeu até hoje: a justiça como a soma das virtudes do homem, de modo que o homem justo equivale ao homem pleno de virtudes.

Compreende-se como foi possível realizar a passagem do homem justo – no sentido particular de dar a cada um o seu – ao homem virtuoso, porque ser justo sempre equivaleu a cumprir as leis e a virtude é o cumprimento das leis morais. Basta atentar para o fato de que, na tradição israelita, era reputado como justo o homem que cumpria a aliança com Deus traduzida no conjunto de preceitos morais da Lei de Moisés. O evangelista Lucas[141] dá conta de que "nos tempos de Herodes, rei da Judeia, houve um sacerdote por nome Zacarias, da classe de Abias; sua mulher, descendente de Aarão, chamava-se Isabel. Ambos eram justos diante de Deus e observavam irrepreensivelmente todos os mandamentos e preceitos do Senhor".

Logo, a *dikaiosyne* adquiriu um duplo sentido na linguagem: a justiça como virtude particular – o governante justo, o comerciante justo e o juiz justo – e a justiça como virtude total. Antes de Aristóteles, essa duplicidade não causou uma dupla noção de justiça, mas as duas entremeavam-se. O testemunho mais antigo do conceito de justiça é o do poeta Simônides (556-468 a.C.), conforme registra Platão (2008, p. 10). O justo, segundo o poeta grego, consiste em "dar a cada um o que lhe é devido"[142]. É um relato mais exato que o de outros filósofos, como, por exemplo, o de Sócrates, tal como nos transmitiu Xenofonte (2007, p. 121).

Para Sócrates, no diálogo com o sofista Hípias,[143] o justo é o legal, o respeito e a obediência às leis, tanto as escritas como as não escritas, isto é, tanto às leis humanas quanto às divinas. O equívoco socrático está em limitar excessivamente o justo a um

---

homem possuísse se subordinavam a ele. A nova *dikaiosyne* era mais objetiva. Tornou-se *arete* por excelência, desde que se julgou ter, na lei escrita, o critério infalível do justo e do injusto. Pela fixação da lei escrita do *nomos*, isto é, do direito consuetudinário válido para todas as situações, o conceito de justiça ganhou conteúdo palpável. Consistia na obediência às leis do Estado, como mais tarde a 'virtude cristã' consistiria na obediência às ordens do divino". (Grifos do autor.)

141. Lc 1, 5-6.

142. *República*, L. I, 6, 331e.

143. *Memorabilia*, IV, 4.

tipo, o justo legal. Uma descrição singular da justiça, embora seja uma variação dentro da tradicional, é a proposta por Platão (2008, p. 186) em *A República*. Ele reconhece a justiça como a virtude de dar a cada um o seu, pois a menciona expressamente,[144] embora não fixe sua atenção nela.

Sua ideia de justiça (PLATÃO, 2008, p. 187-8) é fundada na harmonia da pólis, a ordem entre as partes ou classes de cidadãos – magistrados, guerreiros e artesãos – que se alcança somente quando cada um dos membros da pólis se dedica a sua própria função[145]. Por sua vez (PLATÃO, 2008, p. 200-3), a virtude pessoal – à semelhança do que ocorre na pólis – é a harmonia do homem, quando cada uma das partes de sua alma – o irascível, o concupiscível e o racional – faz sua parte: o racional governa o irascível e ambos submetem o concupiscível.[146] Logo, a justiça não se refere à ação exterior do homem (PLATÃO, 2008, p. 204-5), mas à ação interior sobre si mesmo e às coisas que há nele.[147] Sua fórmula (PLATÃO, 2008, p. 185) é esta: "fazer a cada um o seu"[148].

A fórmula platônica não teve seguidores. Nem poderia, porque a justiça, em sentido próprio, refere-se à ação exterior do homem – algo que lhe é próprio – e não à ação interior, que corresponde a uma certa ordem moral interior do homem, pautada no equilíbrio virtuoso das potências e apetites. A justiça, em sentido próprio, também não consiste no equilíbrio da ordem social, pois a justiça não se refere às estruturas justas ou às condutas justas dos cidadãos. Um juiz não é justo, só porque exerce sua jurisdição ao invés de legislar, tarefa do parlamentar, mas porque suas sentenças estão de acordo com o Direito. Platão parece não ter captado bem as nuances do mundo do Direito e, ademais, seu conceito de justiça padece de uma certa confusão entre justiça e prudência.

Quando Aristóteles entra em cena, provoca um giro copernicano acerca do ponto aqui tratado. Ele analisa as concepções anteriores e o legado de seus antecessores e culmina com uma linha de investigação teórica excepcional, a ponto de sua especulação sobre o conceito do justo vir a estabelecer as bases para toda a filosofia do Direito, definindo, de modo perene, a nosso ver, as noções de justiça e de direito, em virtude de uma série de aspectos, nuances e distinções nas quais essas noções foram fundamentadas. A especulação aristotélica que interessa ao conceito de justiça (HERVADA, 2008, p. 71-3) pode ser dividida em cinco partes.

Em primeiro lugar, para o filósofo, a justiça é uma virtude e, como tal, trata-se de uma disposição ou hábito de praticar o justo. Em segundo lugar, para o filósofo, existem duas classes de justiça: a justiça total e a justiça parcial. A justiça total é a virtude de cumprir

---

144. *República*, L. IV, 10, 433e.

145. *República*, L. IV, 10 e 11, 434b-434c.

146. *República*, L. IV, 16, 441c-443b.

147. *República*, L. IV, 17, 443d-443e.

148. *República*, L. IV, 10, 433b.

as leis, chamada séculos mais tarde de justiça legal. Dado que as leis comandam todas as virtudes (mais ou menos perfeitamente, conforme as leis sejam boas ou ruins), a justiça total equivaleria à soma das virtudes, enquanto se refere ao outro, isto é, não ao bem próprio, mas ao bem alheio, de sorte que, analisada absolutamente, é virtude e, vista sob o ângulo do outro, é justiça. No seio da justiça total, emerge, pois, um atributo caro à noção de justiça: a alteridade, intersubjetividade ou bilateralidade.

Em terceiro lugar, está a justiça parcial (ou justiça particular), que não corresponde à virtude total, mas a uma parcela desta. Consiste na justa distribuição dos bens e no correto regulamento dos tipos contratuais (como os contratos do direito privado e os acordos entre os particulares) e dos delitos (tipos penais). Essa justiça é justiça em sentido próprio e estrito, a justiça dos juízes, e corresponde uma das quatro virtudes cardeais.

Em quarto lugar, o filósofo distingue com clareza a justiça (*dikaiosyne*) de o justo (*tò dikaion*), sem confundi-los. Nesse sentido, a justiça (*dikaiosyne*) é a virtude ou o hábito, enquanto o justo (*tò dikaion*) é aquilo que se realiza ou pratica pelo homem em função da virtude, ou seja, o objeto da justiça ou o justo concreto. O justo (*tò dikaion*) é o que os jurisconsultos romanos chamarão mais tarde de *ius* – o direito – ao descrever a justiça. O justo não tem, então, um sentido vago ou lacônico, intercambiável com a justiça, mas um sentido preciso: o próprio de cada um, ou seja, o seu. É aquela coisa que a justiça dá ou atribui a um sujeito (ou a um conjunto de sujeitos), aquilo que lhe deve ser proporcionado.

Em quinto lugar, o filósofo, na obra *Retórica*, define a justiça, em sentido estrito, como sendo (ARISTÓTELES, 2011, p. 81) "a virtude pela qual todos possuem o que lhes pertence de acordo com a lei; seu oposto é a injustiça, por meio da qual as pessoas possuem o que pertence a outros, contrariamente à lei"[149]. Essa definição, embora imperfeita (porque a conceitua pelo seu efeito e não pelo seu ato), é extremamente expressiva. O "que lhes pertence" é o equivalente a "o seu" – o de si mesmo – por isso, o efeito da justiça é entendido como ter cada um o seu.

Ao relacionar essa definição com as primeiras linhas[150] do livro V de *Ética a Nicômaco*, nas quais ele denomina de justiça a realização do justo – *tò dikaion* –, que corresponde ao Direito, a definição aristotélica vem a ser um cristalino precedente da definição romana[151]: ter cada um seu direito, pois o próprio conforme à lei é o justo e o justo é o direito de cada um.

Para Aristóteles, o justo particular (a justiça em sentido estrito) pode ser distributivo ou corretivo, conforme se refira às distribuições ou às formas de acordo respectivamente. No que toca ao primeiro, descreve-o como proporcional ou igual ao mérito – *axia*[152] –

---

149. *Retórica*, L. I, 9, 1366b.

150. *Ética a Nicômaco*, L. V, 1129a3-1130a13.

151. Tomás de Aquino, *Suma Teológica*, II-II, q. 58, a. 1.

152. *Ética a Nicômaco*, L. V, 1130b-1131a. *Axia* pode significar valor, mérito, dignidade ou condição social.

entendido como o título que se exige em justiça, um direito a algo, o qual é devido à pessoa segundo sua relação com o regime da pólis, ou seja, sua condição de cidadão. Alguns séculos depois, com Cícero, aparece a expressão "dar a cada um o seu", a qual se incorporou definitivamente à noção comum da justiça.

A melhor definição de justiça – porque dotada de simplicidade e de precisão – é a do jurisconsulto Ulpiano, registrada no Digesto:[153] *Iustitia est constans et perpetua voluntas ius suum cuique tribuendi*. A justiça é a constante e perpétua vontade de dar a cada um o seu direito. Com Ulpiano, além da fórmula da justiça ganhar maior acuidade conceitual, ela adquire uma perfeita dimensão jurídica, pois ressalta que o seu de cada um é o seu direito. Isso estava contido em "o próprio" e "o justo" de Aristóteles, bem como na "*axia*", que é algo devido em justiça, mas, com Ulpiano, torna-se explícito.

A fórmula ulpiana manifesta, sem precedentes, um ponto essencial da teoria da justiça: a primazia do direito sobre a justiça ou, em outras palavras, que a justiça está em função do direito e não o contrário. A justiça pressupõe o direito. Se a justiça consiste em dar a cada um o seu direito, para que ocorra a ação justa, é preciso que exista esse direito, em relação ao qual se é justo. Por isso, alguns séculos depois, Isidoro de Sevilha (2009, p. 61) escreverá que "declara-se justo, porque respeita os direitos e vive de acordo com a lei"[154].

A ideia de que a justa ação está em dar a cada um o seu foi absorvida e prestigiada pela literatura teológica posterior, como se pode depreender na Patrística, com Agostinho[155] (2011, p. 308), Ambrósio[156] (2002, p. 36) e Isidoro de Sevilha[157] (2009, p. 120). Contudo, ocorreu um fenômeno que chegou até Tomás de Aquino. Embora tais padres da Igreja falem de justiça particular, definida no contexto das virtudes cardeais, neles se enfraquece a nota de juridicidade – relações entre os homens – para se reforçar as relações de amor com Deus e inclusive consigo mesmo.[158]

---

153. D. 1, 1, 10.

154. *Etimologias*, XX, X, 124: *Iustus dictus quia iura custodit et secundum legem vivit.*

155. *Cidade de Deus*, XIX, 21: *Iustitia porro ea virtus est, quae sua cuique distribuit.* Em tradução livre: "pois justiça é a virtude que distribui a cada um o que é seu".

156. *De officiis ministrorum*, I, 24, 115 e 16, 62: *secundo justitiam, quae suum cuique tribuit, alienum non vindicat, utilitatem propriam negligit, ut communem aequitatem cusdotiat.* Em tradução livre: "em segundo lugar, a justiça, que distribui a cada um o que é seu, não reivindica coisa alheia e nem negligencia a utilidade particular para conservar a equidade comum".

157. *Etimologias*, II, XXIV: *Iustitia, quia recte iudicando sua cuique tribuit.* Em tradução livre: "justiça, porque julgando retamente distribui a cada um o que é seu".

158. Hervada (2008, p. 75): "ver os seguintes textos de Santo Agostinho. *De Civitate Dei*, XIX, 21: '*Quae igitur iustitia est hominis, quae ipsum hominem Deo vero tollit et inmundis daemonibus sudit? Hocine est sua cuique distribuere? An qui fundum aufert eius, a quo emptus est, et tradit ei, qui nihil habet in eo iuris, iniustus est; et qui se ipsum aufert dominante Deo, a quo factus est, et malignis servit spiritus iustus est?*'. Em tradução livre: 'portanto, que justiça é essa dos homens que tira o próprio homem do verdadeiro Deus e verte demônios imundos? Acaso isso é distribuir cada um o que é seu? Por ventura é injusto quem retira uma terra de alguém de quem foi comprada e entrega a outro que não tem nenhum

ENSINANDO E APRENDENDO O DIREITO COM O MÉTODO DO CASO

A justiça, na ótica patrística e na Alta Idade Média, adquire um sentido lato que lembra a justiça geral, retirando sua nota juridicizante e provocando sua moralização. Em suma, deixa de ser a justiça suposta para o mundo do direito. A volta à justiça dos juristas ou dos profissionais do direito é obra de Tomás de Aquino e representa um retorno aos jurisconsultos romanos, cuja definição abre seu tratado da justiça, e a Aristóteles, o qual segue fielmente ao longo do citado tratado. Esta volta, segundo pensamos, possibilita a construção de uma noção de justiça de índole perpétua.

Para Tomás de Aquino, a justiça é uma virtude essencialmente *ad alterum*, isto é, refere-se sempre ao outro, visto que a justiça encerra igualdade e nada é igual a si mesmo, mas a outro. Portanto, a ordem interior do homem – a justiça segundo Platão – só pode ser chamada justiça por metáfora.[159] Tomás de Aquino distingue entre justiça geral e justiça particular: a primeira orienta-se para o bem comum e, como orientação ao bem comum, naturalmente pertence à lei, denominada de justiça legal. Essa justiça, que conduz ao bem comum os atos das demais virtudes, é conforme sua essência, uma virtude especial e apenas por sua virtualidade pode ser chamada de justiça geral.[160] Não se identifica, então, em essência, com toda virtude da justiça.

Além da justiça geral, existe a justiça particular, a qual orienta o homem sobre as coisas que se referem à outra pessoa singular e cuja matéria são as ações e coisas exterio-

---

direito a ela? E é justo quem retira a si mesmo do Deus dominante, de quem foi feito, e serve a espíritos malignos?'

De Civitate Dei, XIX, 4: '*Quid iustitia, cuius munus est sua cuique tribuere (unde fit in ipso homine quidam iustus ordo naturae, ut anima subdatur Deo et animae caro, ac per hoc Deo et anima et caro), nonne demonstrat in eo se adhuc opere laborare potius in huius operis iam fine requiescere?*'. Em tradução livre: 'Quanto à justiça, cuja função é distribuir a cada um o que é seu (de onde ocorre no próprio homem alguma justa ordem da natureza, de forma que a alma é submetida a Deus e a carne à alma, e por isso tanto a alma quanto a carne a Deus), acaso ela não demonstra ser ainda trabalhar nessa empreitada em vez de descansar nessa empreitada já finda?'

De Alcuíno. *Liber de virtutibus et vitiis*, 35, 101, 637: '*Iustitia est animi nobilitas, unicuique rei propriam tribuens dignitatem. In hac divinitatis cultus, et humanitatis iura, et iusta iudicia, et aequitas totius vitae conservatur*'. Em tradução livre: 'Justiça é a nobreza da alma distribuindo dignidade a cada coisa. Nela é conservado o culto à divindade, as leis dos homens, os julgamentos justos e a equidade da vida toda'.

Também de Alcuíno. *De anime ratione liber*, III, 101, 640: '*Nam quid est iustius quam Deum diligere eiusque mandata custodire, per quem, dum non fuimus, creati sumus, dum perditi fuimus, recreati sumus, et a servitute diabólica liberati, qui nobis omnia bona quae habemus perdonavit? (...) et iustitia, qua Deus colitur, et amatur, et recte vivitur inter consocias animas*'. Em tradução livre: 'pois o que é mais justo que amar Deus e conservar suas ordens, através de quem, enquanto não estamos perdidos, somos criados, enquanto estamos perdidos, somos recriados e liberados da servidão diabólica, quem deu a nós todas as coisas boas que temos ? (...) e a justiça, através da qual Deus é cultuado e amado e vive-se corretamente entre almas associadas'.".

159. *Suma Teológica*, II-II, q. 58, a. 2.

160. *Suma Teológica*, II-II, q. 58, a. 5.

res, enquanto por elas um homem se coordena com outro.[161] Se a justiça geral mede as relações da pessoa com a comunidade (por isso, orienta para o sentido de bem comum), a justiça particular regula as relações com a pessoa singular, quer se trate de relações entre a comunidade e o indivíduo (justiça distributiva), quer se trate de relações entre pessoas singulares (justiça comutativa).[162]

Tomás de Aquino endossa a definição do jurisconsulto Ulpiano, com uma ressalva, embora a definição romana seja a mais conhecida e generalizada. A fórmula romana define a justiça por seu ato, porque a vontade constante e perpétua quer dizer o ato de vontade.[163] Para Tomás de Aquino, melhor seria conceituá-la por meio do hábito que funda a virtude, pois proporcionaria firmeza ao ato e é mais consentâneo com a definição de uma virtude.

Assim, ele substitui o ato pelo hábito e reformula a definição, a qual resta assim caracterizada: "A justiça é o hábito segundo o qual alguém, com constante e perpétua vontade, dá a cada qual seu direito"[164]. Nesse ponto, (HERVADA, 2008, p. 77) remata que:

> na *Suma*, Tomás de Aquino acrescenta que essa definição é quase igual à que se deduz das palavras de Aristóteles na *Ethica Nicomachea*, V, 5, 1134a: a justiça é o hábito ou virtude pelo qual se declara do justo que pratica deliberadamente o justo. **O mais significativo dessas palavras do Aquinate é, no que aqui interessa, que o *ius* ou o direito vem a ser o mesmo que o *tò dikaion* ou o justo.** (Grifos nossos.)

Com efeito, a justiça, na definição tomista, é considerada em função do direito. É a virtude de cumprir e realizar o direito, o qual se torna o objeto da justiça, como aquilo para cuja satisfação se orienta a ação justa. E, além disso, é uma definição jurídica, própria do mundo do direito. Com Tomás de Aquino, encerra-se o ciclo evolutivo da definição de justiça, de sorte que, até o final do século XVIII, não há outras definições relevantes de justiça. A Escola Espanhola do Direito Natural (Vitória, Soto, Molina e Báñez) e os neoescolásticos modernos oferecem ricas discussões detalhadas sobre o conceito ulpiano de justiça, mas não inovam substancialmente.

Com efeito, a definição ulpiana de justiça não procede de nenhuma teorização desta ou daquela corrente filosófica – ela pôde ser observada em Aristóteles, nos estoicos e nos escolásticos – nem é o que poderia se chamar de uma noção erudita ou sofisticada: é uma definição empírica, bem ao gosto da civilização romana, com o mínimo de palavras possível, tomadas a partir de um dado concreto, a saber, o de que as coisas estão distribuídas e é preciso dar a cada um o seu. Cumprir esse dever é uma virtude, a virtude de dar a cada um o seu.

---

161. *Suma Teológica*, II-II, q. 58, a. 7 e a. 8.

162. *Suma Teológica*, II-II, q. 61.

163. *Suma Teológica*, II-II, q. 58, a. 1, ad 1.

164. *Suma Teológica*, II-II, q. 68, a. 1.

A definição ulpiana de justiça é a descrição de um fato, isto é, a existência de um hábito do homem – disposição constante e firme – relacionado a um dever ou preceito – dar a cada um o seu – que concerne a um fato social: a repartição de bens e encargos. Ademais, o fato de cada um ter o seu constitui um bem, uma parte da ordem social e, por isso, esse hábito é bom. Nada mais distante do que uma teoria a descrição ulpiana de justiça.

Se a justiça se reduzisse ao igualitarismo, de modo que se reputasse como injustiça qualquer diferença havida no seio social, a repartição ainda continuaria existindo e com ela a necessidade de dar a cada um o seu, pois a repartição igualitária levaria cada qual a ter alguns bens de igual valor. A justiça de dar a cada um o seu é uma realidade, que não desapareceria nem mesmo numa sociedade totalmente coletivizada – tudo de todos e nada de ninguém – na qual, por não haver repartição de coisas, nem sequer de funções, não existiria o seu de cada um, até o momento da repartição da alimentação, da vestimenta e do trabalho: nesses casos, existiria necessariamente alguma repartição, mesmo em sociedades coletivizadas, porque a repartição, por menor que seja a dimensão das coisas de uma sociedade, é algo conatural ao homem.

A definição ulpiana não restou infensa ao pensamento filosófico. A crítica mais difundida é a de seu pretenso caráter formal. Dizer "o seu" é uma expressão formalista, pois não indica qualquer conteúdo e, além disso, não oferece padrões para a determinação do seu de cada um. Assim, a noção não passaria de uma fórmula vazia. A crítica origina-se de uma má compreensão: as noções abstratas – entre elas, as universais – são confundidas, muitas vezes, com os conceitos formais no melhor estilo kantiano. Ademais, esquece-se de que, na fórmula, "o seu" é sinônimo de "seu direito".

Pode-se afirmar que, em determinado sentido, um conceito formal, como forma *a priori* não procedente da dimensão empírica, padece de conteúdo.[165] Seria um puro ente de razão, incapaz de expressar propriamente qualquer ente existente. Porém uma noção abstrata – e, mais concretamente, um universal – não é uma forma *a priori*. Pelo contrário, para elaborá-la a mente age *a posteriori*, partindo da experiência. Por isso, uma noção abstrata contém o real, que é a base do conceito buscado. E um universal contém toda a realidade captada pela razão a partir das experiências particulares. Por exemplo, quando

---

165. As considerações de Stammler (2008, p. 248) são pertinentes: "Não tem sentido objetar que essa noção de um método absoluto de juízo é uma noção *vazia*. Quem faz essa objeção não nos diz qual conceito tem do *conteúdo*. O *conteúdo* de uma noção é constituído pelas características que a distinguem de outras noções. E uma característica própria compreende, inevitavelmente, todo pensamento. É absurdo, então, conceber uma noção *carente de conteúdo*. Essa objeção só pode ser explicada por uma confusão do *conteúdo* em geral com os elementos *materiais concretos* que podem integrá-lo. Porém, existem noções que carecem de toda característica *materialmente condicionada* e cujo *conteúdo* consiste na representação permanente de um método unitário de ordem. Entre elas, está a *ideia do Direito*". (Grifos nossos.) Pode-se perceber que as formas puras *a priori*, como noções racionais alheias à experiência, não contêm nenhuma realidade existente. Nesse sentido e somente nele, são noções vazias de realidade, ao contrário de uma noção abstrata *a posteriori*.

se afirma que o homem é um animal racional, homem é um conceito abstrato, mas contém todos e cada um dos homens reais existentes.

Assim, na fórmula ulpiana, "o seu" é um conceito abstrato universal, que expressa toda coisa que pertence a alguém como sua. Não é uma noção formal, mas abstrata e *a posteriori*, por isso, tem um conteúdo universal: tudo aquilo que se declara realmente como "o seu" de um sujeito, como, por exemplo, sua vida, sua honra, seu cargo, seu carro ou seu salário. "O seu" não é uma formalidade, mas uma expressão abstrata tomada a partir da observação da essência que se esconde por detrás da aparência de uma realidade. São todas as coisas que, na realidade, são "suas" de um sujeito.

A fórmula ulpiana não indica como determinar em cada caso concreto quais coisas pertencem a cada homem. E isso tem uma certa lógica, pois essa determinação não pertence à justiça, a qual se orienta para a satisfação do direito, mas sim a um momento precedente: a constituição do direito, ou seja, a constituição de uma coisa como sua. E não é questão de vontade – à qual a justiça é inerente – mas de razão; não é coisa que pertença à justiça e sim à prudência do direito (jurisprudência) ou à prudência legislativa.

Por outro ângulo, "o seu" da fórmula ulpiana é sinônimo de "seu direito" e os direitos de cada um não são formalidades, mas coisas reais existentes. O seu é tão preciso e concreto como o direito de cada um. Como se sabe que algo é de um sujeito? Pelo título de aquisição ou posse do direito, como, por exemplo, uma escritura de compra e venda ou uma certidão de nascimento. Em suma, a definição comum da justiça não é uma noção formal *a priori* e sim uma noção abstrata *a posteriori*, além de portadora de um conteúdo universal.

Entretanto, houve quem divergisse disso. Kant e Schopenhauer classificaram de absurda a fórmula clássica da justiça. Para Kant (2008, p. 96), "se não podes evitar o anterior, entra com outros em uma sociedade na qual possa ser garantido a cada um o seu. Se a fórmula fosse traduzida por 'dá a cada um o seu', o resultado seria um tanto absurdo, porque não se pode dar a ninguém o que já tem".

Schopenhauer (2010, p. 150), por sua vez, assevera que "outra prova do caráter negativo que, apesar da aparência, tem a justiça, é a definição trivial 'dar a cada um o que cabe a ele'. Se isso é seu, não há necessidade de ser dado a ele. O sentido é, então, 'não tomar de ninguém o seu'".

Ambos, a nosso ver, confundem o ato de justiça com o ato de constituição do direito. Não se trata de fazer que uma coisa passe ao domínio de um sujeito para que seja sua, mas de que, dado que essa coisa já é sua (por força de uma norma jurídica anterior), o sujeito não sofra interferência em seu pacífico uso e gozo. Não se cuida, então, de dar uma coisa a um sujeito para que se transforme em sua – não se trata de constituir o direito – mas de devolver a ele essa coisa, porque teve seu exercício turbado de alguma forma. Esse segundo sentido (devolver ou fazer respeitar) é o que tem o verbo *dar* na fórmula ulpiana. Trata-se de dar "o seu" a quem de fato não o tem ou pode não tê-lo, embora o possua por direito.

Kelsen (1966, p. 43), mais tarde, também criticou a mesma fórmula, ao tê-la reduzido a uma mera e pura tautologia. Ele afirmou que:

> a fórmula da justiça mais comumente empregada é a célebre do *suum cuique*, norma que estabelece dar a cada um o que cabe a ele, ou seja, o que é devido a ele, aquilo que pode pretender, aquilo a que tem direito. É fácil descobrir qual é a questão decisiva para a aplicação dessa norma: o que for o *seu*, o que lhe é devido, esse direito, é algo que não está resolvido por essa norma. Visto que o devido a cada um é precisamente o que deve ser dado a ele, a fórmula do *suum cuique* vem a ser apenas uma inútil tautologia: deve-se dar a cada um o que lhe deve ser dado.

A interpretação incorreta da fórmula comum é resultado, em parte, de sua consideração como formal *a priori*, de acordo com a mentalidade neokantiana de Kelsen, conforme já discorremos anteriormente, e como se pode ver pelo raciocínio "o que lhe é devido, esse direito, é algo que não está resolvido por essa norma". Essa formulação é falsa, pois a fórmula geral contém e se refere a todos os direitos concretos existentes. Mas o erro kelseniano consiste em dar uma nova definição tautológica à definição clássica, porque a altera essencialmente. A tautologia fica composta mudando o verbo "dar" – *tribuere* – por "deve-se dar", modificando-a substancialmente.

A fórmula originária expressa uma ação (relacionado ao ser, *sein*) e Kelsen a transforma em um juízo deontológico (*sollen*), alterando sua natureza. Para Kelsen (1966, p. 29),[166] a justiça é um valor que se expressa numa norma, a norma de justiça. Porém essa redefinição não corresponde à concepção clássica do *suum cuique tribuere*, já que a justiça é uma virtude que se relaciona com um dever – o *praeceptum iuris* do Digesto – mas que não é ela própria uma norma ou dever, mas um hábito da vontade.

Dever e justiça são coisas heterogêneas: a justiça se refere ao comportamento, não é uma norma, mas uma virtude que se manifesta em atos concretos, razão pela qual a fórmula da justiça não é "deve-se dar", mas "dar". Logo, dentro da lógica kelseniana, "deve-se dar o que se deve dar" é tautológico e "dar o que se deve dar" não corresponde, como não é "pagar uma dívida" ou "cumprir um dever contratual", ao significado da fórmula ulpiana. Kelsen é quem cria a tautologia, transformando a justiça em norma a partir de uma interpretação distorcida da fórmula clássica.

Kelsen também criticou essa concepção por compreender que ela justifica qualquer ordem jurídica positiva e, logo, não serve para definir a justiça como um valor absoluto ou referencial. Para ele, a noção comum pressupõe a validade de uma ordem normativa (que, em seu pensamento, só pode ser positiva, já que, para ele, o direito resume-se ao

---

166. "Este comportamento social do homem será justo quando estiver de acordo com uma norma que o estabelece; ou seja, o que o instaura como dever. Será injusto, por outro lado, quando for contrário a uma norma que estabelece um determinado comportamento que, por causa disso, adquiriu valor de justiça. A justiça de um homem é a justiça de seu comportamento social. E a justiça de seu comportamento social consiste em que está de acordo com uma norma que constitui o valor de justiça. Essa norma pode ser, então, denominada norma de justiça".

direito posto) que estabeleça o seu de cada um. Por ser a ordem jurídica positiva que define os direitos e os deveres de cada um, essa ordem poderia ser justificada, quaisquer que fossem aqueles direitos e deveres, de sorte que a fórmula teria, por isso, uma função conservadora, da qual emergiria seu significado histórico.

Além de incorrer num erro histórico, a crítica parte de uma inadequada compreensão dela. Seu equívoco histórico é evidente, porque é falso que a concepção clássica tenha o significado histórico atribuído a ela por Kelsen. Não há dados históricos que assegurem a afirmação. Para que assim fosse, teria sido preciso que a fórmula clássica tivesse nascido e se desenvolvido num contexto positivista. No entanto, ela não só surgiu, historicamente, num plano jusnaturalista, como, nesse mesmo plano, teve seu maior desenvolvimento, porque o justo natural funcionou como critério ético qualificador do direito positivo e, por meio dele, julgou-se a justiça ou a injustiça das ações do legislador positivo.

E foi nesse contexto em que, várias vezes, concluiu-se que uma lei positiva que não respeitasse o justo natural era uma lei injusta e, dentro do raciocínio jusnaturalista, não era uma lei, conclusão que não se coaduna com o alegado conservadorismo.

Sob outro ângulo de vista, o positivismo normativista, cujo expoente máximo é o próprio Kelsen, é, seguramente, conservador, pois o jurista, a partir dele, carece de um critério ético avaliativo da lei positiva: a lei positiva chancela situações fáticas consolidadas, injustas ou não e o ensino jurídico, nessa mesma linha, reproduz novos profissionais aptos a conservar essa mentalidade jurídica. E não custa lembrar que foi justamente Kelsen quem mais rejeitou a justiça ou qualquer outro valor ético por meio de sua conhecida teoria pura do direito.

Todavia, reconhecemos que o mestre de Viena, em sua teoria, captou, melhor que muitos dos aderentes à fórmula clássica, um aspecto fundamental que aqui defendemos: a justiça sucede ao direito, isto é, o direito vem antes e a justiça depois, porque essa dimensão corresponde ao cumprimento e à satisfação do direito. Kelsen, na verdade, captou essa realidade fundamental, mas não entendeu bem suas implicações. Na fórmula clássica, ser justo está relacionado a um direito existente, ser justo é cumprir esse direito e ser injusto é infringir esse direito. Logo, a questão da justiça ou injustiça de uma ordem jurídica positiva só tem sentido em relação a alguns direitos preexistentes e não derrogados por ela: os direitos naturais.

Se a lei positiva lesa um direito natural, como o direito à vida de uma pessoa inocente, ela é injusta. Caso contrário, é justa. Se for negada a existência do direito natural, a questão perde o sentido. Não é que a lei positiva fique justificada em razão disso, isto é, que seja reputada como justa, mas ela nem se torna justa ou injusta: a justiça não é algo que pode ser proposto em relação à lei positiva, pois a justiça visa ao cumprimento e à satisfação do direito, baseado no pressuposto de que não há outro direito que o positivo.

Na hipótese do positivismo normativista, a concepção clássica de justiça não justifica a ordem jurídica ou mesmo a reprova, porque nem uma nem outra são uma questão de justiça. Então, é falso que a fórmula ulpiana justifique qualquer ordem jurídica, mas é verdadeiro que não se possa emitir um juízo de justiça ou injustiça sobre a fórmula. Contudo, não se cuida de uma falha da definição ulpiana, mas do próprio positivismo, que deixa sem solução o problema da justiça no direito: a justiça é o que é chancelado pela lei positiva.

Sua lógica é clara: se só há o direito positivo, sobre ele não se pode propor qualquer questão sobre a justiça. A ideia de justiça, no positivismo normativista, resolve-se na estrita exigência de que uma decisão seja o resultado da aplicação de uma regra geral, legitimada pelo respeito ao processo legislativo constitucionalmente estabelecido. A justiça, assim, consiste na aplicação correta de uma norma posta, como oposição à arbitrariedade, à qual é estranha a noção de lei positiva. Porém, admitir uma lei positiva injusta supõe um critério de avaliação axiológico, superior e preexistente à norma, em relação ao qual pode ser feito um juízo de justiça.

Esse critério é denominado, por muitos, como sendo a justiça, ao invés de direito natural, o que provoca uma alteração substancial no conceito de justiça. Deixa de ser virtude e passa a ser critério, algo estritamente inerente à razão, fundado num certo consenso social ou numa vontade majoritária. E, assim, já não consiste mais em dar a cada um o seu, mas outra coisa: igualdade, felicidade, democracia ou mesmo um valor não definível. Mesmo que se afaste a fórmula ulpiana, a justiça ainda continuará viva, pelo menos como a justiça do magistrado e do cidadão que agem em conformidade ao direito, mas de um direito que não negue o direito natural – como o positivismo normativista faz – o qual, a nosso ver, continua sendo aquele critério ou valor preexistente à lei positiva.

No atual estágio do pensamento jurídico contemporâneo, a definição ulpiana ainda é a descrição da justiça mais difundida atualmente entre os profissionais do direito. Existem outras definições de justiça que, em maior ou menor grau, dela afastam-se, deduzidas a partir do sistema geral proposto pelo autor, porque raras vezes se vê alguém que dê uma definição de justiça de um modo tão explícito, singelo e perene. Comecemos por Kant.

Na passagem já citada, Kant (2008, p. 96) entende que a justiça é garantir a cada um o seu. Ele substitui o "dar" por "garantir" e elimina assim, a seu ver, o resultado absurdo a que levaria o uso do verbo dar. Dessa forma, Kant acaba por reduzir o espectro maior da justiça a um de seus aspectos: dar a cada um o seu implica em garantir a cada um o seu. Redução que carece de fundamento, pois a justiça é mais ampla que um sistema de garantias do direito: é justo devolver um bem dado em depósito, mas isso não é igual a garantir que isso vá efetivamente ocorrer.

Kelsen (1966, p. 36) defende que a justiça é a "felicidade social, garantida por uma ordem social". Aristóteles (2009, p. 104)[167] já tinha atribuído essa finalidade à justiça

---

167. *Ética a Nicômaco*, L. V, 1129b: "de modo que, em certo sentido, chamamos de justo ao que é de índole para produzir e preservar a felicidade e seus elementos para a comunidade política".

geral (ou legal), aquela que se orienta para o bem comum, pois a satisfação de necessidades socialmente reconhecidas e a proteção de interesses reconhecidos socialmente são uma dimensão do bem comum. Se a ideia kelseniana de justiça fosse aceitável, só poderia se referir à justiça geral aristotélica; o justo distributivo e o justo comutativo, no seio da justiça particular aristotélica, ficariam sem solução.

No final do século passado, Rawls construiu a teoria de justiça mais extensa e influente de nossos dias.[168] No entanto, ele não dedicou sua atenção a formar um conceito de justiça, a não ser incidentalmente (RAWLS, 2012, p. 19): "Concentrarei, então, a atenção no sentido usual de justiça, no qual essa consiste essencialmente na eliminação de distinções arbitrárias e no estabelecimento, dentro de uma estrutura de uma prática,[169] de um equilíbrio adequado entre pretensões rivais" (tradução livre). Essencialmente, Rawls refere-se à justiça distributiva aristotélica, porquanto se preocupa somente com a igualdade de consideração no esquema das instituições políticas e sociais, no seio de uma prática. E deixa de fora de seu sistema a justiça geral (ou legal) e a justiça comutativa aristotélicas.

Na história do pensamento jurídico, não é a primeira vez que se reduz a justiça ao justo distributivo, ainda que seja uma faceta importante no âmbito da dimensão geral da justiça. Isso foi a regra na Antiguidade e, como naquela época, a redução é inadmissível, porque a justiça distributiva só é capaz de agir eficazmente se estiver em comunhão com a justiça geral (ou legal) e a comutativa. Deve ser considerado ainda que Rawls restringe sua teoria à importante órbita da justiça social, que é, sobretudo, justiça distributiva e, talvez, por isso, esse destacado pensador do direito e da filosofia política não tenha se preocupado em adentrar naquelas categorias que apontamos como faltantes.

Ross (1997, p. 272-9) também se preocupou com o tema em foco, muito embora apresente uma certa oscilação na noção de justiça ao afirmar que a justiça é a aplicação correta de uma norma. Trata-se da justiça geral (ou legal) aristotélica e, logo, muito restrita, pois alheia às noções de justiça distributiva e comutativa do mesmo filósofo grego. Depois de afirmar que a justiça não é um padrão jurídico-político ou um critério último para julgar uma norma, defende que o papel da justiça, na formação do direito positivo, equivale à racionalidade da norma, isto é, a previsibilidade e a regularidade ante o risco de aplicação arbitrária da lei pelo magistrado. Nota-se que há uma certa confusão do princípio de justiça com o princípio da segurança jurídica.

Também não faltaram aqueles que reduziram a justiça a uma ideia. Roubier (1951, p. 216) afirma ser a justiça "uma ideia de uma ordem superior que deve reinar no mundo e que assegurará o triunfo dos interesses mais respeitáveis" (tradução livre). A ideia de justiça, nesse caso, é de natureza estritamente política e nada tem a ver com a noção jurídica. Depois, de certa forma, é uma noção idealista relacionada a uma ordem social futura,

---

168. Sua teoria é composta pelas obras *Uma Teoria da Justiça* e a *Justiça como Equidade*.

169. Qualquer atividade embasada por um sistema de regras que a estrutura, como os rituais, os jogos, os mercados e os discursos.

de sorte que injustiça se limitaria a ser o desajuste entre o presente real e o futuro ideal. Contudo, os crimes e as carências materiais são uma desordem atual, por causa do devido atualmente ao homem e não pela falta da realização de um ideal.

Por isso, a justiça refere-se a uma exigência atual do homem, ao que lhe é devido no momento presente, o aqui e o agora e que diz respeito a seus direitos atuais. Não é ideia do que deveria ser, mas se refere a uma dimensão real e atual da sociedade humana. Ademais, a justiça não é coisa de interesses, mas de direitos.

Ao cabo, a justiça não é uma ideia, pois a ideia é uma dimensão do intelecto, ao que fica dado à justiça um estatuto intelectual, ao invés de um estatuto volitivo, o que não condiz com a noção de justiça que defendemos nesse trabalho. Não se diz que um homem é (in)justo porque (ignora) conhece a ordem social e sim porque age (contrariamente) corretamente em relação à lei e ao direito. O justo e o injusto são qualificativos das ações humanas, porque a justiça é uma virtude, ou seja, uma disposição da vontade.

A mesma confusão entre justiça e critério ideal – a justiça como ideia – é observada em outro expoente do pensamento jurídico, Radbruch. O jurista alemão (RADBRUCH, 1974, p. 45) defende que o padrão da justiça é uma organização ideal da sociedade, ou seja, prevalece um critério ideal da lei em função de uma sociedade idealizada. Essa definição reduz a justiça à lei, sem abranger a justiça em relação às pessoas. A justiça é mais ampla e o tema da justiça do legislador é importante, porém a justiça também é o cumprimento das leis e o respeito dos direitos do indivíduo.

A par disso, confere-se ao conceito de justiça um estatuto estritamente intelectivo, ao transformá-lo em critério ideal, o que não lhe é próprio. Na verdade, isso provém da transmutação kantiana do direito natural, que deixou de adotá-lo como ponto de referência da justiça na lei positiva: esta é justa na medida em que está de acordo com os princípios do direito natural. Kant substituiu o direito natural pelas formas *a priori* do direito, algo restrito à dimensão intelectual, de sorte que a injustiça já não é mais uma negação do direito, mas a desarmonia com uma forma *a priori*, o critério de justiça.

A partir da matriz kantiana, o pensamento jurídico evoluiu, defendendo que esse fator intelectivo é a justiça propriamente dita, chamando de justiça o direito natural transmudado kantianamente. Daí decorre que a justiça seja entendida como critério, confundindo a justiça com seu critério. A justiça não é critério, mas a virtude de agir conforme esse critério. No que se refere à lei, a justiça consistiria na concordância de seu comando com esse critério.

Além disso, o critério de justiça não pode ser exclusivamente um ideal, pois a injustiça não é a tensão entre o ideal e real, mas uma agressão concreta a um direito específico e existente, representado pelo descumprimento de uma determinada norma posta. A injustiça não lesa entes ideais, mas entes reais. O critério ou ponto de referência da justiça é o direito, porque a justiça sucede ao direito, como já abordado anteriormente.

JUSTIÇA: O DAR A CADA UM O SEU E O DIREITO COMO O JUSTO CONCRETO | 135

No que toca à lei positiva, o critério é o direito natural. Se este é rejeitado teoricamente, a questão da justiça ou injustiça da lei fica sem solução, porque desaparece o verdadeiro critério. Não se pode chamar esse critério de justiça, sob pena de distorção desta, transformando-a indevidamente no que é seu critério ou ponto de referência, o direito.

A justiça não é a ideia de direito. Como já exposto, a justiça está relacionada ao agir e à capacidade operativa e não ao *sollen* ou dever-ser: de um lado o preceito ou a norma; do outro lado, a virtude. A justiça aparece na ordem secundária do cumprimento ou satisfação do direito e não na ordem primária da constituição do direito.

A justiça é a concordância com o direito e não o próprio direito. O direito é o objeto da justiça, segundo a concepção aqui defendida. Logo, direito e justiça são coisas realmente diferentes e a acusação de que a noção ulpiana identifica justiça e direito não tem sentido. Demonstra uma certa falta de conhecimento da concepção clássica do direito e daquela noção ulpiana de justiça, falha um tanto generalizada no pensamento moderno.

No âmago desse problema, a justiça como ideia é um valor absoluto e baseia-se em si mesma, sem estar atrelada a qualquer valor superior, como a verdade, a bondade e a beleza. Segundo defendemos, o valor, como ideia, está ligado ao intelecto, enquanto a justiça refere-se à vontade, no âmbito da capacidade operativa. A justiça difere do valor. Supondo ser correto falar de valores, a justiça estaria relacionada à atuação de acordo com o valor, mas não é o próprio valor. O valor seria algo próprio do direito. E se o valor absoluto existisse, então, só poderia ser o direito como ideia universal, o que nos coloca diante do direito natural como critério de valor da lei positiva.

Dizer que a justiça – e não o direito – é um valor resulta da falsa identificação entre direito e justiça. O ente valioso é o direito e o valor absoluto – em termos de filosofia dos valores – é o direito como ideia universal. O paralelo entre a justiça e a bondade, a beleza e a verdade não se sustenta, porque o justo, o bom, o belo e o verdadeiro não estão no mesmo nível. O justo (ou injusto) é sempre algo real, concreto e histórico. Os três últimos são transcendentais do ser, isto é, razões do ser, junto com o uno. Um transcendental refere-se ao ser e, logo, a todo ser, o que não é próprio do justo, que se declara, sempre em referência ao outro, só de algumas coisas.

Entre essas coisas, está o direito. E a dimensão do direito em cuja virtude se fala do justo é a igualdade, aquilo que pode se constituir no atributo valioso do direito. Por que a igualdade é valiosa para o direito? Porque a igualdade consiste na adequação da coisa constitutiva de direito em relação à pessoa: é o que lhe cabe, o adequado. E isso é bom e valioso. A igualdade é, para o direito, o transcendental "bondade". No entanto, o valor não é a justiça, mas é a igualdade como transcendental do direito.

Algumas outras opiniões correntes, sobretudo no campo da filosofia política, sem entrar em definições de justiça, subentendem-na. Uma delas é a de que a justiça consiste exclusivamente na igualdade. Uma ordem social é justa quando vigora efetivamente o princípio de igualdade entre os homens e a fórmula da justiça seria "dar a todos a mesma coisa". Sem dúvida, a igualdade é uma característica do justo, isto é, do direito e, à medida que a justiça cumpre e satisfaz o direito, cumpre e satisfaz a igualdade. Mas a igualdade não é primariamente um aspecto da justiça e sim uma dimensão do direito. É típico da justiça o cumprimento do direito e só nesse sentido a justiça implica em igualdade.

Há outros pensadores que restringem a justiça ao direito positivo e afirmam que a justiça consiste na elaboração democrática das leis: se a lei é democraticamente estabelecida, dentro do jogo do processo legislativo, logo, é justa. Em primeiro lugar, a justiça não se limita à questão da lei justa ou injusta. Em segundo lugar, reduz-se o âmbito da justiça ao aspecto formal ou procedimental e não se dá o devido peso da justiça no conteúdo da lei. A forma democrática e a observância do processo legislativo não asseguram necessariamente a justiça do conteúdo normativo, como demonstra a experiência histórica da civilização ocidental.

Na caracterização dos atributos da justiça, convém lembrar que estamos no mundo do cumprimento das normas e dos profissionais do direito. Logo, a promulgação das leis não é algo próprio do ofício daqueles profissionais, mas do parlamentar. O processo legislativo só lhes causa interesse em alguns casos, como na análise da *ratio legis* ou da constitucionalidade formal ou material. Nesse diapasão, a justiça sucede ao direito ou, de outra forma, a justiça pressupõe o direito ou, ainda, a justiça consiste na realização do direito.

Sem direito preexistente, não é possível a ação justa ou o ato de dar a cada um o seu direito. Assim, podemos falar da primazia do direito sobre a justiça e soa falsa a afirmação de que o direito é uma realização da justiça. Não estamos num mundo de ideias. A justiça sempre se refere a direitos existentes, reais e concretos. O ideal de justiça é o cumprimento e a satisfação de todo direito, que é a justiça real. O oposto é a injustiça.

Assim, o ponto de partida na caracterização dos atributos da justiça é a existência de direitos e a situação de interferência da qual podem ser objeto. É o primeiro aspecto. As coisas estão repartidas, o que equivale dizer que os direitos estão constituídos e estabelecidos. Para se falar de "o seu", é necessário que as coisas estejam atribuídas a diferentes sujeitos. Quando tudo é de todos ou nada é de ninguém, não pode existir o meu ou o seu. Daí se deduz que a justiça não é virtude da repartição das coisas, mas do respeito à repartição estabelecida. Observe-se que todo direito traz consigo uma atribuição e, nesse sentido, implica uma repartição.

As coisas estão ou podem estar em poder de outro: eis o segundo aspecto do ponto de partida e equivale a que os direitos podem ser afetados. Os tribunais brasileiros estão abarrotados de processos em que há coisas que estão em poder do outro. Eis o âmago do que significa o "dar" da fórmula. A ação justa é gerada na hipótese de uma alteração ou potencial alteração na ocupação, no uso ou no gozo da coisa, uma interferência ou possível interferência na posse e no gozo dos direitos. O ato de justiça respeita ou restabelece ao titular seu direito. Dado que a justiça pressupõe o direito constituído, a ação de dar o seu – o seu direito – pressupõe a existência de uma alteração, atual ou potencial, na devida relação de fato entre a coisa que é direito e seu titular.

Para se manter uma ordem social justa, requer-se, no que cabe aos homens, querer e saber. Saber os direitos de cada um e querer cumprir as leis e respeitar os direitos, já que a justiça não pertence à ordem do saber, mas à ordem do querer, ao apetite racional, assento da vontade. A justiça relaciona-se ao agir, à ação justa, como princípio e motor dela. A justiça é um hábito da vontade. Prova disso é que não chamamos ninguém de justo porque esse alguém conhece o direito, mas porque esse alguém cumpre o direito.

Não seria correto dizer, então, que a justiça é uma reação emotiva, fundada num sentimento de repulsa ante uma injustiça flagrante? Do ponto de vista do emotivismo ético, a corrente de filosofia moral que entende as virtudes como reações emotivas, a resposta seria sim. Mas o emotivismo ético padece de fundamento: as emoções são reações do apetite sensitivo e a ação justa é um ato de vontade, ligado ao apetite racional. Pagar uma dívida é um ato voluntário e não uma ação emotiva, porque a ação justa requer, como pressuposto, um conhecimento racional, visto que se fundamenta no conhecimento da lei e do direito.

É algo ligado à razão e não à sensação. Posto isso, se o saber que o ato justo requer é racional, o que se move e realiza por ele é o apetite racional, isto é, a vontade. E se a ação justa é um ato voluntário, o hábito correspondente, a justiça, é inerente à vontade e não aos afetos. Visto que a justiça tende a dar a cada um o seu, aí repousa sua retidão e importa muito mais a objetividade de dar precisamente o seu a cada um do que a intenção reta de se fazê-lo. O problema principal da justiça, como um todo, consiste na determinação do "seu" de cada um, algo que pertence ao mundo do direito (pois o "seu" de cada um é seu direito) e, assim, os problemas da justiça são mais do direito do que da própria justiça.

A justiça é a virtude da ordem justa e com finalidade social, quer dizer, embora seja uma virtude pessoal, seu objetivo direto é a correta relação de cada pessoa com o seu, em suma, a objetividade da ordem justa.[170] A virtude da justiça deve ser julgada não pela perfeição que alcance no interior do sujeito, mas pela perfeição com que se estabelece na relação jurídica com o outro.

Dado que a justiça consiste na virtude de dar a cada um o seu, é óbvio que a justiça tem a alteridade como atributo, isto é, ser virtude de uma relação social. Significa que o reto ou o virtuoso decorre do equilíbrio entre dois ou mais sujeitos, ou seja, uma harmonia determinada pela proporção das pessoas em relação a uma coisa: que seja dado justamente o direito do outro.[171] E, nesse sentido, importa a vontade de implantação da ordem justa e não a afeição ou ânimo com que se considera o outro. Em suma, a relação entre as subjetividades das partes não intervém diretamente, mas a condição de titular de uma coisa sua.[172]

---

170. *Suma Teológica*, II-II, q. 58, a. 11.

171. *Suma Teológica*, II-II, q. 58, a. 10.

172. *Suma Teológica*, II-II, q. 57, a. 1 e q. 58, a. 8.

Eis o fato que permite o estabelecimento do ofício do profissional do direito como diferente do moralista: para aquele profissional, seu mister está relacionado com a virtude da justiça e não é próprio dele o dinamismo ético da justiça (o aperfeiçoamento pessoal de quem a realiza), mas o dinamismo social e objetivo da justiça, isto é, a implantação da ordem justa nessa situação concreta, real e histórica. Nesse ofício, deve ser lembrado que o titular ou o destinatário de um ato da justiça pode ser não só uma pessoa, mas uma coletividade, porque, por trás desta, está um conjunto de pessoas. Logo, a justiça é sobre ela declarável, ainda que a declaração seja analógica, como é analógica a vontade de uma coletividade.

Entendida a justiça como a disposição dos sujeitos de uma ordem social à ação justa, chegamos aqui ao núcleo da questão: a ação justa. O profissional do direito não se interessa pela justiça como virtude pessoal deste ou daquele indivíduo, mas pelos resultados decorrentes da ação de dar a cada um o seu. A arte do profissional do direito é a dinâmica social da justiça. A virtude da justiça propriamente dita não é o objeto primário do saber jurídico, mas a ação justa. A virtude da justiça, como tal, só importa ao mesmo profissional enquanto serve para conhecer a ação justa, como pressuposto.

Nessa tarefa, é imprescindível analisar a fórmula da ação justa, o "dar a cada um o seu", em três partes – "dar", "a cada um" e "o seu". Na primeira parte, a ação justa foi denominada pela tradição romana como *tribuere*, o que se traduz por dar, por falta de um verbo no vernáculo que expresse todo um conjunto de ações específicas que tomam parte num ato de justiça. A ideia que o verbo que designa o ato justo deve expressar é a de uma ação em cuja virtude o seu de cada um é respeitado ou, se passou ao poder de outro indevidamente, é restituído ou restabelecido em sua primitiva posição.

 Conforme já dito, o ponto de partida do ofício do jurista é o de que as coisas estão repartidas e passam ou podem passar para a esfera de poder de pessoa diferente de seu titular. Por exemplo, o respeito, por parte dos cidadãos, às autoridades constituídas decorre da sujeição ao poder legítimo. Se não for legítimo, cabe a desobediência civil. No caso da observância do direito à vida alheia, a questão também se resolve pelo respeito. Se furto, o ato de justiça consiste em restituir a coisa ao seu dono. Se lesiono alguém ou algo, o ato de justiça está em reparar o dano inflingido. Dar, assim, significa toda ação ou omissão em cuja virtude aquilo que é atribuído a alguém permanece em sua esfera de poder. Abrange ações como entregar, devolver, restituir, respeitar, obedecer, entre outras.

Nesse sentido, a propósito de Kelsen, não se deve confundir a justiça com o que o Digesto denomina *iuris praeceptum*, embora seja atribuída aos dois a mesma fórmula: *suum cuique tribuere*. O *iuris preceptum* é um juízo deontológico: "deve". Isso provém do direito, que é algo devido, donde decorre um preceito: deve-se dar a cada um o seu. Dessa maneira, o verbo "dar" deveria ser traduzido, na fórmula do *iuris praeceptum*, por "deve-se dar", segundo Kelsen.

Contudo, essa versão não é aplicável à justiça: a justiça não é um juízo deontológico, não é um juízo da razão, é um hábito da vontade. A ação que é gerada da vontade justa ou ação justa pertence à ordem fática. É um *agere*, um atuar. Logo, não pode ser designada por um enunciado preceptivo. O verbo que nela cabe designa um ato: dar. Ao dar, conforma-se um ato justo, resultado do cumprimento do dever jurídico e não o dever jurídico propriamente dito. É um *sein* e não um *sollen*.

A segunda parte da fórmula diz respeito à expressão "cada um". Cada um é oposto de um conjunto ou um grupo. Não é próprio da justiça determinar normas sobre repartições de bens na comunidade política. Isso é próprio dos políticos. A justiça dos profissionais do direito e, sobretudo, a do magistrado, é a justiça do caso concreto, aquela atinente à cada pessoa ou coletividade concretamente considerada e em relação a todos e a cada um de seus direitos. Não se trata de fazer justiça em geral.

Todavia, para isso, é necessária uma organização social que leve a justiça a todos e em cada caso concreto, a tarefa primordial do Poder Judiciário e de todos que auxiliam na administração da justiça. A ação de capilaridade para levar a justiça a todos e a cada um é típica do profissional do direito, porque, para a justiça em geral, já existem os políticos. Tal traço salienta que a justiça requer o respeito do direito de todas e cada uma das pessoas. Uma justiça para a generalidade, a maioria, junto com o desprezo do direito da minoria, não é justiça. Continua sendo injustiça e opressão. Quando muito, supõe a substituição de uma injustiça por outra.

Não é justiça essa justiça seletiva que tantas vezes vemos em nosso mundo. Por exemplo, a justiça de classe: seus seguidores, para fazer justiça a uma classe social – camponeses ou oprimidos – não hesitam em lesar o direito – às vezes, direitos humanos elementares, como o direito à vida ou à liberdade – dos que, segundo eles, são um obstáculo para essa justiça de classe.

Isso é política, mas não é justiça: a justiça é, nesse sentido, onicompreensiva e específica ao mesmo tempo: a todos sem exceção e, logo, a cada um. Dar a cada um o seu leva a dar a todos o seu. Isso é consequência do princípio da igualdade de todos os homens como sujeitos de direito. Os fenômenos de marginalização que afetam verdadeiros direitos, sejam naturais ou positivos, constituem injustiças, pois supõem a negação ou a violação do direito.

A terceira parte da fórmula atine ao significado de "o seu". Na definição da justiça e na fórmula do *iuris praeceptum* (o dever fundamental da ordem jurídica), o direito é designado com o termo genérico *suum*, "o seu". Em primeiro lugar, destaca-se a multiformidade de "o seu". A plasticidade e a generalidade da fórmula com que se define a justiça é evidente e aí reside sua virtude e sua capacidade de significar o direito e abranger tantas modalidades de direito.

"O seu" denota uma relação de atribuição ou pertença, mas a atribuição ou a pertença admitem muitos modos. Por exemplo, para uma mesma coisa, um lar, posso a ela me referir como "minha residência", o que denota um sentido, ou "meu domicílio", o que correspuonde a outro. E isso significa que "o seu" tem uma atribuição exclusiva, que algo está destinado a um sujeito com exclusão dos demais, segundo diferentes modos de atribuição e pertencimento.

Em segundo lugar, "o seu" é uma coisa, a ser determinada pela arte do profissional do Direito, dentro daquilo que o próprio Direito define como coisa. Saliente-se que a definição de justiça – da ação justa – e a fórmula do dever fundamental da ordem jurídica não dizem que é preciso dar a todos a mesma coisa, mas que é preciso dar a cada um "o seu". A justiça não consiste em dar a mesma coisa e sim em dar "o seu", sob pena de se cair na falácia do igualitarismo, que não se confunde com a igualdade, essa dimensão inerente à justiça.

A justiça trata todos por igual, sem discriminação ou acepção de pessoa. Entretanto, a igualdade não está no que se dá, mas em como dá. A justiça trata todos por igual, porque trata todos do mesmo modo, ao dar o mesmo e o idêntico tratamento a todos os titulares daquele mesmo direito. Assim, a repartição igualitária não é uma questão de justiça, mas de uma decisão política de uma sociedade.

Enfim, o ato de justiça ou a ação justa é um ato secundário, na terminologia de Pieper (1960, p. 89), isto é, a ação justa pressupõe o ato de constituição do direito, o qual, em relação à justiça, surge como ato primário. Se o ato justo consiste em dar a cada um o seu, então o direito preexiste ao ato justo. O ponto de partida da justiça é o de que as coisas estejam repartidas. A repartição é, logo, antecedente à justiça e à ação justa. Não se confunde com o ato de justiça.

Na sucessão hereditária, falecido o titular dos bens, os herdeiros já entram na posse e na propriedade destes, todos com uma parcela ideal de cada bem. O processo de inventário vai proporcionar a repartição, segundo a normatividade posta do direito sucessório, destes bens entre os herdeiros, atribuindo-lhes a cada um o seu.

Repartir, em vida, os bens e os encargos, em razão da regra de repartição anteriormente estabelecida, é um ato de domínio, porque é um ato de transferência do domínio. Só quem tem um domínio sobre os bens pode reparti-los, fazendo que os bens divididos passem a ser de outros. Ato de domínio, mas não ato de justiça, porque a justiça não está em repartir, mas em respeitar a repartição já feita pelo direito, pressuposto da justiça.

Contudo, há repartições justas e injustas. Isso se dá porque o direito antecede a essas repartições. E se o direito não antecede, ou não é possível se recorrer à justiça estrita ou o que antecede é uma norma de direito natural. Então, nesses casos, entra em cena a equidade, uma importante nota que também compõe a arte do profissional do direito. A equidade é a arte de harmonização da justiça com outras virtudes que regulam as relações humanas, porque a justiça deve sempre ser considerada no contexto geral do bem comum.

É preciso dar a cada um o seu, porque a ontologia da pessoa humana e a própria estrutura das relações humanas demandam isso. Mas, nas relações humanas, nem tudo pertence ao campo da justiça, conforme já exposto anteriormente. Existem outros deveres próprios

JUSTIÇA: O DAR A CADA UM O SEU E O DIREITO COMO O JUSTO CONCRETO | 141

de outras virtudes, como a solidariedade, a probidade, a moderação, a magnanimidade, a veracidade, entre outras, que supõem um rol de deveres que devem se harmonizar com os da justiça. Essa harmonização dá origem à equidade, a justiça mesclada com outras virtudes e o equitativo é a resultante dessa operação.

A equidade, assim, abranda o rigor do dever e acomoda o direito no caso concreto, porque, algumas vezes, *summum ius summa iniuria*, o máximo do direito aplicado acarreta no máximo da injustiça aplicada. Esse abrandamento é, sobretudo, dentre os profissionais do direito, uma tarefa do magistrado ao exercer a *iurisdictio*, a jurisdição, etimologicamente, a ação de dizer o direito no caso concreto. Por exemplo, a hipótese de perdão judicial do Código Penal no caso do autor de um homicídio culposo.[173]

Por sua vez, a acomodação, muitas vezes, importa na satisfação, dentro do possível, pelo bem do obrigado à prestação do direito. Nessa hipótese, aplica-se o princípio geral do direito, formulado pelos jurisconsultos romanos, do *ad impossibilia nemo tenetur* ("diante da impossibilidade, não há o que se temer", em tradução livre). Por exemplo, baseado nesse princípio, o Código de Processo Civil[174] determina que toda execução deve ser pautada pela economicidade, isto é, o cumprimento da sentença deve realizar-se de forma que, satisfazendo o direito do credor, seja o menos prejudicial possível ao devedor.

Nesse diapasão argumentativo, concernente à atividade judicial propriamente dita (a justiça particular aristotélica), o Código Ibero-americano de Ética Judicial (2008, p. 15-6 e 39-40) em vigor reforça, na exposição de motivos, o propósito último da atividade judicial como sendo a "da realização da justiça por meio do Direito" (art. 35). A codificação intercontinental, dessa forma, assume o paradigma aqui defendido, qual seja, o de que o direito é anterior à atividade judicial, a qual deve ser pautada como uma ação judicial justa, que, por meio do direito posto, visa à satisfação dos ditames de justiça no caso concreto.

O mesmo Código (2008, p. 15-6 e 39-40)[175] refere-se especificamente à equidade (art. 36) e seu objetivo é o amenizar as consequências pessoais, familiares ou sociais

---

173. O perdão judicial consiste na clemência do Estado para situações expressamente previstas em lei, quando não se aplica a pena prevista para determinados delitos ao serem satisfeitos certos requisitos objetivos e subjetivos que envolvem a infração penal (causas de exclusão da punibilidade). O art. 121, § 5º, do Código Penal é um exemplo de perdão judicial: "Na hipótese de homicídio culposo, o juiz poderá deixar de aplicar a pena, se as consequências da infração atingirem o próprio agente de forma tão grave que a sanção penal se torne desnecessária". Como magistrado, tivemos a oportunidade de aplicar essa espécie de perdão judicial em duas ocasiões (homicídio culposo na condução de familiares em veículo automotor), e a hipótese do legislador demonstrou-se de uma equidade e justiça exemplares.

174. Art. 805 do Novo Código de Processo Civil: "Quando, por vários meios, o exequente puder promover a execução, o juiz mandará que se faça pelo modo menos gravoso para o executado".

175. Eis os artigos do Código Ibero-americano:

    Art. 35. O fim último da atividade judicial é realizar a justiça por meio do Direito.

    Art. 36. A exigência de equidade provém da necessidade de moderar, com critérios de justiça, as consequências pessoais, familiares ou sociais desfavoráveis surgidas pela inevitável abstração e generalidade das leis.

desfavoráveis, acrescentando – com ressonâncias aristotélicas – que isso se gera na "inevitável abstração e generalidade das leis". No art. 39, a equidade vincula-se com a igualdade ante a lei, pois essa é a dimensão que essencialmente é preciso levar em conta na aplicação judicial do Direito (justiça particular aristotélica).

No art. 37, o juiz equitativo é definido como aquele que, no marco do direito vigente, projeta coerentemente os valores do ordenamento ao caso que resolve, consciente de que a solução judicial por ele aplicada deve poder se estender a todos os casos substancialmente semelhantes.

Esse dispositivo, somado ao art. 40, que obriga o juiz ao seguimento não só do texto das normas jurídicas, mas das "razões nas quais elas se fundamentam", traduz uma concepção do direito afastada de uma visão puramente formalista, típica do positivismo normativista kelseniano, para o qual a justiça e a equidade são dimensões inexistentes para o direito, e reforça a fórmula de justiça descrita e analisada ao longo deste capítulo: *suum cuique tribuere*,[176] dar a cada um o seu.

Art. 37. O juiz equitativo é aquele que, sem transgredir o direito vigente, leva em consideração as peculiaridades do caso e resolve-o baseado em critérios coerentes com os valores do ordenamento e que possam estender-se a todos os casos substancialmente semelhantes.

Art. 38. Nas esferas de discricionariedade que oferece o Direito, o juiz deverá orientar-se por considerações de justiça e de equidade.

Art. 39. Em todos os processos, o uso da equidade estará especialmente direcionado para obter-se uma efetiva igualdade de todos perante a lei.

Art. 40. O juiz deve sentir-se vinculado não apenas pelo texto das normas jurídicas vigentes, mas também pelas razões nas quais elas se fundamentam.

176. D. I, 1, 10. Reportamos o leitor ao conteúdo da nota de rodapé n. 53.

7 HERMENÊUTICA JURÍDICA: A FORMAÇÃO DE HERMENEUTAS COMO O FIM DA ESCOLA DE DIREITO E O VIGOR EPISTEMOLÓGICO DA HERMENÊUTICA CLÁSSICA

Levam as frases sentido, que uma cadência lhes dá:
sentido do não vivido, a que fica reduzido,
o que, escolhido, não há. (...)

Levam justiça consigo, as palavras que dissermos.
Por quanto sentido antigo, nelas ficou por castigo
o futuro que tivermos.

Levam as frases sentido que uma cadência lhes dá.
É justo, injusto – o escolhido?
Como quereis que, vivido, ele não seja o que será?

(JORGE DE SENA, 1977, p. 211-2)

Atuar juridicamente é sempre interpretar.

(OLLERO TASSARA, 2006, p. 359)

A hermenêutica jurídica passa por um momento de esplendor na história do pensamento jurídico, a julgar pelo volume da publicação jusfilosófica editada atualmente, focada, direta ou indiretamente, no trato dessa temática. Os problemas interpretativos avolumam-se e as tentativas para solucioná-los diversificam-se. Nos últimos anos, os tribunais e as instâncias judiciárias vêm tentando responder à crescente pletora de conflitos oriundos de uma sociedade carente de justiça, a par do exacerbado fenômeno da judicialização das grandes questões sociais.[177]

---

177. No modelo positivista, o magistrado ocupa um papel profissional sem muita transcendência social, já que a capacidade transformadora ou configuradora social competia ao legislador e ao Poder Judiciário cabia apenas repetir a norma geral, asséptica, lógica e dogmaticamente, no caso concreto. Atualmente, o protagonismo judicial, sobretudo das cortes constitucionais, nas questões sociais, é notável: uma gama, cada vez maior, dos mais variados conflitos – problemas políticos, econômicos e culturais – tem sido submetidos aos tribunais, como se essa judicialização fosse a melhor resposta para a resolução de

A coerência na motivação nas decisões judiciais torna cada vez mais complexa a articulação entre a argumentação jurídica e os postulados de sua justificativa axiológica. Nesse diapasão, a hermenêutica jurídica faz-se necessária, no intuito de fornecer, ao profissional do direito, um repertório mínimo de teses acerca da justificativa racional das decisões.

A eficácia e exigibilidade quanto aos bens morais e aos direitos constitucionais, bem como o conteúdo político e simbólico subjacente ao prisma das sentenças judiciais, torna a jurisdição um campo cada vez mais aberto para o antagonismo de linhas filosóficas entre seus protagonistas e para o aprimoramento do tecido narrativo da decisão prolatada, com vistas à elucidação da hermenêutica jurídica contida num dado justo concreto.

Esse apelo incomum pela hermenêutica jurídica, em seus mais variados matizes, decorre como efeito, no campo do Direito, do problema filosófico da hermenêutica, cuja potencialidade deôntica se fez percebida por muitos jusfilósofos a partir da metade do século XX. Tanto na Alemanha (Esser, Kaufmann e Hassemer), como na Itália (Viola, Zaccaria, D'Agostino e Amato), na França (Ricoeur), na Espanha (Ollero e Serna) e mesmo no mundo anglo-saxão (Dworkin e Marmor) tem se tentado enfrentar a crise do positivismo jurídico normativista mediante o emprego das ferramentas teóricas da filosofia hermenêutica.

Desde o começo do século XX, a filosofia hermenêutica moveu-se entre dois grandes polos. Por um lado, assumiu a condição de uma disciplina encarregada de racionalizar metodicamente as denominadas ciências do espírito; por outro, buscou uma ontologia centrada no estrito caráter interpretativo da realidade humana, noção elaborada por Hans-Georg Gadamer,[178] a partir dos ensinamentos de Martin Heidegger.

---

todos aqueles problemas. A judicialização daqueles conflitos é explicada a partir da realidade anônima das sociedades ocidentais contemporâneas, onde o vazio deixado pela ausência de uma ética social comum pretende ser preenchido pelo direito. É uma pretensão, dentro dos limites epistemológicos do direito, que resulta excessiva, pois acaba por transferir, ao Poder Judiciário, a resolução de problemas que teriam seu foro adequado e natural no Poder Legislativo, somado ao fato de que existe uma impossibilidade judicial intrínseca de se oferecer soluções efetivas a muitos problemas que não são jurídicos. Na prática, em nossa visão privilegiada de magistrado, o protagonismo do Poder Judiciário, provocado pelos interessados, porque *ne procedat iudex ex officio*, transcende seus limites jurídicos e, não raro, provoca reações e inquietudes polêmicas. Salvo a realidade jurídica americana, porque sua Constituição alçou os magistrados da Suprema Corte à condição de árbitros sociais, políticos, econômicos e culturais, a judicialização das pautas de uma sociedade acaba por gerar um perigoso governo de juízes e, ao cabo, uma série de interrogantes sobre o papel institucional do Poder Judiciário numa ordem social. Nessa toada, deixaremos um extremo para assumir o outro: a distância que há entre a famosa definição de Montesquieu sobre os juízes como seres autômatos e inanimados e o presente ativismo judicial marca também a distância entre a teoria da interpretação do modelo positivista e as linhas predominantes de muitas das atuais teorias de interpretação jurídica.

178. A hermenêutica gadameriana é considerada uma elaboração filosófica pós-metafísica, linguística e não realista, mas que, ao mesmo tempo, retoma muitos temas aristotélicos e rechaça a característica emancipatória da versão *standard* da hermenêutica filosófica (Carnap e o Círculo de Viena), por meio de sua referência às pré-compreensões e ao legado da tradição no pensamento.

Essa variante influenciou fortemente a gênese da hermenêutica jurídica que, contemporaneamente, tem, entre seus objetivos principais, desmontar o conceito de direito próprio da tradição positivista: um conjunto de normas emanadas a partir de um centro unitário de poder e destinadas a uma aplicação imediata e mecânica.[179]

Se, por um lado, o ensino do Direito, hoje, conta com a hermenêutica jurídica, na qualidade de disciplina autônoma, aqui entendida como um instrumento para fundamentar a indisponibilidade deôntica do Direito[180] e para prover um método plausível para interpretação do justo no caso concreto (nos dois casos, para além das contradições insolúveis que o positivismo jurídico normativista carrega consigo), por outro lado, acreditamos que o ensino jurídico, ao invés de ensinar leis – como é hoje – deve ir além.

Deve formar intérpretes, dada a falência do paradigma positivista normativista, segundo o qual todas as soluções jurídicas encontram-se, de uma vez para sempre, assinaladas pela lei – e, por assim dizer, a lei por antonomásia, o código – competindo ao magistrado somente buscá-las e aplicá-las. Essa visão reduzida do mundo do direito acabou por impor uma metodologia de ensino jurídico, conforme já visto ao longo desse livro, voltada exclusivamente para o estudo da lei. Ollero Tassara (1982, p. 268-9) diagnostica bem esse fato ao afirmar que:

---

179. Hans Kelsen, o maior expoente do positivismo jurídico, reconhecia "a impossibilidade de dirigir completamente a decisão jurídica desde o conteúdo da norma. A ambiguidade própria da linguagem humana dificulta a precisão do significado e o emprego da metodologia interpretativa tampouco pode superar eficazmente a incerteza, segundo Kelsen, de forma que a decisão dependerá da eleição arbitrária do intérprete. Kelsen indica que essa decisão não é jurídica pela qualidade dos argumentos que a sustentam, mas pela qualidade de seu autor: somente cria direito a vontade autorizada pelo sistema. A juridicidade de uma decisão será fundamentada apenas por um requisito formal" (RODRÍGUEZ PUERTO, 2011, p. 2-3). Interessante observar que a concepção de magistrados criadores do direito por delegação do soberano, que retira qualquer pureza de sua teoria, estava já em Hobbes e Bentham. Para Kelsen, a eleição de elementos, muitas vezes valorativos, que o magistrado saca como motivação de sua decisão, carece de objetividade, porque não é algo dotado de racionalidade. Decorre da ideologia pessoal do juiz ou de uma comunidade que, ao cabo, implica admitir a irracionalidade do próprio direito: qualquer afirmação judicial vale como direito se não for reformado por uma instância superior.

180. Ollero Tassara (2006, p. 190-1) explica, nesse sentido, que "o *mundo* somente se interpreta *no ser* e *o ser* se interpreta somente *a partir do mundo*. O círculo hermenêutico entre compreensão e pré-compreensão corresponde a um círculo metafísico, porque nunca podemos sair do ser em que somos. Hermenêutica e metafísica fazem-se inseparáveis. As afirmações metafísicas – válidas enquanto correspondem à verdade do ser – nunca são definitivas, porque o ser desborda nossa capacidade de tematização e de linguagem. A hermenêutica, se pretende chegar à raiz da compreensão do ser humano, tem que plenificar-se na metafísica. Uma coisa é reconhecer a necessária e fundamental instância linguística da hermenêutica e, outra, muito distinta, é conservar o hermenêutico no plano linguístico. Isso é precisamente o que invalida as exposições estritamente metodológicas, ao abordarem qualquer realidade interpretativa, seja o direito, a arte ou a linguagem. Nelas não cabe contrapor o sujeito ao objeto, o conteúdo à forma, a totalidade às partes, nem se pode propor sua historicidade como o desenvolvimento de uma virtualidade prévia. Não existe um sujeito cerrado gnoseologicamente, fechado num contínuo solipsismo, mas uma pessoa aberta ontologicamente a novos projetos. Nela se radica o núcleo não disponível, nem fungível ou manipulável, do Direito". (Grifos do autor.)

a forja do futuro profissional do direito passa por sua consciente identificação com o texto legal. Para isso, há de se esforçar em plasmá-lo em sua memória, com tal intensidade, que não reste em sua mente resquício algum livre do domínio da vontade do legislador. Não faz sentido fazer do profissional do direito um erudito, capaz de compreender conhecimentos de interesse meramente teórico; nem mesmo um juiz apto a criticar ou discernir, porque o legislador já se encarregou a contento dessa tarefa. O importante é formar um técnico capaz de manter em funcionamento a máquina legislativa e de fazê-la socialmente eficaz. Sua missão, como a de qualquer outro técnico, consistirá em conhecer os detalhes da máquina para fazê-la render ao máximo (...). E não se deve olvidar que, se cada técnico empenha-se em inventar uma nova máquina, sua tarefa acaba sendo inútil. **O profissional do direito há de se empenhar por conseguir, fundamentalmente, que a máquina funcione: será, por excelência, um funcionário.** (Grifos nossos.)

Procuramos demonstrar, analiticamente, ao longo dessa obra literária, como são patentes as deficiências desse modelo de profissional de direito, bem comparado a um funcionário, e do tipo de ensinamento do Direito que resulta desse mesmo modelo. Ensinar o Direito é ensinar as leis? A pergunta lançada suscita uma interrogante mais profunda, de natureza filosófica: o Direito identifica-se com as leis? Somente uma resposta afirmativa à questão é capaz de sustentar que o ensino do Direito corresponda ao ensino das leis.

Caso negativo, então, qual seria a finalidade do ensino jurídico? Seria a de não só ensinar o aluno a pensar na lei, mas, sobretudo, pensar a lei? E, para pensar a lei, não seria necessário saber interpretá-la e, logo, a atividade pedagógica jurídica não seria de natureza eminentemente hermenêutica?

Qual perfil hermenêutico seria compatível com uma ideia de Direito fundada na incondicionalidade[181] de suas exigências práticas, estabelecendo um horizonte de compreensão apto a justificá-lo racionalmente de modo realista, longe das agruras decorrentes do imanentismo positivista normativista? E, ao mesmo tempo, esse perfil hermenêutico não deveria fomentar, no profissional do direito, não uma interpretação qualquer, mas uma interpretação finalista, uma exegese impregnada da *constans et perpetua voluntas suum cuique tribuere* ("constante e perene vontade de dar a cada um o seu", em tradução livre)?

Quando o direito não se estava aprisionado em múltiplos diplomas normativos, na velha Roma, o método dos jurisconsultos, no ensino e no trabalho cotidiano de dizer o direito (do latim *jurisdictio*, jurisdição), era baseado na interpretação dos fatos e das questões sociais que os rodeavam, com vistas à separação, no âmbito jurídico, entre o que

---

181. É um dado primário e inegável, tomado a partir da fenomenologia da obrigação jurídica, que as exigências postas, pelo direito, à conduta humana, revestem um caráter de incondicionalidade: "de modo diverso ao que ocorre no âmbito da moral pessoal e no da política, nos quais existe todo um amplo campo reservado aos conselhos e exortações, no reino jurídico, reinam os preceitos, isto é, as normas que prescrevem, permitem ou proíbem uma conduta de maneira incondicionada. A referência à incondicionalidade do agir jurídico descreve, em princípio, a simples experiência prática, compreensível para qualquer um, que este agir nunca pode ser relativizado por condições. Quem pergunta como agir, num caso concreto, nunca ficará satisfeito com uma resposta hipotética" (MASSINI-CORRÊAS, 2006, p. 119).

seria justo e o que seria injusto, à luz de uma certa adequação social, isto é, segundo uma série de valores fundantes e perpetuadores de uma boa convivência social.

Foi uma missão complexa. Olharam a sociedade ao seu redor e detectaram alguns comportamentos que lhes serviram de medida: por um lado, havia os *mos maiorum* (do latim, a moral), representada pelos costumes plenos de eticidade dos ancestrais, que lhes serviu como uma espécie de padrão, como o ouro em relação ao moderno sistema monetário. Por outro lado, surgiam, na sociedade romana, os *boni mores* (do latim, os bons costumes), encarnados na imagem tão cara ao Direito Romano, a do *bonus paterfamilias* (do latim, o honesto pai de família), cumpridor de seus pactos, zeloso de seus compromissos sociais e impulsionado, em seu agir ético, pela *bona fides* (do latim, a boa-fé).

Esses jurisconsultos, então, consagraram, normativamente, as regularidades sociais que atendiam àquelas condições de justiça e de adequação social. Sucede que a norma editada por seus protagonistas já era fruto de uma interpretação. Em vários sentidos. Primeiro, uma exegese da realidade, porque decidir legislativamente entre umas condutas, em detrimento de outras, importa sempre numa intervenção do real, conformando-o segundo uma ilação da própria realidade.

Segundo, a norma jurídica que interpreta o real colhe uma série de regularidades sociais com valor normativo, porque considera dignas de serem alçadas à condição de uma norma geral e abstrata. Precisa interpretar e criar: assimila vários elementos, associa-os, recorta-os do real e os transpõe para um contexto, consolidando-os num texto.

Na primeira e na segunda dimensões, **os jurisconsultos não se limitavam a contemplar e ratificar o que estava-aí**, isto é, o que havia no seio da sociedade romana, bem ao gosto do legislador moderno. Valiam-se daquele filtro normativo da justiça e da adequação social, porque enxergavam a sociedade como um diamante bruto a ser facetado pelas normas jurídicas. E, assim, surge a terceira dimensão, decorrente da redação do texto da norma, no qual se buscava um harmônico entrelaçamento entre um dado sentido, uma circunscrição de requisitos e pressupostos e uma certa delimitação de consequências ou sanções.

O próprio Digesto, na pena de Paulo, tratou de considerar o viés hermenêutico – incondicionado e teleológico – do trabalho dos jurisconsultos romanos: *regula est, quae rem est breviter enarrat. Non est regula ius summatur, sed ex iure quod est regula fiat.*[182] *Non est regula jus summatur*, não é da regra que promana o direito, *sed ex jure, quod est, regula fiat*, mas é a partir do direito, tal qual como é, que se elabora a regra. Segundo a sabedoria romana, a construção jurídica não iria indicar a solução concreta, mas aquela deveria ser formulada, abstratamente, a partir do desenho comum das soluções tomadas na resolução dos mesmos casos concretos, no afã de se dar, normativamente, a cada um o seu.

---

182. D. 50, 17, 1: em tradução livre: "regra é o que descreve brevemente a coisa, como ela é. Não é da regra que se extrai o direito, antes é do direito, como este é, que se faz a regra".

Evidentemente que os jurisconsultos romanos não viviam nas sociedades pluralistas dos séculos XX e XXI, nas quais a construção de consensos, ainda que mínimos, é muito difícil. No entanto, podemos abstrair os quatro estágios estruturais decisório-interpretativos ou construtivo-interpretativos da sabedoria romana. Ferreira da Cunha (2009, p. 82-3) descreve-os analiticamente, ao dispô-los em:

– "Grundnorm": a interpretação-construção do horizonte social, cultural e normativo geral em que a norma se insere e que funciona também como norma das normas (Norma 1);

– "Norma pré-escrita": a interpretação-construção da norma pré-escrita, saída da conjunção entre a normatividade do real (Norma 2a) e da decisão ou ponderação legiferante do legislador (Norma 2b);

– "Lex scripta": a interpretação-construção da norma escrita, que é uma estilização verbal da anterior, dirigida não só ao presente como ao futuro e que, arrancando mediatamente de um realidade geral (Norma 1), de uma realidade particular para-jurídica ou pré-jurídica (Norma 2a) e de uma decisão (Norma 2b), se projeta sobre situações contextualizadas em diferentes realidades do ponto de partida social considerado, sendo contemporâneas de legisladores diversos;

– "Lex concreta": a interpretação-construção da norma jurídica atuante, num dado *hic et nunc*, que colhe já as preocupações finais com a norma escrita (Norma 3), a norma atualizada para um dado tempo, lugar e situação, que parte da norma escrita (Norma 3), mas que não fica por ela, ascendendo na interpretação às anteriores e transcendendo-a na atualização, movida pela intenção de Justiça, que é uma *constans et perpetua voluntas*.

O pretor romano (que, hoje, equivaleria ao magistrado), auxiliado pelo labor dos jurisconsultos, compreendia que as normas editadas tinham a função de fornecer critérios elementares, a serem infirmados quando sua aplicação às circunstâncias do caso concreto impusesse uma solução injusta. As fórmulas, as ações judiciais e as ficções jurídicas do Direito Romano revelavam esse sentido teleológico e axiológico do Direito.

Na mentalidade jurídica romana, a lei era feita para o homem, e não o homem para a lei. Séculos mais tarde, com o advento do positivismo jurídico normativista, aquela relação inverteu-se e ao magistrado foi vedada qualquer tarefa exegética na criação de uma solução ao caso concreto, porque ele deveria apenas ser a simples (MONTESQUIEU, 2005, p. 157) "boca que pronuncia as palavras da lei"[183].

Ao endeusar a norma, o positivismo jurídico normativista transmitiu, para o ensino do direito, a ideia de que a formação discente deveria ser pautada na memorização do direito posto, tornando seu profissional um servo da letra da lei, quando muito procurando nela matizes para as subverter em favor de seu cliente. Para essa finalidade pedagógica também, o mesmo positivismo desenvolveu um profícuo labor de codificação, com

---

183. *Espírito das Leis*, XI, 6.

diplomas normativos, de maneira geral, bem elaborados e sistematizados, sem prejuízo da incorporação, no texto codificado, de muitos dos princípios e das soluções sintetizadas pelos velhos jurisconsultos romanos.

Isso entusiasmou o ensino jurídico até o momento em que se notou que o fenômeno da codificação deixou a ordem e resvalou para a desordem: os códigos sucederam-se uns aos outros e a dimensão jurídica tomou a forma de uma selva de leis e contraleis que desembocaram num modelo dogmático de hermenêutica jurídica, representado pelas várias escolas do positivismo jurídico normativista, e que suscitou novas propostas em matéria de hermenêutica jurídica a partir da metade do século XX, conforme já visto no começo deste capítulo. Vigo (2010, p. 36) dá suporte teórico a esse quadro pedagógico, quando faz referência ao:

> paradigma que imperou, quase pacificamente, no ensino e na prática do direito, durante o século XIX e ao longo do século XX, dentro do sistema jurídico da tradição romano--germânica. Não obstante os certeiros e variados ataques de que padeceu esse modelo, a ponto de se encontrar agonizante no plano teórico, não deixa de surpreender a sobrevida que ainda conserva na prática e no ensino jurídico. Em grande medida, os atuais problemas e as novas propostas ou perspectivas em matéria de interpretação jurídica surgem em relação ou, melhor ainda, em confrontação com aquele paradigma proposto desde a "moderna ciência jurídica" que nascera no século XIX. Dito de outro modo, é a ruptura ou a insuficiência desse modelo positivista dogmático que inspira a uma configuração de propostas que superem, ou melhor, se harmonizem com a realidade jurídica atual.

O modelo da hermenêutica jurídica positivista é dotado de uma série de atributos que perpassam sua ontologia jurídica, sua dimensão cognitiva, seu objeto, sua estrutura hermenêutica, sua epistemologia constitucional, sua sistemática, seu ontologismo verbal e sua eficácia metodológica.

Em sua ontologia, a hermenêutica jurídica positivista baseia-se numa visão de direito restrita ao direito posto pelo legislador, supostamente isento de impurezas irracionais e anticientíficas de natureza política, ética ou axiológica. O direito é simplesmente a lei, pois somente Estado conta com capacidade jurígena para a criação de todo o direito. Não existe distinção entre direito e lei, já que (WINDSCHEID, 1970, p. VIII) "a lei é a declaração emanada do Estado no sentido de que alguma coisa será o direito" (tradução livre).

Em sua dimensão cognitiva, na linha do clima positivista e antifilosófico do século XIX, a hermenêutica jurídica positivista estabeleceu que o conhecimento do direito é unívoco, ou seja, lastreado em uma realidade atrelada somente ao mundo empiricamente verificável e demonstrável cientificamente. Em seu objeto, o foco da interpretação pelo profissional do direito, conforme essa hermenêutica jurídica, está na reconstrução do pensamento ínsito da lei, sem poder fazer mais do que esclarecer os elementos jurídicos substanciais já existentes. É o ser inanimado de Montesquieu. Laurent (1881, p. 9) sentenciou que "os códigos não deixam nada ao arbítrio do intérprete; este já não tem por missão fazer o direito, porque o direito já está feito" (tradução livre).

Em sua estrutura hermenêutica, nota-se uma profunda identidade com o formato do silogismo dedutivo: a premissa maior é o código (ou a lei), a premissa menor é o fato e a conclusão é formada pelo conjunto de consequências dispostas na mesma lei. Um silogismo dotado de objetividade e rigor, cujo resultado deduz-se asséptica e mecanicamente. Assim, o interpretar junge-se ao mero declarar.

Em sua epistemologia, para a mesma hermenêutica, uma constituição, por muito tempo, foi vista como um programa político dirigido ao legislador, que tinha a responsabilidade de traduzi-lo juridicamente e nada mais. Depois, passou a integrar as fontes do direito quando a maioria dos países de tradição romano-germânica adotou o sistema de controle de constitucionalidade das leis, nas formas concentrada, difusa ou mista.

Em sua sistematicidade, o direito (positivo), para essa visão hermenêutica, é construído como um sistema dotado de unidade, completude, coerência e clarividência, tanto que os códigos, quando foram criados por Napoleão Bonaparte, sequer indicavam mecanismos de integração do direito, como a analogia e os princípios gerais de direito, porque prescreviam o direito como uma grande fórmula científica.

Em sua ontologia verbal, a mesma hermenêutica supõe que as palavras têm um único, claro e preciso significado, motivo pelo qual o pleno domínio linguístico do legislador e dos profissionais do direito preservaria a linguagem jurídica incólume de máculas semânticas e sintáticas. Criou-se um alfabeto jurídico universal (VIGO, 2010, p. 39-40), composto por vinte e quatro signos que assegurassem o domínio do direito até mesmo a um menino que pudesse deles se apropriar com toda exatidão.

Por fim, em sua eficácia metodológica, a hermenêutica jurídica positivista estabelece a senda interpretativa mais coerente com seus pressupostos epistemológicos: na exegese da lei, o profissional do direito deve atentar para sua composição gramatical (palavras utilizadas pelo legislador para a comunicação de seu pensamento), sua visão lógica (análise das diferentes partes e das relações entre elas), seu contexto histórico (cotejo com a norma anterior) e sistemático (a lei como parte de um grande sistema posto pelo Estado). Assim, o exegeta esgota o conteúdo da lei.

Analisados seus atributos, concluímos que esse modelo dogmático está fraturado, inferência reforçada pelos sintomas que emanam da prática e do ensino jurídico, conforme já visto no capítulo próprio. No que toca exclusivamente à sua estrutura hermenêutica, podemos aqui expor que a visão unidimensional positivista, consistente na estrita reprodução do pensamento do legislador, pode ser facilmente contraposta por, pelo menos, outras seis dimensões da interpretação jurídica, a saber, a propriamente jurídica ou normativa, a fática, a axiológica, a semiótica ou linguística, a lógica e a prudencial.

A dimensão normativa é aquela em que a perspectiva dogmática do positivismo centra exclusivamente sua atenção, reduzindo-a às normas jurídicas. Contudo, hoje, a teoria jurídica e a jurisprudência das cortes constitucionais não têm a menor dificuldade em reconhecer os princípios gerais do direito como um modo específico de regular e juridicizar as condutas humanas, atribuindo-lhes um determinado *status* deôntico (proibidas, obrigatórias ou permitidas). Em suma, o intérprete pode se valer, no trabalho interpretativo, do recurso às normas e/ou àqueles princípios.

A dimensão fática entende que os fatos, bem ao contrário da crença positivista, são relevantes na apreciação do caso concreto e, mais ainda, não são puros: o intérprete completa sua compreensão e, nesse mister, aparecem necessariamente valorações. A teoria da bagatela no direito penal, segundo a qual alguns fatos penais tornam-se irrelevantes jurídicos por causa da insignificância do bem tutelado (por exemplo, o furto de uma vassoura usada), é um bom exemplo.

A dimensão axiológica sempre foi estranha ao positivismo, porque seu juridicismo impedia a incorporação da órbita valorativa em sua teoria hermenêutica, sob pena de mácula às pretensões cientificistas ou de ingresso no reino da subjetividade ou do irracionalismo interpretativo. Mas, além dos aspectos racionais, a interpretação jurídica confere uma posição destacada para a teoria dos valores, principalmente nos assuntos atinentes aos direitos humanos e direitos sociais. Muitas das éticas consensuais, dialógicas ou comunicativas que irromperam no século XX atribuem mais uma relação de intersubjetividade do que de ceticismo no campo axiológico.

Na dimensão linguística, embora os problemas da linguagem não tenham passado em branco na história da filosofia, o século XX experimentou uma guinada copérnica do sujeito (Kant) para a relação, em si mesma, com o objeto, isto é, a linguagem (Carnap e o Círculo de Viena), a chamada virada linguística. Para além dos exageros e da insuficiência ontológica, a escola analítica converteu o problema da linguagem num problema inevitável para qualquer teoria hermenêutica do direito, pois o profissional dessa área deve, a cada passo, determinar e criar significados, construir ou reconstruir relações semânticas, sintáticas e pragmáticas.[184] As discussões na academia ou nos tribunais giram

---

184. Nesse ponto, convém fazer uma longa, porém, necessária digressão acerca dos limites epistemológicos de aproveitamento da filosofia hermenêutica contemporânea para nosso trabalho. É possível justificar racionalmente um direito natural, conforme já expusemos em muitos pontos deste trabalho, com considerações referidas apenas ao plano pragmático da linguagem e de suas interpretações, *locus* em que opera a filosofia hermenêutica contemporânea? A metamorfose que essa filosofia tem sofrido nos últimos tempos deve-se, fundamentalmente, ao fato de que o texto, no qual agora faz consistir o mundo, já não é considerado independente das interpretações às quais pode ser submetido. Acreditamos que o mundo, como texto, tem em si mesmo a estrutura da sua interpretação, não é algo separado desta, mas, para a filosofia hermenêutica contemporânea, o intérprete é, agora, o criador do texto. Gadamer (1994, p. 515) escrevia que "o ser que se pode entender é linguagem" e que "o objeto do conhecimento e de seus enunciados encontra-se abarcado sempre pelo horizonte da linguagem, que coincide com o do mundo". Neste mundo reduzido à linguagem, no qual o acesso aos entes naturais está negado de antemão e só é capaz de conhecer usos linguísticos (diálogos, consensos e as realidades performativas), não é possível conhecer, no sentido de conhecer em si mesmo, um fundamento objetivo para a dignidade da pessoa humana e mesmo para os direitos humanos. Em outras palavras, segundo a filosofia herme-

mais em torno das palavras do que sobre conceitos e realidades, porquanto se chamam coisas distintas com termos iguais (por exemplo, a expressão casamento).

nêutica contemporânea, não é possível ter acesso a um direito natural, o qual, por definição, deve arraigar-se numa realidade prática, independente da vontade, do diálogo, do consenso ou da perlocução humanas. A indisponibilidade deôntica própria do direito, para que resulte justificada racionalmente e exija a adesão da inteligência, só pode arraigar-se em algo que esteja para além da linguagem humana e das coisas que esta se refira ou designe (KALINOWSKI, 1984, p. 84-5). Do contrário, deixará de ser, propriamente, um direito natural, para ficar à disposição da atividade manipuladora do homem, que estabelecerá por consenso, por diálogo – ou pelo consenso estendido ao longo dos tempos que é a tradição – quais serão os limites infranqueáveis da práxis humana jurídica. Se o objeto da experiência humana é reduzido às dimensões pragmáticas da linguagem, tal como ocorre na filosofia hermenêutica contemporânea, toda referência a um direito natural resultará carente de fundamento e radicalmente débil, muito mais débil do que é necessário para se estabelecer um limite ético em relação ao qual a vontade de poder mais poderosa deva deonticamente respeitar. Os sucedâneos da realidade natural, aos quais se remetem os defensores da filosofia da linguagem contemporânea quando mencionam o direito natural (a tradição, as pré-compreensões, o consenso e o diálogo), são poderosos instrumentos para o conhecimento do conteúdo do direito natural, mas não podem nunca constituí-lo, nem configurá-lo, nem – menos ainda – justificá-lo racionalmente *per se*. Além desse mérito da filosofia da linguagem contemporânea, há outros dois dignos de destaque (MASSINI-CORREAS, 2006, p. 98-9): a) ter revalorizado sobremaneira a compreensão clássica, eminentemente racional e prática, do agir humano; b) ter desenvolvido uma sistemática alternativa e fecundamente crítica da concepção moderna da ética, do direito e da política, que desconheceu radicalmente a existência de um conhecimento prático e de uma ciência prática, resultado dos influxos filosóficos do idealismo e do positivismo (VOLPI, 2002, p. 7). Apesar destes preciosos méritos da filosofia da linguagem contemporânea, segundo nossa ótica, é necessário, ainda, submeter o resgate da filosofia prática aristotélica, efetuado pela mesma hermenêutica filosófica naqueles pontos já ressaltados, ao debate: tal resgate deve ser feito a partir do momento em que a filosofia hermenêutica contemporânea faz o isolamento de algumas das teses éticas aristotélicas de todo seu contexto metafísico, gnosiológico e antropológico, contexto fora do qual resulta muito difícil compreender seu fecundo alcance e extrair todas as suas virtualidades (IRWIN, 1980, p. 74; VERGNIÈRES, 1995, p. 65). Mas o aspecto mais interessante, nesse ponto, refere-se à preterição, que os autores da filosofia hermenêutica contemporânea realizam, dentro do próprio marco da filosofia prática, de valiosas dimensões dessa filosofia, em especial de tudo aquilo que se refere ao conhecimento de princípios práticos, sobretudo dos primeiros princípios, dados pela via da sindérese. Giuseppe Abbà (1996, p. 39-40) afirma que "aqueles estudiosos que, na esteira de H. G. Gadamer, redescobriram a *phronesis* aristotélica como modelo de saber prático (...) e, com acentuada tendência antiteorética, absorveram na *phronesis* a própria filosofia prática. A filosofia prática aristotélica não pode ser absorvida pela *phronesis*, uma vez que é uma ciência prática diferente da *phronesis*". Com efeito, tal como mostraram numerosos autores (SOAJE RAMOS, 1997, p. 245-59) e o próprio Aristóteles (2009, p. 138) o sustenta ao escrever "ser evidente que a *phronesis* não é ciência" (*Ética a Nicômaco*, L. VI, 1142a24), a filosofia prática (*episteme politike*, na linguagem aristotélica) não se reduz às proposições maximamente concretas, que correspondem ao nível da *phronesis*. Mesmo quando se trata de uma ciência prática (IGNACIO YARZA, 2001, p. 20-1), como a política ou a ciência legislativa, que dela forma parte, seu objeto deve ser universal e o filósofo deve perseguir o conhecimento dos princípios primeiros para que o seu saber se constitua em ciência. Por isso, reduzir a consideração filosófica da práxis ao mero nível da prudência, como propõe a filosofia da linguagem contemporânea, não só significa uma infidelidade intelectual ao pensamento aristotélico, mas, principalmente, uma negação de todo o nível principal do conhecimento prático e a consequente renúncia à dimensão mais propriamente teórica da filosofia prática.

A dimensão lógica é, como a órbita normativa, muito própria da proposta positivista, porque, preocupada com uma ciência jurídica rigorosa, previsível e objetiva, submeteu a interpretação a uma lógica elementar ao mundo da matemática. Os códigos, nessa linha, funcionariam como teoremas. A lógica formal é importante no trabalho dedutivo, mas é insuficiente, porque existem argumentos "paralógicos", caracterizados por sua capacidade retórica, e "extralógicos", constituídos pelas presunções (absolutas e relativas) e ficções jurídicas. Nas últimas décadas, nesse campo, as contribuições de Georges Kalinowski levaram à criação de uma lógica deôntica, a lógica específica das normas.

A dimensão prudencial, que será desenvolvida analiticamente mais adiante, é um contraponto epistemológico à proposta positivista, que transformou o saber jurídico num saber matemático, alienando o mundo do direito numa órbita estritamente especulativa, alheia do campo do agir humano e dos compromissos éticos. Com a reabilitação da filosofia prática na segunda metade do século XX (Perelman, Viehweg, Villey e Reidel), reivindicou-se do profissional do direito um raciocínio que se vinculasse à antiga razão prática aristotélica.

Assim, demonstradas as limitações epistemológicas da hermenêutica positivista normativista para a compreensão do direito, acreditamos que, ao invés de se ensinar a memorização da norma e a aplicação da lei mecanicamente aos fatos para um corpo discente, a finalidade precípua de uma escola de direito reside na formação de profissionais aptos à interpretação da norma e à criação da solução que atenda o justo concreto aos fatos. Em suma, profissionais que sejam hermeneutas da lei, porque toda atividade jurídica – de qualquer profissional do direito – tem uma natureza necessariamente interpretativa. Veja-se.

Conforme já visto no capítulo próprio, o direito não se confunde com a lei e, por conseguinte, o ensino jurídico não pode limitar-se ao ensinamento da legislação positiva. Deve passar pelo código, mas ir além dele. Não pode ficar restrito a uma mera transmissão reprodutivista de conhecimentos jurídicos que, ao cabo, resumem-se em mais do mesmo, algo inconcebível numa atual realidade jurídica que não mais identifica o direito estritamente com a lei posta.

O advento da ideia de constituição no mundo jurídico, fruto dos movimentos constitucionalistas dos séculos XVII e XVIII (Montesquieu), somado, nos séculos XIX e XX, à concepção de um tribunal político, situado no ápice da organização judiciária e na condição de guardião constitucional, encarregado de sua interpretação final com efeito *erga omnes* (Carl Schmitt), abalaram e continuam abalando o dogma positivista da identificação direito-lei.

Formalmente, para o positivismo normativista, uma constituição seria uma lei a mais ou, melhor dizendo, a lei das leis. Entretanto, substancialmente, uma constituição apresenta uma série de características que a fazem dificilmente compatível com a concepção positivista do Direito: é uma norma qualitativamente distinta das demais, porquanto incorpora um sistema de valores essenciais que deve fundar uma ordem de convivência política e informar todo o restante do ordenamento jurídico que o sustenta.

Uma constituição é uma norma aberta, cujos preceitos têm, em muitos casos, uma índole propositadamente indeterminada e genérica, invocada sempre que uma sociedade resolve refletir os valores básicos que a fundamentam e a perpetuam. O intérprete, então, é chamado a pensar o conteúdo das disposições constitucionais a partir desses valores. A própria literalidade dos princípios constitucionais, em muitas oportunidades, clama por essa tarefa de complementação, mediante o emprego de conteúdos externos ao próprio texto constitucional.

Assim ocorre quando a Constituição brasileira dispõe que a "dignidade da pessoa humana" é um dos fundamentos do Estado de Direito.[185] Isso conduz o intérprete, no trabalho exegético, a uma compreensão do sentido e do alcance do significado das expressões "dignidade" e "pessoa humana", as quais são anteriores à ordem constitucional e sobre as quais esta mesma ordem se apoia. Em suma, uma constituição não é um mero texto escrito e qualquer interpretação que pretenda reduzi-la ao singelo conteúdo gramatical está fadada ao fracasso.

Desse modo, deve ser ressaltado que a interpretação, como a que envolve um relevante dispositivo constitucional, não resta inalterada desde o momento de entrada em vigor do texto legislativo, objeto de compreensão pelo profissional do direito. Pelo contrário, a lei deve ser objeto de uma interpretação dinâmica, que atualize permanentemente seu sentido, em atenção às cambiantes circunstâncias históricas e sociais, à realidade ontológica e, sobretudo, aos valores perenes que fundam e perpetuam uma ordem social justa.

Essa compreensão é um mister que se pede a todo profissional do direito. Com efeito, a interpretação de um diploma legal não é um labor reservado para juízes, desembargadores ou ministros dos tribunais. É uma função inerente aos demais profissionais das carreiras jurídicas, com a exceção de que o exercício da jurisdição, ou seja, a missão de dizer o direito no caso concreto, resta reservado tão somente aos profissionais que vergam a toga. A mesma conclusão estende-se à interpretação da constituição de um país: não é uma atribuição exclusiva de um tribunal constitucional, como pretendia o desenho originário dessa instituição por Kelsen.

No modelo kelseniano de jurisdição constitucional, o controle de constitucionalidade das leis ordinárias, em relação à norma maior, era feito de forma concentrada e negativa. Somente uma corte constitucional zelaria por isso e com a única e exclusiva função de declarar a conformidade ou não do texto legislativo ordinário. Se positivo, o texto permanecia em vigor; se negativo, o texto era expulso do ordenamento jurídico.

---

185. **Art. 1º.** A República Federativa do Brasil, formada pela união indissolúvel dos Estados e Municípios e do Distrito Federal, constitui-se em Estado Democrático de Direito e tem como fundamentos: I – a soberania; II – a cidadania; III – a dignidade da pessoa humana; IV – os valores sociais do trabalho e da livre iniciativa; V – o pluralismo político. **Parágrafo único.** Todo o poder emana do povo, que o exerce por meio de representantes eleitos ou diretamente, nos termos desta Constituição.

Em outras palavras, nessa concepção, a corte constitucional assumia o papel de legislador negativo. Mas esse modelo inicial de jurisdição constitucional foi alterado substancialmente por duas razões.

Em primeiro lugar, uma constituição é o fundamento do ordenamento jurídico de um país. É o parâmetro a partir do qual todas as demais leis devem ser interpretadas, porque ela alberga os princípios e os valores fundantes e perpetuadores de uma nação. Assim, é uma peça fundamental deste ordenamento, tem caráter de direito vigente com todas as consequências, influi nas motivações das decisões judiciais das instâncias inferiores e, na prática social, atua diretamente na vida do cidadão. A única particularidade de um tribunal constitucional está na posição de intérprete supremo e qualificado nas ações constitucionais,[186] pois os efeitos de sua decisão vinculam não só as partes envolvidas, mas pulsa *erga omnes* (do latim, frente a todos).

Em segundo lugar, a realidade social tratou de modificar o modelo kelseniano de jurisdição constitucional. Hoje, os tribunais constitucionais excedem, em muito, a originária função de legislador negativo. Passaram à condição de criadores do direito, tanto que, ao interpretar uma constituição, concretizam o modo pelo qual as disposições constitucionais analisadas devem ser entendidas, desvelam conteúdos constitucionais implícitos, sempre no afã de efetivar as exigências constitucionais, e modulam seus efeitos no tempo e no espaço.

Tais fatos impedem de se compreender uma constituição como um projeto pronto e acabado, assim como muitas das leis ordinárias, sem se ter acesso à interpretação que o tribunal constitucional conferiu neste ou naquele caso. Afinal, não há interpretação constitucional independente de problemas concretos (HESSE, 1988, p. 25).

Essas reflexões são suficientes para demonstrar que a identificação lei-direito foi, pelo menos, abalada em seus alicerces epistemológicos. A atividade do profissional do direito exige muito mais que a memorização do código. Demanda inúmeros outros elementos de compreensão, cada qual com seu peso específico no caso concreto. O ordenamento jurídico vai além do conjunto de diplomas legislativos sancionados e publicados diariamente no Diário Oficial da União.

Ademais, não se pode perder de vista que a atividade do profissional do direito realmente não pode se encerrar no estrito conhecimento teórico das leis, porque todas as peças do ordenamento jurídico estão orientadas sempre para a solução de casos concretos e reais e que cobram sentido na medida em que são manejadas para a solução desses casos. O Direito não é um saber teórico, mas um saber prático, porque seu objeto não é uma essência puramente especulativa, posta ante nossa consideração para ser admirada.

---

186. Como a Ação Declaratória de Constitucionalidade, a Ação Declaratória de Inconstitucionalidade e a Arguição de Descumprimento de Preceito Fundamental, todas arroladas nos arts. 101 e seguintes da Constituição Federal de 1988.

O Direito não cuida de exercícios metafísicos, mas de condutas, ações, decisões, enfim, objetos que fazem referência a uma realidade concreta e que não podem ser entendidos corretamente (MARTÍNEZ DORAL, 1960, p. 16), se privados dessa referência. O Direito tem uma finalidade prática, a solução de casos reais, e, por isso, (VIGO, 2011, p. 103) o objeto terminal da gnoseologia jurídica é sempre uma decisão a ser tomada numa circunstância concreta e somente, nela, alcança o Direito sua plena realização.

A tomada de decisão exige uma adequada compreensão das circunstâncias do problema, distintas em cada caso, pois em razão delas se construirá a resposta normativa adequada. E, assim, em nossa experiência particular, o magistrado, quando lhe compete dizer o direito no caso concreto, longe de ser a boca que pronuncia as palavras da lei, na visão de Montesquieu, pelo contrário, (KAUFMANN, 1972, p. 165) é aquele que, por meio da interpretação, anima as palavras mortas da lei com a realidade da vida.

Tudo isso demonstra, clara e definitivamente, a necessária natureza interpretativa de toda atividade jurídica. Atuar juridicamente é sempre interpretar (OLLERO TASSARA, 2006, p. 359). O Direito não é a lei, porquanto é uma atividade humana que se dispõe a oferecer soluções para os inúmeros problemas concretos suscitados na conduta social do ser humano, valorados no interior das cambiantes circunstâncias históricas e sociais e a partir da realidade ontológica e dos valores perenes que fundam e perpetuam uma ordem social justa.

Logo, concluímos que o objeto da formação jurídica não se limita ao aprendizado das leis, na linha do positivismo normativista, mas deve focar-se fundamentalmente no ensino da interpretação jurídica, auxiliado, sobretudo, pelo método do caso, o qual será desenvolvido em capítulo próprio.

Em outras palavras, eis a finalidade de uma escola de direito: formar intérpretes, sujeitos aptos a raciocinar sobre a base do Direito, a encontrar o sentido e o alcance das normas e a conectar a literalidade das disposições legislativas e constitucionais com os valores perenes que fundam e perpetuam uma ordem social justa, à luz da realidade ontológica, sem que tais intérpretes esqueçam-se de que o Direito está fundado na indisponibilidade deôntica[187] e na incondicionalidade[188] de suas exigências práticas e está projetado para a busca de um resultado hermenêutico que concretize o justo no caso concreto.

Dessa maneira, acreditamos que a linha hermenêutica que melhor se coaduna com essa finalidade pedagógica é aquela que encara o processo interpretativo como um saber prudencial-retórico, pois o conhecimento jurídico, de natureza eminentemente prática, não visa à contemplação de uma essência inteligível, mas à valoração da conduta humana naquilo em que ela se harmoniza com a noção de justiça, já exposta no capítulo específico, de maneira demonstrável, a fim de motivá-la e, assim, captar-se a persuasão dos destinatários da decisão tomada naquele processo.

---

187. Reportamos o leitor ao conteúdo da nota de rodapé n. 180.

188. Reportamos o leitor ao conteúdo da nota de rodapé n. 181.

Ainda que inspirado no movimento lançado por Hans-Georg Gadamer, conforme já visto no início deste capítulo, a hermenêutica contemporânea, em que pese, por um lado, ser portadora da revitalização de muitas dimensões da filosofia prática, por outro lado, ela resulta parcialmente suficiente[189] para fundamentar objetivamente a indisponibilidade deôntica do Direito e, em razão disso, na tentativa de vencer essa aporia, sempre recorre a artifícios procedimentais, consensuais ou dialógicos – sempre dotados de insuficiência ontológica – para intentar uma justificação das realidades jurídicas.

Dada a centralidade que adquiriu a problemática da interpretação no pensamento contemporâneo, conforme já visto no início deste capítulo, acreditamos, no afã de auxiliar a hermenêutica contemporânea na superação daquela aporia, será hermenêutica clássica capaz de fornecer as melhores chaves de interpretação das realidades jurídicas, porque fundada na filosofia da linguagem e na metafísica realista aristotélicas, de modo a assegurar aquela indisponibilidade deôntica do Direito e aquela incondicionalidade de suas exigências práticas.

Esta hermenêutica lastreia-se em dois pressupostos filosóficos fundamentais: em primeiro lugar, a hermenêutica não pode ser separada da lógica e da gnoseologia, assim como estas não podem ser afastadas da metafísica do ente real. Em segundo lugar, a hermenêutica deve distinguir entre o problema do conhecimento e o problema da linguagem, segundo o qual o primeiro problema é relativo ao modo como é possível se alcançar uma intelecção veritativa da realidade posta e o segundo problema, que se subordina ao primeiro, refere-se à questão da relatividade das expressões linguísticas do homem, as quais se interpõem, ao nível comunicativo, no caminho daquela intelecção veritativa.

A hermenêutica contemporânea inverteu o primado da compreensão objetiva e veritativa sobre o da compreensão histórica e existencial e o primado do conhecimento sobre o da linguagem. Isso produz um reducionismo interpretativo, ou seja, um estreitamento de todo o conhecimento (e, no caso do Direito, da práxis jurídica) a uma mera tarefa de interpretação.

Tudo passa a ser interpretação, sem que fique bem claro qual é o objeto referencial dessa atividade, ou seja, qual é a realidade que, em última instância, se interpreta. Nessa perspectiva, o intérprete vê-se rodeado de interpretações, que o são, por sua vez, de outras interpretações e, assim sucessivamente, numa espécie de interpretacionismo universal e infinito, que acaba – como ocorre com todos os raciocínios induzidos ao infinito – por não justificar racionalmente nada.

Por mais que (VIGO, 2004, p. 195-221) existam diversas modalidades de justificação racional que correspondem aos diferentes objetos, resulta evidente que, especialmente na ordem da práxis, é necessária a remissão a um princípio primeiro – e a outros que são próximos a ele (AQUINO, 2005, p. 395)[190] – para que a ordem da práxis humana

---

189. Reportamos o leitor ao conteúdo das notas de rodapé n. 180 e 184.

190. *Suma Teológica*, I-II, q. 94, a. 6. Reportamos o leitor ao conteúdo da nota de rodapé n. 108.

jurídica adquira uma fundamentação adequada e uma consistente justificação racional. Assim, não nos parece que a proposta da hermenêutica filosófica contemporânea proporcione uma justificação deste tipo, razão pela qual pouco poderá fazer para fundamentar uma concepção da indisponibilidade deôntica do Direito e da incondicionalidade de suas exigências práticas.

Estabelecida a abordagem hermenêutica que julgamos apropriada, o objetivo desse saber prudencial-retórico, à luz dessa mesma abordagem, é a conversão da norma genérica em norma particular, dimensionando-a prudentemente. É uma tensão heurística que diz respeito ao ponto central do problema do justo concreto. Conforme ressalta Utz (1967, p. 20-1), "o direito não se realiza senão na relação interpessoal concreta. A análise da ordem real deverá então evidenciar os preceitos segundo os quais o caso concreto e particular está em condições de ser determinado juridicamente" (tradução livre).

Se o Direito goza de diferentes graus de saber, o filosófico, o científico e o prudencial, compete, ao último, concretizar, contingente e historicamente, a conduta jurídica, pois é tarefa da prudência justamente descobrir aqui e agora a operação que dá o seu (*suum*) ao outro, realizando-a, sem desvinculá-la dos outros planos do saber jurídico, que encerram uma grande unidade e que a auxiliam naquela tarefa: a filosofia e ciência, cada qual em seu âmbito, colaboram num momento específico da conduta jurídica, cuja definição e império pertence à prudência.

Campos Pedroso (1998, p. 294) afirma que "a arte do Direito é a arte de regular o justo entre pessoas determinadas. O sentido lógico não pode ser desconectado do sentido axiológico, porque aquele sentido é apenas o processo que viabiliza a decisão justa para o caso concreto. O preceito normativo deve, assim, ser lógico e justo". Nesse diapasão, calham as palavras do teólogo moralista Häring (1974, p. 167), cuja linguagem, destinada à decisão ética, coincide com a do profissional do direito que repele a concepção dedutivista, ao expressar que:

> o legalista se interessa somente por fórmulas áridas, não pela via ou pelas pessoas. Tendo perdido o contato com o homem da vida real, ele também perde o contato com os valores e com as fontes da vida e da verdade. Servem-lhe de guia os princípios vazios ou principalmente fórmulas e ele não considera como e porque tais princípios foram formulados e quais os valores humanos que inicialmente os justificavam.

Segundo já exposto no capítulo próprio, a prudência jurídica tem duas dimensões: a cognitiva e a preceptiva. Na primeira etapa, para se aconselhar ou exigir uma conduta de um terceiro ou mesmo de si próprio, é imprescindível conhecer as diversas possibilidades de ação e, num segundo momento, escolher a mais apropriada para se alcançar o fim colimado. Apenas quem conhece e valora os vários meios pode fazer uma opção adequada e realizá-la. A interpretação jurídica insere-se justamente nessa dimensão cognitiva, cujo objeto está em deliberar acerca das condutas jurídicas possíveis e decidir axiologicamente por uma delas.

Campos Pedroso (1998, p. 293) salienta que:

a título de ilustração, a sentença judicial bem evidencia semelhante propósito. Ela é um exemplo típico de aplicação prudencial do Direito. Sua elaboração exige, como alicerce, valorações que vêm do juízo prudencial. A sentença é um ato do conhecimento prático. A virtude do intelecto prático possibilita a aplicação dos princípios gerais, de ordem normativa, aos casos concretos, apesar de os primeiros se revestirem de generalidade (essência) e os segundos, de singularidade (existência). Só a prudência permite a aplicação justa do Direito. A sentença é, assim, um ato de conhecimento prático que intervém o juízo prudencial. Mas, não é só: o fulcro da sentença é a valoração. Se a descrição fenomenológica da experiência jurídica revela estar o Direito ligado a uma exigência de Justiça, então, esta exigência deve estar na norma genérica da lei e na norma individualizada da sentença. Se o legislador não deve elaborar a lei sem levar em conta determinados objetivos contidos na ideia de Direito (o justo), o mesmo ocorre com o juiz, que não deve formular a sentença sem se inspirar nos valores fundantes e fiadores de convivência que se inserem no sistema normativo. A sentença possui, assim, essência ética, regulando as ações mais de perto que a norma. Assim, a sentença não pode ser reduzida a mero esquema lógico. O mesmo acontece com as demais normas individualizadas (o negócio jurídico, o ato administrativo especial, o tratado e o contrato) que traduzem valorações contidas na natural teleologia do sistema.

Deliberação e juízo são os dois atos que perfazem o momento cognitivo da prudência e é por meio deles que a interpretação jurídica atua e encerra sua missão. A deliberação jurídica é um exame sobre as alternativas de condutas jurídicas que sobressaem num dado tempo e lugar e que desemboca no juízo de eleição daquela que melhor se justapõe ao caso concreto. Superada essa etapa de determinação jurídica, surge a seguinte: a preceptiva, na qual a conduta que a interpretação estimou apropriada atualiza-se, pondo-se em existência.

Quando o legislador promulga uma lei, o magistrado prolata sua sentença, o advogado presta uma consulta, o promotor propõe uma ação penal, supõe-se que todos esses atores do mundo jurídico deliberaram sobre as variáveis possíveis naquelas circunstâncias concretas e, num momento posterior, elegeram a decisão que melhor se coadunava para aquelas situações.

Por essa razão, afirma Ollero Tassara (1974, p. 320) que "a tarefa jurídica consiste, pois, fundamentalmente, num trabalho de determinação (...) a determinação do direito remete, a princípio, ao explicitado de um texto legal escrito, já a determinação da lei reenvia a um texto radicalmente ontológico".

Vigo (2010, p. 106) pontua com precisão que:

o saber dos juristas tem por missão específica e primordial "dizer o direito" (*iuris dictio*); por isso, são *iuris prudentes* e, consequentemente, cabe reconhecer-lhes uma tarefa "elaboradora", "inventora", "formuladora" ou "determinante" do direito. Mas, precisamente para poder cumprir esta função "de dizer", é necessária a interpretação jurídica, em cujo âmbito o jurista poderá determinar o que é o "seu" de cada um e posteriormente exigi-lo, ensiná-lo ou aconselhá-lo. O resultado do trabalho interpretativo pode consagrar-se numa norma jurídica, ou, às vezes, traduzir-se num conselho ou ensinamento;[191] na verdade, pode-se dizer que é aí que se cria uma norma jurídica ou se aconselha ou se ensina a outro a conduta jurídica apropriada: onde houve uma interpretação que a possibilitou. (Grifos do autor.)

Entendida a interpretação jurídica como um saber prudencial-retórico e compreendido seu lugar na dinâmica cognitiva daquele saber, a interpretação jurídica será (VIGO, 2010, p. 109), analiticamente, **um esforço metódico da razão prática em nível prudencial, tendo por fim determinar, em certas circunstâncias, a partir do texto legal e dos demais elementos do ordenamento jurídico, o *suum* de um indivíduo motivadamente**.

A tarefa interpretativa demanda **esforço**, porque, além de estar submetida a um método, requer um rol de excelências do profissional do direito. Essa tarefa é sempre uma deliberação ordenada à escolha que, segundo Aristóteles (2009, p. 165), "é uma forma especial da pesquisa"[192]. Em latim, a expressão "pesquisa" corresponde a *inquisitio*, uma busca com ardor. Assim, a deliberação do intérprete está necessariamente jungida a uma pesquisa paciente, que demandará um tempo longo e uma superação de dificuldades. Esse empenho exige a constante capacitação do profissional do direito, sempre atualizada às novas realidades legislativas.

Aqui também conta a experiência profissional, porque esse ter presente e ir aprimorando-se nos casos jurídicos anteriores lapida o senso de verdade e de justiça do intérprete. Tomás de Aquino (2005, p. 618) expunha que "a prudência, como se disse, trata das ações contingentes. Nestas não pode o homem se reger pela verdade absoluta e necessária, mas pelo que comumente acontece (...). Mas a experiência ensina qual é a verdade nos fatos contingentes"[193]. Aristóteles (2009, p. 138) trilhava na mesma linha: "a prudência versa sobre os fatos particulares, que não chegam a ser conhecidos pela experiência (...) porque o muito tempo é o que causa a experiência"[194]. Em suma, a prática constante de atos interpretativos facilita o esforço e aumenta as perspectivas de um melhor resultado.

---

191. A propósito da praticidade da interpretação jurídica, ensina Kalinowski (1972, p. 14) que "é preciso distinguir entre a prudência do legislador, da qual depende a sanção de leis justas, a prudência do intérprete do direito, da qual depende a interpretação justa dessas leis e a prudência do simples sujeito de direito, da qual depende a adoção de comportamentos justos. É daqui que deriva o termo latino 'jusprudens' que designava, em Roma, o homem que tinha experiência do justo (*iusperitus*) e que, por isso, qualificava-o para responder às perguntas que a ele se referiam, do mesmo modo que nosso termo 'jurisprudência' designa a interpretação prática das cortes de justiça expressada nas sentenças".

192. *Ética a Nicômaco*, L. VII, 1151b1.

193. *Suma Teológica*, II-II, q. 49, a. 1.

194. *Ética a Nicômaco*, L. VI, 1142a15.

O esforço também não pode estar desvinculado de sua juridicidade, ou seja, a solução almejada está ligada ao querer justo ou injusto do intérprete. Se este não está inclinado aprioristicamente a dar o *suum* alheio, sua tarefa exegética será de pouca utilidade, pois a razão prática estará perturbada por outros fatores, como a reação de terceiros ou o apego aos bens envolvidos no caso concreto. Se os apetites do intérprete resistem à reta razão, ele não pode aconselhar ou exigir o que corresponde a cada um, porque (ARISTÓTELES, 2009, p. 144) "é impossível ser prudente não sendo bom"[195].

Esse esforço deve ser **metódico**, isto é, por intermédio do caminho pelo qual opera a interpretação jurídica na prudência, composto por duas etapas: deliberação e juízo. Na primeira etapa, a razão prática fixa as possíveis soluções que configurem o justo concreto, cotejando os princípios gerais de direito (normas diretivas de natureza axiológica), toda normatização em vigor (leis positivas válidas e vigentes), e os fatos (relevantes, provados ou presumidos e pertinentes). Nesse trabalho mental de simultaneidade dialética entre estes elementos, configura-se um polissilogismo (ENGISCH, 1977, p. 95-8) ou "microdecisões e uma macrodecisão" (GHIRARDI, 1982, p. 122-6).

Aristóteles (2009, p. 133) já afirmava que "ninguém delibera sobre coisas que não podem ser de outra maneira, nem sobre as que não pode ele mesmo fazer"[196]. Logo, a deliberação deve versar sobre os distintos meios igualmente possíveis de conduzir ao justo concreto com o objetivo de se escolher o melhor, valorando cada um dos silogismos que compõem o polissilogismo. Daí que a deliberação exija do intérprete um conhecimento jurídico apropriado, análise profunda dos silogismos opostos, supressão justificada das eventuais antinomias e previsão das consequências mediatas e imediatas para cada uma das soluções refletidas.

Nesse esforço metódico, superada a primeira etapa, passamos à seguinte. O juízo de eleição consiste no encerramento da **conclusão escolhida pela razão prática** como a melhor ou a mais adequada no caso concreto. O fim da deliberação (ARISTÓTELES, 2009, p. 140) "consiste em determinar o que se deve ou não fazer"[197]. No âmbito jurídico, essa deliberação corresponderá a um *suum*, nos termos já expostos no capítulo próprio. Dessa forma, nota-se que o caminho da deliberação e do juízo prudencial interpretativo não se reduz à atuação da razão somente, mas é influenciado pela vontade do intérprete que, ao final, determina a melhor escolha, aquela em que acredita dar efetividade ao justo concreto.

A interpretação é obra da razão, mas em sua vertente prática, ou seja, daquela razão ordenadora de condutas guiadas em prol do bem comum. Quando a ação humana está dirigida à transformação ou produção de um ente exterior ao sujeito, estamos no campo

---

195. *Ética a Nicômaco*, L. VI, 1141a37.

196. *Ética a Nicômaco*, L. VI, 1140a32.

197. *Ética a Nicômaco*, L. VI, 1142b32.

do fazer ou da *poiesis*, na terminologia aristotélica. Quando a ação humana está voltada à transformação do mesmo homem, para torná-lo mais aprimorado em excelências, estamos na órbita do agir ou da práxis, na mesma terminologia filosófica. Aqui, no interior do *ethos* humano, jaz a atuação da prudência.

A realidade jurídica, ao ter, por núcleo, a justiça, necessariamente compromete-se com o bem do homem ou, como diz Pieper (1960, p. 101), "o bem do outro", porquanto a conduta jurídica beneficia o outro, individual ou socialmente, enquanto respeita o *suum*, restituindo-lhe ou não o privando dele. Por ser, o conhecimento jurídico, um saber prático (práxis), isso implica que, no que toca à certeza, o intérprete deve contentar-se com a plausibilidade das conclusões alcançadas, em razão do terreno contingente em que se desenvolve seu labor deliberativo, temperado por circunstâncias históricas e pormenores variáveis.

Tomás de Aquino (2006, p. 195) escreve que "dos atos humanos sobre os quais versam os juízos e se exigem os testemunhos não se pode dar uma certeza demonstrativa, já que ditos atos têm por objeto coisas contingentes e variáveis; portanto, é suficiente a certeza provável que alcance a verdade na maioria dos casos".[198] Vigo (2010, p. 114), nesse sentido, infere que:

> para o jurista, seu objeto lhe impõe alcançar verdades que carecem da necessidade própria dos saberes teóricos, verdades que se obtêm na deliberação, no diálogo e na valoração dos distintos caminhos que levam ao mesmo fim. O acerto ou o erro, quando se escolhe prudentemente uma das soluções que se nos oferecem, repercutirá direta e inexoravelmente sobre o homem, beneficiando-o ou prejudicando-o ao conservá-lo, restituí-lo ou privá-lo de algo que é "seu"; ademais, esta carga axiológica da verdade na ordem prática impõe limitações e exigências especiais ao intérprete jurídico.

Isso também implica que ao intérprete não compete o propósito de descrever ou contemplar condutas, mas o de estimá-las e regulá-las aqui e agora. Todos (PALÁCIOS, 1974, p. 325) os conhecimentos práticos concernem a normas ou são propriamente normas e, podem, portanto, ser chamados de normativos. Outra vez, Tomás de Aquino (2006, p. 207) afirma que "a razão conhece perfeitamente as coisas necessárias, que têm um ser perfeito na verdade (...) o contingente, ao contrário, conhece-o imperfeitamente, porque tem um ser e uma verdade imperfeitos"[199].

O esquecimento desse modo de ser da realidade prática, a partir do positivismo normativista, fez com que o Direito fosse alçado à condição de um saber dotado de uma certeza rigorosa e absoluta, própria dos saberes teóricos, proporcionando o advento de inúmeras propostas epistêmicas com alto grau de coerência e de sistematicidade. Com o tempo, diante dessa invencível antinomia com o ser do Direito, elas mostraram-se cadu-

---

198. *Suma Teológica*, II-II, q. 70, a. 2.

199. *Suma Teológica*, I, q. 79, a. 9.

cas em suas conclusões ou diretivas, porque guardavam pouca ou nenhuma relação com a realidade prática jurídica.

Nesse ponto, a interpretação prudencial não corre esse risco, pois ela opera e se orienta por condutas históricas e possíveis. Ademais, a razão prática imiscui-se com a vontade, particularidade esta que precisa ser considerada quando se pretende compreender a ontologia jurídica. Os racionalismos, os voluntarismos e os irracionalismos que permeiam muitas correntes filosóficas do Direito são uma evidência justamente da ignorância da realidade prática e, por consequência, da dimensão jurídica propriamente dita.

A **determinação**, a partir do texto legal e dos demais elementos do ordenamento jurídico, **do *suum* de cada um** é a perspectiva ou o objeto formal da hermenêutica jurídica proposta nesse trabalho. A juridicidade do labor do intérprete constitui-se à medida que se define um justo concreto, designando aos indivíduos envolvidos, depois da deliberação e do juízo, o que lhes corresponde.

O intérprete, sobretudo o magistrado, genericamente, dentro das etapas do processo hermenêutico,[200] começa com a lei, passa pelos princípios gerais de direito (normas diretivas de natureza axiológica), pela normatização em vigor (constituição e leis positivas válidas e vigentes), relaciona com os fatos relevantes e pertinentes, corrige eventuais antinomias, preenche possíveis lacunas e termina com a determinação do justo concreto, pois o ordenamento jurídico conspira para o bem da comunidade num tempo e num lugar precisos. E, segundo o caráter político do Direito, quando se alcança a determinação, é mister que se faça presente, indiretamente, o justo social que, somado ao justo concreto, assume foros de justo político e particular respectivamente.

Campos Pedroso (1991, p. 112) ressalta que "Papiniano já divisava tais procedimentos ao definir o *ius honorarium ou o ius praetorium*.[201] Este foi introduzido para ajudar,

---

200. Nesta obra, não se pretende analisar, pormenorizadamente, as etapas do processo hermenêutico, isto é, a *demarche* que o intérprete deve percorrer para o equacionamento do justo concreto. Entretanto, nesse caminho, muitas dúvidas surgem: como se apresentam os textos legais ao intérprete? Como pode ele obter a solução justa para o caso concreto? Pode haver mais de uma solução justa? Quais os momentos e critérios hermenêuticos cabíveis para que direito atenda às exigências do bem comum? Como o trabalho interpretativo faz para superar as contradições que surgem ao longo do labor exegético? E as lacunas legais? Que métodos de integração ele pode aplicar e a partir de quais pressupostos? No choque entre um princípio e uma regra de direito, qual deve prevalecer? Eis algumas questões que normalmente são recorrentes no cotidiano interpretativo de um profissional do direito e que devem ser superadas, principalmente pelo magistrado, porque ele não pode subtrair-se da função jurisdicional, mesmo no caso de lacuna ou obscuridade na lei, por força do princípio da indeclinabilidade da jurisdição (art. 5º, inciso XXXV, da Constituição Federal) e do *non liquet* (art. 140 do Novo Código de Processo Civil/2015).

201. No período entre 201 e 27 a.C., desenvolveu-se um direito mais flexível que melhor atendia às necessidades da época em Roma. Além do *ius civile* antigo e formal, surgiu o *ius honorarium*, assim chamado porque os pretores – que ocupavam cargos honorários – desempenharam um papel central em sua formação. A adaptação do direito às novas necessidades foi empreendida pela prática jurídica, pelos magistrados e, em especial, pelos pretores. O pretor não legislava e, tecnicamente, não criava direito

suprir e emendar o *ius civile. Jus praetorium est quod praetores introduxerunt adiuvandi vel supplendi vel corrigendi iuris civilis propter utilitatem publicam".*

Mas essa determinação, no seio da interpretação jurídica prudencial, deve ser **motivada** e, por isso, a retórica entra em ação. Com efeito, o intérprete, sobretudo o magistrado, não só procura elucidar o justo no caso concreto, mas deve indicar as razões e argumentos que embasam seu juízo de eleição por esta solução e não pelas outras. E não é só. A mesma motivação deve também persuadir os destinatários da solução no mesmo sentido. Aristóteles (2011, p. 39)[202] lembra que:

> a arte da retórica é paralela à da dialética, porque ambas tratam daquilo que comumente todos podem conhecer de alguma maneira e que não pertence a nenhuma ciência determinada. Por isso, todos possuem ambas as artes de alguma forma, pois todos tratam, até certo ponto, de buscar razões e sustentar o que afirmam e inventam para defender e acusar.[203]

A retórica age no campo do verossímil e do opinável, buscando, em cada caso, (ARISTÓTELES, 2011, p. 44) "aquilo que é apto para persuadir"[204], cuja utilidade está justamente em fazer triunfar (ARISTÓTELES, 2011, p. 42) "os melhores, ou seja, o verdadeiro e o justo"[205] e, muitas vezes, nesse afã persuasivo, (ARISTÓTELES, 2011, p. 43) "é necessário compor as provas, os argumentos e os tópicos por meio de noções que todos possuem, os lugares-comuns"[206-207].

Aristóteles (2011, p. 53-6 e 65-70)[208] distinguia um triplo gênero retórico, formado pelo deliberativo (exortação ou aconselhamento acerca dos meios para o alcance da felici-

---

novo quando emitia editos (*magistratuum edicta*). Na verdade, porém, as decisões pretorianas gozavam de proteção legal (*actionem dare*) e, com frequência, serviam como precedente para novas regras de direito. Os pretores não estavam obrigados a respeitar os editos de seus antecessores, mas terminavam por empregar regras pretorianas anteriores que julgassem adequadas. Com isto, criou-se um conteúdo normativo que prosseguia de edito em edito (*edictum translatitium*). Surgiu então, ao longo do tempo, em paralelo com o *ius civile*, a complementá-lo e corrigi-lo, um novo corpo de direito pretoriano, o *ius praetorium*, definido por Papiniano como sendo o direito que os pretores introduziram para complementar e corrigir o direito civil para a utilidade pública (*Ius praetorium est quod praetores introduxerunt adiuvandi vel supplendi vel corrigendi iuris civilis gratia propter utilitatem publicam*). O *ius civile* e o *ius praetorium* vieram a ser fundidos, mais tarde, no *Corpus Iuris Civilis* de Justiniano, o qual foi objeto de nossa atenção em capítulo próprio.

202. *Retórica*, L. I, 1354a1.

203. "A retórica em geral, ou a teoria da palavra como dizia Aristóteles, inclui também a dialética e é, por excelência, a retórica romana" (VILLEY, 1981, p. 232).

204. *Retórica*, L. I, 1355b27.

205. *Retórica*, L. I, 1355a22.

206. *Retórica*, L. I, 1355a28.

207. O mérito de Chaïm Perelman, com sua nova retórica, está em revalorizar, na órbita jurídica, os ensinamentos aristotélicos nessa arte.

208. *Retórica*, L. I, 1358a37-1359a29 e 1362a18-1363b4.

dade), demonstrativo (relação com a virtude) e o judicial, este último de nosso interesse, porquanto sua temática está profundamente vinculada ao justo e ao injusto concreto. Aliás, não se admira que os gregos tenham captado a íntima relação entre a retórica e a política, tanto que duas das mais importantes obras aristotélicas receberam justamente esses nomes.

Se a finalidade da retórica (CÍCERO, 1997, p. 24) "é persuadir com a palavra, dentro das cinco partes que integram o discurso oratório", a mais importante (CÍCERO, 1997, p. 106) "é a invenção, porque consiste na investigação de argumentos verdadeiros ou verossímeis que façam provável a causa".

Na *Retórica* aristotélica, o estudo dos argumentos constitui sua parte principal e, além disso, as provas, os argumentos e os tópicos, fundados epistemicamente ou com base nos *endoxa*, traduzem (PERELMAN, 2004, p. 156) "um papel análogo ao dos axiomas num sistema formal". E a eficácia argumentativa depende, além do efeito dos argumentos isoladamente considerados, da força de um conjunto discursivo ordenado apropriadamente.

Vigo (2010, p. 119) anota que a retórica implica em disputa, "pois não só supõe o recurso às provas técnicas e extratécnicas[209], a entimemas[210] – o silogismo retórico – e exemplos – indução retórica[211] – como se tratasse de um 'raciocínio vertical', mas nessa arte há especificamente 'um encontro horizontal' (VILLEY, 1981, p. 69) das opiniões confrontadas". Desse modo, poderá estar-se em (ARISTÓTELES, 2006, p. 83)[212] melhores condições para julgar quem ouviu, como se fossem partes litigantes, todos os argumentos expostos.

A retórica foi o berço do direito e um exemplo perfeito e acabado dessa *ars disputandi* são as obras de Tomás de Aquino, nas quais a verdade era a resultante de uma metodologia disputável, as *quaestione disputatae de veritate*. O intérprete do direito deve não só determinar o *suum* de cada um, mas deve valer-se da palavra para evidenciar que seu juízo eletivo não foi fruto de um arbítrio ou capricho exegético, porque a palavra está no homem (ARISTÓTELES, 2005, p. 4) "para fazer patente o proveitoso e o nocivo, o mesmo que o justo e o injusto"[213].

Ao inferir o *suum* de um indivíduo, o juízo do intérprete não só deve ser acertado nas circunstâncias, mas deve ser motivado em sólidos fundamentos. Disso decorre a necessidade de se adotar um método que conduza a interpretação jurídica a uma proposição que signifique o justo concreto e a uma retórica apta a justificar e persuadir seus destinatários acerca da eleição dessa proposição – por ser a melhor – e não das outras possíveis, refutando-se as razões invocadas em prol destas.

---

209. *Retórica*, L. I, 1355b26-1358a36.

210. *Retórica*, L. I, 1355b26-1358a36.

211. *Retórica*, L. I, 1355b26-1358a36.

212. *Metafísica*, 995a24-995b4.

213. *Política*, L. I, 1253a20.

Ao cabo, a conjugação da prudência e da retórica como eixo estruturante da hermenêutica jurídica protege a juridicidade do Direito, cuja *ultima ratio* repousa na dignidade da pessoa humana[214], respeita sua indisponibilidade deôntica e a incondicionalidade de suas exigências práticas. Preserva-nos do relativismo dos excessos retóricos (Górgias); implica a superação das explicações puramente racionais (Savigny) ou voluntaristas do Direito (Kelsen); afasta-nos do historicismo (Hegel), que rejeita qualquer noção de permanência quanto aos bens humanos básicos (Finnis); do legalismo ético (Kant), que olvida o contingente e o mutável e, outrossim, dá o devido alcance para o individual frente ao coletivo, respeitando-se o outro no *suum* mais pela persuasão racional do que pela sanção penal.

---

214. Reportamos o leitor ao conteúdo da nota de rodapé n. 8.

8

MÉTODO DO CASO NO ENSINO JURÍDICO:
LIMITES, VANTAGENS E INTERFACES COM OS EIXOS ESTRUTURANTES

> *The actual problem to be solved is not what to teach,*
> *but how to teach.*[215]
>
> (Charles Eliot, reitor da Universidade de Harvard, em 1869)
>
> *O direito somente pode ser ensinado ou aprendido efetivamente*
> *por meio de alguma forma de casos (...).*
> *Para o êxito no cumprimento desta tarefa – o ensinamento*
> *por meio de casos – é necessário, primeiro,*
> *que os esforços realizados pelos estudantes corram em paralelo com os meus,*
> *isto é, que estudem com referência direta aos meus ensinamentos;*
> *segundo, que o estudo que assim lhes é requerido seja de tal índole*
> *que extraiam dele os maiores e mais duráveis benefícios;*
> *terceiro, a instrução deve ser de tal caráter que os alunos possam derivar dela,*
> *pelo menos, vantagens superiores daquelas que obteriam*
> *caso se dedicassem o mesmo tempo ao estudo privado.*
>
> (LANGDELL, 1871, prefácio)

Conforme já visto no final do capítulo sobre educação, a prudência e a justiça são excelências que devem ser adquiridas por um processo pedagógico em que se privilegie seu manejo teórico-prático às circunstâncias concretas, sempre à luz de um trabalho de criação do direito a partir da norma abstrata, visando ao justo concreto, labor essencial para qualquer profissional do ramo jurídico e numa perspectiva de formação aberta, reflexiva, crítica, operante e criativa. O Direito não é uma ciência, embora haja uma ciência que o investigue, porque é uma atividade própria não do saber, mas do saber fazer. Saber e saber fazer são os caminhos ordinários dos afazeres cotidianos do profissional do direito.

---

215. Em tradução livre (STEVENS, 2001, p. 54): "o verdadeiro problema a ser solucionado não é o quê ensinar, mas como ensinar".

As discussões sobre o ensino jurídico e suas diversas metodologias são tão históricas quanto o Direito, conforme já visto no capítulo próprio. Duas escolas, a partir do renascimento do Direito Romano na Europa Continental (século XII) e da adoção, pela Inglaterra, do Direito Comum real (século XII),[216] ganharão relevo no mundo jurídico ocidental.

Por um lado, está a escola da tradição romano-germânica, essencialmente formal, codificada e baseada na atuação legislativa; por outro, a escola da tradição da *common law*, fundada na regra do precedente judicial, do costume e do protagonismo legiferante das cortes judiciais.[217] No primeiro caso, a experiência pedagógica desenvolveu-se assentada nas escolas de direito, com aulas teórico-expositivas e memorização de textos legais e de manuais doutrinários, cujos efeitos são sentidos até hoje na realidade brasileira, herdeira daquela tradição.

Mas, do segundo caso, emergiu uma metodologia capaz de galvanizar, no ensino do direito, todos os atributos expostos no primeiro parágrafo desse capítulo, bem ao contrário da metodologia reinante atualmente, a qual trata o direito como a lei, o aluno, como um ser que a repete impensadamente e o exame, como uma mera certificação daquele conteúdo memorizado e sem um maior sentido para o aluno.

Aliás, no caso brasileiro, além dos naturais influxos da tradição romano-germânica, transmitida pelo Direito Português durante a fase colonial, desde os debates parlamentares que antecederam a promulgação da Lei Imperial de 11 de agosto de 1827 (Anexo V) até hoje (Resolução CNE 09/2004 – Anexo I), nunca houve uma preocupação com a adoção de um ensino jurídico acompanhado por uma proposta formal de transmissão.[218]

Essa metodologia, fincada na tradição da *common law*, consiste no método do caso (*case method*), criado por Christopher Columbus Langdell na faculdade de direito de Harvard, em 1870, para transmitir, aos alunos, os princípios mais importantes do sistema jurídico daquela nação e para ensiná-los a pensar juridicamente numa tradição legal em que o direito é criado a partir das decisões judiciais nos casos concretos.[219]

---

216. Reportamos o leitor ao conteúdo do capítulo 2 e da nota de rodapé n. 16.

217. Reportamos o leitor ao conteúdo da nota de rodapé n. 15.

218. Reportamos o leitor ao conteúdo do capítulo 3.

219. Acerca dos prolegômenos da situação do ensino jurídico nos Estados Unidos da América antes da reforma langdelliana, Rodrigues do Amaral (2007, p. 221-8) ensina que os colonizadores britânicos, com formação essencialmente prática, influenciaram o ensino jurídico norte-americano do período pré-revolucionário até a Guerra Civil e os descendentes dos primeiros colonizadores, como herdeiros da *common law*, deram-lhe tratamento diferenciado, porque introduziram a ideia de uma constituição escrita (e não costumeira, como a da Inglaterra). Nesse período, a discussão acadêmica nos Estados Unidos da América compreendia a dúvida de o Direito poder ser ensinado ou não como arte e ciência. Além da noção de constituição escrita, o povo americano elaborou uma profunda revisão em seus procedimentos judiciários e atacou a *common law*, introduzindo um código de leis processuais editadas para a simplificação e consolidação das práticas, ações e procedimentos nas cortes judiciais. A real

Essa metodologia, ao longo dos anos, alastrou-se pelas demais faculdades de direito americanas e, desde então, o método do caso é a metodologia pedagógica básica para o ensino do direito nos Estados Unidos. Dois grandes fatores contribuíram para isso.

Em primeiro lugar, o direito norte-americano, apesar do recente fenômeno de codificação da legislação federal, é fundamentalmente *case law*, na expressão consagrada pelo mundo do direito, isto é, os princípios são hauridos a partir das sentenças e as leis são interpretadas a partir das decisões judiciais que criaram esses princípios. Tais princípios servem de base para a análise dos mesmos casos futuros (conhecido pelo princípio do *stare decisis* – deve-se manter o que já foi decidido, salvo fatos ou fundamentos novos). O Direito, em si, é basicamente o conjunto dos princípios gerais extraídos das decisões judiciais.

Em segundo lugar, o fim das escolas de direito deste país sempre foi o de formar advogados práticos, bacharéis que pudessem atuar corretamente nos casos de seus clientes

---

disputa entre os defensores da codificação e os da tradição da *common law* foi, na verdade, um acirrado debate sobre o eixo de gravidade do sistema jurídico: nos tribunais, mais afeitos à modernização da lei pela via da criação de novos rumos para o Direito ou nas mãos dos responsáveis pela redação dos códigos, os especialistas na "ciência do Direito". Em comum, ambos defensores tinham pouca confiança na elaboração do Direito pelos órgãos legislativos, por temor de engessamento do progresso econômico e social, de uma forma ou de outra. Ideias germânicas influenciaram a origem dos clássicos livros de direito inglês, como o *Elements of Law*, o qual tratava o Direito como uma ciência a ser estudada a partir de uma coleção de princípios capazes de um agrupamento sistemático por dedução lógica consistente. O pensamento jurídico norte-americano foi influenciado ainda pela revolução industrial e pelo pensamento positivista, o qual entendia o Direito como uma arte aplicada e uma ciência prática, baseado na dicotomia entre o ensino do Direito como arte liberal aplicada à política e à relações sociais ou como assunto técnico para a formação jurídica profissional versada nos princípios, na formulação, no *modus operandi* e nos resultados da leis. A Guerra Civil encerrou o debate sobre a escravidão nos Estados Unidos da América e acelerou seu desenvolvimento econômico e social. Em poucas décadas, esta nação tornou-se a mais pujante economia mundial, estabelecendo consistente liderança tecnológica e acadêmica, sobretudo na expansão das escolas de Direito. Juristas transformaram-se em protagonistas dessa mudança, na exata medida do crescimento econômico interno. Mais adiante, no ensino jurídico, nunca houve um abandono da crença positivista e voluntarista do Direito como um todo orgânico, harmônico e insuscetível de controvérsia, porque a concepção científica do Direito fincou profundas raízes desde o advento da colonização americana pelos ingleses. Tais discussões pedagógicas tomaram parte nas faculdades americanas, diante do crucial papel que o desenvolvimento jurídico representava para a expansão econômica e social dos Estados Unidos da América, entendido o Direito como uma espécie de ciência da humanidade, inserida numa sociedade industrial, crescentemente especializada e ávida por leis e decisões judiciais, qualitativamente superiores ao período histórico que se encerrou com a eclosão e o fim da Guerra Civil. Dessa maneira, os advogados e juízes foram chamados a resolver as complexas questões jurídicas e morais da nação, de cuja resposta dependeu todo o progresso jurídico, econômico e social daquele povo. Temas nascidos ou derivados da revolução industrial americana pautaram o cotidiano do mundo jurídico daquela época e, nesse contexto, o ensino do Direito deixou a metodologia das *lectures* das obras clássicas do Direito Inglês (como os *Commentaries on the Laws of England*, influente tratado jurídico da lavra de Sir William Blackstone) e estabeleceu mais tarde, com Langdell, outra abordagem metodológica, conhecida até hoje como o *case method*.

e, para tanto, sempre se reputou imprescindível interpretar, refletir e manejar casos judiciais, a favor ou contra os interesses do cliente, individual ou coletivamente considerado. No fundo, Langdell queria que todo aluno pensasse como um advogado desde seu ingresso na instituição de ensino jurídico.

A metodologia de Langdell foi baseada em duas vertentes principais, uma gnoseológica e outra pedagógica, explicada na obra *Selection of Cases on the Law of Contracts*, publicada em 1871, no ano seguinte à sua chegada à Universidade de Harvard, em cuja *Law School,* foi o diretor (*dean*) de 1870 a 1900.

Na vertente gnoseológica, Langdell assumia uma visão positivista do Direito, negando os princípios gerais derivados da natureza, pois partia do pressuposto de que todos os precedentes da *common law* poderiam ser reduzidos, a partir de um exercício de indução, a um sistema perene de princípios gerais. Uma vez estabelecido esse rol, poderiam ser deduzidas as normas aplicáveis aos casos concretos.

Assim, o Direito aplicável a novos casos poderia ser haurido a partir dos mesmos princípios obtidos a partir dos casos já dados e, como consequência, a *common law* gozaria de uma sistematicidade orgânica, ordenada, dotada de claridade e logicamente estatuída, tornando-se, logo, uma ferramenta de extrema importância para o exercício do profissional do direito.

Na vertente pedagógica, Langdell entendia que o estudo do método do caso tinha, por finalidade primordial, conduzir o estudante à aquisição, por si mesmo, por meio de seu trabalho pessoal e de um debate metodicamente conduzido, não tanto ao conhecimento legal e jurídico, mas ao *savoir-faire* do Direito, tomado a partir da análise do caso concreto rumo à busca da consecução de um princípio jurídico. Ao professor não competia tanto a tarefa de apresentar um conjunto de ideias, conceitos e categorias para que os alunos compreendessem e assimilassem, mas para que eles se servissem desse conjunto como dados de problemas a serem resolvidos num caso concreto e, por intermédio desse caminho, descobrirem indutivamente a regra de direito.

Para esse mister, Langdell (1871, prefácio) estabeleceu três princípios, segundo os quais:

> o direito somente pode ser ensinado ou aprendido efetivamente por meio de alguma forma de casos (...). Para o êxito no cumprimento desta tarefa – o ensinamento por meio de casos – é necessário, primeiro, que os esforços realizados pelos estudantes corram em paralelo com os meus, isto é, que estudem com referência direta aos meus ensinamentos; segundo, que o estudo que assim lhes é requerido seja de tal índole que extraiam dele os maiores e mais duráveis benefícios; terceiro, a instrução deve ser de tal caráter que os alunos possam derivar dela, pelo menos, vantagens superiores daquelas que obteriam caso se dedicassem mesmo tempo ao estudo privado.

É importante lembrar que suas premissas epistemológicas foram duramente combatidas pelo ceticismo da escola do realismo jurídico americano, principalmente por seu porta-voz, Oliver Holmes, o qual criticou a pretensão de Langdell de se criar (HOL-MES, 1880, p. 233-4) "uma ciência do Direito a partir do método de estudo dos casos".

Todavia, a crítica esqueceu-se de observar ser possível compartilhar ou não epistemologia jurídica de Langdell, sem afetar necessariamente o método pedagógico por ele proposto, algo muito distinto, (EPSTEIN, 1982, p. 399-401 e 422-3) "porque o método do caso é uma ferramenta pedagógica maleável e aceita, sem a perda de sua essência, outras premissas epistemológicas". Inclusive, na perspectiva desse livro, *o case method* é **aqui adotado sob o ângulo estritamente metodológico**, porque, em essência, é fundado epistemologicamente no pragmatismo de Dewey, o qual não se coaduna com as premissas epistemológicas delineadas nos capítulos anteriores, mas que, com as quais, por outro lado, o método é capaz de interagir com solução de continuidade.

No entanto, se Langdell sistematizou o *case method* modernamente, alçando-o ao *status* de metodologia de ensino jurídico, a relação entre o Direito e o método do caso é muito íntima e bem antiga. A atenção ao caso concreto está no centro do espírito do Direito Romano. Conforme já visto no capítulo próprio, os jurisconsultos romanos tinham pleno domínio da comunhão entre os casos práticos e o Direito, materializados nos *responsa* dos jurisprudentes.

Eles tinham plena consciência de que o Direito não é uma mera abstração racional, fruto de um conjunto de especulações teóricas tomadas aprioristicamente e divorciadas de qualquer vínculo com a realidade das coisas, bem ao gosto do imanentismo kantiano. É importante que haja uma ciência que investigue o Direito, mas a dimensão jurídica guarda uma profunda interface com o exercício da prudência em cada caso, conforme já visto no capítulo específico.

O casuísmo jurisprudencial é, logo, um dos eixos estruturantes do espírito da história do Direito Romano[220], cujos influxos ainda se propagam até os dias atuais, haja vista a perenidade de muitas de suas fórmulas jurídicas, tomadas como resultado de uma longa destilação teórica feita a partir da apreciação de muitos e muitos casos concretos.

Assim, (GARCÍA GARRIDO, 2003, p. 17) a verve prática romana foi a causa eficiente de um genuíno método jurídico. Nesse sentido, Toller (2005, p. 926) conclui que "por isso, a essência do *ius* romano consiste na vigência da *prudentia iuris*, geradora da *ars iuris* e é isso que o faz fecundo e permanentemente vivo. Esse Direito não é, então, ciência do Direito, mas casuísmo e prática. Direito situacional, solução justa do caso e é por isso que os romanos entendiam o direito como a coisa justa" (tradução livre).

Ihering (1877, p. 43), ao falar desse espírito do Direito Romano, assinalou que:

> o direito existe para ser realizado. A realização é a vida e a verdade do direito. Ela é o próprio direito. Aquilo que não está na realidade, que não existe mais que nas leis e sobre o

---

220. Gaio (*Institutas*, I, 2 e 7), famoso jurisconsulto, disse que "as fontes do direito para o povo romano são (...) as respostas dos jurisprudentes", entendidas como "as sentenças e opiniões daqueles a quem se concedeu a criação do direito".

papel, não é mais que um fantasma do direito (...). Ao contrário, o que se realiza como direito é direito, ainda que não esteja nas leis e ainda que nem o povo e a doutrina do direito sejam conscientes disso.

Por outro lado, é oportuno lembrar a importância que a dialética e o método socrático exerceram e ainda exercem na pedagogia e na tradição universitária dos países anglo-saxões, de molde a iluminar também a pedagogia langdelliana. Toller (2005, p. 931) expõe que:

nesse sentido, tem sido sublinhado insistentemente que a dialética grega – que, como estrutura de argumentação universal, dedicada a valorar e sopesar os argumentos contrapostos para se chegar a uma resolução, serve para se alcançar a verdade no debate com um adverso – é o melhor fundamento e base para o moderno sistema de ensino do Direito estadunidense mediante o exercício do raciocínio a partir do método do caso. (...) a prática do Direito implica o uso permanente do pensamento crítico, ao se falar e perguntar aguda e persuasivamente, ao se assinalar os erros e as falácias do argumento alheio e ao se refletir e se inquirir sobre verdades humanas, tanto de fato como as relativas a importantes aspectos gerais ou abstratos.

O aporte dialético para o método do caso decorre do legado, em primeiro lugar, de Sócrates (469-399 a.C.) e sua maiêutica. Depois, de Platão (427-347 a.C), que levou a dialética ao estágio supremo, como método de perguntas e respostas para a educação daqueles que seriam os governantes-filósofos e como forma de se alcançar as verdades últimas e mais profundas do mundo das ideias.

E, por fim, de Aristóteles (384-322 a.C.), o qual estudou largamente a dialética e a utilizou como um processo crítico para o estudo e o ensinamento da problemática humana de natureza aporética, própria da verdade prática e prudencial (sobretudo, da ética e da política), na qual as premissas são normalmente aceitas, mas não evidentes em si mesmas (como se dá no campo apodítico da metafísica). Aristóteles defendeu a utilidade da dialética no terreno argumentativo para o fim de se combater os falsos libelos num debate.

Contudo, dentre os três pensadores, o método socrático ou maiêutico ofereceu o maior aporte dialético, porque é de sua essência que o mestre ensine, por intermédio da discussão de problemas, interrogando habilmente os alunos. Em outras palavras, o mestre faz nascer ou induz as ideias nos discípulos, que as descobrem por si mesmos. No rigor do método socrático, a maiêutica é seu segundo momento, pois era antecedido da *ironia* (do grego *eironéia*, interrogar), expediente pelo qual Sócrates procurava demonstrar ao interlocutor que, na realidade, ele não sabia. Dessa forma, o saber que se ignora é o início da aquisição do conhecimento propriamente dito.

Sócrates iniciava o diálogo admitindo sua ignorância e, ato contínuo, pedia a opinião do discípulo. A partir da resposta do interlocutor, fazia novas perguntas com o afã de confundir o interlocutor, até que este confessasse seu desconhecimento sobre o tema tratado. A partir daqui, a maiêutica entrava em cena, segundo Sócrates, fundada na ideia de que a verdade não decorria do exterior, mas estava no interior do aluno, sendo a tarefa do mestre fazer nascer a ideia (Platão denominará, mais adiante, esse fenômeno como teoria da reminiscência). A partir das várias opiniões, Sócrates alcançava uma definição endossada por todos os interlocutores, mostrando, contra os sofistas, que se podia chegar à verdade sobre um tema.

Por outro ângulo, analiticamente, o método socrático, dessa maneira, tem cinco atributos bem evidentes: é **dubitativo**, pois é desencadeado por uma ignorância real ou proclamada, de cunho provisório, sobre o tema proposto; é **dialógico**, porque envolve um caminho repleto de perguntas e respostas que partem de uma concepção fundada num senso comum com vistas ao seu aprimoramento à luz da verdade; é **conceituador**, já que busca a aquisição de conceitos filosóficos; é **indutivo**, criticando o conceito inicial a partir da referência à experiência comum, e **dedutivo**, porquanto prova a definição elaborada por meio de suas implicações e efeitos.

Levado para Roma, mais tarde, pela ação do estoicismo (século II a.C.), onde influenciou o ensino jurídico, o método socrático não coincide exatamente com o método do caso, mas porta muitos pontos em comum, de forma a ser considerado sua base metodológica e, em muitas referências bibliográficas anglo-saxônicas sobre o assunto, é tomado como sinônimo do *case method*.

À atenção ao caso concreto (aporte romano) e à dialética pedagógica/maiêutica (aporte grego) soma-se, também como influência, o método do debate universitário, aporte de natureza medieval. O duelo de ideias entre os contendores estudantis, como método pedagógico, origina-se no século XII, na *Maison de Sorbonne*, a escola de teologia que foi o núcleo daquilo que, alguns anos depois, seria conhecido por Universidade de Paris.

Toller (2005, p. 933) informa que esse método nasceu:

> pelas mãos de Guilherme de Champeaux (1070-1121) e, em especial, de seu discípulo e logo líder de uma escola rival, Pedro Abelardo (1079-1142). O método alcançou um notável auge e, originado na Faculdade de Teologia, nos séculos XIII e XIV, já estava disseminado de modo generalizado nas Faculdades de Artes, Filosofia, Medicina e Direito. O método recebeu o nome de *quaestiones disputatae*, que se fizeram típicas do ensino medieval, em cujo cenário, *in paribus*, compartilharam com a *lectio*.

As *quaestiones disputatae* guardavam íntima relação com a maiêutica, pois esta suscitava distintas questões, algumas de imediata solução pelo mestre, ao passo que outras, de maior grau de dificuldade, aportavam como material para as disputas entre os alunos, observados pelos mestres, nas quais se digladiavam retórica e argumentativamente na questão previamente fixada, em sessões privadas e públicas de apresentação, ordinárias ou extraordinárias.

O mesmo mestre encarregava-se de reunir os vários argumentos favoráveis e contrários, sempre arrazoados nos ensinamentos de autores antigos ou medievais e, ao cabo, incumbia-se da solução à questão proposta. A *Suma Teológica* é um perfeito exemplo desse método: um compêndio de *quaestiones disputatae*, apresentadas segundo esse método, nas quais seu autor, Tomás de Aquino (1224-1274) procura elucidar uma série de assuntos de natureza teológica e filosófica. Toller (2005, p. 934) anota que:

> suas obras que seguem este método decompõem, analiticamente, os distintos pontos de vista, propondo primeiro uma *quaestio* geral, dividida em distintos problemas ou artigos. Abre cada um dos artigos com a citação de reputadas autoridades no tema, que sustentam pontos de vista opostos ao que ele adotará – até mais de vinte, por exemplo, em suas *Quaestiones disputatae*, umas cinco ou seis na *Summa Theologiae* – opondo logo a eles a citação de outros autores – *sed contra* – configurando com umas e outras o *status quaestionis*. Expõe em seguida a solução que adota, com suas razões e provas – *corpus articuli, solutio* ou *respondeo* – para, finalmente, contestar, com riqueza de detalhes, a cada uma das objeções apresentadas em primeiro lugar, segundo lugar e assim por diante – *ad primum, ad secundum* etc.

Também é oportuno apontar que o método do caso entrelaça-se com o *Trivium* medieval, o caminho propedêutico escolar estabelecido, desde o renascimento carolíngio até os primeiros séculos das universidades, para aqueles que almejassem atingir o grau de ensino mais superior dessa época histórica.

O *Trivium*, mediante o emprego da lógica (dialética, argumentação e capacidade de articulação), da retórica (oratória e estilo literário) e da gramática (latim e análise de textos escritos), conduzia o aluno à sabedoria e às alturas do pensamento. Ao lado do *quadrivium* – aritmética, geometria, música e astronomia – formavam as setes artes liberais, assim chamadas em razão de seu efeito liberatório da mente, ou seja, em virtude de seu potencial pedagógico de dotar o aluno de uma capacidade discursiva qualificada pelo rigor e pela densidade.

Com o advento da Idade Moderna, paulatinamente, os países europeus (inclusive a Inglaterra) foram deixando de lado a metodologia medieval de ensino jurídico, pelas razões já expostas no capítulo próprio, em prol de uma metodologia eminentemente teórica, as chamadas aulas magistrais (versão moderna da *lectio* medieval)[221], sem a discussão de casos, nas quais o aluno assume o papel passivo de receptor dos ensinamentos do professor, expostos dogmaticamente e com recorrente manejo de códigos legislativos e volumosos tratados jurídicos.

Foi esse ambiente pedagógico das *lectures* que Langdell encontrou nos Estados Unidos, quando assumiu o cargo de diretor da faculdade de direito da Universidade de Harvard em 1870. O curso de direito havia sido iniciado em 1817 e a metodologia de ensino

---

221. A *lectio*, originária das escolas medievais ligadas às catedrais e aos mosteiros, era um sistema de aprendizado consistente na leitura de um texto, algo perfeitamente compreensível numa época anterior a Gutemberg, a partir do qual o mestre realizava um comentário e desenvolvia suas próprias ideias acerca do tema estudado.

era similar à da tradição europeia continental: os professores ministravam aulas teóricas sob a forma de palestras, auxiliados por tratados doutrinários e a prova era realizada nas formas escrita e oral. Por intermédio do *recitation method*, os estudantes deveriam memorizar as partes assinaladas daqueles tratados para posterior exame de classe.

No entanto, a ação pedagógica de Langdell, no ensino jurídico, foi antecedida por um completo trabalho de reestruturação universitária, levado a cabo por Charles Eliot. Quando ele foi nomeado reitor da Universidade de Harvard em 1869, alterou substancialmente a grade curricular de vários cursos, dentre os quais, a do Direito (STEVENS, 2001, p. 35-6), depois de um longo período na Europa dedicado ao estudo dos sistemas educacionais alemão e francês, com escalas para pesquisa e atuação nas universidades de Paris, Heidelberg, Hohenheim, Marburg, Stuttgart e Tübingen.

Essa experiência europeia levou Charles Eliot à reformulação da estrutura organizacional da Universidade de Harvard, baseada em quatro atributos essenciais, com o claro intuito de transformar essa instituição de ensino superior num centro internacional de excelência pedagógica.

Ei-los (SHEPPARD, 2007, p. 495-504): a) metodologia de ensino lastreada na visão da sala de aula como um laboratório de ensino de processo indutivo de conhecimento e raciocínio, no lugar do *recitation method*; b) exame escrito para admissão; c) currículo mínimo para obtenção de grau acadêmico; d) adoção de exames finais. Charles Eliot, em seu discurso inaugural para o cargo de reitor, cunhou, então, a famosa afirmação (STEVENS, 2001, p. 54): "o verdadeiro problema a ser solucionado não é o quê ensinar, mas como ensinar".

Alçado à condição de diretor da faculdade de direito de Harvard por Charles Eliot, Langdell, nos primeiros vinte anos de seu longo mandato (1870-1900), implementou seis grandes mudanças na mesma linha reformadora de Eliot (RODRIGUES DO AMARAL, 2007, p. 233): a) adoção de exame de admissão para a faculdade; b) aumento da grade curricular de dois para três anos e em período integral; c) exames anuais para passagem de um ano acadêmico para o subsequente; d) institucionalização e fomento das atividades de pesquisa; e) contratação de professores em regime de dedicação exclusiva; f) e, a principal delas, a introdução de um novo método pedagógico para o ensino jurídico.

Stevens (2001, p. 41) afirma que "nos cinquenta anos que medeiam 1870 e 1920, uma escola foi intelectual, estrutural, profissional, financeira, social e numericamente superior às demais. Virtualmente, todas as demais escolas de direito aceitaram o modelo de Harvard até 1920". Langdell (SHEPPARD, 2001, p. 518-9) reconhecia, nos professores, uma classe diferenciada de juristas, porque:

> o professor de direito deve ser uma pessoa que anda ao lado de seus alunos numa estrada nova para eles, mas que ele conhece bem por já ter nela viajado muitas vezes. Aquilo que qualifica uma pessoa para o ensino do direito não é a experiência profissional num escri-

tório de advocacia ou a experiência em tratar pessoas, nem a experiência em audiências ou defesas. Não é a experiência, em resumo, no manejo das leis, mas a experiências em aprender o direito. Não a experiência do advogado romano ou do pretor romano (...), mas a experiência do **jurisconsulto romano**. (Grifos nossos.)

Rodrigues do Amaral (2007, p. 237) assevera que:

sob a firme condução de Langdell, a *Harvard Law School*, a partir de meados para fins do século XIX, decretou a estrutura, o conteúdo e o estilo dos cursos jurídicos nos Estados Unidos, como instituição líder não apenas centrada na excelência de alunos, mas igualmente por deter um corpo de professores exemplar. A influência de Harvard foi tão contundente que as demais universidades americanas, conquanto algumas fortemente enciumadas, não deixaram de emular seus conhecimentos (STEVENS, 2001, p. 35-72). Lecionar na *Harvard Law School* sob a firme direção e forte influência de Langdell representava que o professor e os seus alunos deveriam conjuntamente analisar as decisões de tribunais superiores, tanto em termos de raciocínio lógico-científico quanto técnico-jurídico (...). Assim, sempre se teve a crença de que o direito poderia ser cientificamente ensinado na viva interação e diálogo na classe de aula, sustentando, todavia, que o centro da educação jurídica era a biblioteca universitária.

Hoje, em linhas gerais, o método do caso, inspirado na herança pedagógica de Langdell, é fundamentado na forma indutiva de ensino, pela qual os princípios gerais são derivados a partir da análise dos casos particulares (casuísmo jurisprudencial), de forma a criar, no corpo discente, um pensamento crítico e analítico. A vida real dos tribunais invade a sala de aula, onde antes predominavam a pura teoria dos tratados afastados da realidade jurídica e a estrita memorização de textos e de conceitos anteriormente recitados à exaustão mental.

Seu estilo dialético de perguntas e respostas, no seio do duelo argumentativo e retórico de ideias, exige, dos professores e dos alunos, o completo conhecimento do caso, dos aspectos factuais, culturais e sociais aos jurídicos. O professor, maieuticamente, indaga os alunos sobre as premissas e as conclusões do caso jurisprudencial estudado e levadas a efeito pelos advogados das partes envolvidas e pelo prolator da decisão.

A concordância ou a discordância acerca do raciocínio jurídico final formulado na hipótese apresentada e adotado na decisão judicial são assuntos que devem ser discutidos na viva interação do ambiente escolar, porque tomada de uma esfera de ação dinâmica e participativa e porquanto, nesse ponto, exige do aluno, ao longo daquele caminho dialético, a construção de uma resposta que considere o justo concreto na hipótese examinada exaustivamente por ele e por seus pares, sempre conduzidos propositivamente pelo professor, como o maestro numa orquestra sinfônica.

Sheppard (2001, p. 24-35) anota que, no método do caso:

o conhecimento do direito é mais bem inferido de suas fontes, os casos (as decisões judiciais). Um estudante lê e considera os fundamentos das decisões judiciais num tópico proposto e então uma discussão em classe desenvolve as relações dos princípios de direito refletidos na decisão judicial para outras questões de direito. O outro elemento da exposição de Langdell visa exorcizar a recitação do professor de notas adrede preparadas como sendo o único espírito da lei no debate na classe. Não mais o professor entregaria para mudos não críticos as ideias essenciais das decisões judiciais e sua relação com os tópicos da matéria exposta. Ao invés disso, os estudantes devem descobrir o significado dos casos por eles mesmos, examinar, analisar e criticar as decisões lidas envolvendo os professores em colóquio.

Os alunos deixam a posição inferior na relação de total verticalidade da metodologia expositiva e atuam em horizontalidade para com o professor, atrelando teoria e prática juntos, com vistas à formulação da solução que corresponda ao ditame de justiça exigido no caso concreto analisado. Evidente que essa metodologia demanda a formação de coletâneas de decisões judiciais, de sorte que os meios devem ser modificados para se alcançar os fins pedagógicos buscados e, nesse tópico, Langdell também deu o exemplo, ao elaborar seu curso de *Law of Contracts*, publicado em 1871.

Assim entendido, o método do caso guarda uma interface dotada de extrema vitalidade e potencialidade pedagógica em prol de um ensino jurídico fundado nos eixos estruturantes deste livro e que correspondem aos capítulos sobre educação, justiça, prudência e hermenêutica. **Melhor dizendo, esse método galvaniza todos esses eixos em favor do exercício da racionalidade prática do Direito, transformando a sala de aula em uma verdadeira microarena da realidade social e dos valores nela reinantes.**

No eixo da educação, o método do caso ultrapassa uma noção de ensino centrada na estrita atividade de estabelecimento e exposição de conceitos e definições no seio duma relação frígida entre professor e aluno, típica da pedagogia do positivismo normativista, sem a pressuposição do diálogo e da participação do discente no desenvolvimento dos significados apresentados em classe.

Nesse diapasão, o método do caso possibilita a concretização de uma relação educativa centrada no desenvolvimento integral da pessoa humana do aluno em todas as suas dimensões, a moral, a intelectual e a espiritual. Propaga uma pedagogia existencial, em que as vocações e habilidades do ser humano (o aluno) aperfeiçoam-se num processo contínuo, lento e gradual, marcado pelas adversidades e contradições inerentes da atividade cognitiva.

A educação subjacente nesse método, em toda a sua amplitude, não atesta unicamente o aprimoramento do intelecto, mas da totalidade da existência humana, corroborando para a unidade integral da inteligência e da realidade existencial, porque o Direito não corresponde às teorias idealistas havidas nas esferas mais altas da especulação filosófica, as quais, no mais das vezes, mais se parecem com uma "camisa de força" que intenta aprisionar uma realidade matizada por elementos cambiantes, históricos e concretamente determinados. O Direito, além de sua dimensão teórico-reflexiva, é, sobretudo, um saber prático que aduz à dimensão prudencial do aluno, conduzindo-o à objetividade do justo concreto.

No eixo da justiça, o método do caso demanda do aluno, na tarefa de discernir e assinalar o seu de cada um na hipótese estudada na sala de aula, a perspectiva finalista de, uma vez discernido e assinalado, dar "o seu" ao legítimo titular da pretensão resistida. Nesse exercício pedagógico, o aluno aprende que sua função social, como profissional do direito, consiste em atender a uma necessidade bem clara da sociedade, qual seja, a da criação de uma ordem justa, a ordem em que cada homem e cada instituição tenha o seu, aquilo que lhe pertence e cabe.

Dado que a vida social é dinâmica e "o seu" de cada um pode estar em situação de interferência por uma ação ou omissão alheia, gera-se um dinamismo orientado para estabelecer ou restabelecer a situação devida, que já descrevemos com uma fórmula de comprovada expressividade: *suum cuique tribuere*,[222] dar a cada um o seu. O método em foco faz progredir imensamente esse dinamismo, porque, por ser intensamente ativo no âmago da atividade mental de cada aluno, obriga-lhe a dissecar o *ipse dixit* do caso estudado, não se contentando meramente com isso. Deverá, ao cabo, explicitar se o *ipse dixit* deve ser ratificado ou superado, segundo o justo concreto por ele estabelecido para o mesmo caso.

E, ao mesmo tempo, o aluno vai sendo aprimorado na ideia de que a entrega do justo concreto para cada um acaba por gerar uma ordem social, uma harmonia em que cada coisa está na correta relação com seu titular: uma ordem social justa. Concomitantemente, o aluno vai intuindo que essa harmonia é uma exigência da pessoa humana, por sua qualidade de ser que tem coisas verdadeiramente suas, mas também da sociedade, pois, uma vez preservada, conserva-a; corrompida, provoca sua destruição.

No eixo da prudência, o método do caso é um método pedagógico eminentemente prudencial, isto é, uma metodologia que fomenta a ideia de Direito como um saber prático, diferentemente do método expositivo do positivismo normativista, lastreado exclusivamente na órbita teórica. O método aqui proposto para o ensino jurídico, que parte do caso para o pensamento e, depois, deixa o pensamento rumo à ação por meio de uma série de passos dialéticos, é composto por fases que se coadunam (RODRIGUES DO AMARAL, 2007, p. 281-2) com as três fases da prudência (AQUINO, 2005, p. 571):[223] a deliberação, o juízo e o comando.

Na fase deliberativa, temos a análise, por parte do corpo discente, dos fatos e fundamentos jurídicos da decisão tomada no caso concreto. O aluno deve fazer um exame crítico do caso, a fim de separar os fatos (dado objetivo), as teses defendidas pelas partes e as motivações da decisão levada a cabo (dado subjetivo). Depois, deve realizar a síntese

---

222. D. I, 1, 10. Reportamos o leitor ao conteúdo da nota de rodapé n. 53.

223. *Suma Teológica*, II-II, q. 47, a. 8.

do problema jurídico proposto, de molde a restar bem descrita a situação real, além de suas causas, efeitos e circunstâncias agravantes e atenuantes.

Na fase decisória, o aluno deve analisar as soluções possíveis que se desenham a partir do horizonte teórico, com ênfase em três aspectos: a pluralidade de soluções, o desenvolvimento de uma imaginação realista (e não idealista) e o balanceamento das vantagens e desvantagens de cada uma das soluções, à luz do justo concreto estabelecido no caso estudado. Superada essa fase analítica, o aluno deve sintetizar uma solução ou um conjunto compatível delas.

Essa síntese é um ato personalíssimo, pois se constitui numa construção mental que agrega vários fatores não essencialmente reais e objetivos (conforme já visto no capítulo sobre a prudência) e, ao fim, estabelece os fundamentos últimos da motivação da decisão que, posteriormente, a balizará juridicamente. Nesse passo, é imprescindível considerar que o jurídico se dá no contingente e no circunstancial: a decisão para Tício não será necessariamente a mesma para Caio, porque pode não se configurar como justa para as contingências e as circunstâncias de Caio.

Na fase de comando, o aluno deve implementar a ação selecionada à luz das circunstâncias concretas do caso, por via de uma decisão motivada, que, na prática judicial, é cogente *inter partes*[224] (ou *erga omnes*, no caso das ações constitucionais),[225] momento em que a jurisdição demonstra toda a força do monopólio estatal no campo da resolução dos conflitos.

Todo exercício prudencial que permeia o método do caso nessas três fases não tem, por escopo, a formação de um pensamento unitário no seio do corpo discente. Ao permitir a abertura para o todo da realidade (Pieper), esse método dista muito da busca (RODRIGUES DO AMARAL, 2007, p. 283) de uma presumida uniformidade ou mesmo de uma imposição de um conjunto único de valores éticos, atitudes sempre suspeitas em temas tão abertos e aleatórios como as questões jurídicas.

No eixo da hermenêutica, ao tornar o aprendizado mais dinâmico e próximo da vida real, algo inviável na metodologia expositiva, o método do caso é capaz de desenvolver primorosamente, a partir da apreciação da realidade dos casos concretos, uma série de habilidades analíticas, as quais compõem o ferramental necessário para o trabalho de exegese do profissional do direito, inerente à toda atividade jurídica, motivo pelo qual, considerando os fins que defendemos para uma escola de direito, o método em comento é mais idôneo para tanto.

Ainda no âmago hermenêutico, o método em foco desenvolve a capacidade do aluno no exercício concreto da indisponibilidade deôntica do Direito,[226] porquanto, ao se

---

224. Em tradução livre: "entre as partes".

225. Reportamos o leitor ao conteúdo da nota de rodapé n. 186.

226. Reportamos o leitor ao conteúdo da nota de rodapé n. 180.

analisar os fatos, as correlações e os efeitos das condutas das partes envolvidas, conclui-se e reafirma-se a cada novo caso estudado que não existe um sujeito cerrado gnoseologicamente, fechado num contínuo solipsismo, mas uma pessoa aberta ontologicamente aos outros e à realidade da existência. Nela se radica o núcleo não disponível, nem fungível ou manipulável, do Direito.

Assim, delimitados os elementos do método do caso e demonstradas suas interfaces com os eixos estruturantes deste trabalho, passemos às suas inúmeras vantagens e potencialidades pedagógicas comparativamente ao método expositivo do positivismo normativista.

Em primeiro lugar, é a metodologia pedagógica mais apta para um ensino hermenêutico, porque a análise e a crítica dos fundamentos e motivações das decisões judiciais obriga o aluno a pensar o direito e aprimorar-se na busca criativa de uma solução justa para os casos concretos, até porque o Direito não está feito e acabado com a edição da lei, mas deve ser realizado em cada decisão jurídica.

Em segundo lugar, é a metodologia pedagógica mais coerente com a atual realidade do direito e com o crescente protagonismo das cortes constitucionais em nosso sistema judicial, mormente em virtude da ausência de uma ética social comum que permeie nossa sociedade, a ponto de alçar as mesmas cortes à condição de verdadeiros árbitros sociais em questões intrincadas.

Se o processo judicial é o cenário paradigmático para a análise dos problemas de hermenêutica jurídica, por outro, Rabbi-Baldi (1998, p. 16-7) a ele sempre se socorre quando o obrar coletivo demonstrou-se incapaz de assegurar, por si só, uma coexistência razoável e, no mesmo processo, por uma nem sempre fácil harmonização de elementos diversos, procura-se determinar uma via de superação dessas impossibilidades.

Em terceiro lugar, é a metodologia pedagógica que mais fomenta a percepção da profunda unidade do saber jurídico, no cotejo com a situação de fragmentação, isolamento e falta de comunicação entre as distintas áreas do direito. Tal compartimentação acadêmica é justificada pelo fato de que são diversos os âmbitos da vida social que o Direito pretende ordenar.

Entretanto, essa clivagem resulta disfuncional e pouco harmônica com a realidade jurídica se é convertida numa separação absoluta, porque a maior parte das controvérsias, submetidas à resolução por parte dos profissionais do direito, demanda uma solução que abarca elementos aportados por diversos ramos do Direito. A análise de decisões judiciais permite ao aluno, por conseguinte, a capacidade de compreensão acerca da conexão e da inter-relação entre os distintos setores do Direito, além da profunda unidade ontológica que os conjuga no cotidiano dos tribunais.

Em quarto lugar, é a metodologia pedagógica detentora da inquestionável vantagem de favorecer uma implicação ativa do estudante no processo de aprendizagem, contribuindo para uma melhor assimilação do conhecimento e para a formação de um espírito crítico, bem ao contrário da tradição pedagógica positivista, fundada nas conferências (designadas por aulas teóricas, magistrais ou expositivas) e na memorização de textos legais e de tratados doutrinários.

Na verdade, o método do caso não favorece, mas exige aquela implicação ativa, porquanto, obrigado a interpretar por si mesmo o alcance de todas as situações contidas nos casos estudados e a elaborar uma própria síntese das regras tomadas por indução, o aluno assume o protagonismo de sua formação profissional. O método do caso afasta o aluno do risco de mantê-lo em situação de "menoridade intelectual", pois evita que ele se transforme no mero destinatário passivo do pensamento do professor, algo extremamente comum na realidade da graduação jurídica.

Em quinto lugar, é a metodologia pedagógica que constitui a melhor preparação para o exercício profissional do direito, sobretudo num ambiente judicial em que a coerência exigida do discurso jurídico, na defesa das teses, torna cada vez mais complexa a articulação entre a argumentação jurídica e os postulados de sua justificativa axiológica.

O método do caso é especialmente útil, se comparado com a metodologia expositiva, desde o ponto de vista da prática daquela articulação. A leitura dos casos permite ao aluno familiarizar-se com os métodos próprios da racionalidade jurídica, fincados na indisponibilidade deôntica do Direito e na incondicionalidade de suas exigências práticas, e, portanto, da racionalidade na qual se embasarão como futuros profissionais do direito.

Em sexto lugar, é a metodologia pedagógica que contribui eficazmente para a formação ética do aluno, a fim de que as tecnicalidades do direito a ela não se sobreponham e reduzam o direito ao um mero joguete de interesses dos titulares de um poder político ou econômico, à ideia de uma simples convenção entre seus protagonistas sociais ou à singela expressão de tendências naturais contra os abusos da legalidade positiva.

Em sétimo lugar, é a metodologia pedagógica que cria uma disposição natural do profissional do direito para sua rápida adaptação às constantes e inevitáveis transformações do mundo do Direito e para a aceitação de casos reais mais complexos, diante da visão mais ampla que o método exige do aluno, capacitando-o a tomar decisões ou dar conselhos e pareceres mais acertados.

Em oitavo lugar, é a metodologia que concilia a ciência do direito com a prudência do *ius*, transmitindo ao discente a ideia correta de que o direito é um saber prático e não uma ciência pura e distante da realidade na qual deve atuar normativamente. Dessa maneira, a atividade jurídica (OLLERO TASSARA, 2006, p. 313) converte-se numa relevante aliada de propostas reabilitadoras de uma filosofia prática: "a filosofia não é apenas o reflexo de uma verdade prévia, mas a arte de realização dessa verdade. A relação do filósofo com o ser não é uma relação frontal do espectador diante do espetáculo; é como uma cumplicidade, uma relação oblíqua e oculta" (MERLEAU-PONTY, 1945, p. XV).

Em suma, todas as vantagens e potencialidades pedagógicas podem ser traduzidas numa só: o método do caso é um método em que, sem prejuízo da liderança docente em sua condução, todos ensinam e todos aprendem. Procura-se construir a aprendizagem sobre os conhecimentos e a experiência dos alunos, de sorte que se aprende tanto do material empregado pedagogicamente como dos pontos de vista dos demais alunos e não somente do aporte pedagógico proveniente do professor, como na metodologia de aulas magistrais.

A partir da experiência romana de que dos fatos surge o Direito, o método em foco reclama que, ante uma situação fática determinada e hermeneuticamente tomada, indague-se pelos princípios que dão o suporte vertebral para uma solução ou um conjunto de soluções que, prudencialmente, correspondam ao justo concreto, analisando-os criticamente para fins de adoção daqueles que respondam às circunstâncias do caso concreto. Nessa tarefa, todos se envolvem e cada um por completo, pois cada aluno canaliza toda sua inteligência, vontade e afetividade na apreciação do caso estudado, otimizando uma melhor compreensão dos princípios gerais do Direito e do próprio ser do Direito.

A fim de se definir de um modo preciso o campo de atuação da metodologia aqui defendida, é importante ressaltar que o método do caso não deve prevalecer exclusivamente no ensino do direito brasileiro. Entendemos que essa forma de aplicação apenas se justifica no universo jurídico estadunidense, porque, no sistema anglo-saxão do Direito – a *common law* –, o direito é criado a partir das decisões judiciais nos casos concretos.

Assim, o exclusivo ensino pelo *case method* é a ferramenta mais adequada para a compreensão daquela realidade jurídica, fundada na regra do precedente judicial, do costume e do protagonismo legiferante das cortes judiciais, bem diferente de nossa tradição romano-germânica, essencialmente formal, codificada e baseada na atuação legislativa e que, por isso, demanda do profissional do direito, um sólido conhecimento da teoria jurídica.

Acrescente-se que, segundo a ideia de que a escola de direito deve formar hermeneutas do direito, na linha epistemológica exposta no capítulo próprio, o profissional do direito não será capaz de compreender o mundo jurídico, sem se apoiar num aparato teórico elementar e no valioso acervo conceitual destilado ao longo de mais de vinte séculos de desenvolvimento sapiencial do Direito – um dos saberes, ao lado do filosófico, mais antigos da Humanidade – e um dos primeiros ensinados por ocasião do advento das universidades na Baixa Idade Média.

Esse desenvolvimento sapiencial foi apto a construir uma sistematização ordenada e coerente dos princípios e instituições fundamentais do Direito, indispensável para uma adequada compreensão dos problemas concretos que se produzem na vida jurídica real de uma sociedade historicamente determinada. Como já exposto nesta obra, o direito não é uma ciência, embora haja uma ciência – necessária – que o investigue, pois (RABBI-BALDI, 1998, p. 24-5) "a reivindicação de uma análise do Direito baseado no estudo dos casos jurisprudenciais não implica – de modo algum – admitir um 'decisionismo' desprovido de toda bagagem teórica que ilumine as decisões a serem adotadas".

Por conseguinte, não se pretende desprezar todo o arcabouço teórico bi-milenar do Direito. Concretamente, a exposição teórica, por intermédio das aulas expositivas, deverá abarcar os conceitos fundamentais do Direito e de cada disciplina jurídica individualmente considerada. Entretanto, essa abordagem nunca deverá ser feita à margem das decisões judiciais que plasmem tais conceitos fundamentais, porque, conforme já exposto ao longo deste trabalho, carecem de sentido a memorização de textos legais e o trabalho de exegese legislativa tradicional separados dos casos concretos aos quais a própria lei é interpretada segundo a jurisprudência.

Uma estrita formação normativa pode ser conseguida pelo estudo metódico e disciplinado do aluno, sem qualquer colaboração do magistério do professor; por isso, Langdell (1871, prefácio) ressaltava que a "instrução deve ser de tal caráter que os alunos possam derivar dela, pelo menos, vantagens superiores daquelas que obteriam caso se dedicassem o mesmo tempo ao estudo privado". Assim, o magistério do professor, na aula expositiva, é insubstituível para o ensino da compreensão dos problemas teóricos e concretos que se põem no momento do exercício da racionalidade prática do Direito, o que se dá na aula em que o método do caso é desenvolvido.

Lavilla Rubira (1988, p. 440) assinala que "a racionalidade jurídica não é formal, mas que versa sobre conceitos e normas cuja cabal apreensão é pressuposto indispensável de sua solidez". Essa afirmação coincide com a ideia aqui defendida: o aprendizado da racionalidade e da interpretação do Direito é bem diferente, em essência, do mero conhecimento de um rol de normas jurídicas, o qual, por outro lado, serve como pressuposto para a implementação eficaz daquele aprendizado.

Também é importante deixar claro que o método do caso não é um método exclusivo para as áreas de negócios e de administração de empresas, onde tem um uso generalizado de fato, e que somente se justifica pedagogicamente no mundo jurídico da *common law*, em razão das já citadas peculiaridades dessa tradição jurídica.

Na primeira crítica, assinalamos que o presente método não surgiu *ex nihilo* das modernas escolas de administração de empresas, porque tem suas raízes profundamente arraigadas na tradição jurídica romana (a atenção ao caso concreto), na tradição filosófica grega (a dialética pedagógica/maiêutica) e na tradição pedagógica medieval (o método do debate universitário). Cremos, ainda, que o mesmo método é capaz de prestar importante aporte pedagógico em muitas outras áreas do saber humano, como no estudo da ética e da medicina.

Na segunda crítica, recordamos que, na forma já exposta neste capítulo e no capítulo segundo, o método do caso foi sobejamente utilizado pelo Direito Romano, de sorte que não se sustenta a alegação de que esse método esteja intrínseca e definitivamente ligado ao sistema da *common law*. Pelo contrário, como demonstramos ao longo deste capítulo, é um método dotado de fecundidade pedagógica para a superação do ensino jurídico de nossa realidade.

Por fim, na medida em que o conhecimento normativo é sempre instrumental em relação ao labor de valoração dos problemas jurídicos de uma realidade social, o aprimoramento pedagógico dos estudantes deverá sempre repousar nesse último aspecto, ou seja, na solução de casos práticos ou na análise crítica das soluções tomadas pelas decisões judiciais. Na condição de coluna vertebral da aprendizagem do ensino jurídico,[227] o método do caso capacita os estudantes a fim de que sejam profissionais do direito preparados para as lides práticas do mundo jurídico, porque não concebe o Direito a partir do divórcio entre teoria e prática, **mas como uma teoria desde a prática.**

Em razão disso, a Resolução nº 09/2004 do Conselho Nacional de Educação prevê, em seu art. 2º, que:

> **a organização do Curso de Graduação em Direito**, observadas as Diretrizes Curriculares Nacionais se expressa através do seu projeto pedagógico, abrangendo o perfil do formando, as competências e habilidades, os conteúdos curriculares, o estágio curricular supervisionado, as atividades complementares, o sistema de avaliação, o trabalho de curso como componente curricular obrigatório do curso, o regime acadêmico de oferta, a duração do curso, **sem prejuízo de outros aspectos que tornem consistente o referido projeto pedagógico.**
>
> **§ 1º. O Projeto Pedagógico do curso, além da clara concepção do curso de Direito**, com suas peculiaridades, seu currículo pleno e sua operacionalização, **abrangerá, sem prejuízo de outros, os seguintes elementos estruturais:**
>
> I – concepção e objetivos gerais do curso, contextualizados em relação às suas inserções institucional, política, geográfica e social;
>
> II – condições objetivas de oferta e a vocação do curso;
>
> III – cargas horárias das atividades didáticas e da integralização do curso;
>
> IV – formas de realização da interdisciplinaridade;
>
> **V – modos de integração entre teoria e prática**[228]; (...) (Grifos nossos.)

---

227. Evidente que há um conjunto de disciplinas jurídicas que são exceções à presente afirmação, pois sua finalidade elementar está em fornecer uma bagagem téorica e conceitual para uma adequada compreensão do Direito, como no caso de Teoria Geral do Direito, Filosofia do Direito, Teoria Geral do Estado, Introdução do Estudo do Direito e Teoria Geral do Processo, motivo pelo qual seu conteúdo deve ser transmitido com um maior grau de ênfase no método expositivo.

228. Nesse ponto, o projeto pedagógico do curso (PPC) deve ser informado pelo conteúdo dos eixos que se entrelaçam com os modos de integração propostos pelo mesmo curso, contidos na mesma Resolução: "**Art. 5º.** O curso de graduação em Direito deverá contemplar, em seu Projeto Pedagógico e em sua Organização Curricular, conteúdos e atividades que atendam aos seguintes eixos interligados de formação: **I – Eixo de Formação Fundamental**, tem por objetivo integrar o estudante no campo, estabelecendo as relações do Direito com outras áreas do saber, abrangendo dentre outros, estudos que envolvam conteúdos essenciais sobre Antropologia, Ciência Política, Economia, Ética, Filosofia, História, Psicologia e Sociologia. **II – Eixo de Formação Profissional**, abrangendo, além do enfoque dogmático, o conhecimento e a aplicação, observadas as peculiaridades dos diversos ramos do Direito, de qualquer natureza, estudados sistematicamente e contextualizados segundo a evolução da Ciência do Direito e sua aplicação às mudanças sociais, econômicas, políticas e culturais do Brasil e suas relações internacio-

O método do caso, ao permitir que o aluno interaja com seus pares e com o professor, amplia o horizonte pedagógico para o ensino jurídico[229] e conduz o estudante a um esforço de aprendizagem que o capacitará a ser, no futuro e no seio social, um destacado profissional do direito, porque não só será portador de um rol de excelências estritamente profissionais – como a habilidade intelectual e a formação pedagógico-jurídica aberta, reflexiva, crítica, operante e criativa –, mas de um conjunto das virtudes próprias do Direito, a prudência e a justiça, manejadas sempre no seio de uma atuação jurídica interpretativa. Afinal, o Direito não está feito. Está por ser feito: na vida real, caso a caso, depois de uma vida escolar de aprendizagem pelo método do caso.

---

nais, incluindo-se necessariamente, dentre outros condizentes com o projeto pedagógico, conteúdos essenciais sobre Direito Constitucional, Direito Administrativo, Direito Tributário, Direito Penal, Direito Civil, Direito Empresarial, Direito do Trabalho, Direito Internacional e Direito Processual; e **III – Eixo de Formação Prática**, objetiva a integração entre a prática e os conteúdos teóricos desenvolvidos nos demais Eixos, especialmente nas atividades relacionadas com o Estágio Curricular Supervisionado, Trabalho de Curso e Atividades Complementares. (Grifos nossos.)

229. Segundo Villareal Palos (2007, p. 150-3), o artigo nono da Conferência Mundial sobre Educação Superior (Paris/2006), que dispõe sobre os métodos educativos potencializadores do pensamento crítico e criativo, fomenta as instituições de ensino superior à formação de estudantes aptos a se tornarem cidadãos bem informados e profundamente motivados, dotados de um sentido crítico e capazes de analisar os problemas da sociedade, buscar soluções e bem aplicá-las, assumindo as responsabilidades que a sociedade deles espera. Nesse sentido, aponta o mesmo autor que "**o predomínio e a resistência do método da cátedra magistral nas faculdades de direito da América Latina está vinculado a uma forma de se conceber a ciência do direito como uma disciplina congelada, acabada, perfeita, de caráter principalmente dogmático e exegético (...). O importante no ensino do direito seria revalorizar a utilização dessa ferramenta didática, porque parece ser o único caminho viável para vincular a aquisição de conhecimentos teóricos com a resolução de problemas práticos (...). Sem abandonar o método da classe magistral, é importante introduzir em nossas universidades latino-americanas o método do estudo de caso, pois isso seguramente redundaria na formação de melhores profissionais do direito para o século XXI**". (Grifos nossos.)

9 MÉTODO DO CASO NO ENSINO JURÍDICO: APLICAÇÃO PRÁTICA

> *O direito existe para ser realizado.*
> *A realização é a vida e a verdade do direito.*
> *Ela é o próprio direito.*
> (IHERING, 1877, p. 43)

Estabelecidos os limites de inserção do método do caso na realidade pedagógica atual, além de seus pressupostos epistemológicos e metodológicos, sua implementação, na prática, pode ser feita, baseada em nossa experiência docente como professor-coordenador de metodologia e hermenêutica jurídicas, a partir de um *iter* que compreende cinco estágios bem definidos:

a) o caso em si, os tipos utilizáveis, o material de estudo e o plano de curso;

b) a preparação e a análise do caso pelo professor e pelo aluno;

c) a análise e o debate do caso nos grupos de estudo;

d) a plenária, suas estratégias e táticas nas perspectivas do professor e do aluno;

e) a avaliação dos alunos.

Depois da análise do *iter* acima descrito, ao final do capítulo levantaremos os problemas mais comuns verificados nos processos de adoção pedagógica do método do caso e indicaremos sugestões de respostas. Assim, esperamos colaborar com sólidos subsídios práticos que auxiliem tanto o professor quanto o aluno na tarefa de uma eficiente implementação do método do caso na realidade pedagógica concreta e historicamente vivida na atualidade da graduação jurídica.

PRIMEIRO ESTÁGIO:
O caso em si, os tipos utilizáveis, o material de estudo e o plano de curso

No primeiro estágio, é preciso definir o caso e saber se qualquer caso pode ser objeto de estudo pelo método aqui preconizado, algo que, inclusive, reflete na seleção do universo do material de estudo pelo professor. O caso, nos termos do método homônimo, é uma proposição de situação real ou fictícia, apresentada em forma documentária, para que o aluno reflita sobre os fatos e, partir dos problemas daí gerados, construa o caminho que culminará com uma ou mais soluções.

Dessa forma, o estudo de caso caracteriza-se por se basear num dado fenomênico observado em seu ambiente ordinário, limitado em termos de tempo, eventos ou processos, protagonizado por um ou mais entes (individuais ou coletivos), envolto numa realidade razoavelmente complexa, não manipulável experimentalmente, onde os resultados de sua análise dependem vigorosamente da capacidade ou aptidão de integração dos elementos fáticos com os valores imanentes do observador.

Ademais, na medida em que esse observador desenvolve outras hipóteses, a partir de um outro olhar tomado por diversas configurações cognitivas advindas daquela integração, existe a possibilidade de se chegar a outros resultados. O estudo de caso é focado no "como?" e no "por quê?" e não no "o quê?" ou no "quanto?", porque se trata de, a todo tempo, identificar um "algo" para se dar um foco de sentido e alcance à análise propiciada pelo estudo de caso.

O estudo de caso pode colocar o aluno em contato com uma situação profissional real ou hipotética, sempre no afã de, a partir do conhecimento dos fatos relevantes do caso dado, conduzi-lo à reflexão e à solução dos problemas que tais fatos engendram.

No intento de uma situação profissional real, diante da atual realidade do direito e com o crescente protagonismo das cortes constitucionais[230] em nosso sistema judicial, o objeto de uma aula, à luz do método do caso, deve consistir no estudo do acórdão de algum recurso extraordinário ou de alguma ação constitucional, todos de competência material jurisdicional do Supremo Tribunal Federal. Poderá ser também do acórdão de algum recurso especial julgado pelo Superior Tribunal de Justiça, porquanto se trata da corte brasileira com exclusiva atribuição de uniformização do direito fundado na legislação federal.

Não menosprezamos a utilização de acórdãos dos tribunais dos estados federativos e do Distrito Federal ou mesmo as sentenças, que são decisões de natureza estritamente monocrática. Contudo, devem ser adotados em caráter excepcional.

No primeiro caso, porque refletem uma realidade exclusivamente local, sem a visão do todo federativo, o que favorece as decisões dos tribunais superiores (STF e STJ), cuja pletora de recursos provém justamente do inconformismo das decisões contidas nos acórdãos dos vários tribunais federativos, sendo submetidos a um longo e destilado trabalho de uniformização jurisprudencial (STJ) ou de adequação constitucional (STF), de molde a vincularem, ao menos psicologicamente, os membros dos tribunais inferiores e mesmo os magistrados do primeiro grau de jurisdição.

---

230. Reportamos o leitor ao conteúdo da nota de rodapé n. 17.

No segundo caso, *mutatis mutandis,* valem os mesmos argumentos, acrescido do fato de que o magistrado, por mais brilhante e dedicado que seja, nem sempre é capaz de abordar todas as questões relevantes que cercam um caso concreto, o que resta minimizado num órgão colegiado como um tribunal federativo ou os tribunais superiores (STF e STJ).

No intento de uma situação profissional hipotética – mesmo aplicada nos exames disciplinares –, essa medida deve ser vista excepcionalmente, justificada apenas nas hipóteses em que não haja um precedente judicial. Por maior que seja a imaginação criativa do professor, dificilmente um estudo de caso hipotético pode abranger um leque complexo de problemas jurídicos e questões de fato que os casos reais sempre portam consigo.

Ademais, a técnica do método do caso hipotético parece convidar o aluno a buscar imediatamente, na lei ou na jurisprudência, a "receita" para ser aplicada como sua solução ao caso estudado, quando a teleologia do método é outra: almeja-se que o aluno questione a idoneidade da "receita" adotada, reflita sobre sua adequação e investigue a existência de outras melhores e as razões para tanto.

Destarte, o caso não se confunde com meras ilustrações, exemplos práticos ou problemas de aplicação, porque esses elementos analogados não tomam a experiência do aluno como objeto de reflexão e ponto de partida para a produção de conhecimento; não permitem o pensamento crítico e a capacidade de expressão de ideias; não relacionam conhecimento teórico e empírico, tampouco a propensão da teoria em prol de uma prática; incentivam muito pouco a criatividade, a aptidão de iniciativa e a tomada de decisão, e não confrontam as limitações, os reducionismos e as contradições do mundo teórico quando o aluno é obrigado a pensar a teoria a partir da prática.

O material de estudo para manejo pelo aluno na preparação e na participação nos grupos de estudo e na plenária deve compor, além do caso, e em uma quantidade equilibrada, um rol de referências teóricas que saiba conferir o devido valor ao campo teórico-jurídico estudado pelo caso, pois, do contrário, a dinâmica pedagógica tende a transformar a metodologia que aqui defendemos – o método do caso – justamente naquela que criticamos, quando empregada exclusivamente – o método expositivo.

Em outras palavras, o aluno não pode gastar mais tempo lendo as referências teóricas que estudando e sumarizando o caso correlato. O foco do aluno deve estar centrado nessas atividades e, inclusive, o equilíbrio daquela equação serve também para lembrar o aluno justamente disso: não se está a estudar teoria e mais teoria, mas a teoria necessária e suficiente para bem se compreender e sumarizar o caso no momento em que estiver redigindo, no período de preparação, seu *briefing case.*

O material de estudo e os casos que figuram no plano de unidade de aula são de leitura obrigatória e sempre anterior à aula programada, cujo tema sempre deve ser indicado no plano de curso, porque, embora não vá se exigir um teste de leitura dos alunos nos grupos de estudo ou na plenária, o domínio do material de estudo é imprescindível para uma producente e ativa participação do aluno nessas ocasiões, quesito que integra a equação da avaliação final. O professor também pode assinalar uma referência teórica complementar no material de estudo, porém em caráter indicativo e não vinculante para a preparação do aluno.

A peça fundamental do material de estudo é o chamado *casebook*, o livro que compõe todos os casos do curso e que deve ser entregue ao aluno, juntamente com o plano de curso, logo na primeira aula (que costuma ser de introdução à disciplina e de apresentação do plano de curso), oportunidade em que, dentre outros tópicos, deve-se, no método do caso, dar especial atenção para a explanação do conteúdo programático e da metodologia pedagógica a ser empregada.

O *casebook* não é um livro doutrinário, típico dos manuais de graduação acadêmica, nos quais há somente espaço para a teoria. É formado por um conjunto de casos baseados em situações profissionais reais (decisões judiciais) ou hipotéticas (situações simuladas com vários aspectos reais), seguido de perguntas e de algumas notas docentes para guiar o estudo do aluno no momento da preparação.

A epistemologia pedagógica de um *casebook* reside na formação de uma mentalidade discente fincada na realização de uma tríade poiética[231], tomada a partir da realização simultânea dos seguintes exercícios: **destilação** dos princípios utilizados, **compreensão** do modo de sua aplicação aos fatos no caso concreto e **comparação** com outras possíveis soluções discutidas a partir das teses das partes, dos julgadores ou do debate da classe.

Todos os casos, reunidos no *casebook*, devem compor uma sequência de conteúdo programático a ser delineada no plano de curso (ou planejamento de ensino), ação exclusiva do professor e que consiste no direcionamento metódico, sistemático e justificado das atividades a serem desempenhadas pelo professor junto ao corpo discente, no afã de se alcançar as metas pedagógicas traçadas. Deve inter-relacionar objetivos, conteúdos, alunos, métodos, técnicas e avaliação da aprendizagem.

É um marco de referência para a unidade e a coerência na orientação do comportamento docente durante o tempo de desenvolvimento da disciplina e representa também

---

231.　Aqui, adotamos a noção aristotélica de *poiesis*. Segundo o filósofo, o âmbito da atividade humana relativo ao devir é tido como contingente e variável, distinguindo-se entre a atividade produtiva, a *poiesis*, e a atividade prática, a *praxis*. E, ao fazê-lo, o filósofo parece apartar a dimensão técnica (*poiesis*), tão presente nos seus predecessores, daquilo que é próprio e estrito à dimensão da excelência humana (*praxis*). A ação (*praxis*) adquire, assim, um sentido eminentemente ético no contexto aristotélico, e a produção (*poiesis*), por sua vez, fica restrita ao âmbito da *téchne*. Em algumas passagens da *Ética Nicomaqueia*, o filósofo reconhece como diferentes e distintos esses dois âmbitos da atividade, afirmando que "nem a ação (*praxis*) é produção (*poiesis*) e nem a produção (*poiesis*) é ação (*praxis*)" (*Etica a Nicômaco,* VI, 4, 1140a). A distinção que daí decorre se tornaria clássica nos seguintes termos: a produção (*poiesis*) é uma atividade transitiva que visa a um fim exterior a ela mesma e é, portanto, própria ao domínio da arte (*téchne*); a ação (*praxis*) é uma atividade imanente ao agente a qual tem o seu fim em si mesma e pertence ao domínio da ética (*Etica a Nicômaco,*VI, 5, 1140b).

um instrumento para a identificação das relações da disciplina com outras afins e com o curso globalmente considerado, sobretudo quando se cuida de graduação.

No método do caso, a elaboração do plano de curso deve:

a) guardar relação de harmonia com o plano curricular, também conhecido como projeto pedagógico de curso (PPC);

b) considerar as necessidades, capacidades e interesses do corpo discente, além de seu protagonismo no seio do método do caso;

c) buscar objetivos dentro da realidade vivida pelo corpo discente;

d) selecionar um conteúdo programático de acordo com esses objetivos;

e) planejar o tempo de forma a assegurar a assimilação deste conteúdo;

f) flexibilizar-se diante de contingências não previstas;

g) possibilitar uma avaliação objetiva.

No método do caso, o plano de curso deve ser composto pelas seguintes partes:

a) identificação;

b) ementa;

c) justificativa;

d) objetivos;

e) conteúdo;

f) metodologia pedagógica;

g) recursos didáticos;

h) avaliação;

i) referência bibliográfica.

A identificação consiste nos dados do curso: instituição de ensino superior, título do curso, disciplina, professor(es), período, carga horária semestral e total, semestre e ano letivo. A ementa é uma síntese dos conteúdos que serão desenvolvidos na disciplina, listados em forma de itens um na sequência do outro. A justificativa consiste na motivação da ação formativa, ocasião em que se enfatiza a importância desta diante da problemática descrita.

Os objetivos devem expressar claramente os resultados que são esperados de cada aluno no que concerne aos conhecimentos (dimensão cognitiva), atitudes (dimensão volitiva) e habilidades (dimensão psicomotora). São divididos em objetivo geral e objetivos específicos: no primeiro, externa-se o resultado da formação proposta a longo prazo; nos demais, apontam-se as ações menores que deverão ser desenvolvidas ao final de cada unidade, mas sempre apontadas para o objetivo geral.

O conteúdo corresponde ao conjunto de temas e assuntos a serem estudados durante o curso de uma dada disciplina, disposto sob a forma de organização sequencial das unidades que o compõem. Sempre relacionado aos objetivos, o conteúdo deve ser atual e interessante, fincado na realidade profissional do aluno, integrado ao conhecimento de outras áreas afins e correlatas e dotado da aptidão de permitir diversos ângulos de análise e de interpretação.

Na metodologia pedagógica, o professor apresenta o caminho a ser percorrido na disciplina, a fim de que os objetivos sejam alcançados, no seio da relação formativa havida entre docente e corpo discente, com a descrição, pormenorizada, dos papéis de cada um. Aqui, o método do caso pode ser aplicado exclusivamente, mas, pelos motivos já expostos no capítulo próprio, sugerimos o manejo do método expositivo com o método do caso, sendo este dotado de, pelo menos, metade da carga horária destinada ao curso todo.

Os recursos didáticos dizem respeito à estrutura de apoio ao labor docente disponibilizada pela instituição de ensino, a qual deve ser adequada à transmissão do conteúdo e de domínio, em seu uso, pelo professor. No método do caso, os mais utilizados são o quadro, os slides, os vídeos, os textos do *casebook*, além do diálogo socrático.

A avaliação, que deve ser feita ao longo de todo o processo de aprendizagem, corresponde aos tópicos de análise da atuação do aluno, no afã de se vislumbrar o alcance dos objetivos propostos. Suas rubricas e critérios devem ser claros, concisos e detalhados. No método do caso, a participação, a solidez e a coerência argumentativas, o domínio do conteúdo, a pontualidade fundamentada, a capacidade de iniciativa e o interesse pedagógico sobressaem-se. Os instrumentos de medição da avaliação também devem ser indicados e, no método do caso, os exames, os debates em grupo e na plenária, além da apresentação de textos (*briefing cases*) são os mais indicados.

A referência bibliográfica consiste no material teórico – básico e complementar – de estudo que contempla o conteúdo a ser trabalhado pelo professor ao longo do curso. A referência básica sustenta esse conteúdo e a complementar auxilia na elaboração do *briefing case*, no debate nos grupos e na plenária e dá mais subsídios para um maior sucesso nos exames.

A título de exemplo, elaboramos um plano de curso (Anexo XIII) apresentado para um curso realizado na ENFAM (Escola Nacional de Formação e de Aperfeiçoamento de Magistrados), intitulado "Prudência Judicial", cuja carga horária no método do caso perfazia dois terços do total e manejava todos os aspectos práticos do mesmo método.

SEGUNDO ESTÁGIO:
A preparação e a análise do caso pelo professor e pelo aluno

No segundo estágio, pelo ângulo docente, a preparação e a análise do caso começa justamente pela eleição de um caso. No estágio anterior, já dissemos que o estudo de caso pode enfocar uma situação profissional real ou hipotética. Naquela, por se basear numa decisão judicial, exige-se um certo cuidado na retratação da realidade, a ser exposta da forma mais verossímil possível; nesta, apesar de se tratar de uma situação simulada, deve--se, em regra, expressar aspectos reais, com o ocultamento, salvo se estritamente necessário, das pessoas e instituições reais. Tanto numa hipótese quanto na outra, existem alguns elementos que devem ser sopesados.

Em primeiro lugar, no ato de escolha do tema, à luz dos objetivos pretendidos no plano de curso, devem ser bem delineados o problema ou os problemas, os atores envolvidos e a situação contextual, composta por fatos e circunstâncias. Esse é o eixo inicial para a construção da narrativa para o estudo de caso. Devemos sempre recordar que o caso é um instrumento pedagógico apto para servir ao aprendizado de como se agir em situações reais e se sopesar as consequências das ações. Um caso não é um documento histórico nem um texto puramente descritivo. Deve ser capaz de suscitar muitas questões para o debate e portar elementos que permitam uma tomada de posição e de definição de cursos de ação.

Em segundo lugar, o texto do caso deve prezar pela coerência e pela clareza, isto é, suas linhas devem ser ponderadas e seus argumentos desenvolvidos corretamente. O texto deve ser dotado de simplicidade na escrita, ou seja, palavras rebuscadas devem ser evitadas, assim como orações muito longas ou invertidas. A melhor organização de uma oração ainda é feita pela sequência sujeito + verbo + complemento. A coesão também deve caracterizar o texto, tanto na questão gramatical quanto na textual: preposições e conjunções podem ser excelentes conectivos para deixar a oração bem articulada. As etapas do texto também devem guardar coesão entre si, a fim de que o final do parágrafo anterior tenha relação com o começo do parágrafo posterior, em solução de continuidade.

Em terceiro lugar, o caso deve ser estruturado – seja de narrativa simples, mediana ou complexa (Anexos XIV, XV e XVI respectivamente[232]) e a depender do grau de verticalização no entrelaçamento entre os seguintes itens "b", "c" e "d" – da seguinte forma:

a) **Introdução**, momento em que, atraentemente, define-se o problema a ser examinado e se explicam os parâmetros ou as limitações da situação;

b) **Visão geral**, oportunidade em que se fornecem detalhes sobre os protagonistas e organizações envolvidos, identificam-se questões profissionais, técnicas e teóricas e apontam-se para ricos nuances contextuais, cenários, personalidades, culturas, urgência de questões e outros;

---

232. Os casos compõem uma parte do plano do prestigiado curso de LL.M em Direito Empresarial, no módulo "Direito, Economia e Negócios", oferecido pelo CEU Escola de Direito, instituição de ensino superior em que coordenamos o departamento de metodologia e hermenêutica jurídica e à qual agradecemos, por intermédio de seus professores Edison Fernandes (Anexo XIV), Erik Oioli (Anexo XVI) e Luciano Timm (Anexo XV), a gentil cessão dos conteúdos das aulas no método do caso.

c) **Relato da situação**, ocasião em que se descrevem as ações e as declarações dos protagonistas e de suas relações, sempre num contexto cronológico e situacional bem delimitado;

d) **Problemas do caso**, delineados sob quaisquer das seguintes três formas, a saber, apresentação de uma situação e dos questionamentos sobre o que se fazer, definição de tarefas ou ilustração de um cenário seguida da análise dos erros e da recomendação de uma outra abordagem de ação;

e) **Notas docentes**, apontamentos do professor, tomados a partir da análise completa do contexto do caso, visando à indicação de subsídios teóricos para uma saudável compreensão do caso pelo aluno. É formal e impessoal.

Em quarto lugar, convém, ao final, que o professor faça um *checklist* do caso redigido, a fim de aferir sua qualidade intrínseca e sua adequação para aplicação nos grupos de trabalho e na plenária. Ei-lo:

a) Existe um desafio posto? Os problemas e dilemas da situação são contextualizados, levam os alunos a refletir sob várias perspectivas e abrem uma cortina de várias soluções possíveis?

b) Que teorias ou conceitos são transmitidos?

c) Os elementos fáticos e circunstanciais são bem explicitados e têm informações suficientes para sua análise?

d) O caso promove habilidades prudenciais, orientando o aluno para a conversão da análise em tomada de decisão?

e) O caso identifica os protagonistas que influenciaram nas ações, a ponto de o aluno se ver na posição de cada um deles?

f) Existe tensão dinâmica suficiente no caso para se produzir pontos de vista controversos e competitivos?

g) O caso é atraente e interessante para o aluno, por possuir um *insight* surpreendente, prazos fatais, conflitos, oportunidades e ameaças que se entrelaçam em seu enredo?

h) O caso possui notas docentes? Estão bem estruturadas?

i) O caso emprega os melhores e mais adequados recursos instrucionais para sua apresentação?

j) Existe um rol de perguntas (item "d" da estrutura do caso – problemas do caso) que efetivamente auxilia, tanto o professor quanto o aluno, na tarefa de levantamento dos fatos, de reconstrução das decisões narradas no caso concreto e de análise crítica destas?

Em quinto lugar, o professor deve escolher um caso que traga ao debate os problemas mais relevantes relacionados aos conteúdos das unidades de estudo do plano de curso e, na medida em que o método em foco também busca o acesso do aluno às linhas jurisprudenciais dos tribunais superiores, convém que o mesmo caso já tenha sido objeto de pronunciamento judicial pelas mesmas cortes, ainda que seja apresentado na modalidade de situação profissional hipotética.

Em sexto lugar, o caso deve ser entregue à coordenação acadêmica por ocasião da confecção do *casebook*, o qual deve ser distribuído na aula introdutória do curso, a fim de que os alunos gozem de um bom lapso temporal para um estudo profundo e, assim, fomente-se uma adequada preparação que o método em tela exige para sua plena eficácia pedagógica. Para tanto, é importante também que as aulas sejam distribuídas com um razoável espaçamento entre elas.

Em sétimo lugar, cabe ao professor algumas explicações, que devem ser feitas ao se começar um curso com o método do caso:

a) o método é ativo. O aluno é chamado a confrontar-se com temas em relação aos quais ainda não se consolidou uma jurisprudência ou com as diversas maneiras de descobrir as lacunas, a ponto de ele mesmo logo concluir que não há uma solução única, mas inúmeras possíveis;

b) para o aluno, o professor deve, na medida do possível, criar vínculos orgânicos de um caso para o outro, evitar questões no auditório (plenária) e na sala de aula (grupos de estudo) que tirem o foco dos pontos mais importantes e evidenciar as metas de aprendizagem em cada caso estudado;

c) o professor deve lembrar que o método galvaniza todos os fatores pedagógicos em prol do exercício de uma racionalidade prática do Direito, transformando o auditório e a sala de aula em verdadeiras microarenas da realidade social e dos valores nela reinantes;

d) o aluno deve ser recordado de que o método envolve um diálogo entre ele e o professor. Não é um debate geral acadêmico e uma saudável preparação, além da efetiva participação do aluno nos grupos de estudo e na plenária, não só dita a eficácia do método, como é um fator com peso relevante e específico na avaliação final;

e) o aluno deve saber que o ensinamento não termina com a análise do caso, mas se consuma por um conjunto de instrumentos de medição da avaliação discente;

f) o aluno deve ser conscientizado da epistemologia que funda sua postura pedagógica, ao abandonar a posição inferior na relação de total verticalidade da metodologia expositiva e passar a atuar em horizontalidade para com o professor, apreendendo a teoria a partir da prática, com vistas à formulação das soluções que correspondam ao ditame de justiça exigido no caso estudado, porque o Direito não é uma teoria, ainda que haja uma teoria que o investigue. É um saber prático, mediante o qual o aluno deve ser sempre lembrado que, embora seja um exercício pedagógico dotado de competências e habilidades específicas, o método do caso atua, eticamente, em favor de um justo concreto que, ao cabo, procura gerar uma ordem social, uma harmonia em que cada coisa está na correta relação com seu titular, ou seja, uma ordem social justa;

g) o aluno deve ter em evidência que, no estudo de caso proposto na unidade do plano de curso, ele deve se acostumar a sempre buscar a motivação (*holding*), depois de efetuar o levantamento dos fatos, a matéria-prima sobre a qual irá debruçar sua racionalidade prudencial.

Pelo ângulo discente, a preparação e a análise do caso envolvem, essencialmente, um tempo razoável de estudo (2 a 4 horas) por meio da condensação escrita desse labor investigativo, consumada pelo sumário do caso (*briefing case*). Porém, antes, convém que o aluno tenha plena consciência pedagógica de que:

a) o método é ativo. O aluno é chamado a confrontar-se com temas em relação aos quais ainda não se consolidou uma jurisprudência ou com as diversas maneiras de descobrir as lacunas, a ponto de ele mesmo logo concluir que não há uma solução única, mas inúmeras possíveis;

b) deve-se alcançar as metas de aprendizagem propostas para cada caso estudado, a fim de que os objetivos do plano de curso sejam atingidos;

c) o método galvaniza todos os fatores pedagógicos em prol do exercício de uma racionalidade prática do Direito, transformando o auditório e a sala de aula em verdadeiras microarenas da realidade social e dos valores nela reinantes;

d) o método envolve um diálogo entre ele e o professor. Não é um debate geral acadêmico e uma saudável preparação, além da efetiva participação do aluno nos grupos de estudo e na plenária, não só dita a eficácia do método, como é um fator com peso relevante e específico na avaliação final;

e) o ensinamento não termina com a análise do caso, mas se consuma por um conjunto de instrumentos de medição da avaliação discente;

f) a epistemologia que funda sua postura pedagógica passa pelo abandono de uma posição inferior na relação de total verticalidade da metodologia expositiva e deve rumar a um prumo de horizontalidade para com o professor, apreendendo a teoria a partir da prática, com vistas à formulação de soluções que correspondam ao ditame de justiça exigido no caso estudado, porque o Direito não é uma teoria, ainda que haja uma teoria que o investigue. É um saber prático, mediante o qual o aluno deve ser sempre lembrado que, embora seja um exercício pedagógico dotado de competências e habilidades específicas, o método do caso atua, eticamente, em favor de um justo concreto que, ao cabo, procura gerar uma ordem social, uma harmonia em que cada coisa está na correta relação com seu titular, ou seja, uma ordem social justa;

g) no estudo de caso proposto na unidade do plano de curso, ele deve se acostumar a sempre buscar a motivação (*holding*), depois de efetuar o levantamento dos fatos, a matéria-prima sobre a qual irá debruçar sua racionalidade prudencial.

O sumário do caso é um mecanismo pedagógico que auxilia o aluno a "jogar a partida do debate" nos grupos de estudo e na plenária. O sumário do caso permite ao aluno ter uma visão geral do caso, mediante uma espécie de dissecação escrita de seus pontos relevantes.

A elaboração de um sumário de caso justifica-se por quatro motivos:

a) ensina o aluno a realizar uma análise legal que se tornará, com o tempo, uma hábito incutido, uma espécie de segunda natureza do aluno;

b) proporciona um foco de ajuste fino para o debate nos grupos de estudo e na plenária, familiarizando o aluno com o conteúdo vertical do caso;

c) capacita o aluno de uma *expertise* sempre pronta a ser utilizada profissionalmente e até mesmo na vida pessoal;

d) auxilia a memória ativa na atuação no seio dos grupos de estudo, na plenária e na realização dos exames finais.

O sumário do caso é composto dos seguintes elementos:

a) Descrição do caso (*Case description*): são os dados gerais do caso (*background information*);

b) Fatos (*Facts*): é a descrição fenomênica do caso, distinguindo-se os fatos juridicamente importantes dos juridicamente secundários, a fim de servir de gatilho para a memória passiva trazer à tona dados importantes do caso;

c) Questão (*Issue*): são os fatos-chave que se traduzem nos pontos controversos dos problemas do caso;

d) Motivação (*Holding*): é o princípio adotado na decisão dos atores envolvidos como razão de decidir (*ratio decidendi*). O *holding* responde às questões levantadas pelos pontos controversos do item anterior;

e) Caminho lógico (*Rationale*): são os passos adotados no *agere decidens* do caso estudado. Corresponde à lógica formal empregada e pela qual a decisão tomada foi justamente uma e não outra;

f) Efeitos (*Disposition*): trata-se da indicação das consequências previsíveis e não descritas no caso, vislumbradas depois da tomada de decisão pelos protagonistas deste.

O sumário do caso pode conter outros elementos secundários, como opiniões concorrentes, posições dissonantes, estratégias de atuação dos atores envolvidos no caso e dispositivos dos votos (no caso de uma decisão judicial colegiada). Enfim, o sumário do caso não se reduz a si mesmo: deve sempre ser visto como uma ferramenta de uso pelo aluno. Se atende aos quatro motivos anteriormente descritos, é um bom sumário. Se não atende, precisa ser ajustado imediatamente.

Sugerimos, por fim, na tarefa de elaboração do sumário do caso, ser conveniente seguir um rol exemplificativo de perguntas e questões, reconstruindo-se os fatos (letras "a" a "f"), as decisões (letras "g" a "m") e as linhas de análise crítica (letras "n" a "v"), aqui feito da seguinte forma:

a) Quais são os fatos relevantes?

b) Quais são as pretensões dos atores do caso?

c) Quais foram os argumentos fundamentais alegados pelos atores do caso?

d) Quais seriam os interesses pessoais de cada um dos atores do caso?

e) Quais aportes filosóficos, políticos, econômicos e sociais foram importantes para a defesa das teses antagônicas?

f) Que outras opções teriam as partes?

g) Quais as normas jurídicas ou fontes do direito aplicáveis?

h) Quais os pontos controversos e categorias jurídicas envolvidos?

i) Quais deles envolveriam o assunto central e quais teriam uma natureza secundária?

j) Qual foi o *iter* processual?

k) Qual foi a solução adotada ao final?

l) Quais foram seus argumentos jurídicos e axiológicos?

m) Quais deles foram os principais *(holding)?* Existem *obiter dicta* de particular relevo?

n) O que poderia ter sido argumentado para evitar a decisão tomada ao final?

o) Existe algum fato relevante e apto a dar lugar a uma solução diferente?

p) A decisão acompanha o entendimento jurisprudencial ou é um *leading case*?

q) Quais as opções de decisão em jogo?

r) Há algum princípio jurídico em particular que tenha determinado o rumo da decisão? Esse princípio poderia ser manejado em casos futuros?

s) É possível identificar elementos filosóficos, políticos, econômicos e sociais fundantes da decisão? Caso afirmativo, realize um juízo de valor a respeito e aponte os de maior relevância.

t) Qual a linha hermenêutica empregada?

u) Quais são os benefícios e as desvantagens da decisão tomada? Existem soluções alternativas? Quais seriam suas vantagens e desvantagens? No caso de recurso da decisão, como seriam as razões de apelação?

v) Qual seria minha opção para a solução do caso e os fundamentos que tomaria para tal fim?

TERCEIRO ESTÁGIO:
A análise e o debate do caso nos grupos de estudo

A fase de grupos de estudo é de extrema importância no método do caso, porque permite o intercâmbio e a contribuição de ideias a respeito de um tema de uma maneira mais direta e concentrada, além de promover a comunicação, a participação, a cooperação e a integração de todos os membros envolvidos. É o momento de uma postura global do aluno de mais verbalização e menos observação.

Os grupos devem ser divididos igualmente em salas de aula, na medida do possível, limitados de quatro a oito participantes, a fim de que todos sejam protagonistas no agir comunicativo reflexivo. Sugere-se que o tempo de duração dos grupos oscile entre vinte e trinta minutos e que seja inserido entre a sessão de abertura da aula e a plenária.

Formado o grupo, seus membros devem ter o claro objetivo de responder às perguntas feitas no caso estudado, para o que deverão se atentar para as anotações individuais contidas no sumário do caso e a ordem dos questionamentos, a qual deverá pautar o *modus operandi* do grupo. Convém que um membro seja destacado para coordenar os trabalhos ao longo do debate nos grupos, zelando:

a) pelo relatório das deliberações do grupo, pelo controle do tempo e pela participação de todos. Para isso, deverá fazer falar os mais introvertidos;

b) pelo lançamento ordenado das questões e pelo bom nível intelectual das argumentações, de molde que efetivamente enriqueçam o debate;

c) pelo alcance das conclusões e pelo clima de polidez e respeito no diálogo de ideias;

d) pelo não monopólio da palavra pelos mais extrovertidos ou engajados;

e) pela eleição de um outro membro para apresentar o relatório do grupo na plenária, podendo ser o mesmo que exerce a coordenação;

f) pela eventual necessidade de comunicação com o professor para a solução de contingências momentâneas e imprevisíveis.

É de extrema valia que o professor, ao longo do tempo destinado aos grupos de trabalho, passe pelas salas e observe o comportamento individual de cada aluno e global do grupo, porquanto, conforme já assinalado, a avaliação não se restringe à plenária, mas passa

QUARTO ESTÁGIO:
A plenária, suas estratégias e táticas nas perspectivas do professor e do aluno

A plenária é realizada no auditório. Esse auditório, preferencialmente, deve ter a forma de um anfiteatro grego (com as cadeiras dispostas em forma de "U"), tantas quantas forem suficientes para a acomodação de todos os alunos, de sorte que a figura do professor fique mais ou menos equidistante de todos os estudantes. Esse formato justifica-se pelo fato de que, dessa maneira, os alunos podem visualizar-se uns aos outros e isso torna a aula do método mais rica dialogicamente.

Em regra, a duração total da plenária deve ser de noventa minutos de hora-aula que, somados aos trinta minutos dos grupos de estudo, perfazem cento e vinte minutos em ambiente pedagógico acadêmico. Se o caso estudado for de extrema complexidade, a plenária pode se estender excepcionalmente por até cento e vinte minutos que, somados aos trinta minutos dos grupos de estudo, alcancem o limite de cento e cinquenta minutos. De fato, além disso, as fadigas mental e psicológica tomam cena e a plenária perde sua eficácia pedagógica, já que o potencial cognitivo dos alunos resta abalado.

No auditório, aconselha-se que a classe tenha em torno de trinta a quarenta alunos, a fim de que o professor conheça, de fato, os alunos e a eficácia do método do caso – cujo eixo motriz é o protagonismo do aluno na atuação da cena acadêmica – plenifique-se em todas as dimensões pedagógicas do corpo discente. Do contrário, os alunos tendem a se transformar em meros receptores de opiniões. A plenária deve ser desenvolvida na forma de diálogo, mediante a máxima participação dos alunos em clima de discussão aberta, respeitosa e serena, oportunidade em que cada um deles poderá expor seus pontos de vista devidamente fundamentados.

Do ponto de vista do aluno, é imprescindível que este apareça na plenária munido de seu sumário do caso, pois, uma vez manejado o caso na preparação, mais cômodo ele se sentirá para o debate na plenária, melhor ele compreenderá por onde transita a discussão e mais se enriquecerá com o intercâmbio de ideias. Também é curial recordar ao aluno as linhas-mestras da consciência pedagógica a que aludimos no segundo estágio, sobretudo a natureza ativa e o viés de racionalidade prática do método, o alcance das metas de aprendizagem em cada caso, a constante busca da motivação das decisões por meio dos fatos e a relação dialógica com o professor e os demais.

Uma vez preparado o caso e consciente pedagogicamente acerca de sua atuação, algumas regras devem ser observadas pelo aluno ao longo dos debates na plenária:

a) exprimir-se com clareza e trazer opiniões fundamentadas a partir do estudo do sumário do caso;

b) ouvir ativamente o interlocutor, sem interrompê-lo;

c) solicitar esclarecimentos, réplica ou tréplica;

d) respeitar a opinião dos demais;

e) aguardar sua vez de intervir e anotar as ideias a serem rebatidas na folha do sumário do caso;

f) seguir as indicações do professor.

No debate na plenária, convém que o aluno adote uma estratégia de discussão. Há muitas, desde os gregos, que chegaram até nós pelo desenvolvimento posterior da retórica aristotélica, a qual foi rapidamente mencionada nos capítulos próprios. Contudo, aconselhamos uma que desponta com um maior grau de excelência: o *Trivium*[233]. Cada elemento do *Trivium* – lógica, gramática e retórica – encerra potencialmente uma série de habilidades argumentativas para uma vida intelectual madura.

Por que o *Trivium*? Porque o debate, tanto nos grupos de estudo quanto na plenária, envolve a linguagem falada e o *Trivium* oferece fecundas ferramentas para o aperfeiçoamento do intelecto linguístico. O que torna boa e convincente uma linguagem? Coleridge definia a prosa como "as palavras em sua melhor ordem" e a poesia como "as melhores palavras na melhor ordem" e, para isso, "não há melhor receita que a do *Trivium*".

O *Trivium*, dentre outras coisas, ensina que a linguagem desenvolve-se a partir da natureza mesma do ser humano. Como somos racionais, pensamos. Como somos sociais, interagimos com os outros. Inventamos símbolos linguísticos para expressar uma gama de experiências práticas e teóricas que constroem nossa existência. Em suma, expressamo-nos a todo tempo e, nessa toada, engajamo-nos num constante diálogo vital.

Cada uma das três partes do *Trivium* colabora nesse sentido. A gramática confere à palavra, dotada de um significado particular, a condição de termo e, nesse momento, ela entra no domínio da lógica, a arte da dedução, pronta a tomar lugar numa proposição. Da proposição move-se para o silogismo, o entinema e as falácias formais e materiais. A retórica ocupa-se com as escolhas daquele que fala ou escreve a partir das opções que a gramática e a lógica dispõem.

Em outras palavras, o *Trivium* abrange as artes pertinentes à mente. A lógica é a arte de pensar; a gramática, a arte de inventar símbolos e combiná-los para expressar o pensamento; e a retórica, a arte de se comunicar as ideias relativas à realidade de uma mente à outra. No exercício dessas artes, a ação começa no agente e nele termina, depois de aperfeiçoado pela ação. Esse caráter intransitivo ou imanente do *Trivium* permite ao agente alcançar o virtuosismo nessas artes paulatinamente.

---

233. Para aprofundamento no tema, sugerimos a obra *The Trivium, The Liberal Arts of Logic, Grammar and Rhetoric*, da Irmã Miriam Joseph, C.S.C., Ph.D.

E o debate propiciado pelo método do caso, por envolver a comunicação em si mesma, avoca, como instrumento, as artes da lógica, da gramática e da retórica, porque são justamente aquelas que governam os meios de comunicação: leitura, escrita, fala e audição, dimensões intelectuais e humanas que comandam o cenário pedagógico criado por aquele mesmo debate.

Por fim, no *Trivium*, a retórica é a arte mestra, pois pressupõe e faz uso da gramática e da lógica e, nesse aspecto, reforça o acento da hermenêutica prudencial-retórica que propusemos no capítulo específico.

No outro lado do espectro pedagógico, a partir do ponto de vista do professor, a ele incumbe um papel especialmente relevante na plenária, sem que se resuma ao papel de moderador passivo da discussão. Por intermédio dos recursos instrucionais descritos no plano de curso, ele deve ser capaz de conduzir com maestria o trato dialógico – na linha socrática, conforme já visto no capítulo próprio –, proporcionando ordem e harmonia no desenvolvimento de cada uma das etapas da dinâmica da plenária, a fim de que cada uma dessas fases seja implementada dentro de um espaço de tempo disponível para sua eficácia pedagógica.

O professor deverá suscitar, nos alunos, as perguntas – e jamais a solicitação ou mesmo a iniciativa de sua opinião sobre o caso debatido, sob o risco de inibir as posições de muitos – que os levem à descoberta dos elementos mais relevantes do caso estudado, mediante a introdução de questões controversas e das possíveis objeções frente aos argumentos adotados, além da respectiva solução tomada. O professor não tem espaço para seus discursos acadêmicos, típicos das aulas expositivas dos cursos de graduação.

O professor deve ouvir os alunos sobre suas experiências relacionadas com o conteúdo do caso, procurar identificar e registrar questões, dúvidas, contradições e reducionismos e a forma como estes são enfrentados no cotidiano profissional, de molde a propiciar o desenvolvimento coletivado de conhecimentos significativos e extraídos do caso para a prática profissional de cada aluno.

O professor deve constantemente lembrar aos alunos que o método é ativo: eles são chamados a confrontar-se com temas em relação aos quais, em regra, não há uma solução única, porquanto comportam uma variedade de pontos de vista e, também, estão a encontrar o direito em constante estado de dimensionamento jurisprudente, tomado a partir de sua aplicação aos fatos da vida.

O professor deve motivar a participação de todos os estudantes e estabelecer conexões com outros problemas discutidos nos casos já analisados em outras unidades de estudo. Nesse ponto, as perguntas necessariamente devem guiar os estudantes à extração dos princípios teóricos elementares que sirvam de solução para a elucidação de casos iguais, análogos ou semelhantes. Ao mesmo tempo, o professor deve, sempre a partir dos fatos, focar a atenção dos alunos na análise dos valores envolvidos.

É de extrema importância que o professor formule, ao final da plenária, de cinco a dez minutos, a síntese das conclusões da análise realizada pelos estudantes, de maneira a tornar claros os princípios teóricos fundamentais que podem ser extraídos do caso apreciado. Em suma, o professor nada mais fará do que extrair a teoria a partir da prática, motivo pelo qual seu empenho deverá ser significativamente mais ativo do que aquele exigido na condução das tradicionais aulas expositivas.

O concerto dialógico na plenária segue o caminho abaixo delineado e suas fases devem ser divididas em intervalos de tempo mais ou menos iguais, com exceção da terceira, em virtude de sua função subsidiária:

a) Fatos (*Facts*): o professor inicia pontuando os acontecimentos do caso, direcionando esta pergunta para um só aluno. A vantagem dessa abordagem está em facilitar a resposta do aluno e dar ao corpo discente uma clara orientação de que os fatos são a matéria-prima da discussão. Depois, o professor abre, a partir de uma resposta hábil desse aluno, para incluir os demais que se mostrarem interessados na problematização dos fatos levantados. Caso não haja, deve chamar mais um ou dois nominalmente. Aos poucos, deve abrir a dinâmica dialógica para o restante, mormente se lançar uma pergunta mais difícil, suceder o esgotamento do repertório argumentativo dos alunos originários ou a mesma pergunta tiver sido reformulada duas vezes sem uma manifestação discente. Nessa fase, o professor pode lançar mão do rol exemplificativo de perguntas e questões descrito anteriormente no segundo estágio.

b) Motivação (*Reason*): agora, o professor procura fazer brotar, a partir da interação discente, o princípio ou os princípios utilizados na solução do problema pelos envolvidos, já que, conforme já assinalado, o método capacita o aluno a buscar, a todo tempo, o *holding* do caso. Pode haver leituras de motivação diferentes, razão pela qual o professor deve questionar as alternativas existentes e as circunstâncias em que poderiam ser invocadas. Nessa fase, o professor pode lançar mão do rol exemplificativo de perguntas e questões descrito anteriormente no segundo estágio;

c) *Obiter dictum* (*Incidental opinion*): trata-se da explicitação dos princípios envolvidos na decisão que não são imediatamente necessários para a construção da resposta dada ao caso, mas que foram significativos para o enlace final. Deve-se também estabelecer a relação de causa/efeito entre a motivação e o *obiter dictum*.

d) Valores (*Values*): o professor indaga os alunos acerca dos valores que sustentam a motivação e se a solução tomada faz um balanço entre outros valores possíveis, sem prejuízo do equacionamento dos efeitos sociais, econômicos e políticos da mesma solução. Aqui, reside o coração da plenária, a demandar o emprego do maior tempo possível e sem prejuízo para as fases antecedentes e subsequentes, pois o método galvaniza todos os fatores pedagógicos em prol do exercício de uma racionalidade prática do Direito, transformando o auditório numa verdadeira microarena da realidade social e dos valores nela reinantes;

e) Cotejo (*Collation*): o professor, no seio do diálogo socrático, questiona o aluno sobre a concordância acerca de uma das teses já levantadas no debate ou da posição descrita na solução do caso e o leva a refletir sobre suas eventuais inconsistências, contradições, antinomias e reducionismos, a fim de melhor depurar a posição tomada pelo aluno;

f) Vínculos (*Bonds*): o professor, nessa fase, deve indagar o aluno sobre as visões judicial e acadêmica a respeito da solução tomada pelos protagonistas do caso estudado, as influências políticas, sociais e econômicas havidas no caso e os liames substantivos do caso com os demais tratados ao longo do plano de curso. O intuito é o de transmitir para o aluno a ideia de organicidade (ou não) do direito posto.

g) Fechamento (*Enclosement*): o professor deve registrar as conclusões hauridas – tão e tão somente – a partir do concerto dialógico produzido pela participação dos alunos.

Podemos, assim, condensar as atuações do professor e do aluno, incluindo todos os estágios anteriores, nas seguintes linhas taxonômicas[234]. Pelo professor:

a) via plano de aula, preparar minuciosamente o caso real ou fictício de acordo com os objetivos de aprendizagem específicos daquele caso;

b) suscitar a leitura prévia e o levantamento, por cada aluno, dos fatos, dos problemas e da solução dada;

c) introduzir o caso, com apontamento das diretrizes gerais;

d) reger, na plenária, o debate, sem expressar seus próprios juízos de valor;

e) conduzir os alunos, nos grupos de estudo e na plenária, às perguntas que os levem à descoberta dos elementos mais relevantes do caso estudado, sem desvios temáticos e com o controle do tempo, mediante a introdução de questões controversas e das possíveis objeções frente aos argumentos adotados, além da respectiva solução tomada;

f) estabelecer conexões com casos semelhantes, análogos ou estudados nas unidades anteriores;

g) estimular a criação de uma verdadeira microarena dialógica no ambiente da plenária;

---

234. Segundo a taxonomia de Bloom, instrumento pedagógico cuja finalidade é a de auxiliar a identificação e a declaração dos objetivos ligados ao desenvolvimento cognitivo, com o fim de englobar a aquisição do conhecimento, competência e atitudes, facilitando, dessa maneira, o planejamento do processo de ensino e aprendizagem.

h) suscitar nos alunos a assinalação da motivação e a explicitação dos valores, mediante apresentação pelos grupos na plenária;

i) assinalar, ao final, a síntese dos conceitos e ideias-chave tratados pelos alunos;

j) escolher os recursos instrucionais mais pertinentes e adequados.

Pelo aluno:

a) ler previamente o caso;

b) elaborar o sumário do caso, como preparação ao levantamento dos fatos, problemas, questões, relação do caso com outros semelhantes e a solução dada, mediante análise crítica;

c) participar ativamente na plenária e nos grupos de estudo, conduzindo-se propositivamente na relação dialógica travada com o formador e com os demais alunos;

d) respeitar os pontos de vista contrários e consistentes;

e) apresentar, na plenária, os resultados do trabalho em grupo, expondo a motivação e os valores adotados;

f) saber interagir eticamente com os demais atores no ambiente da plenária e dos grupos de trabalho.

QUINTO ESTÁGIO:
A avaliação dos alunos

Temos contato com a avaliação desde nosso ingresso na educação básica e, no mundo profissional atual, somos constantemente avaliados das mais diferentes maneiras. Avaliar não é um ato simples. É complexo e abrange elementos perceptíveis e imperceptíveis, nos campos intelectual, cognitivo e volitivo. Contudo, um dado empírico é líquido e certo: o ensino não se dissocia da avaliação, pois avaliar sempre nos conduz à tarefa reflexiva de ensinar.

A avaliação é um agir reflexivo, a sempre nos impulsionar para novos campos de pensamento, e um processo interativo, por meio do qual os dois polos da relação formativa – professor e aluno – aprendem um sobre o outro e a realidade que cerca a ambos. A avaliação é diferente de um exame e de uma prova, porque apenas estes encerram um fim em si mesmo. O exame e a prova investigam apenas o alcance de um resultado a ser buscado pelo aluno, e a avaliação foca num processo dinâmico cujo resultado será submetido a uma valoração que servirá para uma tomada de decisão subsequente.

Assim, podemos afirmar que o exame (ou prova) é pontual, seletivo, classificatório e autocrático, enquanto a avaliação é processual, inclusiva, diagnóstica e dialógica. Portanto, a avaliação não deve ser da aprendizagem, mas para a aprendizagem. Deve levar à compreensão do processo e auxiliar no planejamento de estratégias para se atingir os objetivos previamente traçados.

Para bem se avaliar no método do caso, o professor deverá utilizar um conjunto de instrumentos de medição da avaliação, **composto pelos exames escritos, debates em grupo/plenária e apresentação de textos (sumário do caso)**, a ser explicitado aos alunos por ocasião da aula introdutória do curso. Em outras palavras, a avaliação do aluno não se dá somente por meio de exames escritos.

Dessa maneira, por meio desse foco formativo, a avaliação é capaz de aferir o real desenvolvimento de habilidades e competências pelo aluno processualmente durante todo o curso e, como efeito, estabelece-se uma relação de sintonia fina e de coerência epistemológica entre ensino pelo método do caso e sistema de avaliação.

Nota-se, desde já e claramente, que o sistema de avaliação aqui proposto está muito além do clássico sistema de avaliação feito somente por exames escritos, típico da metodologia expositiva predominante nos cursos de graduação de Direito e incapaz de medir o grau de domínio da racionalidade prática do aluno, porquanto, conforme já descrito no capítulo próprio, limita-se a aferir tão somente a capacidade de memorização do aluno.

Nos exames escritos, há uma série de opções de aplicação pelo professor. Dissertação, exames com perguntas abertas e discursivas ou respostas curtas e pontuais, exames a livro aberto e *papers*. Em quaisquer dessas opções, convém reservar um intervalo de duas a três horas para sua realização e sempre uma boa combinação de elementos de racionalidade teórica e prática, porque estamos inseridos numa metodologia que privilegia a teoria a partir da prática judicial. Para tanto, o professor pode se valer do mesmo rol exemplificativo de perguntas e questões exposto no segundo estágio.

Os alunos deverão estudar para os exames escritos a partir dos sumários do caso feitos ao longo do curso, sem prejuízo de suas anotações e resumo particulares, como forma de rápida referência aos conteúdos transmitidos. O professor verificará o desempenho discente observando, nos exames escritos, a coerência, a pertinência, a lógica, a articulação, a síntese e a solidez dos argumentos empregados pelo aluno nas respostas escritas aos questionamentos feitos, motivo pelo qual se desaconselha o recurso das provas objetivas (múltipla escolha, associação, ordenação, falso ou verdadeiro, completamento).

Nos debates em grupo e na plenária, segundo a dinâmica exposta nos estágios terceiro e quarto, o professor verificará o desempenho discente por meio da análise global da coerência, pertinência, lógica, articulação, síntese e solidez dos argumentos empregados pelo aluno em sua análise oral crítica, nos momentos da plenária e dos grupos, além da observação global de postura ética que prestigie o diálogo e o respeito ao posicionamento contrário naqueles momentos. Os alunos deverão se preparar para tais debates por meio da realização do sumário do caso de cada unidade de estudo.

Na apresentação de textos, o professor deverá solicitar aos alunos que disponham o sumário do caso preparado por escrito para a aula do método da respectiva unidade de estudo, a ser entregue até a abertura da mesma aula. Embora, conforme já dito, não se exija do aluno um teste de leitura nos grupos de estudo ou na plenária, o bom conhecimento do material de estudo é imprescindível para uma producente e ativa participação em ambas ocasiões.

E a apresentação do sumário do caso é uma forma concreta de, aos poucos, conscientizar o aluno de não ser possível estar presente numa aula do método sem uma preparação à altura do protagonismo que dele se exige no auditório (plenária) e na sala de aula (grupos de trabalho). Aliás, o melhor conselho que pode ser dado ao aluno que pretenda ter êxito na avaliação final é o de realizar o sumário de todos os casos apresentados ao longo do curso.

Nos sumários apresentados para avaliação, o professor verificará o desempenho discente por meio da análise global da coerência, pertinência, lógica, articulação, síntese e solidez no preenchimento de seus elementos, a saber, descrição do caso, fatos, questões, motivação, caminho lógico e efeitos.

No balanceamento das notas atribuídas a cada um dos instrumentos de medição da avaliação, o professor poderá dividir o peso, mas atribuindo aos exames escritos e debates em grupo/plenária uma inflexão maior, já que ambos compõem a pedra de toque da dinâmica pedagógica do método do caso. Destarte, a avaliação final, composta por aquele balanceamento, deverá aprovar somente os alunos que efetivamente tiverem demonstrado um bom ou excelente desenvolvimento em cada uma das etapas do conjunto dos três instrumentos de medição da mesma avaliação.

PROBLEMAS NA IMPLEMENTAÇÃO DO MÉTODO DO CASO

O método do caso impõe particulares paradigmas, nem sempre facilmente compreensíveis, sobretudo numa realidade pedagógica cujas balizas são fincadas pelo método expositivo desde a criação dos cursos jurídicos no Brasil pela Lei Imperial de 11 de agosto de 1827. Por isso, listamos uma série de dezesseis problemas mais comuns que surgem no momento de implementação pedagógica daquele método, divididos entre os de natureza infraestrutural/institucional (itens "a" a "c") e metodológica (itens "d" a "p"):

a) resistência epistemológica docente: o método do caso exige – ordinariamente – muito mais preparação de uma unidade de estudo pelo professor, se comparado com o método expositivo. Nesse caso, é preciso que a instituição de ensino e a coordenação acadêmica encampem, antes, a adoção do método, a fim de que a migração pedagógica seja feita de forma eficaz para, depois, capacitarem suas instalações físicas e o quadro docente no estudo pedagógico do método do caso aplicado ao Direito, sem prejuízo de uma tutoria docente, antes e durante o curso, por um profissional especialista, até que se complete a transição metodológica, o que pode levar alguns anos;

b) incompreensão discente: os alunos, por ocasião da oferta do curso, precisam ser sensibilizados acerca das nuances do método do caso e dos reflexos daí decorrentes em termos de preparação e participação em todas as etapas do plano de curso. Depois, na primeira aula, é de suma importância que o método do caso seja explicado na teoria, mas, sobretudo, na prática da preparação e da participação nos grupos de estudo e na plenária. Durante o curso, é importante que o mesmo docente especialista, responsável pela tutoria docente, assuma a tutoria discente, a fim de assegurar aos alunos o apoio pedagógico necessário para uma correta apreensão cognitiva e comportamental do método. Em suma, os alunos devem ter a plena consciência de que são os protagonistas da pedagogia do método e não meros receptores da opinião docente sobre o conteúdo transmitido;

c) falta do livro de casos (*casebook*): convém que esse material seja distribuído para os alunos no dia da aula de introdução à disciplina e de apresentação do plano de curso. Uma distribuição frequente dos textos dos casos pode acarretar uma impressão de desorganização do curso, quando não atrasos injustificados. Os professores deverão, por isso, preparar todo o conteúdo da disciplina, seja das aulas teóricas, seja das aulas do método (redação dos casos relativos a cada unidade de estudo), antes do início do curso;

d) "palanque eleitoral": se o professor, sobretudo na plenária, ensina pelo diálogo socrático, conforme já visto no capítulo próprio, não há espaço para o discurso teórico típico das aulas expositivas. Se falar sobre o conteúdo do caso na plenária, por mais de cinco minutos, salvo no fechamento (*enclosement*), ou mesmo emitir opiniões, a qualquer tempo, virou aula expositiva. Daí a importância do acompanhamento das aulas do método pela tutoria do docente especialista, a fim de que a atuação docente seja aprimorada até que se alcance uma certa maturidade profissional;

e) falta de preparação de aluno: nesse caso, é necessário identificá-lo nas aulas do método (tanto nos grupos de estudo quanto na plenária) e conversar, depois, em separado, para orientá-lo, tarefa que pode ser assumida também pelo coordenador acadêmico do curso. Em regra, envolve um problema relativo ao item "b", mas também pode ser expressão de desinteresse ou déficit cognitivo do aluno ou mesmo indício de uma futura desistência de matrícula. Se a falta de preparação é generalizada, pode envolver um problema com o professor acerca da transmissão do conteúdo da unidade de estudo pelo método do caso. Nessa hipótese, convém que a coordenação acadêmica acompanhe o andamento dessa turma e desse professor mais detidamente;

f) "oito-ou-oitenta": a transição metodológica para o método do caso não precisa ser monolítica. O método expositivo pode, ao final dessa transição, ser manejado de maneira mista ao método do caso, respeitada a proporção de carga horária de aula já tratada anteriormente;

g) tentação da "resposta correta": nessa hipótese, quando questionado a respeito disso, o professor deve remeter o aluno "às opiniões debatidas na aula", podendo, no máximo, deixar mais claro o quadro de vantagens de uma solução ao invés das outras, mas, simultaneamente, assinalar as desvantagens da mesma solução;

h) uso do quadro: como principal recurso instrucional na plenária, convém que o professor trace na lousa – antes e organizadamente –, o "caminho" do diálogo da aula do método, a fim de permitir uma solução de continuidade, dar uma visão de conjunto ao aluno e possibilitar o acesso, a qualquer momento, a um determinado tópico levantado. Durante o "caminho", o professor pode preencher alguns campos deixados em branco com anotações curtas e diretas. Dessa forma, o professor permanece de frente para os alunos o maior tempo possível e em posição dialógica, motivo pelo qual o quadro demanda o específico uso aqui delineado e todos os demais recursos instrucionais devem ser manejados em caráter complementar e subsidiário;

i) aluno "chapa-branca": o professor deve conferir uma maior atenção ao aluno que sempre opina ou intervém com argumentos, ainda que coerentes, mas na defesa pragmática de qualquer posição, porque, para esse aluno, "afinal, a decisão jurídica depende sempre de uma influência política". Esse aluno deve ser motivado a refletir sobre os valores envolvidos nas várias posições debatidas na aula e sobre a importância do papel do advogado como um "jurisprudente" (ou "engenheiro legal" – analogia sofrível, mas que, talvez, seja de mais fácil entendimento), alguém que colabora com os juízes na busca de soluções inovadoras e portadoras dos valores sociais acolhidos pela nossa Constituição;

j) apatia da classe: se for momentânea e decorrente de problemas externos (sono, cansaço físico, exigência intelectual do assunto), o professor deve quebrar a monotonia, suscitando a participação dos alunos que já entenderam o método ou que tenham uma natural tendência para a extroversão. Dessa forma, o clima volta a ser contagiado. Se for orgânica (incompreensão do método ou falta generalizada de preparação), reportamos o leitor aos itens "b" e "e";

k) "rédea longa": o professor não pode perder o controle da plenária. Ele é um maestro a conduzir, harmonicamente, as intervenções dos alunos. Deve saber ditar o ritmo da aula, nem tão acelerado ou tão lento, e, se achar conveniente, excepcionalmente, dar uma pausa no andamento da plenária quando os ânimos estiverem acirrados, a ponto de inviabilizar o teatro dialógico;

l) "teoria e mais teoria": o professor deve lembrar que o método galvaniza todos os fatores pedagógicos em prol do exercício de uma racionalidade prática do Direito, transformando o auditório e a sala de aula em verdadeiras microarenas da realidade social e dos valores nela reinantes. É uma teoria desde a prática.

m) "aula catedrática": a condução dialógica, entre professor e alunos, na plenária não é muito fácil. Muito facilmente, uma aula do método do caso – regida socraticamente – pode se transformar em aula expositiva-dialogada, método que não guarda qualquer semelhança epistemológica e metodológica com o estudo de caso. Para tanto, sugerimos, como subsídio teórico, a leitura, pelo professor e pelos alunos, dos diálogos platônicos (que sempre terminam em aporias e não em respostas prontas e acabadas, como em *Críton, Fédon, Apologia de Sócrates, Banquete, Górgias, Ménon* e *A República*) e o estudo do fim e dos princípios socráticos, a saber, "a vida examinada", o diálogo (do grego, *dia logos*, movimento da razão), a refutação (do grego, *élenchos*, levar o interlocutor ao reconhecimento de sua ignorância), a maiêutica (do grego, *maieutike*, verdade que nasce do diálogo), a ironia (do grego, *eironēia*, jogo caricato e estratagemas usados para o interlocutor dar conta de si mesmo) e o não saber (arrogância intelectual dos sofistas).

n) "caso encerrado": o ensinamento do conteúdo de uma unidade de estudo não termina com a análise do caso na aula. Igualmente importante é a aplicação dos princípios, transmitidos pedagogicamente na aula do método do caso, por meio de exames escritos.

o) "holofote avaliativo": o aluno, no método do caso, é constantemente avaliado, desde sua preparação para o primeiro caso até o último exame escrito do curso. A avaliação, no método, não é um holofote estático sobre a aula (grupos de estudo e plenária), mas um farol marítimo em funcionamento, a iluminar toda a rota da atividade discente.

p) "Auditório, qual é a música?": inicialmente, o professor sempre deve dirigir as perguntas para um só aluno para, depois, abrir o debate. Jamais deve questionar o corpo discente indistintamente ("O que vocês acham disso?", "O que lhes parece?"), mesmo a qualquer tempo, sob pena de a plenária transformar-se num debate generalizado e sem controle docente.

A aplicação prática ora apresentada serve para mostrar um caminho que defendemos ao longo de todo esse livro: o de profunda mudança no modo de se conceber o ensino jurídico, de sorte que nos leve a traçar uma formação jurídica mais adequada à realidade do Direito e mais apta para a capacitação, nos profissionais do direito, dos atributos expostos ao longo dos capítulos anteriores, possível somente com a utilização preponderante do método do caso no ensino acadêmico.

Como efeito, o Direito será alçado ao profícuo *locus* de desenvolvimento de uma educação transformadora, por possibilitar a abertura de sendas de formação ético-social do aluno, cujos destinos coincidem num só: o da formação da justiça como prática social. Afinal, o Direito é vida e nada melhor que poder experimentar os mais variados aspectos da vivência do profissional do Direito, cuja reprodução pedagógica só se dá eficazmente pela visão paideica do método do caso.

CONSIDERAÇÕES FINAIS

Mais vale um juiz justo e prudente que uma lei boa.
Com um juiz injusto e imprudente, uma lei boa de nada serve,
porque ele a verga e a torna injusta a seu modo.

(Código Geral da Suécia de 1934)

O ideal para os quadros do pensamento jurídico
é que eles quase se confundam com a realidade jurídica.
Porque o Direito está nas coisas.

(FERREIRA DA CUNHA, 2001, p. 121)

A realidade histórica indica não haver sociedade sem Direito, nem Direito sem sociedade: *ubi societas ibi ius*,[235] sentenciaram, com precisão, os jurisconsultos de Roma, um povo dotado de um gênio prático, político e organizativo sem paralelo na história das civilizações. A existência de normas jurídicas positivadas, mais do que fundada numa obra da consciente vontade dos homens, resulta de uma necessidade natural: a vida gregária gera naturalmente uma ordem social, fato que pode ser observado mesmo nas sociedades de malfeitores. Se nem sempre existiu o Estado, tal como hoje entendemos desde a Paz de Westfália,[236] sempre houve poder.

---

235. Em tradução livre: "onde há sociedade, há direito".

236. A Paz de Westfália designa uma série de tratados que levou a termo a Guerra dos Trinta Anos e também reconheceu oficialmente as Províncias Unidas e a Confederação Suíça. É composta pelo Tratado Hispano-Holandês, que pôs fim à Guerra dos Oitenta Anos (assinado em 30 de janeiro de 1648 em Münster), e pelo Tratado de Osnabrück (assinado em 24 de outubro de 1648 entre Fernando III, Sacro Imperador Romano-Germânico, os demais príncipes alemães, além da França e da Suécia), encerrando o conflito entre estas duas últimas potências e o Sacro Império. Este conjunto de diplomas inaugurou o moderno sistema do Direito Internacional Público, ao acatar consensualmente noções e princípios como o de soberania estatal e o de Estado-nação. Embora o imperativo da paz tenha surgido em decorrência de uma longa série de conflitos generalizados, surgiu com eles a noção embrionária de que uma paz duradoura derivaria de um certo equilíbrio de poder, noção essa que se aprofundou com o Congresso de Viena (1815) e com o Tratado de Versalhes (1919).

Ou seja, os homens não se reuniram um dia para criarem a sociedade ou para estabelecerem o poder, mas nasceram no seio de uma comunidade, na qual, naturalmente, uma certa ordem foi estabelecendo-se e a partir da qual imanentemente brotou um poder. E, nessa tarefa, o homem, como ser racional e transcendente, foi percebendo que sua ordem não poderia ser meramente instintiva, mas precisaria ser dotada de justiça, sob pena de desagregação social, como efeito invencível do império da iniquidade.

A busca e a proposição de concretização de uma ordem justa, que se dá por meio de leis postas, é fruto de uma construção humana voluntária no seio da interação social. Mas essa missão não é imune ao erro e, logo, o direito posto pode até tornar-se injusto, principalmente hoje, em que a noção de Direito está, a nosso ver, na prática, concretizada pela ideia, cada vez mais cativante, de que a singela declaração de uma norma pelo poder estatal bastaria para a solução de uma situação fática específica, o que nem sempre atende os ditames concretos de justiça ali exigidos.

Se há, assim, na natureza humana, a constante busca de uma ordem lastreada axiologicamente – uma ordem justa – no seio de uma realidade histórica, contingente e concretas determinadas, então, o ensino da arte de positivação dessa ordem justa – o Direito – deve ser derivado a partir da adoção de uma normatividade moral universal daí decorrente, pois a ordem social, da qual o Direito é protagonista e faz parte, ergue-se, também, sobre os alicerces de uma ordem natural.

Somos conscientes de que, desde o século XVIII, na cultura jurídica formalista dominante nos países ocidentais, o ensino do Direito concebeu-se, com muita frequência, de maneira "insular", consumando-se numa espécie de juridicismo, cujo principal atributo reside na forte tendência de se operar em si mesmo e de maneira autorreferencial, sem levar em conta as dimensões que, nessa cultura jurídica, consideram-se totalmente alheias ao mundo do Direito, como as da política, da ética, da economia e da filosofia.

Essa teoria pura do Direito, fincada num positivismo normativista centrado num formalismo legalista e apegado a um voluntarismo legiferante, só fez produzir, no seio pedagógico, uma ideia de Direito completamente afastada de qualquer ditame de justiça e reduzida à relatividade da realidade jurídica. Para essa teoria, não existem critérios objetivos nem fatores permanentes de juridicidade ou de moralidade, porque toda realidade jurídica é histórica e relativa e, assim, nessa visão relativista e historicista do Direito, esse saber tão antigo quanto a própria humanidade não pode existir para além da efusão positiva da liberdade humana.

Temos plena consciência existencial de que viver sob o império de um Estado de Direito é um bem incontestável, mas desde que a positivação jurídica desse Estado esteja atrelada ao bem comum da sociedade, à indisponibilidade deôntica[237] e à incondicionalidade[238] das exigências práticas do Direito, de maneira que o profissional do direito, no

---

237. Reportamos o leitor ao conteúdo da nota de rodapé n. 180.

238. Reportamos o leitor ao conteúdo da nota de rodapé n. 181.

ato de interpretação daquelas normas postas, projete-se para a busca de um resultado hermenêutico que concretize o justo no caso concreto, a mais nobre missão pedagógica de qualquer escola de direito.

Entretanto, hoje, em nossa realidade, o Estado de Direito, por intermédio do conjunto de uma positivação jurídica alheia àqueles atributos essenciais, acaba por prestar forma e conteúdo à injustiça contemporânea, cujo rasgo principal é o abismo cada vez maior entre ricos e pobres, entre o arbítrio econômico e a justiça social e até mesmo entre os indivíduos de uma mesma sociedade. A causa dessa iniquidade objetiva não reside apenas na prática de ações jurídicas ilícitas ou de comportamentos delituosos.

Essa iniquidade é, em boa medida, fruto de uma injustiça legalizada, ou seja, da observância de uma lei positiva que, por ser ontologicamente injusta ao não conferir o "seu" ao legítimo titular, cria um quadro de ambiguidade para o Direito e, de certa forma, de desprestígio social para os profissionais do direito. A injustiça contemporânea é, em muito, resultado da visão positivista normativista do Direito, porque completamente fechada epistemologicamente à ideia do Direito como objeto da justiça e do Direito como uma prudência: mais do que um saber (uma ciência), um saber fazer (um saber prático).

Não podemos deixar de viver em sociedades organizadas juridicamente, ao menos no mundo ocidental. Contudo, isso não importa concluir que, em razão disso, estamos condenados a uma vivência social sob formas de organização injustas, porque a justiça faz parte do especial modo de ser do homem, ainda que muitas realidades sociais não tenham sido, ao longo da história, reconhecidas ou respeitadas pelo mesmo Direito. Como, de resto, ocorre com a realidade científica: durante quinze séculos, acreditou-se no sistema geocêntrico ou ptolomaico até que se descobrisse o sistema heliocêntrico ou copernicano e, nem por isso, depois, a ciência tornou-se uma dimensão cognitiva desacreditada.

E a justiça do Direito (ou o direito como objeto da justiça) é a justiça do caso concreto, o justo concreto reconhecido ou respeitado ou reestabelecido numa dada situação fática-histórica, contingente e determinada, para o que, previamente, a ciência do Direito deve estudar as formas de o "dar a cada um o seu" se fazer da melhor forma. Em primeiro lugar, vem o "dar", isto é, o atribuir, indicando o que devemos fazer enquanto obrigados a tanto: pode ser entregar, respeitar, obedecer, restituir e não se cuida de dever dar, mas de dar mesmo.

Em segundo lugar, está o "a cada um". O Direito é uma arte do concreto. O juiz (DIP, 2001, p. 7) declara que uma área de terra pertence a Tício e não a Caio e, no mesmo ato, determina sua restituição. Ele só consegue saber o que é de cada um depois do estudo do caso concreto dos indivíduos concretos. Não interessa ao Direito que Tício seja rico ou pobre, bom ou mau. Ao Direito importa apreciar se a terra lhe pertence ou não: pouco importa se ele cuida ou não da terra (questão fundiária) ou se precisa ou não dela para sobreviver (questão política).

Prossegue Dip (2001, p. 7), assinalando que:

> essa frieza, este rigor, faz-nos por vezes arrepiar. Por isso que o Direito não é tudo na vida e uma sociedade apenas justa seria também um absurdo. Além do Direito e das outras ordens sociais e normativas, precisa o homem da política, que se deve preocupar com o bem comum, da economia, que visa à produção de riqueza e ainda de outras coisas, como a caridade, o perdão e o amor, sem as quais a sociedade se torna irrespirável. Só que continua válido, até aqui, o princípio a *cada um o que é seu*. Não se devem misturar as coisas. Quando sou assaltado sem ninguém se dar por isso, posso perdoar e nada virá suceder ao criminoso. Mas isto não é Direito. (Grifos do autor.)

Por último, vem "o seu" de cada um. Aqui, o objeto pode ser tudo aquilo que interesse ao indivíduo na órbita social e que pertença ao mundo do comércio jurídico: bens materiais ou imateriais, sempre determinados por um título, como um contrato, uma lei, um testamento, uma declaração unilateral de vontade, uma promessa e até mesmo a natureza humana. Decerto que, na distribuição dos títulos, injustiças sociais podem ser cometidas pelo legislador.

Entretanto, compete à ciência incrementar o progresso material, à economia geri-lo e à política distribui-lo com adequação e justiça social. Quando a lei é injusta ou a medida de poder arbitrária, a ponto de tirar o título mais nobre que um indivíduo pode ter – a natureza humana –, o Direito deve recusar o cumprimento de um título positivo, porque, segundo a sabedoria romana, o que a natureza das coisas proíbe, nenhuma lei pode confirmar.

Dentre esses títulos, é evidente que a lei tem um assento proeminente. Mas a lei não é o Direito e o Direito não se reduz à lei: esta é apenas a causa e a medida do Direito, ou seja, cria uma normatividade, define-lhe o conteúdo e o atribui a certas pessoas. Contudo, quando se toma a realidade do Direito como um mero conjunto de normas ou regras estabelecidas pelo legislador, comete-se o erro epistemológico de rebaixar o ser do Direito à mera condição de uma ciência e esquecer-se por completo de que o Direito é uma prudência, ainda que haja uma ciência que o investigue.

Ciência e prudência são duas dimensões diferentes do saber humano: a ciência é um saber estritamente teórico, abstrato, especulativo e relativo ao universal e perene; a prudência, por sua vez, é prática, concreta, real e diz respeito ao singular e contingente. Lamas (1991, p. 510-1) assevera que:

> ciência e prudência são saberes de diversa maneira, segundo *prius et posterius*. Enquanto saber, a ciência tem prioridade sobre a prudência, porque é mais universal e toca mais plenamente com o necessário. Com efeito, o saber é, propriamente, o conhecimento da forma; e a forma se conhece mais perfeitamente quanto menos esteja contraída pela matéria individual. Por essa razão, o saber da ciência é *participado* pela prudência, na medida em que esta recebe daquela a direção normativa universal ao fim. Mas, como saber prático, *enquanto prático*, a prudência prevalece sobre a ciência, porque esta só chega a ser prática por referência à ação que é imediatamente regulada pela prudência. Dessa maneira, pode dizer-se que

a ciência participa com seu caráter no âmbito de ordenação ao fim que se verifica própria, formalmente e *per prius* na prudência. (Tradução livre e grifos nossos.)

A experiência jurídica, por sua parte, integra-se no saber jurídico, conferindo-lhe conteúdo real e praticidade concreta. Destarte, a experiência jurídica prudencial não resulta formalmente idêntica à experiência jurídica científica (LAMAS, 1991, p. 510-5), na medida em que uma e outra são governadas por um *logos* diverso, do qual adquirem a última significação do objeto.

Conforme visto no capítulo próprio, o povo romano, dada a existência de escassas normas escritas, por intermédio dos jurisprudentes ou jurisconsultos, dedicavam-se à análise das relações sociais com reflexos jurídicos, ao estudo dos usos e costumes dos antepassados para, interpretando os fatos que viam, determinarem o justo concreto. Em suma, de caso concreto em caso concreto, a norma perfazia-se até ser delineada por completo, formalmente veiculada por meio de um brocardo jurídico, como, por exemplo, o *pacta sunt servanda* ("os pactos obrigam as partes", em tradução livre).

Para uma efetiva realização da ordem social justa, não é suficiente o nível ontológico do Direito, nem tampouco uma impecável ciência jurídica, ambos fatores cognoscitivos. Pelo contrário, ambos destinam-se por tendência a uma decisão concreta que, somada a outras, efetivem aquela ordem social justa. Essa decisão e aquela outra são, como ação humana, o efeito da participação da vontade e do entendimento, isto é, o querer e o saber. O querer é orientado pela justiça como bem para o qual se tende. O saber é regido pela prudência, como norma do agir com retidão.

Por parte do legislador, cuja lei é a resultante de uma função dirigente e criadora, é uma escolha histórica, porque implica, junto com vontade de justiça, o conhecimento da realidade, pelos fatores cognoscitivos, e da historicidade, pelos fatores condicionantes. Da realidade, pois os efeitos da lei criada referem-se imediatamente à situação real e contingente; da historicidade, porque, somados à própria natureza da situação, irão possibilitar o advento de uma situação historicamente justa. É a prudência política, a prudência do momento legislativo que implica numa escolha e na adaptação dos meios e das normas à realidade a ser legislada.

Por parte do profissional do direito e, sobretudo, do magistrado, o aconselhamento ou a decisão judicial também não se resumem ao resultado de um processo lógico da razão especulativa. De fato, toda norma criada pelo legislador tem um caráter abstrato e geral, porque, em primeiro lugar, ele considera e regula os casos gerais naquilo que guardam em comum entre si. Por outro lado, o caso concreto não é um caso abstrato; é singular e único que, além de coincidir com os traços gerais do caso previsto em lei, ainda é portador de outros mais.

Em segundo lugar, o legislador não planeja, com precisão de detalhes, a ação do sujeito, pois, em regra, cuida-se de um sistema formado por normas incompletas que devem ser colmatadas pela prudência do hermeneuta jurídico (prudência judicial) ou mesmo pela prudência do destinatário da norma, o sujeito de direito (prudência comum ou propriamente dita).

Na relação entre as espécies de prudência, a prudência política do legislador não exclui a judicial e nem mesmo a comum; muito pelo contrário, ela as supõe, porque a norma abstrata demanda uma justaposição ao caso concreto, trabalho levado a cabo pela prudência, a correta aplicação do direito estabelecido conforme as condições reais da vida social, o que a difere da arbitrariedade, porque não fica centrada na prevalência dos exclusivos interesses de uma pessoa no seio da interação social.

O *iter* da prudência é composto de duas fases distintas: na primeira, especifica-se o agir humano devido, mediante a constituição de valores objetivos (causalidade formal, composta por um ato de deliberação e por um ato de juízo) e de cunho cognoscitivo ou intelectual; no segundo, realiza-se efetivamente esse agir, por intermédio de um comando apto a produzir atos que comprometam todo o indivíduo (causalidade eficiente, formada por um ato de império), de cunho preceptivo ou normativo.

O juízo resultante da dimensão intelectual da prudência desloca-se para a dimensão preceptiva, a conduta, como uma espécie de modelo ou paradigma exemplar, de acordo com o qual deve estruturar-se o ato humano livre para alcançar a retidão devida nas circunstâncias do caso concreto, a fim de que a atuação do agente seja respaldada pela razão prática.

Depreende-se claramente que o juízo prudencial, como um todo, corresponde, no fundo, a uma concreção de natureza normativa (preponderando, assim, a segunda fase, de natureza preceptiva), cuja finalidade está, no caso da prudência judicial, em delimitar o justo concreto para toda uma comunidade ou para um indivíduo numa situação específica, porque, ao agir de acordo com o juízo prudencial, o agente dá a cada um o devido.

Por isso, sustentamos que o Direito é uma prudência, ainda que a prudência propriamente dita demande uma captação cognoscitiva da realidade e da norma aplicável ao caso concreto. A imediata praticidade e a forma de conhecimento sintético são duas notas epistemológicas marcantes da prudência. Nessa última está, em boa parte, sua conexão com o nível científico do Direito. As demandas abstratas captadas pelo entendimento no âmbito ontológico e as conclusões também abstratas e gerais obtidas na órbita científica são, por sua vez, sintetizadas e realizadas no singular e no concreto por meio do juízo prudencial.

Estas conclusões alcançadas pelo nível ontológico e científico, porque despojadas de todo dado material da existência singular, têm uma natureza genérica que as torna insuscetíveis de aplicação à situação concreta sem a intervenção da síntese prudencial. Não se trata, dessa maneira, de uma conclusão estritamente lógica, como num silogismo de lógica formal, mas de passagem dos princípios abstratos para a decisão concreta, numa síntese dos elementos universais e gerais normativos com os elementos próprios da existência real, singular e concreta do caso. Algo bem longe de qualquer idealismo filosófico.

Logo, a construção científica, por meio da ciência do Direito que investiga o objeto próprio desse saber, aperfeiçoa e assegura a decisão prudencial, embora não a substitua, porquanto o momento em que se realiza uma ordem social justa não se limita ao nível ontológico ou científico, mas ao agir com retidão, para o qual se destinam por tendência estes níveis. É, sobretudo, um querer, mas antecedido por um saber.

Ao se rejeitar, epistemologicamente, o nível estritamente científico do Direito, percebemos, como efeito, que o sentido próprio e primário do Direito não é a lei, mas o justo concreto, que compete ao profissional do direito identificar e declarar no caso que lhe é submetido. Se assim não fosse, a arte do Direito seria resumida à arte de fazer leis e, como corolário, haveria o risco de se enlear metodologicamente filosofia do direito com filosofia política e ciência do direito com ciência política e de se conduzir a uma noção pedagógica de que o trabalho do profissional do direito estaria na mera aplicação da lei.

E esse foi o sentido da formação pedagógica do positivismo normativista, que negou a concepção da lei como *ratio juris* ou o estatuto do direito (*lex statuit ius*),[239] confundindo-a com o próprio ser do Direito, de forma que todas as soluções jurídicas estariam, de uma vez para sempre, assinaladas pela lei – ou o código, a lei por antonomásia – e ao profissional do direito competiria somente buscá-las e aplicá-las. Esse sentido reduzido acabou por impor uma metodologia de ensino jurídico voltada exclusivamente para a memorização da lei e o estudo estritamente científico do Direito.

Por isso, defendemos, nesta obra, que a finalidade da escola de direito não está em formar ventríloquos da lei, mas hermeneutas jurídicos. Ao invés do ensino da **memorização da norma e da aplicação da lei** mecanicamente aos fatos para um corpo de alunos, a escola de direito deve formar bacharéis com expertise na **interpretação da norma e na criação da solução** que atenda o justo concreto aos fatos, porque toda atividade jurídica – de qualquer profissional do direito – tem uma natureza necessariamente interpretativa. E não meramente reprodutivista da lei.

Não se pode perder de vista que a atividade do profissional do direito não pode se encerrar no estrito conhecimento teórico do conjunto legislativo, porque todas as peças do ordenamento jurídico estão orientadas sempre para a solução de casos concretos e reais e cobram sentido na medida em que são manejadas para a solução desses casos. O Direito não postula uma série de exercícios metafísicos, mas de condutas, ações e decisões, enfim, de objetos que fazem referência a uma realidade concreta e que não podem ser entendidos corretamente (MARTÍNEZ DORAL, 1960, p. 16), se privados dessa referência.

O Direito tem uma finalidade prática, a solução de casos reais, e, por isso, (VIGO, 2010, p. 103) o objeto terminal da gnoseologia jurídica é sempre uma decisão a ser tomada numa circunstância concreta e somente nela alcança, o Direito, sua plena realização. A tomada de decisão exige uma adequada compreensão das circunstâncias do

---

239. *Suma Teológica*, I-II, q. 105, a. 2, ad 3. Os modelos paradigmáticos da lei são os de *causa e medida* do direito. A lei é causa do direito, porque atribui certas coisas a determinados sujeitos. É medida, pois estabelece condições formais, limites de exercício e sistemas de garantias.

problema, distintas em cada caso, pois em razão delas se construirá a resposta normativa adequada, a fim de (KAUFMANN, 1972, p. 165) animar as palavras mortas da lei com a realidade da vida.

Atuar juridicamente é sempre interpretar (OLLERO TASSARA, 2006, p. 359). O Direito não é a lei, porquanto é uma atividade humana que se dispõe a oferecer soluções para os inúmeros problemas concretos suscitados na conduta social do ser humano, valorados no interior das cambiantes circunstâncias históricas e sociais e a partir da realidade ontológica e dos valores perenes que fundam e perpetuam uma ordem social justa.

Os alunos devem ser formados para se tornarem futuros intérpretes, profissionais aptos a raciocinar sobre a base do Direito, a encontrar o sentido e o alcance das normas e a conectar a literalidade das disposições legislativas e constitucionais com os valores perenes que fundam e perpetuam uma ordem social justa, à luz da realidade ontológica, sem que se esqueçam de que o Direito está fundado na indisponibilidade deôntica[240] e na incondicionalidade[241] de suas exigências práticas, de molde a se buscar um resultado hermenêutico que concretize o justo no caso concreto.

A linha hermenêutica que melhor se coaduna com essa finalidade pedagógica é aquela que encara todo o processo interpretativo como um saber prudencial-retórico, pois o conhecimento jurídico, de natureza eminentemente prática, não visa à contemplação de uma essência inteligível, mas à valoração da conduta humana naquilo em que ela se harmoniza com a noção de justiça no caso concreto, histórico e determinado.

O Direito (GADAMER, 1994, p. 372) é um campo de consciência histórico-efetiva de peculiar dimensão prática e tal consciência é sempre, em primeiro lugar, a consciência da situação hermenêutica, isto é, de uma situação em que não é possível uma reflexão total capaz de esgotar a consciência histórica, porque a realidade é inesgotável, o que aparta a hermenêutica, entendida como um saber prudencial-retórico, da ambição de Hegel – e de seus herdeiros – de captar um sentido total da história, numa espécie de exercício intelectual de busca de uma teologia secularizada.

Esta hermenêutica funda-se na lógica e na gnoseologia, as quais, por sua vez, estão atreladas à metafísica do ente real. Ao mesmo tempo, ela procura distinguir o problema gnoseológico do linguístico, a fim de que o primeiro alcance uma intelecção veritativa da realidade e o segundo trate, apropriadamente, as expressões da linguagem humana, as quais se interpõem, ao nível comunicativo, no caminho daquela intelecção veritativa.

É, assim, a hermenêutica clássica que demonstra toda sua vitalidade, acompanhada de muitos aportes epistemológicos da hermenêutica contemporânea, naquilo em que eles revitalizam as inúmeras dimensões da filosofia prática. Essa hermenêutica, ao iluminar a órbita jurídica, propõe, ao profissional do direito (VIGO, 2010, p. 109), um esforço metódico da razão prática em nível prudencial, tendo, por fim, determinar, em certas

---

240. Reportamos o leitor ao conteúdo da nota de rodapé n. 180.

241. Reportamos o leitor ao conteúdo da nota de rodapé n. 181.

circunstâncias concretas, a partir do texto legal e dos demais elementos do ordenamento jurídico, o *suum* de um indivíduo motivadamente e, assim, captar a persuasão dos destinatários da decisão tomada.

No afã de uma integral formação pedagógica do aluno – segundo acreditamos, na perspectiva de um ensino jurídico fundado nos eixos estruturantes deste livro, a saber, a educação, a justiça, a prudência e a hermenêutica, e na forma como foram expostos – a metodologia do caso, sem prejuízo do apoio secundário da metodologia expositiva, em razão da tradição de nossa realidade jurídica, guarda uma interface não só dotada de uma extraordinária potencialidade pedagógica, mas é também capaz de galvanizar todos aqueles eixos estruturantes em favor do exercício da racionalidade prática do Direito, transformando o auditório e a sala de aula em verdadeiras microarenas da realidade social e dos valores nela reinantes.

Por se tratar de uma metodologia de participação-aprendizagem, em que o professor e o estudante partem de uma análise objetiva de um caso, estabelecem pontos-chave de análise e deduzem daí várias conclusões jurídico-práticas, alunos e professor são conduzidos, metodicamente, a um esforço dialógico-intelectivo, adquirindo as virtudes próprias do Direito, a saber, a prudência e a justiça, e expandindo consideravelmente o horizonte de suas habilidades intelectuais.

Para o profissional do direito, as vantagens pedagógicas do método do caso são indiscutíveis. Enquanto saber prático, o Direito aduz à dimensão comportamental de seu profissional, conduzindo-o à objetividade do justo concreto. Como saber teórico-reflexivo, o Direito faz alusão à compreensão dos valores imanentes do sistema jurídico posto, sempre em cotejo com seu fundamento último, o da dignidade da pessoa humana. Como saber relativo a uma arte, o Direito implica em uma atividade técnico-operativa na escolha dos melhores meios para a concreção do justo. O método do caso articula os três saberes de forma eficiente e rumo à plenitude formativa do aluno.

Para a pessoa que está por trás do profissional do direito, ou seja, na perspectiva de sua formação humana, os benefícios pedagógicos do mesmo método são (CIFUENTES, 2005, p. 14-5): desenvolvimento de juízos equilibrados e de firmeza de critérios, fortalecimento da capacidade de discernir detalhes, aprimoramento da inteligência voltada para a ação, ampliação da capacidade de tomada de decisões, incremento da capacidade de persuasão e de síntese, desenvolvimento da capacidade dialógica e revalorização do sentido de tolerância e da dimensão social do estudo e do trabalho. Em suma, mais que uma formação pedagógica, o método do caso é uma formação ética para a vida.

Na medida em que a história humana incorpora as camadas existenciais de cada época, o Direito aprende com os próprios erros: reforça velhos princípios com uma nova linguagem, adota outros e, assim, vai solidificando o patrimônio jurídico da humanidade e demonstrando a vitalidade e a perenidade de sua ordem natural. Como, de resto, nas leis físicas: até que Copérnico apresentasse o sistema heliocêntrico, passaram-se séculos e mais séculos. Mas, nem com a queda do sistema ptolomaico, a astronomia caiu em descrédito depois.

Dizia-se, em Roma, haver Direito (do latim *derectum*, em linha direta) quando o fiel da balança da justiça não se inclinava nem para a direita nem para a esquerda, mas **pendia a direito**, o que significa dizer que os pratos estavam no mesmo nível e, em sentido figurado, transmitia a ideia daquilo que estava conforme a regra, pois cada um havia recebido o "seu". Muitos séculos depois, a "fórmula da justiça" foi substituída pela "fórmula da norma", do positivismo normativista, e a lei tomou o lugar da justiça no mundo do direito.

Nessa guinada epistemológica, aspectos básicos da atividade e da pedagogia jurídicas foram marginalizados ou mesmo esquecidos. Como a justiça tornou-se uma categoria irrelevante para o Direito, o importante para o profissional do direito era assegurar para o sistema jurídico a certeza e a segurança da juridicidade posta pelo legislador, a fim de evitar uma indevida intrusão de qualquer normatividade extrapositiva. E o método científico, nessa lógica, seria o melhor método para aplicação do Direito: o Direito, então, "tornou-se" ciência e "deixou de ser" prudência.

Dissemos, no início deste livro, que o vínculo entre educação, direito e filosofia não é imediatamente elementar. Ulpiano, famoso jurisconsulto romano do século III, já afirmava que o direito é matéria que se aquilata em realidades muito concretas e comuns a homens e animais, a saber, a *coniunctio*, a *procreatio* e a *educatio*.[242] Hoje, o Direito continua a levantar outros profundos problemas no campo filosófico que, indiretamente, refletem no conteúdo pedagógico de seu ensino e na forma de transmiti-lo.

Todo avanço desse saber bimilenar pressupõe uma determinada concepção de homem, de justiça e de agir social, com os efeitos daí decorrentes na dimensão jurídica e na pedagogia deste saber: uma espécie de jogo de espelhos. Usá-los é, como assinala Borges, perpetuar os males e os homens, multiplicando-os. A outra alternativa é não usá-los, ou seja, é não se conhecer, contrariando o velho imperativo filosófico primeiro: conhece-te a ti mesmo. E, assim o fazendo, o Direito fica sem responder, ao mesmo tempo, a outro velho interrogativo filosófico primeiro: como viver?

É um dilema cuja resposta é fácil e difícil. Fácil, porque, como uma realidade do mundo do espírito, o Direito é um ser que depende sempre de um elemento axiológico que o sustente e, como realidade dotada de politicidade, o Direito deve enveredar pelo caminho da antropologia filosófica e da ética social. Então, a resposta é afirmativa: devemos usar o jogo de espelhos, a fim de que o Direito conheça a si mesmo e paute o seu próprio viver.

Ao usar os espelhos, adentramos na parte difícil da resposta e na órbita dos riscos narrados pelo bardo argentino, aliás, riscos inerentes à nossa própria condição existencial, cujos espelhos não fazem mais do que reflecti-los e confundi-los em forma de caleidoscó-

---

242. Reportamos o leitor ao conteúdo da nota de rodapé n. 1.

pio. Apesar disso, acreditamos que a iniquidade profetizada pelo mesmo poeta pode ser substancialmente diminuída se o reflexo desse jogo de espelhos – o Direito – for capaz de, em sua multidimensionalidade, transmitir a imagem do justo concreto determinado prudencialmente.

E, assim, concomitantemente, o Direito passa a refletir a imagem de sua realidade prudencial, abre-se, hermeneuticamente, à experiência pedagógica de sua verdadeira ontologia, desenvolve a dimensão ético-virtuosa humana, ilumina a natural politicidade do indivíduo e o conduz para o bem comum e para uma juridicidade fundada no respeito à dignidade da pessoa humana[243] e no império do justo concreto. Porque o Direito sempre foi tributário da fé secular humana no lento labor de construção das realidades temporais de nossa civilização, as quais ele mesmo acabou por engendrar numa tradição multissecular de incalculável transcendência social.

---

243. Reportamos o leitor ao conteúdo da nota de rodapé n. 8.

ANEXOS

ANEXO I

RESOLUÇÃO CNE/CES N° 9, DE 29 DE SETEMBRO DE 2004

Institui as Diretrizes Curriculares Nacionais do Curso de Graduação em Direito e dá outras providências.

O Presidente da Câmara de Educação Superior do Conselho Nacional de Educação, no uso de suas atribuições legais, com fundamento no art. 9º, § 2º, alínea "c", da Lei nº 4.024, de 20 de dezembro de 1961, com a redação dada pela Lei nº 9.131, de 25 de novembro de 1995, tendo em vista as diretrizes e os princípios fixados pelos Pareceres CES/CNE nos 776/97, 583/2001, e 100/2002, e as Diretrizes Curriculares Nacionais elaboradas pela Comissão de Especialistas de Ensino de Direito, propostas ao CNE pela SESu/MEC, considerando o que consta do Parecer CES/CNE 55/2004 de 18/2/2004, reconsiderado pelo Parecer CNE/CES 211, aprovado em 8/7/2004, homologado pelo Senhor Ministro de Estado da Educação em 23 de setembro de 2004, resolve:

Art. 1º. A presente Resolução institui as Diretrizes Curriculares do Curso de Graduação em Direito, Bacharelado, a serem observadas pelas Instituições de Educação Superior em sua organização curricular.

Art. 2º. A organização do Curso de Graduação em Direito, observadas as Diretrizes Curriculares Nacionais se expressa através do seu projeto pedagógico, abrangendo o perfil do formando, as competências e habilidades, os conteúdos curriculares, o estágio curricular supervisionado, as atividades complementares, o sistema de avaliação, o trabalho de curso como componente curricular obrigatório do curso, o regime acadêmico de oferta, a duração do curso, sem prejuízo de outros aspectos que tornem consistente o referido projeto pedagógico.

§ 1º. O Projeto Pedagógico do curso, além da clara concepção do curso de Direito, com suas peculiaridades, seu currículo pleno e sua operacionalização, abrangerá, sem prejuízo de outros, os seguintes elementos estruturais:

I – concepção e objetivos gerais do curso, contextualizados em relação às suas inserções institucional, política, geográfica e social;

II – condições objetivas de oferta e a vocação do curso;

III – cargas horárias das atividades didáticas e da integralização do curso;

IV – formas de realização da interdisciplinaridade;

V – modos de integração entre teoria e prática;

VI – formas de avaliação do ensino e da aprendizagem;

VII – modos da integração entre graduação e pós-graduação, quando houver;

VIII – incentivo à pesquisa e à extensão, como necessário prolongamento da atividade de ensino e como instrumento para a iniciação científica;

IX – concepção e composição das atividades de estágio curricular supervisionado, suas diferentes formas e condições de realização, bem como a forma de implantação e a estrutura do Núcleo de Prática Jurídica;

X – concepção e composição das atividades complementares; e

XI – inclusão obrigatória do Trabalho de Curso.

§ 2º. Com base no princípio de educação continuada, as IES poderão incluir no Projeto Pedagógico do curso, oferta de cursos de pós-graduação *lato sensu*, nas respectivas modalidades, de acordo com as efetivas demandas do desempenho profissional.

Art. 3º. O curso de graduação em Direito deverá assegurar, no perfil do graduando, sólida formação geral, humanística e axiológica, capacidade de análise, domínio de conceitos e da terminologia jurídica, adequada argumentação, interpretação e valorização dos fenômenos jurídicos e sociais, aliada a uma postura reflexiva e de visão crítica que fomente a capacidade e a aptidão para a aprendizagem autônoma e dinâmica, indispensável ao exercício da Ciência do Direito, da prestação da justiça e do desenvolvimento da cidadania.

Art. 4º. O curso de graduação em Direito deverá possibilitar a formação profissional que revele, pelo menos, as seguintes habilidades e competências:

I – leitura, compreensão e elaboração de textos, atos e documentos jurídicos ou normativos, com a devida utilização das normas técnico-jurídicas;

II – interpretação e aplicação do Direito;

III – pesquisa e utilização da legislação, da jurisprudência, da doutrina e de outras fontes do Direito;

IV – adequada atuação técnico-jurídica, em diferentes instâncias, administrativas ou judiciais, com a devida utilização de processos, atos e procedimentos;

V – correta utilização da terminologia jurídica ou da Ciência do Direito;

VI – utilização de raciocínio jurídico, de argumentação, de persuasão e de reflexão crítica;

VII – julgamento e tomada de decisões; e

VIII – domínio de tecnologias e métodos para permanente compreensão e aplicação do Direito.

Art. 5º. O curso de graduação em Direito deverá contemplar, em seu Projeto Pedagógico e em sua Organização Curricular, conteúdos e atividades que atendam aos seguintes eixos interligados de formação:

I – Eixo de Formação Fundamental, tem por objetivo integrar o estudante no campo, estabelecendo as relações do Direito com outras áreas do saber, abrangendo, dentre outros, estudos que envolvam conteúdos essenciais sobre Antropologia, Ciência Política, Economia, Ética, Filosofia, História, Psicologia e Sociologia.

II – Eixo de Formação Profissional, abrangendo, além do enfoque dogmático, o conhecimento e a aplicação, observadas as peculiaridades dos diversos ramos do Direito, de qualquer natureza, estudados sistematicamente e contextualizados segundo a evolução da Ciência do Direito e sua aplicação às mudanças sociais, econômicas, políticas e culturais do Brasil e suas relações internacionais, incluindo-se necessariamente, entre outros condizentes com o projeto pedagógico, conteúdos essenciais sobre Direito Constitucional, Direito Administrativo, Direito Tributário, Direito Penal, Direito Civil, Direito Empresarial, Direito do Trabalho, Direito Internacional e Direito Processual; e

III – Eixo de Formação Prática, objetiva a integração entre a prática e os conteúdos teóricos desenvolvidos nos demais Eixos, especialmente nas atividades relacionadas com o Estágio Curricular Supervisionado, Trabalho de Curso e Atividades Complementares.

Art. 6º. A organização curricular do curso de graduação em Direito estabelecerá expressamente as condições para a sua efetiva conclusão e integralização curricular de acordo com o regime acadêmico que as Instituições de Educação Superior adotarem: regime seriado anual; regime seriado semestral; sistema de créditos com matrícula por disciplina ou por módulos acadêmicos, com a adoção de pré-requisitos, atendido o disposto nesta Resolução.

Art. 7º. O Estágio Supervisionado é componente curricular obrigatório, indispensável à consolidação dos desempenhos profissionais desejados, inerentes ao perfil do formando, devendo cada instituição, por seus colegiados próprios, aprovar o correspondente regulamento, com suas diferentes modalidades de operacionalização.

§ 1º. O Estágio de que trata este artigo será realizado na própria instituição, através do Núcleo de Prática Jurídica, que deverá estar estruturado e operacionalizado de acordo com regulamentação própria, aprovada pelo conselho competente, podendo, em parte, contemplar convênios com outras entidades ou instituições e escritórios de advocacia; em serviços de assistência judiciária implantados na instituição, nos órgãos do Poder Judiciário, do Ministério Público e da Defensoria Pública ou ainda em departamentos jurídicos oficiais, importando, em qualquer caso, na supervisão das atividades e na elaboração de relatórios que deverão ser encaminhados à Coordenação de Estágio das IES, para a avaliação pertinente.

§ 2º. As atividades de Estágio poderão ser reprogramadas e reorientadas de acordo com os resultados teórico-práticos gradualmente revelados pelo aluno, na forma definida na regulamentação do Núcleo de Prática Jurídica, até que se possa considerá-lo concluído, resguardando, como padrão de qualidade, os domínios indispensáveis ao exercício das diversas carreiras contempladas pela formação jurídica.

Art. 8º. As atividades complementares são componentes curriculares enriquecedores e complementadores do perfil do formando, possibilitam o reconhecimento, por avaliação de habilidades, conhecimento e competência do aluno, inclusive adquirida fora do ambiente acadêmico, incluindo a prática de estudos e atividades independentes, transversais, opcionais, de interdisciplinaridade, especialmente nas relações com o mercado do trabalho e com as ações de extensão junto à comunidade.

Parágrafo único. A realização de atividades complementares não se confunde com a do Estágio Supervisionado ou com a do Trabalho de Curso.

Art. 9º. As Instituições de Educação Superior deverão adotar formas específicas e alternativas de avaliação, interna e externa, sistemáticas, envolvendo todos quantos se contenham no processo do curso, centradas em aspectos considerados fundamentais para a identificação do perfil do formando.

Parágrafo único. Os planos de ensino, a serem fornecidos aos alunos antes do início de cada período letivo, deverão conter, além dos conteúdos e das atividades, a metodologia do processo de ensino-aprendizagem, os critérios de avaliação a que serão submetidos e a bibliografia básica.

Art. 10. O Trabalho de Curso é componente curricular obrigatório, desenvolvido individualmente, com conteúdo a ser fixado pelas Instituições de Educação Superior em função de seus Projetos Pedagógicos.

Parágrafo único. As IES deverão emitir regulamentação própria aprovada por Conselho competente, contendo, necessariamente, critérios, procedimentos e mecanismos de avaliação, além das diretrizes técnicas relacionadas com a sua elaboração.

Art. 11. A duração e carga horária dos cursos de graduação serão estabelecidas em Resolução da Câmara de Educação Superior.

Art. 12. As Diretrizes Curriculares Nacionais desta Resolução deverão ser implantadas pelas Instituições de Educação Superior, obrigatoriamente, no prazo máximo de dois anos, aos alunos ingressantes, a partir da publicação desta.

Parágrafo único. As IES poderão optar pela aplicação das DCN aos demais alunos no período ou ano subsequente à publicação desta.

Art. 13. Esta Resolução entrará em vigor na data de sua publicação, ficando revogada a Portaria Ministerial n° 1.886, de 30 de dezembro de 1994 e demais disposições em contrário.

Edson de Oliveira Nunes

Presidente da Câmara de Educação Superior

ANEXO II

USP – Faculdade de Direito

Curso de Lógica e Metodologia Jurídica I – 1º Semestre de 2016 (1º Bimestre)

Programa

PARTE I – SISTEMATIZAÇÃO e DEDUÇÃO

1. **Apresentação do curso: Lógica formal, raciocínio e argumentação jurídica.**

2. **Expositiva: Dimensões de argumentação sobre um problema jurídico**

    Leitura: caso aborto de feto anencefálico STF-

    (http://www.stf.jus.br/portal/jurisprudencia/listarjurisprudencia.asp?s1=anencé falo&base=baseAcordaos)

    Juliana Sípoli Col. *Coerência, ponderação de princípios e vinculação à lei: Metodologia e modelos.* 2012. Dissertação (Mestrado em Direito) – Faculdade de Direito, Universidade de São Paulo, São Paulo.

3. **Dinâmica: A dedução na construção do sistema de regras**

    Os alunos serão separados em grupos para construir sistemas normativos a partir de conjuntos de normas jurídicas.

    Leitura:

    Alchourrón, C. e Bulygin, E. *Introducción a la metodologia de las ciencias jurídicas y sociales.* Astrea. Cap. 1.

4. **Dinâmica: oficina de "puzzles" (e, ou, se...então, se e somente se, não, alguns, todos, obrigatório, proibido, permitido)**

    Os alunos serão separados em grupos para pensar e solucionar paradoxos lógicos sobre conectivos proposicionais, quantificadores e modalidades, além de paradoxos jurídicos.

5. **Expositiva: Argumentação, dedução e lógica proposicional**

    Leitura:

    Walton, D. Lógica Informal. Martins Fontes, 2006. Cap. 1: 1-32.

    Mortari, Cezar. *Introdução à Lógica*: Cap. 9: 129 a 154/ Cap. 12: 195 a 206.

ANEXOS | 229

6. **Expositiva: Noções de lógica de predicados e lógica deôntica**

Leitura:

Mortari, Cezar. *Introdução à Lógica.* Cap. 6: 69-91.

Guibourg, Echave e Urquijo. *Lógica Proposición y norma.* Astrea, 1995, Cap. VII.

7. **Avaliação em grupo**

ANEXO III

USP – Faculdade de Direito

Curso de Lógica e Metodologia Jurídica II – 1º Semestre de 2016 (2º Bimestre)

Parte II – INTERPRETAÇÃO E ARGUMENTAÇÃO

8. **Expositiva: Completude do ordenamento e lacunas**

   Leitura:

   Kelsen, H. *Teoria Pura do Direito*, 1960. Trad. João B. Machado, ed. Armenio Amado, Coimbra, Cap. V, item 35, "g".

   Alchourrón, C e Bulugin, E. *Introduccion a la metodologia de las ciencias jurídicas y sociales*. Cap. II e Cap. VI.

9. **Dinâmica: Conflito e inconsistência**

   Leitura:

   – Discussão de caso prático sobre uso de margem de rodovias concedidas por concessionárias de energia

   Ferraz Junior, T.S. e Maranhão, J.S.A. "O princípio de eficiência e a gestão empresarial na prestação de serviços públicos: a exploração econômica das margens de rodovias." *RDPE*, v. 17, ano 5.

   Marques Neto, Floriano Azevedo. "Domínio público estadual e serviço público federal: aspectos jurídicos sobre o uso de bens estaduais para instalações de energia elétrica." *RDPE*, v. 17, ano 5.

10. **Dinâmica: Conflitos entre regras de diferente escalão e revogação**

    – Discussão de 2 casos práticos – Índice de correção de poupança e crédito prêmio de IPI.

11. **Expositiva: Atribuição de sentido a regras e indeterminação**

    Miller, Alexandre: *Filosofia da linguagem*. Cap. 1(Frege), p. 13-33

    Grice. Logic and conversation, in *Studies in the ways of words*, HUP. p. 22-40.

12. Expositiva: Interpretação jurídica – os métodos hermenêuticos

Leitura:

Ferraz Junior. *Introdução ao estudo do direito.* item 5.2.1.

Parecer Ferraz Junior e Maranhão: parecer Programa Minha Casa Minha Vida.

13. Expositiva: Princípios jurídicos, ponderação e coerência

Leitura

Alexy. *Teoria dos direitos fundamentais,* Malheiros, 2008, p. 85-120 e 163-179.

Avaliação final.

ANEXO IV

USP – Faculdade de Direito

Curso de Hermenêutica e Razão Prática – 1º Semestre de 2016

1. 14 de março – A noção clássica de razão prática. a) Tomás de Aquino – *Comentários à Ética a Nicômaco*. Livro I, 1-8 (trad. de José Reinaldo de Lima Lopes) b) _____ *Suma Teológica*, IIæ., IIæ., Q. 94, art. 2º. (trad. de José Reinaldo de Lima Lopes em Lopes, Queiroz e Acca (2008) *Curso de história do direito*, São Paulo, Método, p. 54-56) c) Grisez, Germain. (2007) "O primeiro princípio da razão prática". (trad. José Reinaldo de Lima Lopes) *Revista Direito GV*, v. 3, n. 2, p. 179-214. Leitura complementar: Nascimento, Carlos Arthur Ribeiro do. (1993) A prudência segundo Santo Tomás de Aquino, *Síntese* nova fase, v. 20, n. 62, p. 365-385.

2. 21 de março – Ricoeur, Paul. *Do texto à ação*; a) Da interpretação – pp. 23 – 46; b) A tarefa da hermenêutica pp. 83-109.

3. 4 de abril – Ricoeur, Paul. *Do texto à ação*; a) A função hermenêutica da distanciação – pp. 109-138; b) O que é um texto – pp. 141-162.

4. 11 de abril – Ricoeur, Paul – *Do texto à ação*; a) Explicar e compreender – pp. 163-183; b) O modelo do texto – pp. 185-212.

5. 18 de abril – Ricoeur, Paul – *Do texto à ação*; a) A imaginação no discurso – pp. 213-235; b) A razão prática – pp. 237-258.

6. 2 de maio – Ricoeur, Paul – Do texto à ação; a) Ciência e ideologia – pp. 300-327; b) Hermenêutica e crítica das ideologias – pp. 329-371; c) A ideologia e a utopia: duas expressões do imaginário social – pp. 373-385; d) Ética e Política – pp. 387-402.

7. 9 de maio – Taylor, Charles. "Introduction" e "What is human agency", in Human agency and language. Cambridge: Cambridge University Press.

8. 16 de maio – Taylor, Charles. "Self-interpreting animals" e "Language and human nature" in Human agency and language. Cit.

9. 23 de junho – Taylor, Charles. "The concept of a person" e "Theories of meaning", in Human agency and language. Cit.

10. 6 de junho – Patterson, Dennis. "Wittgenstein on understanding and interpretation" e Tully, James. "Wittgenstein and political philosophy: understanding practices of critical reflection", Political theory, 17 (2), pp. 172-204. MacCorsmick, Neil. "Contemporary legal philosophy: the rediscovery of practical reason", *Journal of Law and Society*, 10, 1983, pp. 1-18.

11. 13 de junho – Seminário de apresentação dos projetos e trabalhos.

12. 20 de junho – Seminário de apresentação dos projetos e trabalhos.

13. 27 de junho – Seminário de apresentação dos projetos e trabalhos.

BIBLIOGRAFIA

HONNETH, A. Disrespect. Cambridge (UK): Polity Press, 2007 (cap. 1 – Pathologies of the social) RICOEUR, Paul. *O discurso da ação*. Lisboa: Edições 70, 1988. _____. Ideología y utopia. Barcelona: Gedisa, 1990. ROHDEN, L. Hermenêutica filosófica. São Leopoldo: Ed. Unisinos. (pg. 54-64. Superação da concepção moderna e contemporânea de filosofia pelos jogos de linguagem).

AVALIAÇÃO

1. Semanalmente, UM ALUNO apresentará uma síntese estruturada do texto, oferecendo, à classe e ao professor, um resumo ESTRUTURADO em não mais de 2 páginas e apresentará o resumo em 12 minutos com o auxílio de um slide em Power Point.

2. Semanalmente, TODOS os alunos apresentarão uma síntese do argumento do autor em 5 linhas, acompanhado de uma pergunta relevante para o entendimento do texto.

3. Ao final do semestre, TODOS OS ALUNOS deverão apresentar um trabalho em que: a) apontem as divergências entre os autores lidos e o atual estado da discussão brasileira em torno da hermenêutica e da razão prática; b) tomando, como referência, algum jurista nacional.

NB – Os textos das duas primeiras semanas serão colocados à disposição dos alunos em meio eletrônico (exceto o texto da *Suma teológica*, de fácil acesso em diversas edições). Nas semanas seguintes, os alunos deverão providenciar (por entrega expressa na rede mundial de computadores) os livros de Paul Ricoeur (From text to action) e Charles Taylor (Human agency and language). Os textos da última semana estão disponíveis na rede mundial.

ANEXO V

LEI IMPERIAL DE 11 DE AGOSTO DE 1827

Crêa dous Cursos de sciencias Juridicas e Sociaes, um na cidade de S. Paulo e outro na de Olinda.

Dom Pedro Primeiro, por Graça de Deus e unanime acclamação dos povos, Imperador Constitucional e Defensor Perpetuo do Brazil: Fazemos saber a todos os nossos subditos que a Assembléia Geral decretou, e nós queremos a Lei seguinte:

- **Art. 1.º** Crear-se-ão dous Cursos de sciencias juridicas e sociais, um na cidade de S. Paulo, e outro na de Olinda, e nelles no espaço de 5 (cinco) annos, e em nove cadeiras, se ensinarão as matérias seguintes:

1.º ANNO

1ª Cadeira. Direito natural, publico, Analyse de Constituição do Império, Direito das gentes, e diplomacia.

2.º ANNO

1ª Cadeira. Continuação das materias do anno antecedente.

2ª Cadeira. Direito publico ecclesiastico.

3.º ANNO

1ª Cadeira. Direito patrio civil.

2ª Cadeira. Direito patrio criminal com a theoria do processo criminal.

4.º ANNO

1ª Cadeira. Continuação do direito patrio civil.

2ª Cadeira. Direito mercantil e marítimo.

5.º ANNO

1ª Cadeira. Economia politica.

2ª Cadeira. Theoria e pratica do processo adoptado pelas leis do Imperio.

- **Art. 2.º** Para a regencia destas cadeiras o Governo nomeará nove Lentes proprietarios, e cinco substitutos.

- **Art. 3.º** Os Lentes proprietarios vencerão o ordenado que tiverem os Desembargadores das Relações, e gozarão das mesmas honras. Poderão jubilar-se com o ordenado por inteiro, findos 20 (vinte) annos de serviço.

- **Art. 4.º** Cada um dos Lentes substitutos vencerá o ordenado annual de 800$000.

- **Art. 5.º** Haverá um Secretario, cujo offício será encarregado a um dos Lentes substitutos com a gratificação mensal de 20$000.

- **Art. 6.º** Haverá u Porteiro com o ordenado de 400$000 annuais, e para o serviço haverão os mais empregados que se julgarem necessarios.

- **Art. 7.º** Os Lentes farão a escolha dos compendios da sua profissão, ou os arranjarão, não existindo já feitos, com tanto que as doutrinas estejam de accôrdo com o systema jurado pela nação. Estes compendios, depois de approvados pela Congregação, servirão interinamente; submettendo-se porém á approvação da Assembléa Geral, e o Governo os fará imprimir e fornecer ás escolas, competindo aos seus autores o privilegio exclusivo da obra, por dez annos.

- **Art. 8.º** Os estudantes, que se quiserem matricular nos Cursos Juridicos, devem apresentar as certidões de idade, porque mostrem ter a de 15 (quinze) annos completos, e de approvação da Lingua Franceza, Grammatica Latina, Rhetorica, Philosophia Racional e Moral, e Geometria.

- **Art. 9.º** Os que freqüentarem os cinco anos de qualquer dos Cursos, com approvação, conseguirão o gráo de Bachareis formados. Haverá tambem o grào de Doutor, que será conferido áquelles que se habilitarem som os requisitos que se especificarem nos Estatutos, que devem formar-se, e sò os que o obtiverem, poderão ser escolhidos para Lentes.

- **Art. 10.º** Os Estatutos do VISCONDE DA CACHOEIRA ficarão regulando por ora naquillo em que forem applicaveis; e se não oppuzerem á presente Lei. A Congregação dos Lentes formará quanto antes uns estatutos completos, que serão submettidos á deliberação da Assembléa Geral.

- **Art. 11.º** O Governo crearà nas Cidades de S. Paulo, e Olinda, as cadeiras necessarias para os estudos preparatorios declarados no art. 8.º.

Mandamos portanto a todas as autoridades, a quem o conhecimento e execução da referida Lei pertencer, que a cumpram e façam cumprir e guardar tão inteiramente, como nella se contém. O Secretario de Estado dos Negocios do Imperio a faça imprimir, publicar e correr. Dada no Palacio do Rio de Janeiro aos 11 dias do mez de agosto de 1827, 6.º da Independencia e do Imperio.

Vossa Majestade IMPERADOR D. Pedro I, com rubrica e guarda.

(L.S.)

Visconde de S. Leopoldo.

Carta de Lei pela qual Vossa Majestade Imperial manda executar o Decreto da Assemblèa Geral Legislativa que houve por bem sanccionar, sobre a criação de dous cursos juridicos, um na Cidade de S. Paulo, e outro na de Olinda, como acima se declara.

Para Vossa Majestade Imperial ver.

Albino dos Santos Pereira a fez.

Registrada a fl. 175 do livro 4.º do Registro de Cartas, Leis e Alvarás. – Secretaria de Estado dos Negocios do Imperio em 17 de agosto de 1827. – Epifanio José Pedrozo.

Pedro Machado de Miranda Malheiro.

Foi publicada esta Carta de Lei nesta Chancellaria-mór do Imperio do Brazil. – Rio de Janeiro, 21 de agosto de 1827. – Francisco Xavier Raposo de Albuquerque.

Registrada na Chancellaria-mór do Imperio do Brazil a fl. 83 do livro 1.º de Cartas, Leis, e Alvarás. – Rio de Janeiro, 21 de agosto de 1827. – Demetrio José da Cruz.

ANEXO VI

EXAME NACIONAL DE CURSOS
Direito – 1996

Assinale a alternativa correta:

01. Quais os elementos que entram na composição do Direito positivo:
    a) A doutrina, a lei, a jurisprudência e os costumes.
    b) A doutrina, a lei, a equidade e a jurisprudência.
    c) A lei, a equidade, a hermenêutica e a jurisprudência.
    d) A lei, a hermenêutica, a equidade e a norma.
    e) A lei, a ética, os costumes e a jurisprudência.

02. Diz-se que a norma moral é autônoma:
    a) Porque é formulada por governos democráticos.
    b) Porque obedece ao devido processo legal.
    c) Porque implica num querer próprio de sujeição.
    d) Porque é formulada pela Igreja.
    e) Porque resulta do direito natural.

03. Quanto ao âmbito territorial interno de eficácia, a norma jurídica classifica-se em:
    a) Norma federal, norma marítima e norma espacial.
    b) Norma estadual, norma lacustre e norma silvestre.
    c) Norma florestal, norma ambiental e norma municipal.
    d) Norma federal, norma estadual e norma municipal.
    e) Norma federal, norma de postura municipal e norma cogente.

04. Etimologicamente consideradas, coerção e coação possuem o mesmo sentido prático. À luz do Direito, entretanto, a coerção:
    a) O emprego da força restritiva e arbitrariamente utilizada.
    b) O chamamento da força pública para reprimir a desordem.

c) O emprego da força à disposição da autoridade para o cumprimento de uma sanção predeterminada.

d) O emprego da força à disposição da autoridade para ser usada ao seu alvitre.

e) O emprego da força à disposição do particular para garantir direito seu.

05. Classicamente as fontes do Direito dividem-se em materiais e formais. Estas se subdividem em estatais e não estatais. São estatais:

a) A lei.

b) O costume.

c) A doutrina.

d) A jurisprudência.

e) O contrato coletivo de trabalho.

06. O remédio constitucional posto à disposição de titulares de direito líquido e certo, lesado ou ameaçado de lesão, por ato ou omissão de autoridade pública ou agente de pessoa jurídica no exercício de atribuições do Poder Público é:

a) Mandado de injunção.

b) *Habeas corpus.*

c) Mandado de segurança.

d) *Habeas data.*

e) Ação Popular.

07. Quando o Senado brasileiro julga os crimes de responsabilidade do Presidente da República, exerce:

a) Função administrativa e função legislativa.

b) Função jurisdicional.

c) Função administrativa.

d) Função jurisdicional e função administrativa.

e) Função legislativa.

08. É correto afirmar que:

a) A Ação Popular cabe apenas para defesa do patrimônio público-histórico.

b) A Ação Popular cabe apenas para anular atos lesivos à moralidade administrativa.

c) A legitimação do Ministério Público para propositura da Ação Civil Pública impede a legitimação de terceiros.

d) A Ação Popular cabe para a defesa do patrimônio público, histórico e cultural bem como para anular atos lesivos ao meio ambiente e à moralidade administrativa.

e) A Ação Civil Pública não objetiva a indenização pelo dano causado, indenização esta destinada à recuperação de bens lesados.

09. Não é atribuição do Tribunal de Contas da União:

a) Emitir parecer prévio sobre as contas prestadas anualmente pelo Presidente da República.

b) Julgar as contas dos administradores e demais responsáveis por dinheiros, bens e valores públicos da administração direta e indireta, incluídas as fundações e sociedades instituídas e mantidas pelo Poder Público Federal.

c) Representar à autoridade competente sobre irregularidades ou abusos apurados.

d) Prestar informações solicitadas pelo Congresso Nacional ou qualquer de suas Casas ou Comissões, sobre fiscalização de sua competência e sobre resultados de inspeções ou auditorias.

e) Processar e julgar originariamente a Ação Direta de Inconstitucionalidade de Lei ou Ato Normativo Federal ou Estadual e Ação Declaratória de Constitucionalidade de Lei ou Ato Normativo Federal.

10. Não é vedado à União, aos Estados, ao Distrito Federal e aos Municípios:

a) Instituírem impostos sobre patrimônio, renda ou serviços, uns dos outros.

b) Utilizarem tributo com efeito de confisco.

c) Exigirem ou aumentarem tributo sem lei que o estabeleça.

d) Instituírem contribuição de melhoria, decorrente de obras públicas.

e) Instituírem impostos sobre templos de qualquer culto.

11. Assinalar a alternativa correta:

a) Quando para determinadas relações jurídicas a lei estabelece um termo fixo dentro do qual se pode promover a ação, trata-se de um prazo prescricional.

b) A prescrição é interrompida por qualquer ato inequívoco de reconhecimento do direito pelo devedor, ainda que extrajudicial.

c) As causas que suspendem a prescrição não são as mesmas que impedem o seu início.

d) O prazo prescricional somente inicia-se após a violação do direito do titular, o que também ocorre com a decadência.

e) A decadência não atinge somente direitos condicionados ao seu exercício dentro de um certo tempo ou prazo.

12. Assinalar a alternativa correta:

a) A ação de investigação de paternidade é imprescritível.

b) O estado das pessoas é suscetível de transação.

c) Consumada a adoção, o filho adotado poderá ainda habilitar-se à herança dos seus pais de sangue.

d) O representante legal do menor impúbere somente poderá outorgar procuração, se for por instrumento público, a advogado, para que este cuide, judicialmente, do interesse do referido incapaz.

e) O objeto dos direitos não são coisas e nem bens.

13. Assinalar a alternativa correta:

a) A mulher mesmo agravada na sua honra, seduzida pelo ex-noivo, que coabitou com ela, com promessas de casamento e se recusa a cumpri-la, não tem direito a nenhum dote correspondente à sua condição.

b) A lei civil somente exige o exame pré-nupcial para o casamento de colaterais de terceiro grau, ou seja, entre primos.

c) Quem pode alegar a "posse do estado de casado" é toda a classe dos descendentes, e se mortos ambos os cônjuges.

d) Defere-se o direito de usufruto ao cônjuge viúvo, se permanecer como tal e se o regime de casamento era o da comunhão universal. O usufruto, neste caso, incide na quarta parte dos bens do cônjuge falecido, se houver filhos, deste ou do casal, e na metade, se não houver filhos.

e) O direito de habitação ocorre quando o regime de bens for o da comunhão universal, sendo o imóvel o único bem do casal, caso tenha sido destinado à moradia e permanecendo o estado de viuvez.

14. Assinalar a alternativa correta:

a) Em sede de ação petitória, é irrelevante a alegação de domínio.

b) A alegação da posse *ad usucapionem*, no âmbito de ação petitória, é irrelevante.

c) O legislador, no Código Civil, adotou a teoria de Ihering, sobre a natureza jurídica da posse.

d) No constituto possessório, o que possuía em nome alheio, passa a possuir em nome próprio.

e) A propriedade não tem caráter perpétuo, porque pode ser alterado o direito do proprietário.

15. Assinalar a alternativa correta:

a) As benfeitorias são obras que criam uma coisa nova e que se aderem à propriedade anteriormente existente.

b) As acessões artificiais são obras feitas na coisa, ou despesas feitas com coisa, com o fito de conservá-la, melhorá-la ou embelezá-la.

c) O usucapião previsto no art. 550 do Código Civil é o extraordinário e o do art. 551, do mesmo Código, é o ordinário.

d) O juiz é obrigado a conhecer a lei estrangeira, se o caso estiver sob a sua jurisdição.

e) O direito de representação dá-se na linha reta descendente e também na ascendente.

16. Assinalar a alternativa correta:

a) O herdeiro sucede a título singular e o legatário a título universal.

b) Os herdeiros necessários são os descendentes e os ascendentes.

c) A herança vacante é a que está em vias de se tornar jacente.

d) Os efeitos da indignidade alcançam o indigno, que é excluído da herança. O indigno é considerado morto e seus descendentes não são chamados à sucessão.

e) O codicilo é disposição de última vontade, é o mesmo que legado.

17. Assinalar a alternativa correta:

a) Legado um só usufruto conjuntamente a duas ou mais pessoas, o usufrutuário morto, a parte do que faltar não pode acrescer a do colegatário.

b) O autor da herança não pode deixar, como disposição de última herança, que a legítima filha não se comunique com os bens do marido desta, se casados pelo regime da comunhão universal.

c) A enfiteuse também pode ser por tempo determinado.

242 | ENSINANDO E APRENDENDO O DIREITO COM O MÉTODO DO CASO

d) A anticrese consiste na dação em pagamento ao credor, de um bem imóvel, em compensação da dívida.

e) O domínio útil pode ser objeto de hipoteca.

18. Assinalar a alternativa correta:

Pelo Código Civil:

a) Invenção é uma criação intelectual do inventor que terá o direito de propriedade sobre a mesma.

b) Quem encontra um tesouro, obviamente, não pode ser chamado de inventor.

c) Ocupação é o modo originário de adquirir coisa imóvel.

d) Retrocessão é quando o desapropriado recupera o imóvel objeto da desapropriação.

e) Prédio é, genericamente, sinônimo de imóvel edificado.

19. Assinalar a alternativa correta:

a) Transação e conciliação não são palavras sinônimas, havendo diferença no seu significado jurídico.

b) O co-herdeiro não pode reclamar a universalidade da herança ao terceiro, que indevidamente a possua, podendo este opor-lhe, em exceção, o caráter parcial do seu direito nos bens da sucessão.

c) O devedor pode eximir-se de cumprir uma cláusula penal contratada, argumentando ser ela excessiva.

d) O pagamento feito, mesmo de boa-fé, ao credor putativo, não é válido se provado depois que não era credor.

e) O que se emprestou para o jogo, ou aposta, no ato de apostar, ou jogar, pode ser exigido o reembolso.

20. Assinalar a alternativa correta:

a) No contrato, não pode deixar a fixação do preço à taxa do mercado, ou da bolsa, em certo e determinado dia e lugar.

b) O comodato somente pode ter por objeto bens infungíveis e o mútuo, bens fungíveis.

c) O direito de preempção não se estende somente à propriedade.

d) O comodatário que não devolver a coisa após notificado para tal, responderá pela mora, mas não pagará o aluguel da coisa durante o tempo do atraso em restituí-la.

e) Os árbitros são juízes de fato e de direito, sendo sujeito o seu julgamento a alçada, ou recurso, exceto se o contrário convencionarem as partes.

21. No que se refere aos princípios básicos para uma boa administração, por parte dos administradores públicos, podemos afirmar, exceto:

a) Os atos do bom administrador deverão estar consubstanciados em quatro regras de observação permanente e obrigatória que são a legalidade, moralidade, impessoalidade e publicidade.

b) Na Administração Pública não há liberdade nem vontade pessoal. Enquanto na Administração particular é lícito fazer tudo que a lei não proíbe.

c) O princípio da finalidade não impede o administrador de buscar um objetivo que não esteja diretamente ligado ao interesse público.

d) Em princípio, todo ato administrativo deve ser publicado porque pública é a Administração que o realiza, só se admitindo sigilo nos casos de segurança nacional.

e) O princípio da impessoalidade imposta ao administrador público deve ser entendido como excludente de pretensas promoções pessoais de autoridades ou servidores públicos.

22. No que tange aos poderes inerentes ao administrador público é correto afirmar, exceto:

a) Poder discricionário é a liberdade de escolha do administrador em razão do interesse público.

b) A urgência no cumprimento de certos atos, legitima a atuação administrativa no sentido de autoexecutar suas pretensões (poder de polícia).

c) Poder hierárquico é o de que dispõe o Legislativo para distribuir e escalonar as funções dos seus órgãos, ordenar e rever a atuação de seus agentes estabelecendo relações de subordinação entre servidores e quadro de pessoal.

d) Poder vinculador ou regrado é aquele que a lei confere à Administração Pública para prática de ato de sua competência, determinando os elementos e requisitos necessários a sua formalização.

e) O Poder disciplinar é correlato com o poder hierárquico, mas com ele não se confunde.

23. É correto afirmar, exceto:

a) Atos normativos são os que contém um comando geral do poder executivo, visando à correta aplicação da lei.

b) Regulamentos são atos administrativos postos em vigência por Decreto, para especificar os mandamentos da lei ou prover situações não disciplinadas por lei.

c) São exemplos de atos enunciativos: certidões, atestados, pareceres e apostilas.

d) O alvará é um ato negocial utilizado para a expedição de licenças.

e) Os decretos são atos que encerram provimentos no âmbito interno da administração e por isto são considerados atos ordinários.

24. Observe os enunciados:

I – É defeso cobrar tributos em relação a fatos geradores ocorridos antes do início da vigência da lei que os houver instituído ou aumentado.

II – É defeso cobrar tributos no mesmo exercício financeiro em que haja sido publicada a lei que os instituiu ou aumentou.

III – É defeso à União cobrar tributo que não seja homogêneo em todo o território nacional.

Esses enunciados referem-se respectivamente aos princípios da:

a) legalidade, retroatividade e da não discriminação em razão da procedência ou destino dos bens.

b) irretroatividade, anterioridade e uniformidade geográfica.

c) irretroatividade, anualidade e uniformidade geográfica.

d) anualidade, irretroatividade e igualdade.

e) anterioridade, legalidade e territorialidade da tributação.

25. A lei estadual nº 99.999 instituiu tributo designado taxa de transporte e designou sua base de cálculo como sendo o valor do frete. Determinou que os transportadores fossem responsáveis pelo recolhimento desse tributo, devendo fazê-lo antes mesmo da concretização do transporte; assegura no entanto imediata e preferencial restituição da quantia paga, caso não se realize o transporte. Dada a natureza jurídica do tributo, a atribuição ao sujeito passivo da obrigação tributária da condição de responsável,

a) não se poderia dar, porque o tributo é um imposto.

b) não se poderia dar, porque o tributo é uma taxa.

c) poderia dar-se porque o tributo é um imposto.

d) poderia dar-se porque o tributo é uma contribuição.

e) não se poderia dar porque o tributo é uma contribuição.

26. Sobre a remissão, transação e ação de consignação em pagamento, aplicadas à obrigação tributária:

I – Na remissão total, desaparece o direito subjetivo de exigir a prestação e por decorrência lógica e imediata, some também o dever jurídico cometido ao sujeito passivo.

II – A transação independe de previsão legal para que a autoridade competente possa entrar no regime de concessões mútuas, posto que esta característica é da essência do próprio instituto.

III – A ação de consignação em pagamento não comporta outras questões que não aquelas ligadas aos requisitos formais e objetivos do pagamento que satisfaz o débito do sujeito passivo.

Sobre os enunciados acima é correto afirmar:

a) são todos verdadeiros.

b) são todos falsos.

c) I e II são falsos, o III é verdadeiro.

d) I e III são verdadeiros, o II é falso.

e) II e III são verdadeiros e I é falso.

27. A suspensão da exigibilidade do crédito tributário:

a) Concedida por moratória aproveita inclusive os casos de dolo, fraude e simulação praticados pelo sujeito passivo.

b) Dispensa o cumprimento de obrigações acessórias dependentes da obrigação principal cujo crédito seja suspenso.

c) Pode ser concedida mediante moratória instituída em lei por prazo indefinido.

d) Quando concedida mediante moratória, retroage à data da ocorrência do fato gerador.

e) Em face do depósito de seu montante integral, elide a incidência de penalidade de caráter moratório.

28. O cidadão Onofre da Silva impugnou o lançamento, administrativamente. O direito de pleitear a restituição extingue-se com o decurso do prazo de cinco anos, contados da data em que se tornar definitiva a decisão administrativa, nos casos de:

a) Erro no montante do débito.

b) Erro na identificação do sujeito passivo.

c) Erro na aplicação da alíquota.

d) Anulação da decisão condenatória (relativo ao pagamento).

e) Erro na elaboração do pagamento.

29. Com a teoria finalista:

a) dolo e culpa eram elementos da culpabilidade.

b) dolo e culpa eram aspectos da culpabilidade.

c) dolo integra o tipo e a culpa a culpabilidade.

d) dolo e culpa são elementos do tipo.

e) dolo e culpa são elementos do tipo, mas o dolo carece do potencial conhecimento da ilicitude.

30. A, desconhecendo a intenção e até mesmo a presença de B, desferiu um tiro contra C, no exato momento em que B adotava o mesmo comportamento. C faleceu, não se identificando o autor do disparo.

a) Ocorreu coautoria de homicídio.

b) A responde por homicídio e B, por tentativa desse delito.

c) A e B respondem por tentativa de homicídio, absolvidos do delito consumado, por falta de provas da autoria.

d) B responde por homicídio consumado e A, pela mobilidade tentada.

e) Todas as respostas estão erradas.

31. A, supondo que B iria matá-lo, ao vê-lo, após seguidas ameaças de morte, levar a mão ao bolso do paletó, onde costumava manter um revólver, desferiu contra ele um disparo de arma de fogo. B, que fora fazer as pazes com A, levando-lhe no bolso, um presente, ao ser recebido a tiros, revidou com um disparo.

a) A e B estavam ao abrigo da excludente de legítima defesa.

b) A e B não poderiam invocar, em seu favor, qualquer excludente ou exculpante.

c) A e B poderiam invocar legítima defesa putativa.

d) A poderia invocar a exculpante da legítima defesa putativa e B a excludente da legítima defesa real.

e) Somente A poderia ser absolvido, desde que invocasse a legítima defesa putativa.

32. Após ministrar veneno a Luis, Maria deu-lhe um vomitório, salvando-lhe a vida.

a) Houve tentativa de homicídio.

b) Ocorreu desistência voluntária.

c) É o caso de arrependimento eficaz.

d) Só haveria arrependimento eficaz se a ação de Maria fosse espontânea.

e) Todas as respostas estão erradas.

33. José feriu Alonso que, levado ao hospital, faleceu em razão de incêndio ocorrido no centro cirúrgico.

a) José responde por homicídio.

b) O incêndio é concausa absolutamente independente que assume o resultado.

c) O incêndio é concausa relativamente independente e não assume o resultado.

d) Os concausos relativamente independentes nunca assumem o resultado.

e) José não responde pelo homicídio. Trata-se de causa relativamente independente e superveniente que exclui a imputação.

34. O erro de proibição:

a) não escusa, porque a ninguém é lícito ignorar a lei.

b) escusa sempre, já que o agente julgava lícito seu comportamento.

c) só escusa, quando inevitável.

d) escusa, mesmo que inevitável.

e) todas as respostas anteriores estão certas.

35. Para matar Adeilton, Amâncio ateou fogo no imóvel rural em que aquele residia, causando-lhe lesões corporais graves. Amâncio cometeu:

a) lesões corporais graves.

b) incêndio qualificado (art. 250, c/c art. 258 do CP).

c) incêndio (art. 250, CP) em concurso com lesões corporais graves.

d) tentativa de homicídio (art. 121, § 2º, III, do CP).

e) nenhuma das respostas anteriores.

36. Nos crimes hediondos, a pena será:

a) integralmente cumprida em regime fechado.

b) cumprida em regime fechado até 2/3, após o que, em qualquer hipótese, dar-se-á o livramento condicional.

c) cumprida em regime fechado; após cumpridos mais de 2/3 da pena, se o apenado não for reincidente específico em crimes hediondos, poderá fazer jus ao livramento condicional.

d) fará jus ao livramento condicional, após cumprir mais da metade da pena.

e) todas as respostas estão erradas.

37. A prescrição pela pena concretizada, quando ocorreu trânsito em julgado para a acusação:

a) é prescrição da pretensão executória.

b) não aproveita o tempo mediado entre o fato e o recebimento da denúncia.

c) somente aproveita o tempo mediado entre o fato e o oferecimento da denúncia.

d) aproveita o tempo que corre entre o fato sem conhecimento e o recebimento da denúncia, sendo prescrição da pretensão executória.

e) é prescrição da pretensão punitiva, podendo ter por termo inicial, data anterior ao recebimento da denúncia ou queixa.

38. No delito de infanticídio:

a) não há coautoria entre a mãe e o estranho.

b) só há coautoria quando o estranho é mulher e está sob influência do estado puerperal.

c) só há coautoria se for invocado o motivo de honra.

d) há coautoria, somente, quando o estranho é mulher, esteja ou não sob influência do estado puerperal ou tenha atuado por motivo de honra.

e) sempre haverá coautoria, pois o puerpério é elementar e os elementares sempre se comunicam.

ANEXOS | 249

39. O litisconsórcio:

a) será necessário quando a lide tiver de ser decidida de maneira uniforme para todos os litisconsortes.

b) será simples quando o Juiz puder decidir de maneira diferente para cada um dos litisconsortes.

c) será facultativo quando o Juiz puder decidir de maneira diferente para cada um dos litisconsortes.

d) será unitário quando a lei ou a natureza da relação jurídica discutida em juízo determina sua formação, independentemente da vontade da parte.

e) será simples quando não há obrigatoriedade para a sua formação.

40. João, adquirente de uma área rural, é impedido de tomar posse do imóvel, pois outrem o ocupa alegando ser o legítimo proprietário. João, ao promover ação reivindicatória em face do ocupante, deverá:

a) chamar ao processo o alienante a fim de garantir-se dos riscos da evicção.

b) notificar o alienante para formarem litisconsórcio necessário.

c) notificar o alienante para obter assistência na ação reivindicatória.

d) denunciar a lide ao seu alienante a fim de garantir-se dos riscos da evicção.

e) somente o réu poderá utilizar a denunciação da lide.

41. Em ação de separação judicial litigiosa a autora requereu a citação por edital do réu. Este não apresentou defesa dentro do prazo legal. O promotor opinou pelo julgamento antecipado da lide ante a existência de revelia. Neste caso, o Juiz:

a) julgará antecipadamente a lide pois está caracterizada a revelia.

b) julgará extinto o processo sem julgamento do mérito.

c) dará curador especial ao réu revel conforme o disposto no art. 9º, II, do CPC.

d) determinará nova citação ao réu.

e) julgará antecipadamente a lide pois a questão de mérito é unicamente de direito.

42. A incompetência relativa do Juiz:

a) deverá ser arguida pelo réu no prazo de quinze (15) dias em preliminar de contestação.

b) deverá ser arguida por meio de exceção em qualquer tempo ou grau de jurisdição.

c) poderá ser decretada de ofício pelo Juiz.

d) deverá ser arguida por meio de exceção no prazo de quinze (15) dias contado do fato que ocasionou a incompetência.

e) acarreta nulidade absoluta no processo.

43. Assinale a alternativa correta:

a) o decreto de carência de ação não permite decisão sobre o mérito.

b) o decreto de carência de ação permite decisão sobre o mérito.

c) o decreto de carência de ação consiste em sentença de mérito.

d) o decreto de carência de ação consiste em decisão interlocutória.

e) o decreto de carência de ação consiste em sentença definitiva.

44. Falecendo o réu em ação de divórcio:

a) haverá extinção do processo com julgamento do mérito.

b) suspende-se o processo.

c) extingue-se o processo sem julgamento do mérito por falta de interesse processual.

d) extingue-se o processo sem julgamento do mérito por intransmissibilidade do direito.

e) suspende-se o processo para que seja feita a sucessão processual.

45. O indeferimento liminar da reconvenção oferecida pelo réu consiste em:

a) sentença.

b) decisão interlocutória.

c) despacho de mero expediente.

d) sentença terminativa.

e) sentença definitiva.

46. Assinale a alternativa correta:

a) A perempção só é possível na ação penal exclusivamente privada, não sendo possível nos casos de Ação Penal privada subsidiária.

b) Considera-se perempta a ação penal quando iniciada esta, o autor deixar de promover a citação do réu no prazo de 15 dias após determinação judicial.

c) A renúncia ao direito de queixa somente é causa de perempção se aceita pelo beneficiário ou por seu procurador.

d) Importará perempção a falta do exercício do direito de queixa dentro do prazo de seis meses contados do dia em que vier a saber quem é o autor do crime.

e) A perempção não é causa extintiva da punibilidade.

47. Assinale a alternativa correta:

a) O inquérito policial, para apuração de crime de ação penal privada, se inicia através de requerimento.

b) O inquérito policial, para apuração de crime de ação penal pública condicionada, se inicia através de representação.

c) O inquérito policial é peça dispensável para a propositura da Ação Penal Pública.

d) O inquérito policial tem como características principais o sigilo, ser inquisitivo e escrito.

e) Todas as alternativas estão corretas.

48. Assinale a alternativa *incorreta*:

a) O titular da Ação Penal Pública condicionada é o Ministério Público.

b) O titular da Ação Penal privada é a vítima ou quem a represente legalmente.

c) A decadência é instituto ligado a ação penal privada subsidiária da pública.

d) O perdão, se aceito pelo querelado, somente valerá como causa extintiva da punibilidade, na ação penal privada.

e) O titular da Ação Penal Pública incondicionada é o Ministério Público.

49. Um caminhoneiro transportava uma carga de eletrodomésticos de São Paulo para Belo Horizonte. Ao passar por Pouso Alegre, tomou a deliberação de ficar com um aparelho de TV, pois o seu havia sido furtado. Em Perdões, retirou o aparelho do veículo e o deixou com um amigo, que se encarregou de guardá-lo até o seu retorno. O motorista e o agente moravam em São Paulo. O foro competente para ajuizamento da ação penal é o de:

a) Perdões ou Pouso Alegre indistintamente.

b) Belo Horizonte.

c) Pouso Alegre.

d) São Paulo.

e) Perdões.

50. Sobre a produção de prova pericial no âmbito do processo penal, assinale dentre as opções abaixo a afirmativa correta:

a) Por ser a perícia um exame técnico, o Juiz fica obrigado a respeitar os seus resultados.

b) Havendo no laudo obscuridades ou contradições, a autoridade mandará sejam supridas ou esclarecidas, podendo determinar a realização de nova perícia.

c) A autoridade policial, como o Juiz, está obrigada a determinar a realização de perícia requerida pelas partes.

d) A confissão do acusado torna dispensável a realização de exame de corpo de delito.

e) A não realização da perícia, nos crimes que deixam vestígios, é sempre causa de nulidade do processo.

51. Integram a remuneração do empregado:

a) as diárias não excedentes de cinquenta por cento do salário, as horas extraordinárias, o adicional de insalubridade e as gorjetas espontâneas.

b) as gratificações não ajustadas, os prêmios, a ajuda de custo e o adicional noturno.

c) as gorjetas compulsórias, os abonos, as comissões e o adicional de transferência.

d) as diárias em sentido estrito, as gratificações ajustadas, o adicional de periculosidade e a participação nos lucros paga conforme previsto em legislação infraconstitucional.

e) o adicional por tempo de serviço, os prêmios por produtividade, o valor pago por despesas de transferência (artigo 470 da CLT), o vale para refeição (excluída a hipótese do fornecimento pelo Programa de Alimentação do Trabalhador).

52. Suspendem-se o contrato de trabalho urbano:

a) no caso de gozo de auxílio-doença previdenciário.

b) no caso dos primeiros quinze dias de incapacidade laborativa decorrente de acidente do trabalho.

c) no período de participação do empregado no Tribunal do Júri.

d) em qualquer hipótese de licença remunerada.

e) durante férias reduzidas a 18 dias por ausências injustificadas ao serviço no período aquisitivo correspondente.

53. Uma associação beneficente, sem fins lucrativos:

a) tem todos seus empregados caracterizados como domésticos.

b) não se submete a reajustes salariais determinados em sentenças normativas.

c) tem os contratos de trabalho ou de emprego, sem exceção, regidos pelo Direito Civil.

d) equipara-se às empresas com fins lucrativos, no que se refere às obrigações trabalhistas.

e) tem finalidades lucrativas e por isso é empregadora.

54. No contrato individual de trabalho temos que:

a) O empregador pode ser pessoa natural ou jurídica.

b) Empregado e empregador são pessoas jurídicas.

c) A prestação dos serviços é impessoal.

d) Empregado e empregador podem ser pessoas naturais ou jurídicas.

e) O empregador é sempre pessoa jurídica.

55. Quanto ao poder hierárquico do empregador:

a) as ordens emitidas por ele devem ser sempre cumpridas pelo empregado.

b) o empregado pode resistir ao cumprimento, se achá-las inconvenientes.

c) se ilegais ou ilegítimas o empregado deve opor resistência.

d) nenhuma resposta anterior.

e) o empregador tem direitos absolutos de comando sobre o empregado.

56. Assinale a resposta incorreta. Diz-se da Assembleia Geral de uma S/A que:

a) compete-lhe privativamente reformar o Estatuto Social.

b) ela não é soberana, pois suas decisões dependem do *referendum* da Diretoria.

c) o seu *quorum,* em segunda convocação, é de qualquer número.

d) é dirigida por um Presidente e secretariada por um Secretário, escolhidos entre os acionistas.

e) é a reunião dos subscritores ou acionistas de uma sociedade por ações, convocada e instalada de acordo com a lei e o estatuto.

57. Dê a resposta correta da questão abaixo:

Ao Conselho de Administração de uma S/A compete...

a) precipuamente deliberar, fixando a orientação geral dos negócios da Companhia.

b) precipuamente executar as deliberações da Diretoria.

c) examinar as demonstrações financeiras do exercício social e sobre elas opinar.

d) autorizar, unilateralmente, a reforma estatutária.

e) o acionista membro do Conselho de Administração pode praticar atos de liberalidade, à custa da companhia.

58. Referente aos títulos de crédito é correto afirmar:

a) o simples protesto cambiário interrompe a prescrição.

b) na letra de câmbio, jamais poderá ser inserida a expressão "Não à Ordem", o que impediria a sua circulação por meio do endosso.

c) a duplicata é um título formal, causal e não à ordem.

d) a marcação do cheque (pré ou pós-datado) não o desnatura como tal.

e) a letra de câmbio e a nota promissória, quando o credor deixa de fazer sua apresentação ao sacado no vencimento, é obrigado a receber pagamento parcial do título.

59. Concede-se a concordata suspensiva a qualquer devedor?

a) Ao comerciante já falido.

b) Ao devedor comum.

c) A qualquer devedor, independentemente de processo de falência.

d) A comerciante que não tenha título protestado.

e) A concordata suspensiva evita a falência.

60. Quem é o administrador da massa falida?

a) O Juiz, diretamente.

b) O Escrivão, onde tramita o processo falimentar.

c) O Síndico, nomeado pelo Juiz.

d) O Síndico, sob imediata direção e superintendência do Juiz.

e) Pelo Comissário.

* "Algumas expressões e frases podem parecer estranhas. Isto se dá porque a redação da prova, no geral, não está bem elaborada".

** Gabarito não oficial:

01	02	03	04	05	06	07	08	09	10
A	C	D	C	A	C	B	D	E	D
11	12	13	14	15	16	17	18	19	20
B	A	E	C	C	B	E	D	A	B
21	22	23	24	25	26	27	28	29	30
C	C	B	B	C	D	E	D	D	C
31	32	33	34	35	36	37	38	39	40
D	C	E	C	D	C	E	E	B	D
41	42	43	44	45	46	47	48	49	50
C	D	A	D	B	A	E	C	E	B
51	52	53	54	55	56	57	58	59	60
C	A	D	A	C	B	A	E	A	D

ANEXO VII

EXAME NACIONAL DE CURSOS
Direito – 2016

QUESTÃO 01

Segundo a pesquisa Retratos da Leitura no Brasil, realizada pelo Instituto Pró-Livro, a média anual brasileira de livros lidos por habitante era, em 2011, de 4,0. Em 2007, esse mesmo parâmetro correspondia a 4,7 livros por habitante/ano.

De acordo com as informações apresentadas acima, verifica-se que:

A) metade da população brasileira é constituída de leitores que tendem a ler mais livros a cada ano.

B) o Nordeste é a região do Brasil em que há a maior proporção de leitores em relação à sua população.

C) o número de leitores, em cada região brasileira, corresponde a mais da metade da população da região.

D) o Sudeste apresenta o maior número de leitores do país, mesmo tendo diminuído esse número em 2011.

E) a leitura está disseminada em um universo cada vez menor de brasileiros, independentemente da região do país.

QUESTÃO 02

O Cerrado, que ocupa mais de 20% do território nacional, é o segundo maior bioma brasileiro, menor apenas que a Amazônia. Representa um dos hotspots para a conservação da biodiversidade mundial e é considerado uma das mais importantes fronteiras agrícolas do planeta.

Considerando a conservação da biodiversidade e a expansão da fronteira agrícola no Cerrado, avalie as afirmações a seguir.

I. O Cerrado apresenta taxas mais baixas de desmatamento e percentuais mais altos de áreas protegidas que os demais biomas brasileiros.

II. O uso do fogo é, ainda hoje, uma das práticas de conservação do solo recomendáveis para controle de pragas e estímulo à rebrota de capim em áreas de pastagens naturais ou artificiais do Cerrado.

III. Exploração excessiva, redução progressiva do habitat e presença de espécies invasoras estão entre os fatores que mais provocam o aumento da probabilidade de extinção das populações naturais do Cerrado.

IV. Elevação da renda, diversificação das economias e o consequente aumento da oferta de produtos agrícolas e da melhoria social das comunidades envolvidas estão entre os benefícios associados à expansão da agricultura no Cerrado.

É correto apenas o que se afirma em:

A) I.

B) II.

C) I e III.

D) II e IV.

E) III e IV.

QUESTÃO 03

A floresta virgem é o produto de muitos milhões de anos que passaram desde a origem do nosso planeta. Se for abatida, pode crescer uma nova floresta, mas a continuidade é interrompida. A ruptura nos ciclos de vida natural de plantas e animais significa que a floresta nunca será aquilo que seria se as árvores não tivessem sido cortadas. A partir do momento em que a floresta é abatida ou inundada, a ligação com o passado perde-se para sempre. Trata-se de um custo que será suportado por todas as gerações que nos sucederem no planeta. É por isso que os ambientalistas têm razão quando se referem ao meio natural como um "legado mundial".

Mas, e as futuras gerações? Estarão elas preocupadas com essas questões amanhã? As crianças e os jovens, como indivíduos principais das futuras gerações, têm sido, cada vez mais, estimulados a apreciar ambientes fechados, onde podem relacionar-se com jogos de computadores, celulares e outros equipamentos interativos virtuais, desviando sua atenção de questões ambientais e do impacto disso em vidas no futuro, apesar dos esforços em contrário realizados por alguns setores. Observe- se que, se perguntarmos a uma criança ou a um jovem se eles desejam ficar dentro dos seus quartos, com computadores e jogos eletrônicos, ou passear em uma praça, não é improvável que escolham a primeira opção. Essas posições de jovens e crianças preocupam tanto quanto o descaso com o desmatamento de florestas hoje e seus efeitos amanhã.

SINGER, P. *Ética prática.* 2 ed. Lisboa: Gradiva, 2002, p. 292 (adaptado).

É um título adequado ao texto apresentado acima:

A) Computador: o legado mundial para as gerações futuras.

B) Uso de tecnologias pelos jovens: indiferença quanto à preservação das florestas.

C) Preferências atuais de lazer de jovens e crianças: preocupação dos ambientalistas.

D) Engajamento de crianças e jovens na preservação do legado natural: uma necessidade imediata.

E) E Redução de investimentos no setor de comércio eletrônico: proteção das gerações futuras.

QUESTÃO 04

É ou não ético roubar um remédio cujo preço é inacessível, a fim de salvar alguém, que, sem ele, morreria? Seria um erro pensar que, desde sempre, os homens têm as mesmas respostas para questões desse tipo. Com o passar do tempo, as sociedades mudam e também mudam os homens que as compõem. Na Grécia Antiga, por exemplo, a existência de escravos era perfeitamente legítima: as pessoas não eram consideradas iguais entre si, e o fato de umas não terem liberdade era considerado normal. Hoje em dia, ainda que nem sempre respeitados, os Direitos Humanos impedem que alguém ouse defender, explicitamente, a escravidão como algo legítimo.

MINISTÉRIO DA EDUCAÇÃO. Secretaria de Educação Fundamental. "Ética". Brasília, 2012. Disponível em: <portal.mec.gov.br>. Acesso em: 16 jul. 2012 (adaptado).

Com relação a ética e cidadania, avalie as afirmações seguintes.

I. Toda pessoa tem direito ao respeito de seus semelhantes, a uma vida digna, a oportunidades de realizar seus projetos, mesmo que esteja cumprindo pena de privação de liberdade, por ter cometido delito criminal, com trâmite transitado e julgado.

II. Sem o estabelecimento de regras de conduta, não se constrói uma sociedade democrática, pluralista por definição, e não se conta com referenciais para se instaurar a cidadania como valor.

III. Segundo o princípio da dignidade humana, que é contrário ao preconceito, toda e qualquer pessoa é digna e merecedora de respeito, não importando, portanto, sexo, idade, cultura, raça, religião, classe social, grau de instrução e orientação sexual.

É correto apenas o que se afirma em:

A) I, apenas.

B) III, apenas.

C) I e II, apenas.

D) II e III, apenas.

E) I, II e III.

QUESTÃO 05

A globalização é o estágio supremo da internacionalização. O processo de intercâmbio entre países, que marcou o desenvolvimento do capitalismo desde o período mercantil dos séculos 17 e 18, expande-se com a industrialização, ganha novas bases com a grande indústria nos fins do século 19 e, agora, adquire mais intensidade, mais amplitude e novas feições. O mundo inteiro torna-se envolvido em todo tipo de troca: técnica, comercial, financeira e cultural. A produção e a informação globalizadas permitem a emergência de lucro em escala mundial, buscado pelas firmas globais, que constituem o verdadeiro motor da atividade econômica.

SANTOS, M. "O país distorcido". São Paulo: Publifolha, 2002 (adaptado).

No estágio atual do processo de globalização, pautado na integração dos mercados e na competitividade em escala mundial, as crises econômicas deixaram de ser problemas locais e passaram a afligir praticamente todo o mundo. A crise recente, iniciada em 2008, é um dos exemplos mais significativos da conexão e interligação entre os países, suas economias, políticas e cidadãos.

Considerando esse contexto, avalie as seguintes asserções e a relação proposta entre elas.

I. O processo de desregulação dos mercados financeiros norte-americano e europeu levou à formação de uma bolha de empréstimos especulativos e imobiliários, a qual, ao estourar em 2008, acarretou um efeito dominó de quebras nos mercados.

PORQUE

II. As políticas neoliberais marcam o enfraquecimento e a dissolução do poder dos Estados nacionais, bem como asseguram poder aos aglomerados financeiros que não atuam nos limites geográficos dos países de origem.

A respeito dessas asserções, assinale a opção correta.

A) As asserções I e II são proposições verdadeiras, e a II é uma justificativa da I.

B) As asserções I e II são proposições verdadeiras, mas a II não é uma justificativa da I.

C) A asserção I é uma proposição verdadeira, e a II é uma proposição falsa.

D) A asserção I é uma proposição falsa, e a II é uma proposição verdadeira.

E) As asserções I e II são proposições falsas.

QUESTÃO 06

O anúncio feito pelo Centro Europeu para a Pesquisa Nuclear (CERN) de que havia encontrado sinais de uma partícula que pode ser o bóson de Higgs provocou furor no mundo científico. A busca pela partícula tem gerado descobertas importantes, mesmo antes da sua confirmação. Algumas tecnologias utilizadas na pesquisa poderão fazer parte de nosso cotidiano em pouco tempo, a exemplo dos cristais usados nos detectores do acelerador de partículas large hadron colider (LHC), que serão utilizados em materiais de diagnóstico médico ou adaptados para a terapia contra o câncer. "Há um círculo vicioso na ciência quando se faz pesquisa", explicou o diretor do CERN. "Estamos em busca da ciência pura, sem saber a que servirá. Mas temos certeza de que tudo o que desenvolvemos para lidar com problemas inéditos será útil para algum setor."

CHADE, J. "Pressão e disputa na busca do bóson". *O Estado de S. Paulo*, p. A22, 08/07/2012 (adaptado).

Considerando o caso relatado no texto, avalie as seguintes asserções e a relação proposta entre elas.

I. É necessário que a sociedade incentive e financie estudos nas áreas de ciências básicas, mesmo que não haja perspectiva de aplicação imediata.

PORQUE

II. O desenvolvimento da ciência pura para a busca de soluções de seus próprios problemas pode gerar resultados de grande aplicabilidade em diversas áreas do conhecimento.

A respeito dessas asserções, assinale a opção correta.

A) As asserções I e II são proposições verdadeiras, e a II é uma justificativa da I.

B) As asserções I e II são proposições verdadeiras, mas a II não é uma justificativa da I.

C) A asserção I é uma proposição verdadeira, e a II é uma proposição falsa.

D) A asserção I é uma proposição falsa, e a II é uma proposição verdadeira.

E) As asserções I e II são proposições falsas.

QUESTÃO 07

Legisladores do mundo se comprometem a alcançar os objetivos da Rio+20

Reunidos na cidade do Rio de Janeiro, 300 parlamentares de 85 países se comprometeram a ajudar seus governantes a alcançar os objetivos estabelecidos nas conferências

Rio+20 e Rio 92, assim como a utilizar a legislação para promover um crescimento mais verde e socialmente inclusivo para todos.

Após três dias de encontros na Cúpula Mundial de Legisladores, promovida pela GLOBE International – uma rede internacional de parlamentares que discute ações legislativas em relação ao meio ambiente – , os participantes assinaram um protocolo que tem como objetivo sanar as falhas no processo da Rio 92.

Em discurso durante a sessão de encerramento do evento, o vice-presidente do Banco Mundial para a América Latina e o Caribe afirmou: "Esta Cúpula de Legisladores mostrou claramente que, apesar dos acordos globais serem úteis, não precisamos esperar. Podemos agir e avançar agora, porque as escolhas feitas hoje nas áreas de infraestrutura, energia e tecnologia determinarão o futuro".

Disponível em: <www.worldbank.org/pt/news/2012/06/20>. Acesso em: 22 jul. 2012 (adaptado).

O compromisso assumido pelos legisladores, explicitado no texto acima, é condizente com o fato de que:

A) os acordos internacionais relativos ao meio ambiente são autônomos, não exigindo de seus signatários a adoção de medidas internas de implementação para que sejam revestidos de exigibilidade pela comunidade internacional.

B) a mera assinatura de chefes de Estado em acordos internacionais não garante a implementação interna dos termos de tais acordos, sendo imprescindível, para isso, a efetiva participação do Poder Legislativo de cada país.

C) as metas estabelecidas na Conferência Rio 92 foram cumpridas devido à propositura de novas leis internas, incremento de verbas orçamentárias destinadas ao meio ambiente e monitoramento da implementação da agenda do Rio pelos respectivos governos signatários.

D) a atuação dos parlamentos dos países signatários de acordos internacionais restringe-se aos mandatos de seus respectivos governos, não havendo relação de causalidade entre o compromisso de participação legislativa e o alcance dos objetivos definidos em tais convenções.

E) a Lei de Mudança Climática aprovada recentemente no México não impacta o alcance de resultados dos compromissos assumidos por aquele país de reduzir as emissões de gases do efeito estufa, de evitar o desmatamento e de se adaptar aos impactos das mudanças climáticas.

QUESTÃO 08

A tabela (...) apresenta a taxa de rotatividade no mercado formal brasileiro, entre 2007 e 2009. Com relação a esse mercado, sabe-se que setores como o da construção civil e o da agricultura têm baixa participação no total de vínculos trabalhistas e que os setores de comércio e serviços concentram a maior parte das ofertas. A taxa média nacional é a taxa média de rotatividade brasileira no período, excluídos transferências, aposentadorias, falecimentos e desligamentos voluntários.

Com base nesses dados, avalie as afirmações seguintes.

I. A taxa média nacional é de, aproximadamente, 36%.

II. O setor de comércio e o de serviços, cujas taxas de rotatividade estão acima da taxa média nacional, têm ativa importância na taxa de rotatividade, em razão do volume de vínculos trabalhistas por eles estabelecidos.

III. As taxas anuais de rotatividade da indústria de transformação são superiores à taxa média nacional.

IV. A construção civil é o setor que apresenta a maior taxa de rotatividade no mercado formal brasileiro, no período considerado.

É correto apenas o que se afirma em:

A) I e II.

B) I e III.

C) III e IV.

D) I, II e IV.

E) II, III e IV.

QUESTÃO DISCURSIVA 1

As vendas de automóveis de passeio e de veículos comerciais leves alcançaram 340 706 unidades em junho de 2012, alta de 18,75%, em relação a junho de 2011, e de 24,18%, em relação a maio de 2012, segundo informou, nesta terça-feira, a Federação Nacional de Distribuição de Veículos Automotores (Fenabrave). Segundo a entidade, este é o melhor mês de junho da história do setor automobilístico.

Disponível em: <http://br.financas.yahoo.com>. Acesso em: 3 jul. 2012 (adaptado).

Na capital paulista, o trânsito lento se estendeu por 295 km às 19 h e superou a marca de 293 km, registrada no dia 10 de junho de 2009. Na cidade de São Paulo, registrou-se, na tarde desta sexta-feira, o maior congestionamento da história, segundo a Companhia de Engenharia de Tráfego (CET). Às 19 h, eram 295 km de trânsito lento nas vias monitoradas pela empresa. O índice superou o registrado no dia 10 de junho de 2009, quando a CET anotou, às 19 h, 293 km de congestionamento.

Disponível em: <http://noticias.terra.com.br>. Acesso em: 03 jul. 2012 (adaptado).

O governo brasileiro, diante da crise econômica mundial, decidiu estimular a venda de automóveis e, para tal, reduziu o imposto sobre produtos industrializados (IPI). Há, no entanto, paralelamente a essa decisão, a preocupação constante com o desenvolvimento sustentável, por meio do qual se busca a promoção de crescimento econômico capaz de incorporar as dimensões socioambientais.

Considerando que os textos acima têm caráter unicamente motivador, redija um texto dissertativo sobre sistema de transporte urbano sustentável, contemplando os seguintes aspectos:

a) conceito de desenvolvimento sustentável; (valor: 3,0 pontos)

b) conflito entre o estímulo à compra de veículos automotores e a promoção da sustentabilidade; (valor: 4,0 pontos)

c) ações de fomento ao transporte urbano sustentável no Brasil. (valor: 3,0 pontos)

QUESTÃO DISCURSIVA 2

A Organização Mundial da Saúde (OMS) define violência como o uso de força física ou poder, por ameaça ou na prática, contra si próprio, outra pessoa ou contra um grupo ou comunidade, que resulte ou possa resultar em sofrimento, morte, dano psicológico, desenvolvimento prejudicado ou privação. Essa definição agrega a intencionalidade à prática do ato violento propriamente dito, desconsiderando o efeito produzido.

DAHLBERG, L. L.; KRUG, E. G. Violência: um problema global de saúde pública. Disponível em: <http://www.scielo.br>. Acesso em: 18 jul. 2012 (adaptado).

CABRAL, I. Disponível em: <http://www. ivancabral.com>. Acesso em: 18 jul. 2012.

Disponível em: <http://www.pedagogiaaopedaletra.com.br>. Acesso em: 18 jul. 2012.

A partir da análise das charges acima e da definição de violência formulada pela OMS, redija um texto dissertativo a respeito da violência na atualidade. Em sua abordagem, deverão ser contemplados os seguintes aspectos:

a) tecnologia e violência; (valor: 3,0 pontos)

b) causas e consequências da violência na escola; (valor: 3,0 pontos)

c) proposta de solução para o problema da violência na escola. (valor: 4,0 pontos).

QUESTÃO 09

O caráter especial dos diplomas internacionais sobre direitos humanos lhes reserva lugar específico no ordenamento jurídico brasileiro: eles estão abaixo da Constituição, porém acima da legislação interna. O status normativo supralegal dos tratados internacionais de direitos humanos subscritos pelo Brasil, dessa forma, torna inaplicável a legislação infraconstitucional com eles conflitante, seja ela anterior ou posterior ao ato de adesão. (...) A prisão civil do depositário infiel não mais se compatibiliza com os valores supremos assegurados pelo Estado Constitucional, que não está mais voltado para si mesmo, mas compartilha com as demais entidades soberanas, em contextos internacionais e supranacionais, o dever de efetiva proteção dos direitos humanos.

BRASIL. Supremo Tribunal Federal. RE n.º 349.703-1/RS. Relator: Min. Gilmar Mendes. Julgamento em: 03/12/2008, DJe de 05/06/2009 (adaptado).

No que se refere à aplicação dos dispositivos dos tratados internacionais no direito interno, avalie as seguintes asserções e a relação proposta entre elas.

I.   A recepção da Convenção Americana sobre Direitos Humanos – Pacto de San José da Costa Rica – pelo ordenamento jurídico brasileiro acarretou impedimento legal à prisão civil do depositário infiel.

PORQUE

II. A previsão constitucional para prisão civil do depositário infiel foi revogada por força do status normativo supralegal dos tratados internacionais de direitos humanos subscritos pelo Brasil.

A respeito dessas asserções, assinale a opção correta.

A) As asserções I e II são proposições verdadeiras, e a II é uma justificativa da I.

B) As asserções I e II são proposições verdadeiras, mas a II não é uma justificativa da I.

C) A asserção I é uma proposição verdadeira, e a II é uma proposição falsa.

D) A asserção I é uma proposição falsa, e a II é uma proposição verdadeira.

E) As asserções I e II são proposições falsas.

QUESTÃO 10

A Constituição brasileira de 1988 reconheceu o direito dos remanescentes das comunidades de quilombos à propriedade definitiva das terras que ocupam, devendo o Estado emitir os respectivos títulos (Art. 68, Ato das Disposições Constitucionais Transitórias). Para dar efetividade ao texto constitucional, foi editado o Decreto n.º 4.887, de 20 de novembro, que regulamenta o procedimento para identificação, reconhecimento, delimitação, demarcação e titulação das terras quilombolas. Importante notar que o referido Decreto é objeto de controle da constitucionalidade perante o Supremo Tribunal Federal desde 2004, sem julgamento do mérito.

BRASIL. Supremo Tribunal Federal. Ação Direta de Inconstitucionalidade, ADI n.º 3.239, Relator Min. Cezar Peluso.

Acerca do processo de reconhecimento e titulação das terras quilombolas, avalie as afirmações a seguir:

I. Consideram-se comunidades dos quilombos os grupos étnico-raciais, segundo critério de autoatribuição, com trajetória histórica própria, dotados de relações territoriais específicas, com presunção de ancestralidade negra relacionada com a resistência à opressão histórica sofrida.

II. Cabe ao Instituto Nacional de Colonização e Reforma Agrária (INCRA) regulamentar os procedimentos administrativos necessários à titulação das terras ocupadas pelos remanescentes das comunidades dos quilombos.

III. A caracterização dos remanescentes das comunidades dos quilombos deve ser atestada mediante autodefinição da própria comunidade e deve ser levada a registro no Instituto do Patrimônio Histórico e Artístico Nacional (IPHAN) do Ministério da Cultura.

IV. É responsabilidade exclusiva da União a identificação, o reconhecimento, a delimitação, a demarcação e a titulação das terras ocupadas pelos remanescentes das comunidades dos quilombos.

É correto apenas o que se afirma em:

A) I e II.

B) I e III.

C) III e IV.

D) I, II e IV.

E) II, III e IV.

QUESTÃO 11

HALVERSON, B. Disponível em: <http://revistaescola.abril.com.br>. Acesso em: 09 jul. 2012.

No diálogo entre Calvin e seu pai reproduzido acima, a discussão dos personagens pode ser relacionada a temas da filosofia do Direito. Assim, considerando-se uma suposta norma que houvesse instituído o mandato de pai,

A) a afirmação de Calvin acerca da necessidade de um novo pai suscita a questão da validade da norma.

B) a resposta do pai de Calvin, que nega o término de seu mandato, constitui questão referente à vigência da norma.

C) a afirmação do pai de Calvin sobre a impossibilidade de recontagem de votos evoca um problema de eficácia da norma.

D) a pergunta feita por Calvin sobre a autoria da "Constituição" levanta questões acerca da eficácia da norma.

E) a informação de que a mãe de Calvin teria participado na redação da "Constituição" evoca questão acerca da vigência da norma.

QUESTÃO 12

A expressão "acesso à Justiça" é reconhecidamente de difícil definição, mas serve para determinar duas finalidades básicas do sistema jurídico – o sistema por meio do qual as pessoas podem reivindicar seus direitos e (ou) resolver seus litígios, sob os auspícios do Estado. Primeiro, o sistema deve ser igualmente acessível a todos; segundo, ele deve produzir resultados que sejam individual e socialmente justos. Sem dúvida, uma premissa básica será a de que a justiça social, tal como desejada por nossas sociedades modernas, pressupõe o acesso efetivo. O acesso não é apenas um direito social fundamental, crescentemente reconhecido; ele é também, necessariamente, o ponto central da moderna processualística.

CAPPELLETTI, M.; GARTH, B. Acesso à Justiça. Trad. de Ellen Gracie Northfllet. Porto Alegre: Sergio Antonio Fabris, 1988, p. 8-13 (adaptado).

Considerando o acesso à Justiça como um dos temas relevantes da processualística contemporânea, bem como a repercussão, no ordenamento jurídico brasileiro, do movimento de acesso à Justiça iniciado por Cappelletti e Garth, no sentido de superação dos obstáculos para a efetiva prestação da tutela jurisdicional, conclui-se que:

A) a autorização de julgamento por amostragem de recursos especiais interpostos constitui obstáculo ao acesso à Justiça, pois pode prejudicar uma das partes pelo fato de não haver análise detalhada do recurso.

B) o direito de acesso à Justiça não implica, necessariamente, direito de acesso à ordem jurídica justa, ou seja, a compatibilização do direito substancial com a realidade social, judicialmente.

C) a restrição do direito à assistência judiciária constitui um dos retrocessos no acesso à Justiça trazidos pela Constituição Federal de 1988.

D) a alteração do cumprimento das sentenças e o procedimento sumaríssimo da Justiça do Trabalho são exemplos de reestruturação de práticas tradicionais no Brasil sob a perspectiva da ampliação do acesso à Justiça.

E) as violações de caráter difuso, ou seja, as lesões causadas ao cidadão, individual-mente, em diferentes esferas do seu patrimônio jurídico constituem obstáculo ao acesso à Justiça, em razão do alto custo do processo.

QUESTÃO 13

A Constituição brasileira de 1988 reconheceu aos índios sua organização social, costumes, línguas, crenças e tradições, e os direitos originários sobre as terras que tradi-cionalmente ocupam (Art. 231). Sobre o processo de demarcação das terras indígenas, o Supremo Tribunal Federal decidiu pela demarcação contínua da Terra Indígena Raposa Serra do Sol, no Estado de Roraima, em conformidade com a Portaria n.º 534/2005 do Ministério da Justiça (Petição n.º 3.388-RR, j. 19/03/2009).

Tendo como base os dispositivos da Constituição Federal e as decisões do judiciário a respeito da demarcação das terras indígenas, verifica-se que:

A) os direitos dos índios sobre as terras que tradicionalmente ocupam foram reco-nhecidos no texto constitucional, mas são exercidos com base em ato constituti-vo de demarcação, de competência da União.

B) a demarcação de terras indígenas deve ser feita em áreas fora de unidades de con-servação, já que aos índios é permitido o uso dos recursos naturais de suas terras.

C) as terras indígenas, quando devidamente demarcadas, constituem território po-lítico dos índios, reconhecido e protegido pela União.

D) as terras indígenas podem ser objeto de arrendamento, desde que assim autoriza-do pela Fundação Nacional do Índio (Funai).

E) a competência para a demarcação de terras indígenas é da União, na esfera do poder executivo.

QUESTÃO 14

Chamamos de julgamento (isto é, a faculdade graças à qual dizemos que uma pes-soa julga compreensivamente) a percepção acertada do que é equitativo. Uma prova disto é o fato de dizermos que uma pessoa equitativa é, mais que todas as outras, um juiz compreensivo, e identificamos a equidade com o julgamento compreensivo acerca de certos fatos. E julgamento compreensivo é o julgamento em que está presente a percepção do que é equitativo, e de maneira acertada; e julgar acertadamente é julgar segundo a verdade.

ARISTÓTELES. *Ética a Nicômaco*. Trad.: Mário da Gama Kury. 4 ed. Brasília: EDUnB, 2001, p. 121-123.

Na direção do que aponta o texto de Aristóteles, verifica- se que o ser humano, de modo constante, exerce a arte de julgar. Assim o faz em situações determinadas do cotidiano, decidindo acerca de suas condutas e das dos outros, analisando medidas e fatos e avaliando situações. Com o operador do direito não é diferente, mormente com magistrados, agentes responsáveis pela tomada de decisões nas relações processuais. Com base nesse entendimento e no texto acima apresentado, avalie as seguintes asserções e a relação proposta entre elas.

I. A relação processual pressupõe o julgamento, o qual representa, para o magistrado, um agir com deliberações, uma vez que, ao decidir, esse operador jurídico se baseia na antecedente análise dos fatos e, de modo reflexivo, atinge o seu convencimento diante das provas apresentadas pelas partes no âmbito do processo.

PORQUE

II. Ao analisar os fatos apresentados na relação processual, o magistrado deve ser equânime e aproximar-se das partes envolvidas, para formar o seu convencimento com base nas opiniões por elas emitidas, o que lhe permite deliberar de modo mais sensato, justo e compreensivo com todos.

A respeito dessas asserções, assinale a opção correta.

A) As asserções I e II são proposições verdadeiras, e a II é uma justificativa da I.

B) As asserções I e II são proposições verdadeiras, mas a II não é uma justificativa da I.

C) A asserção I é uma proposição verdadeira, e a II é uma proposição falsa.

D) A asserção I é uma proposição falsa, e a II é uma proposição verdadeira.

E) As asserções I e II são proposições falsas.

QUESTÃO 15

Em outra oportunidade, com a intenção de conceituar o termo "necessidade temporária", empregado pelo art. 37, inciso IX, da Constituição da República, anotei:

É temporário aquilo que tem duração prevista no tempo, o que não tende à duração ou à permanência no tempo. A transitoriedade põe-se como uma condição que indica ser passageira a situação, pelo que o desempenho da função, pelo menos pelo contratado, tem o condão de ser precário. A necessidade que impõe o comportamento há de ser temporária, segundo os termos constitucionalmente traçados. Pode-se dar que a necessidade do desempenho não seja temporária, que ela até tenha de ser permanente. Mas a necessidade, por ser contínua e até mesmo ser objeto de uma resposta administrativa contida ou expressa num cargo que se encontre, eventualmente, desprovido, é que torna aplicável a hipótese constitucionalmente manifestada pela expressão "necessidade temporária".

Quer-se, então, dizer que a necessidade das funções é contínua, mas aquela que determina a forma especial de designação de alguém para desempenhá-las sem o concurso e mediante contratação é temporária.

Assim, poderia haver a contratação para atender a necessidades temporárias de uma atividade que pode, ou não, ser permanente e própria do órgão da Administração Pública. O que deve ser temporária é a necessidade, e não a atividade.

BRASIL. Supremo Tribunal Federal. ADI n.º 3.386/DF. Rel. Min. Cármen Lúcia. Julgamento em: 14/04/2011, publicada no DJe n.º 162, de 24/08/2011. Disponível em: <http://redir.stf.jus.br>. Acesso em: 13 jul. 2012.

A necessidade temporária de contratação pela Administração Pública, objeto de análise no voto acima transcrito, encontra fundamento constitucional no princípio da

A) legalidade.

B) impessoalidade.

C) moralidade.

D) publicidade.

E) eficiência.

QUESTÃO 16

Poeminha sobre o trabalho

Chego sempre à hora certa,
contam comigo, não falho,
pois adoro o meu emprego:
o que detesto é o trabalho.

Millôr Fernandes

Três apitos

Nos meus olhos, você lê
Que eu sofro cruelmente
Com ciúmes do gerente
Impertinente.
Que dá ordens a você.

Noel Rosa

Fábrica.

Quero trabalhar em paz

Não é muito o que lhe peço.

Eu quero um trabalho honesto.

Em vez de escravidão.

Renato Russo

A partir dos textos acima, avalie as afirmações que se seguem.

I. No trecho "gerente / Impertinente / Que dá ordens a você" do texto de Noel Rosa, há referência indireta a um dos elementos caracterizadores da figura do empregado, que, conforme os termos da legislação trabalhista vigente, é o pressuposto da subordinação.

II. No texto de Noel Rosa e no de Renato Russo, há referências a temas de ordem trabalhista e constitucional, especialmente ao princípio da dignidade da pessoa humana e ao direito a um ambiente de trabalho equilibrado.

III. Todos os textos fazem referência a algum tema do Direito do Trabalho, como jornada e horário de trabalho, subordinação do empregado às ordens de quem representa a empresa e ambiente de trabalho equilibrado.

IV. O texto de Renato Russo apresenta viés histórico, porque a erradicação do trabalho escravo e degradante já foi alcançada no Brasil.

É correto apenas o que se afirma em:

A) I.

B) II.

C) I e III.

D) II e IV.

E) III e IV.

QUESTÃO 17

John Locke, no século XVII, analisou a sociedade e organizou a defesa teórica da propriedade burguesa absoluta, que serviu de fundamento a muito que se conhece hoje do modelo de propriedade. A propriedade da terra passou a ser objeto no mundo das trocas. Na sociedade contemporânea, ela sofre uma série de limitações formais cujos conteúdos delineiam a sua função social, que se distingue da função social da posse e da função social da terra. A propriedade privada e seus consectários têm o caráter individualista dos direitos gerados nas concepções liberais do Estado moderno, e algumas restrições ao exercício desse direito ora se dão em favor da sociedade, ora em favor dos interesses dos próprios titulares dos direitos relacionados a ela.

Considerando o texto acima, os fundamentos teóricos do direito de propriedade e os limites estabelecidos pelas suas funções na sociedade contemporânea, conclui-se que a demarcação de terras, como restrição oriunda dos direitos relativos à propriedade privada e das relações de contiguidade, é direito:

A) exclusivo do proprietário do bem, em razão da natureza dos interesses tutelados e do atendimento aos interesses sociais e à função social.

B) de titular de direito real de qualquer classe, como o condômino e o credor pignoratício, atendendo-se, assim, a interesses sociais e à função social.

C) de titular de direito real de posse, uso e fruição do imóvel, incluídos o locatário e o usufrutuário, atendendo-se, assim, aos interesses sociais.

D) daqueles que se encontram no imóvel em razão de direito real, como o enfiteuta e o usufrutuário, o que atende diretamente aos interesses privados, sendo essa sua função.

E) de titular de direito real ou obrigacional, incluídos o usufrutuário e o depositário, o que atende a interesses privados e à sua função social.

QUESTÃO 18

Tendo-se recusado a cumprir ordem lícita de serviço, um empregado foi advertido, por escrito, por seu gerente. Ao receber a advertência escrita, recusou-se a assinar cópia do documento do empregador, sob alegação de não concordar com seu conteúdo. Foi, então, despedido por justa causa, sob a imputação de ato de indisciplina. Nessa situação, infere-se que:

A) o empregado agiu de forma ilegítima ao se recusar a assinar a advertência do gerente.

B) a imputação de indisciplina ao empregado que se recusou a assinar a advertência foi medida tomada corretamente pela empresa.

C) a empresa agiu corretamente ao despedir o empregado por justa causa com base na recusa dele de assinar a advertência escrita.

D) a recusa do empregado em assinar a advertência constitui caso de insubordinação, sendo possível a terminação fundada nesse motivo.

E) a empresa errou ao demitir por justa causa o empregado que se recusou a cumprir ordem lícita de serviço, pois o gerente já o havia advertido.

QUESTÃO 19

Para efeito da proteção do Estado, é reconhecida a união estável entre o homem e a mulher como entidade familiar, devendo a lei facilitar sua conversão em casamento.

BRASIL. Constituição da República Federativa do Brasil de 1988, art. 226, § 3.º.

É reconhecida como entidade familiar a união estável entre o homem e a mulher configurada na convivência pública, contínua e duradoura e estabelecida com o objetivo de constituição de família.

BRASIL. Código Civil. Lei n.º 10.406, de 10/01/2002, art. 1.723.

Pelo que dou ao art. 1.723 do Código Civil interpretação conforme a Constituição, para dele excluir qualquer significado que impeça o reconhecimento da união contínua, pública e duradoura entre pessoas do mesmo sexo como "entidade familiar", entendida esta como sinônimo perfeito de "família". Reconhecimento que é de ser feito segundo as mesmas regras e com as mesmas consequências da união estável heteroafetiva.

BRASIL. Supremo Tribunal Federal. ADI n.º 4.277, Revista Trimestral de Jurisprudência, v. 219, jan./mar. 2012, p. 240.

Considerando os textos apresentados acima, avalie as seguintes asserções e a relação proposta entre elas.

I. No plano jurídico, inclusive no que concerne a processos judiciais de natureza cível, ganhou força a interpretação de que deve ser reconhecida a união estável entre pessoas do mesmo sexo, em razão da decisão proferida na ADI n.º 4.277.

PORQUE

II. O Supremo Tribunal Federal é o intérprete máximo da Constituição Federal, por exercer o controle de constitucionalidade, o que ocorre, entre outras hipóteses, quando julga uma ação direta de inconstitucionalidade.

A respeito dessas asserções, assinale a opção correta.

A) As asserções I e II são proposições verdadeiras, e a II é uma justificativa da I.

B) As asserções I e II são proposições verdadeiras, mas a II não é uma justificativa da I.

C) A asserção I é uma proposição verdadeira, e a II é uma proposição falsa.

D) A asserção I é uma proposição falsa, e a II é uma proposição verdadeira.

E) As asserções I e II são proposições falsas.

QUESTÃO 20

O Estado de direito contrapõe-se ao Estado absoluto, porquanto, baseado na lei (que rege governantes e governados), reconhece aos indivíduos a titularidade de direitos públicos subjetivos, ou seja, de posições jurídicas ativas com relação à autoridade estatal.

GRINOVER, A. P. *Liberdades públicas e processo penal.* 2 ed. São Paulo: Ed. RT, 1982, p. 5 (adaptado).

Os direitos fundamentais do indivíduo representam limites objetivos à atuação do ente estatal. Esses direitos estabelecem, portanto, um padrão ético a ser seguido pelo Estado. Nessa perspectiva, conclui-se que, em um Estado de direito:

A) o indivíduo é detentor de uma série de direitos fundamentais protegidos por garantias normativas que asseguram sua plena efetivação no plano prático.

B) a restrição da atuação do Estado está baseada no fato de o indivíduo ser titular de direitos indisponíveis e, ao mesmo tempo, detentor de prerrogativas processuais.

C) o agente estatal deve agir, na sua relação com o indivíduo, com base na ética, tendo em vista que os direitos públicos subjetivos exigem do Estado um compromisso moral com o cidadão.

D) a efetividade das garantias fundamentais é proporcional à liberdade concedida pelo Estado de direito ao indivíduo para o exercício de direitos fundamentais.

E) os limites encontrados pela autoridade estatal, em uma relação processual com um indivíduo, são estabelecidos em normas de cunho ético contempladoras de garantias fundamentais.

QUESTÃO 21

No artigo 1.º do Código de Ética do Advogado, afirma-se que "o exercício da advocacia exige conduta compatível com os preceitos deste Código, do Estatuto, do Regulamento Geral, dos Provimentos e com os demais princípios da moral individual, social e profissional". À luz de tais princípios e normas, bem como da legislação ordinária, avalie as afirmações a seguir.

I.   O advogado deve recusar-se a fazer defesa criminal se considerar o réu culpado.

II. O advogado-empregado tem direito aos honorários de sucumbência fixados em sentença referente a ação em que tenha atuado em nome da empresa que o emprega.

III. As verbas recebidas a título de honorários contratuais devem ser deduzidas dos honorários de sucumbência.

IV. A litigância de má-fé, prevista pelo Código de Processo Civil, deve ser objeto de ação específica, o que impede condenação do advogado nos próprios autos da ação em que atuou.

V. É permitido que uma sociedade de advogados que atue com dois profissionais distintos represente interesses opostos em um mesmo processo.

É correto apenas o que se afirma em

A) I e III.

B) I e V.

C) II e IV.

D) II e V.

E) III e IV.

QUESTÃO 22

Os argumentos e a racionalidade da teoria da aparência estão fundamentados na ética das relações. Essa teoria tem por fim permitir a solução dos conflitos que surgem nos negócios jurídicos, no âmbito tanto do direito empresarial quanto do direito civil, motivados por divergências entre os elementos volitivos e as declarações feitas.

Acerca da teoria da aparência, objeto do texto acima, avalie as afirmações a seguir.

I. A teoria da aparência pressupõe equívoco cometido por homem médio que considera como situação de direito uma situação de fato, cercada de circunstâncias enganosas.

II. Nos casos em que a teoria da aparência é aplicada, adota-se a ficção de inexistência do erro, e o negócio é validado conforme a convicção daquele que errou.

III. A teoria da aparência tem por objetivo proteger interesses, mesmo que ilegítimos; assim, mediante sua aplicação, são reconhecidos como válidos os atos praticados enganosamente.

É correto o que se afirma em

A) I, apenas.

B) III, apenas.

C) I e II, apenas.

D) II e III, apenas.

E) I, II e III.

QUESTÃO 23

Maria, servidora pública federal, mãe de 2 filhos, ingressa com Ação Ordinária na Justiça Federal, para declaração de inexigibilidade do imposto de renda sobre os valores recebidos pela autora a título de auxílio pré-escola, abstenção da retenção do imposto de renda sobre os mesmos valores e consequente restituição dos valores já descontados e retidos em seus vencimentos. A autora requer, ainda, antecipação de tutela, para evitar as retenções enquanto aguarda a decisão da lide. Utiliza, como fundamento para seu pedido, decisão do STJ que traz a seguinte ementa:

Direito Processual Civil e Previdenciário. Recurso Especial. Violação dos arts. 458, II e 535, I e II do CPC. Não ocorrência. Contribuição previdenciária. Auxílio-creche. Não incidência. Súmula 310/STJ. Recurso submetido ao regime previsto no artigo 543-C do CPC. (...) 3. A jurisprudência desta Corte Superior firmou entendimento no sentido de que o auxílio-creche funciona como indenização, não integrando, portanto, o salário de contribuição para a Previdência. Inteligência da Súmula 310/STJ. Precedentes: EREsp 394.530/PR, Rel. Ministra Eliana Calmon, Primeira Seção, *DJ* 28/10/2003; MS 6.523/DF, Rel. Ministro Herman Benjamin, Primeira Seção, *DJ* 22/10/2009; AgRg no REsp 1.079.212/SP, Rel. Ministro Castro Meira, Segunda Turma, *DJ* 13/05/2009; REsp 439.133/SC, Rel. Ministra Denise Arruda, Primeira Turma, *DJ* 22/09/2008; REsp 816.829/RJ, Rel. Ministro Luiz Fux, Primeira Turma, *DJ* 19/11/2007.

BRASIL. Superior Tribunal de Justiça. REsp n.º 1.111.175/SP, DJe de 01/07/2009.

Considerando esse contexto, avalie as seguintes asserções e a relação proposta entre elas.

I. O pedido de antecipação de tutela é cabível, visto que se demonstra, inequivocamente, a verossimilhança das alegações, apontando, inclusive, sua concordância com a decisão dos tribunais, conforme requisito exigido pelo Código de Processo Civil.

PORQUE

II. Nos termos previstos pela legislação vigente, em especial pelo Código de Processo Civil, deve a parte requerente demonstrar, para a obtenção da tutela antecipada, fundado receio de dano irreparável ou de difícil reparação.

A respeito dessas asserções, assinale a opção correta.

A) As asserções I e II são proposições verdadeiras, e a II é uma justificativa da I.

B) As asserções I e II são proposições verdadeiras, mas a II não é uma justificativa da I.

C) A asserção I é uma proposição verdadeira, e a II é uma proposição falsa.

D) A asserção I é uma proposição falsa, e a II é uma proposição verdadeira.

E) As asserções I e II são proposições falsas.

QUESTÃO 24

Uma das obrigações implícitas de quem exerce o direito de ação é a de apresentar com clareza o que se postula, "porque a exata compreensão do postulado irá influir decididamente na possibilidade de defesa, dificultando o contraditório," e "a ausência de clareza importa em retardamento da prestação jurisdicional, maculando o princípio da duração razoável do processo".

BRASIL, Tribunal Regional do Trabalho da 3.ª Região, processo n.º 00634-2011-015-03-00-6 RO, DEJT de 25/06/2012.

Considerando a necessidade de clareza da postulação, conforme alude o texto acima, suponha que, em uma ação trabalhista, tenha sido impossível ao juiz determinar exatamente a pretensão do autor. Nessa situação, infere-se que:

A) o autor incorreu em ofensa ao princípio da lealdade processual.

B) a falha do autor caracteriza falta de interesse processual de sua parte.

C) o juízo acionado deve declarar abuso do direito de ação pelo autor.

D) o juízo acionado deve declarar inépcia da petição inicial ou do pedido.

E) a parte autora deve ser punida mediante aplicação do instituto da confissão.

QUESTÃO 25

A noção de Constituições rígidas é decorrência dos movimentos constitucionalistas modernos, surgidos principalmente a partir de meados do século XVII. Conquanto estivesse entre os objetivos desses movimentos idealizar nova forma de ordenação, fundamentação e limitação do poder político por meio de documento escrito, tornou-se necessária a distinção entre poder constituinte e poderes constituídos.

Considerando-se o disposto na Constituição Federal de 1988, seria constitucional lei que:

I. permitisse a contratação de promotor de justiça, sem concurso público, mediante livre escolha do procurador-geral de justiça.

II. obrigasse membros de associações a permanecerem associados por vinte anos.

III. proibisse o anonimato em reclamações encaminhadas a qualquer ente da Administração Pública Direta e Indireta.

É correto o que se afirma em

A) I, apenas.

B) III, apenas.

C) I e II, apenas.

D) II e III, apenas.

E) I, II e III.

QUESTÃO 26

Os relatórios, de forma sintética, identificaram os seguintes desafios que se colocam para o Judiciário: 1) uma trajetória de judicialização em que vários atores (governo, mídia e advocacia) fomentam o crescimento da litigiosidade; 2) uma conjuntura socioeconômica que colaborou para um crescimento vertiginoso de demandas ligadas ao sistema de crédito no Brasil; 3) um quadro de variados incentivos para a litigação e para a interposição de recursos, o que só reforça a morosidade e o congestionamento do sistema judicial, em um círculo vicioso e em um contexto em que a cultura de conciliação ainda encontra pouco espaço.

Diante desses desafios, conclui-se que, em face da crise da morosidade judicial, o Judiciário não pode agir mais reativamente ao aumento sistemático da litigância processual. Ações de caráter proativo, capitaneadas pelo Poder Judiciário, incluindo-se o Conselho Nacional de Justiça (CNJ), são necessárias para o efetivo combate do problema e passam pelo aperfeiçoamento da gestão judicial, pela legitimação dos mecanismos alternativos de resolução de conflito, pela elaboração de políticas de redução e de filtro das demandas judiciais e pela cooperação interinstitucional com órgãos da Administração Pública (no caso presente, com INSS, Ministério da Previdência Social e Banco Central) e com instituições privadas ligadas ao maior número de litígios (bancos, empresas de telefonia etc.).

BRASIL. Conselho Nacional de Justiça. Departamento de Pesquisas Judiciárias. Demandas repetitivas e morosidade na justiça cível brasileira. Brasília, jul. 2011. Disponível em: <http://www.cnj.jus.br>. Acesso em: 12 jul. 2012 (adaptado).

Considerando o contexto brasileiro abordado no texto acima, verifica-se que:

A) a disponibilização de crédito à população, em conjunto com a melhoria relativa de renda, cria condições de aplicação dos mecanismos alternativos de resolução de conflitos, já devidamente legitimados no sistema jurídico brasileiro.

B) a morosidade do Judiciário, como referido no texto, pode ser atribuída, entre outras causas, ao surgimento de demandas repetitivas capitaneadas por grandes litigantes, que, continuamente, se recusam a legitimar os mecanismos alternativos de resolução de conflitos.

C) a existência de um sistema recursal que incentiva a litigância processual e a concentração das demandas repetitivas em poucos litigantes institucionais, tanto na Administração Pública quanto nas instituições privadas, favorecem a adoção de mecanismos alternativos de resolução de conflitos.

D) o Poder Judiciário, em conjunto com o CNJ, criou, conforme mencionado no texto, condições para se melhorar a resolução dos conflitos, ao incentivar o acesso à justiça e a busca de solução do litígio processual de forma célere, reduzir o número de recursos processuais e estabelecer metas quantitativas de sentenças a serem cumpridas pelos magistrados.

E) o aumento da litigância processual é fruto, entre outros fatores, da melhoria de renda da população, do maior acesso à informação e da progressiva conscientização do cidadão acerca das suas garantias jurídicas e dos caminhos processuais de efetivação.

QUESTÃO 27

Nos contratos de massa, os valores constitucionais da dignidade da pessoa humana, do trabalho e da livre iniciativa, o preenchimento do conceito de "Estado Democrático de Direito", os princípios da liberdade, justiça e solidariedade, o da igualdade e as diretrizes da política nacional do consumo, entre as quais se destaca o princípio da boa-fé, oferecem aos tribunais sólidas bases de referência para a interpretação, no contrato, de uma "normativa intervencionista", quando violados, ou em vias de serem violados, ditos princípios.

MARTINS-COSTA, J. Crise e modificação da ideia de contrato. In: TEPEDINO, G.; FACHIN, L. E. *Doutrinas essenciais*: obrigações e contratos. v. III. São Paulo: Ed. RT, 2011 (adaptado).

À luz da visão intervencionista a que o texto acima alude e considerando a jurisprudência dos tribunais brasileiros, avalie as afirmações a seguir.

I.   O simples descumprimento de um contrato dá ensejo à indenização por dano moral.

II. O Código de Defesa do Consumidor é aplicável a contratos firmados antes da vigência desse dispositivo legal.

III. Um juiz pode conhecer, de ofício, a abusividade de cláusulas contratuais em relação de consumo de que tenha conhecimento.

IV. Quando o consumidor for réu, a competência pode ser declinada, de ofício, para o seu domicílio.

V. O Ministério Público tem legitimidade para propor ação em defesa de interesses individuais homogêneos.

É correto apenas o que se afirma em

A) I e III.

B) I e IV.

C) II e III.

D) II e V.

E) IV e V.

QUESTÃO 28

Avalie as seguintes afirmações com referência à competência da Justiça do Trabalho para julgar ações de dissídios coletivos, possessórias, mandados de segurança e *habeas data*.

I. A competência funcional para processar e julgar dissídios coletivos é dos Tribunais Regionais do Trabalho ou do Tribunal Superior do Trabalho, conforme a área de abrangência do conflito e a representação das categorias envolvidas no conflito de interesses.

II. A Justiça do Trabalho é incompetente para julgar ações possessórias, incluído o interdito proibitório, ainda que essas ações sejam decorrentes do exercício do direito de greve dos trabalhadores da iniciativa privada.

III. Os Tribunais Regionais do Trabalho são competentes para julgar mandado de segurança em que figure como autoridade coatora juiz, titular ou substituto, de vara do trabalho; juiz de direito investido na jurisdição trabalhista e o próprio tribunal ou qualquer dos seus órgãos colegiados ou monocráticos.

IV. É da Justiça comum a competência para impetrar *habeas data* em favor do empregador, contra órgão de fiscalização da relação de trabalho que se nega a fornecer informações sobre processo administrativo.

É correto apenas o que se afirma em

A) I e II.

B) I e III.

C) III e IV.

D) I, II e IV.

E) II, III e IV.

QUESTÃO 29

Constitucional. Tributário. Recurso Especial representativo da controvérsia (ART. 543-C DO CPC). Lei interpretativa. Prazo de prescrição para a repetição de indébito nos tributos sujeitos a lançamento por homologação. Art. 3.º, DA LC 118/2005. Posicionamento do STF. Alteração da jurisprudência do STJ. Superado entendimento firmado anteriormente também em sede de recurso representativo da controvérsia.

1. O acórdão proveniente da Corte Especial na AI no Eresp n.º 644.736/PE, Relator o Ministro Teori Albino Zavascki, DJ de 27/08/2007, e o recurso representativo da controvérsia REsp. n.º 1.002.932/SP, Primeira Seção, Rel. Min. Luiz Fux, julgado em 25/11/2009, firmaram o entendimento no sentido de que o art. 3.º da LC 118/2005 somente pode ter eficácia prospectiva, incidindo apenas sobre situações que venham a ocorrer a partir da sua vigência. Sendo assim, a jurisprudência deste STJ passou a considerar que, **relativamente aos pagamentos efetuados a partir de 09/06/05, o prazo para a repetição do indébito é de cinco anos a contar da data do pagamento; e, relativamente aos pagamentos anteriores, a prescrição obedece ao regime previsto no sistema anterior.**

2. No entanto, o mesmo tema recebeu julgamento do STF no RE n.º 566.621/RS, Plenário, Rel. Min. Ellen Gracie, julgado em 04/08/2011, quando foi fixado marco para a aplicação do regime novo de prazo prescricional levando-se em consideração **a data do ajuizamento da ação** (e não mais a data do pagamento) **em confronto com a data da vigência da lei nova (09/06/2005).**

3. Tendo a jurisprudência deste STJ sido construída em interpretação de princípios constitucionais, urge inclinar-se esta Casa ao decidido pela Corte Suprema competente, para dar a palavra final em temas de tal jaez, notadamente em havendo julgamento de mérito em repercussão geral (arts. 543-A e 543-B do CPC). Desse modo, para as ações ajuizadas a partir de 9/6/2005, aplica-se o art. 3.º da Lei Complementar n.º 118/2005, contando-se o prazo prescricional dos tributos sujeitos a lançamento por homologação em cinco anos a partir do pagamento antecipado de que trata o art. 150, §1.º, do CTN.

4. Superado o recurso representativo da controvérsia, REsp. n.º 1.002.932/SP, Primeira Seção, Rel. Min. Luiz Fux, julgado em 25/11/2009.

5. Recurso especial não provido. Acórdão submetido ao regime do art. 543-C do CPC e da Resolução STJ 08/2008.

RECURSO ESPECIAL N.º 1.269.570 - MG (2011/0125644-3). Disponível em: <https://ww2.stj.jus.br>. Acesso em: 17 jul. 2012 (adaptado).

Considerando a ementa acima, avalie as seguintes asserções e a relação proposta entre elas.

I. Aplica-se a ações ajuizadas a partir de 09/06/2005 o novo regime do prazo prescricional para o ajuizamento de ação de repetição do indébito tributário de tributos sujeitos a lançamento por homologação.

PORQUE

II. O STJ, revendo seu posicionamento anterior, consolidou entendimento, na esteira do decidido pelo STF, de que se deve considerar como marco para a aplicação do novo regime de prazo prescricional a data do ajuizamento da ação (e não mais a data do pagamento do tributo), em confronto com a data da vigência da lei nova (09/06/2005).

A respeito dessas asserções, assinale a opção correta.

A) As asserções I e II são proposições verdadeiras, e a II é uma justificativa da I.

B) As asserções I e II são proposições verdadeiras, mas a II não é uma justificativa da I.

C) A asserção I é uma proposição verdadeira, e a II é uma proposição falsa.

D) A asserção I é uma proposição falsa, e a II é uma proposição verdadeira.

E) As asserções I e II são proposições falsas.

QUESTÃO 30

O direito à moradia ingressou no art. 6.º da Constituição Federal por força da Emenda Constitucional n.º 26/2000. Tal alteração deu causa à rediscussão do entendimento de alguns institutos do direito civil, em especial o referente à garantia do bem de família previsto na legislação ordinária. A garantia ao bem de família inclui a situação em que:

I. o proprietário oferece o único imóvel de sua propriedade como garantia hipotecária de dívida de terceiro.

II. o proprietário aluga seu único imóvel para terceiros e, com o valor do aluguel recebido, paga seu próprio aluguel.

III. a pessoa reside sozinha no único imóvel de sua propriedade.

IV. o proprietário foi executado por dívida de pensão alimentícia.

Está correto apenas o que se afirma em

A) I e II.

B) I e IV.

C) III e IV.

D) I, II e III.

E) II, III e IV.

QUESTÃO 31

Considere que Tito e Lívio devam determinada quantia a Sílvio e Felipe e que, vencida a dívida, Sílvio, isoladamente, tenha acionado Tito para a cobrança. Nessa situação, Sílvio teria direito a cobrar

A) 100% da dívida, pois a obrigação é indivisível.

B) 25% do valor da dívida, por se tratar de obrigação divisível.

C) 50% da dívida, dada a presunção de solidariedade passiva entre os devedores.

D) exclusivamente de Tito, já que ocorre litisconsórcio passivo necessário.

E) 100% da dívida, se Felipe vier a integrar o polo ativo da lide, pois há, na situação, um litisconsórcio ativo unitário.

QUESTÃO 32

Relativamente aos crimes contra a Administração Pública, avalie as situações hipotéticas apresentadas nos itens a seguir.

I. Pratica crime de peculato-apropriação o funcionário que, não tendo a posse de dinheiro, valor ou bem, o subtraia ou concorra para que seja subtraído, em proveito próprio ou alheio, valendo-se de facilidade que lhe proporciona a qualidade de funcionário.

II. Pratica crime de concussão o servidor que exija, para si ou para outrem, direta ou indiretamente, ainda que fora da função exercida na Administração ou antes de assumi-la, mas em razão dela, vantagem indevida.

III. Pratica crime de corrupção passiva o servidor que solicite ou receba, para si ou para outrem, direta ou indiretamente, ainda que fora da função exercida na Administração ou antes de assumi-la, mas em razão dela, vantagem indevida ou aceite promessa de tal vantagem.

É correto o que se afirma em

A) I, apenas.

B) II, apenas.

C) I e III, apenas.

D) II e III, apenas.

E) I, II e III.

QUESTÃO 33

Alfa ofereceu, no prazo decadencial previsto em lei, representação em face de Beta, em razão de injúria consistente na utilização de elementos relativos à sua condição de portador de deficiência física, tais como "manco" e "aleijadinho". Oferecida a denúncia, não houve possibilidade de composição, transação penal ou suspensão condicional do processo. Após algum tempo, em virtude da relação de amizade entre os filhos de Alfa e Beta, Alfa encaminhou ao juízo encarregado pedido de arquivamento do processo, pois perdera o interesse na persecução criminal.

Na situação apresentada, o juiz deveria:

A) julgar improcedente a ação penal e absolver o réu.

B) extinguir o processo, sem julgamento de mérito, por falta de interesse de agir de Alfa.

C) negar o pedido de Alfa, por ser irretratável a representação após o oferecimento da denúncia.

D) declarar extinta a punibilidade, diante da retratação da representação por Alfa.

E) aceitar o pedido de Alfa, por ser retratável a representação anterior à prolação da sentença.

QUESTÃO 34

Mandado de Segurança. Questões fáticas de alta indagação. Há que se distinguir a complexidade dos fatos e do tema de direito daquelas situações que não prescindem de abertura de fase de instrução. Se o caso está compreendido no campo da referida dificuldade, nem por isso o mandado de segurança exsurge como via imprópria, impondo-se o julgamento de mérito. Somente em se defrontando o órgão julgador com quadro a exigir elucidação de fatos cabe dizer da impertinência da medida, sinalizando no sentido do ingresso em juízo mediante ação ordinária.

RMS n.º 21514/DF. Relator: Min. Marco Aurélio. Julgamento em: 27/04/1993, publicado no DJ de 18/06/1993 p. 12111. Disponível em: <http://jusbrasil.com.br>. Acesso em: 11 jul. 2012.

Considerando o trecho de julgamento reproduzido acima, avalie as seguintes asserções e a relação proposta entre elas.

I. É cabível mandado de segurança contra violação de direito líquido e certo, sendo estes atributos verificados pela sua comprovação imediata, independentemente da complexidade jurídica.

PORQUE

II. Nos casos de complexidade jurídica, a garantia oferecida pelo writ é preservada, o que não ocorre em situações de complexidade fática, circunstância que exige dilação probatória e impede, por essa razão, a utilização desse remédio constitucional.

A respeito dessas asserções, assinale a opção correta.

A) As asserções I e II são proposições verdadeiras, e a II é uma justificativa da I.

B) As asserções I e II são proposições verdadeiras, mas a II não é uma justificativa da I.

C) A asserção I é uma proposição verdadeira, e a II é uma proposição falsa.

D) A asserção I é uma proposição falsa, e a II é uma proposição verdadeira.

E) As asserções I e II são proposições falsas.

QUESTÃO 35

Assunto de enorme importância neste novo milênio é o que diz respeito ao rápido desenvolvimento das ciências biomédicas, com destaque para as questões referentes à genética e, particularmente, à sua relação com o Direito Penal. O avanço do conhecimento científico e de suas aplicações técnicas, ao mesmo tempo em que suscita novas esperanças à coletividade, preocupa os indivíduos, dados os possíveis riscos e abusos decorrentes de uma "livre" investigação científica das ciências que tratam da vida. Nesse sentido, a Lei n.º 11.105/2005 define como crime as manipulações realizadas com o fim de reproduzir um ser humano biologicamente idêntico a outro. Destacam-se, ainda, os seguintes documentos legais: a Constituição Federal do Brasil, que, em seu artigo 5.º, inciso IX, garante a liberdade de expressão da atividade intelectual, artística e científica, bem como a liberdade de comunicação, independentemente de censura ou licença, e a Lei n.º 11.105/2005, que, em seu artigo 26, prevê pena de reclusão de dois a cinco anos, além de pagamento de multa, para os responsáveis por clonagem humana.

Com base no contexto descrito acima, avalie as seguintes asserções e a relação proposta entre elas.

I. A tipificação penal da clonagem humana revela a preocupação do legislador quanto à tutela de bens jurídico-penais supraindividuais, tal como a intangibilidade do patrimônio genético humano.

PORQUE

II. Sob a ótica de uma concepção científica, a pesquisa com clonagem de seres humanos tem respaldo jurídico, pois é positiva para o progresso científico da humanidade e constitui direito fundamental.

A respeito dessas asserções, assinale a opção correta.

A) As asserções I e II são proposições verdadeiras, e a II é uma justificativa da I.

B) As asserções I e II são proposições verdadeiras, mas a II não é uma justificativa da I.

C) A asserção I é uma proposição verdadeira, e a II é uma proposição falsa.

D) A asserção I é uma proposição falsa, e a II é uma proposição verdadeira.

E) As asserções I e II são proposições falsas.

QUESTÃO DISCURSIVA 3

A Lei n.º 10.220, de 11 de abril de 2001, que dispõe sobre normas gerais relativas à atividade de peão de rodeio, equiparando-o a atleta profissional, em seu art. 2º, estabelece que: "o contrato celebrado entre a entidade promotora das provas de rodeios e o peão, obrigatoriamente por escrito, deve conter:

I. a qualificação das partes contratantes;

II. o prazo de vigência, que será, no mínimo, de quatro dias e, no máximo, de dois anos;

III. o modo e a forma de remuneração, especificados o valor básico, os prêmios, as gratificações e, quando houver, as bonificações, bem como o valor das luvas, se previamente convencionadas;

IV. cláusula penal para as hipóteses de descumprimento ou rompimento unilateral do contrato.

§ 1º É obrigatória a contratação, pelas entidades promotoras, de seguro de vida e de acidentes em favor do peão de rodeio, compreendendo indenizações por morte ou invalidez permanente, no valor mínimo de cem mil reais, devendo este valor ser atualizado a cada período de doze meses, contados da publicação desta Lei, com base na Taxa Referencial de Juros – TR."

Em seu art. 4º, a Lei n.º 10.220/2001 dispõe que:

"A celebração de contrato com maiores de dezesseis anos e menores de vinte e um anos deve ser precedida de expresso assentimento de seu responsável legal. Parágrafo único. Após dezoito anos completos de idade, na falta ou negativa do assentimento do responsável legal, o contrato poderá ser celebrado diretamente pelas partes mediante suprimento judicial do assentimento."

Lei n.º 10.220, de 11 de abril de 2001. Dispõe sobre normas gerais relativas à atividade de peão de rodeio, equiparando-o a atleta profissional. Diário Oficial da União, 12/04/2001.

Considerando os elementos essenciais da relação de emprego e os dispositivos da Lei n.º 10.220/2001 transcritos acima, redija um texto dissertativo, avaliando a possibilidade de um indivíduo brasileiro, solteiro e com 15 anos de idade ser contratado como peão por uma empresa promotora de provas de rodeio.

Em seu texto, aborde, necessariamente, os seguintes aspectos:

a) capacidade para contratar o indivíduo mencionado; (valor: 3,0 pontos)

b) licitude do objeto do eventual contrato; (valor: 3,0 pontos)

c) formalidades do eventual contrato. (valor: 4,0 pontos)

QUESTÃO DISCURSIVA 4

Pelos estudos que temos desenvolvido sobre a matéria, pensamos que há bilateralidade atributiva quando duas ou mais pessoas se relacionam segundo uma proporção objetiva que as autoriza a pretender ou a fazer garantidamente algo. Quando um fato social apresenta esse tipo de relacionamento, dizemos que ele é jurídico. Onde não existe proporção no pretender, no exigir ou no fazer, não há Direito, como inexiste este se não houver garantia específica para tais atos.

Bilateralidade atributiva é, pois, uma proporção intersubjetiva, em razão da qual os sujeitos de uma relação ficam autorizados a pretender, exigir ou fazer, garantidamente, algo.

Esse conceito desdobra-se nos seguintes elementos complementares:

I. sem relação que una duas ou mais pessoas, não há Direito;

II. para que haja Direito, é indispensável que a relação entre os sujeitos seja objetiva, isto é, insuscetível de ser reduzida, unilateralmente, a qualquer dos sujeitos da relação;

III. da proporção estabelecida deve resultar a atribuição garantida de uma prestação ou ação, que pode limitar-se aos sujeitos da relação ou estender-se a terceiros.

REALE, M. *Lições preliminares de Direito*. 27 ed. São Paulo: Saraiva, 2002. p. 51 (adaptado).

Com base no texto e no conceito de bilateralidade atributiva, redija um texto dissertativo, atendendo, necessariamente, ao que se pede a seguir.

a) Relacione os conceitos de direito subjetivo e dever jurídico com a bilateralidade atributiva. (valor: 4,0 pontos)

b) Explique como a garantia indicada pelo texto é essencial para caracterizar uma relação jurídica. (valor: 4,0 pontos)

c) Apresente um exemplo de relação jurídica válida, nos termos da bilateralidade atributiva, mencionando seus respectivos polos na relação. (valor: 2,0 pontos)

QUESTÃO DISCURSIVA 5

Suponha que agentes da polícia civil, após invadirem, durante a madrugada, casa onde residem Antônio e Pedro, tenham encontrado, no quarto de Pedro, 15 quilogramas de maconha e 30 frascos de lança-perfume. Suponha, ainda, que, com base nessa descoberta, os agentes tenham efetuado a prisão de Antônio e Pedro.

Com referência à situação hipotética descrita acima, redija um texto dissertativo, respondendo, de forma fundamentada, às questões que se seguem.

a) Que norma de direito fundamental é aplicável à situação? (valor: 3,0 pontos);

b) A prisão de Antônio e Pedro deve ser mantida? (valor: 4,0 pontos);

c) A conduta dos policiais é legítima? (valor: 3,0 pontos)

QUESTIONÁRIO DE PERCEPÇÃO DA PROVA

As questões abaixo visam levantar sua opinião sobre a qualidade e a adequação da prova que você acabou de realizar. Assinale as alternativas correspondentes à sua opinião nos espaços apropriados do Caderno de Respostas.

QUESTÃO 1

Qual o grau de dificuldade desta prova na parte de Formação Geral?

A) Muito fácil.

B) Fácil.

C) Médio.

D) Difícil.

E) Muito difícil.

QUESTÃO 2

Qual o grau de dificuldade desta prova na parte de Componente Específico?

A) Muito fácil.

B) Fácil.

C) Médio.

D) Difícil.

E) Muito difícil.

QUESTÃO 3

Considerando a extensão da prova, em relação ao tempo total, você considera que a prova foi:

A) muito longa.

B) longa.

C) adequada.

D) curta.

E) muito curta.

QUESTÃO 4

Os enunciados das questões da prova na parte de Formação Geral estavam claros e objetivos?

A) Sim, todos.

B) Sim, a maioria.

C) Apenas cerca da metade.

D) Poucos.

E) Não, nenhum.

QUESTÃO 5

Os enunciados das questões da prova na parte de Componente Específico estavam claros e objetivos?

A) Sim, todos.

B) Sim, a maioria.

C) Apenas cerca da metade.

D) Poucos.

E) Não, nenhum.

QUESTÃO 6

As informações/instruções fornecidas para a resolução das questões foram suficientes para resolvê-las?

A) Sim, até excessivas.

B) Sim, em todas elas.

C) Sim, na maioria delas.

D) Sim, somente em algumas.

E) Não, em nenhuma delas.

QUESTÃO 7

Você se deparou com alguma dificuldade ao responder à prova? Qual?

A) Desconhecimento do conteúdo.

B) Forma diferente de abordagem do conteúdo.

C) Espaço insuficiente para responder às questões.

D) Falta de motivação para fazer a prova.

E) Não tive qualquer tipo de dificuldade para responder à prova.

QUESTÃO 8

Considerando apenas as questões objetivas da prova, você percebeu que:

A) não estudou ainda a maioria desses conteúdos.

B) estudou alguns desses conteúdos, mas não os aprendeu.

C) estudou a maioria desses conteúdos, mas não os aprendeu.

D) estudou e aprendeu muitos desses conteúdos.

E) estudou e aprendeu todos esses conteúdos.

QUESTÃO 9

Qual foi o tempo gasto por você para concluir a prova?

A) Menos de uma hora.

B) Entre uma e duas horas.

C) Entre duas e três horas.

D) Entre três e quatro horas.

E) Quatro horas, e não consegui terminar.

ANEXO VIII

PÁGINA DA EDIÇÃO CRÍTICA DO *CORPUS JURIS CIVILIS*

I 21. 22 II 1   **46**   DE OFFICIO ADSESSORUM

38, 30 *PAULUS notat:* et imperium, quod iurisdictioni cohaeret, mandata iurisdictione transire verius est.

2 *ULPIANUS libro tertio de omnibus tribunalibus* Mandata iurisdictione a praeside consilium non potest exercere is, cui mandatur. Si tutores vel curatores velint praedia vendere, causa cognita id praetor vel praeses permittat: quod si mandaverit iurisdictionem, nequaquam poterit mandata iurisdictione eam quaestionem transferre.

3 *IULIANUS libro quinto digestorum* Et si praetor sit is, qui alienam iurisdictionem exsequitur, non tamen pro suo imperio agit, sed pro eo cuius mandatu ius dicit, quotiens partibus eius fungitur.

4 *MACER libro primo de officio praesidis* Cognitio de suspectis tutoribus mandari potest. immo etiam ex mandata generali iurisdictione propter utilitatem pupillorum eam contingere constitutam est in haec verba: 'Imperatores Severus et Antoninus Braduae proconsuli Africae. Cum propriam iurisdictionem legatis tuis dederis, consequens est, ut etiam de suspectis tutoribus possint cognoscere.' Ut possessio bonorum detur, vel si cui damni infecti non caveatur ut is possidere inbeatur, aut ventris nomine in possessionem mulier, vel is cui legatum est legatorum servandorum causa in possessionem mittatur, mandari potest.

5 *PAULUS libro octavo decimo ad Plautium* Mandatum sibi iurisdictionem mandare alteri non posse manifestum est. Mandata iurisdictione privato etiam imperium quod non est merum videtur mandari, quia iurisdictio sine modica coercitione nulla est.

XXII²
DE OFFICIO ADSESSORUM.

1 *PAULUS libro singulari de officio adsessorum* Omne officium adsessoris, quo iuris studiosi partibus suis funguntur, in his fere causis constat: in cognitionibus postulationibus libellis edictis decretis epistulis.

2 *MARCIANUS libro primo de iudiciis publicis* Liberti adsidere possunt. infames autem licet non prohibeantur legibus adsidere, attamen arbitror, ut aliquo quoque decreto principali refertur constitutum, non posse officio adsessoris fungi.

3 *MACER libro primo de officio praesidis* Si eadem provincia postea divisa sub duobus praesidibus constituta res ab eo, velut Germania, Mysia, ex altera ortus in altera adsidebit nec videtur in sua provincia adsedisse.

4 *PAPINIANUS libro quarto responsorum* Diem functo legato Caesaris salarium comitibus residui temporis, quod a legatis praestitutum est, debetur, modo si non postea comites cum aliis eodem tempore fuerunt. diversum in eo servatur, qui successorem ante tempus accepit.

5 *PAULUS libro primo sententiarum* Consiliarii eo tempore quo adsidet negotia tractare in suum quidem auditorium nullo modo concessum est, in alienum antem non prohibetur.

6 *PAPINIANUS libro primo responsorum* In consilium curatoris rei publicae vir eiusdem civitatis adsidere non prohibetur, quia publico salario non fruitur.

LIBER SECUNDUS.

I¹
DE IURISDICTIONE.

1 *ULPIANUS libro primo regularum* Ius dicentis officium latissimam est: nam et bonorum possessionem dare potest et in possessionem mittere, pupillis non habentibus tutores constituere, iudices litigantibus dare.

2 *IAVOLENUS libro sexto ex Cassio* Cui iurisdictio data est, ea quoque concessa esse videntur, sine quibus iurisdictio explicari non potuit.

3 *ULPIANUS libro secundo de officio quaestorio* Imperium aut merum aut mixtum est. merum est imperium habere gladii potestatem ad animadvertendum facinorosos homines, quod etiam potestas appellatur. mixtum est imperium, cui etiam iurisdictio inest, quod in danda bonorum possessione consistit. iurisdictio est etiam iudicis dandi licentia.

4 *IDEM libro primo ad edictum* Iubere caveri praetoria stipulatione et in possessionem mittere imperii magis est quam iurisdictionis.

5 *IULIANUS libro primo digestorum* More maiorum ita comparatum est, ut is demum iurisdictionem mandare possit, qui eam suo iure, non alieno beneficio habet:

6 *PAULUS libro secundo ad edictum* et quia nec principaliter ei iurisdictio data est nec ipsa lex defert, sed confirmat mandatam iurisdictionem. ideoque si is, qui mandavit iurisdictionem, decesserit, antequam res ab eo, cui mandata est iurisdictio, peni coeperit, solvi mandatum Labeo ait, sicut in reliquis causis.

7 *ULPIANUS libro tertio ad edictum* Si quis id, quod iurisdictionis perpetuae causa, non quod prout res incidit, in albo vel in charta vel in alia materia propositum erit, dolo malo corruperit: datur in eum quingentorum 'aureorum' iudicium, quod populare est.

1 Servi quoque et filii familias verbis edicti continentur: sed et utrumque sexum praetor complexus est. Quod si dum proponitur vel ante propositionem quis corruperit, edicti quidem verba cessabunt, Pomponius autem ait sententiam edicti porrigendam esse ad haec. In servos autem, si non defenduntur a dominis, et eos qui inopia laborant corpus torquendum est. Doli mali autem ideo in verbis edicti fit mentio, quod, si per imperitiam vel rusticitatem vel ab ipso praetore iussus vel casu aliquis fecerit, non tenetur. Hoc vero edicto tenetur et qui tollit, quamvis non corruperit: item et qui suis manibus facit et qui alii mandat. sed si alius sine dolo malo fecit, alius dolo malo mandavit, qui mandavit tenebitur: si uterque dolo malo fecerit, ambo tenebuntur: nam et si plures fecerint vel corruperint vel mandaverint, omnes tenebuntur:

---

(1) mandatarium mandatum Mo.

(2) Sab. 2. 3; Pap. *1. 4. 3. *s. — Bas. 6, 26, 7...12. — Cf. Cod. 1, 51 (3) citat Ulpianus 19, 2, 19 § 18 (4) consiliario Brencmann

(5) Ed. *2. 4. 6...12. *20; Sab. *1. *5. 13...18; Pap. *27 19. —

Bas. 7, 3, 1...20. — Cf. Cod. 3, 13 (6) singulari Cuiacius: cf. 1, 13, 1 (7) sic S, merum est aut mixtum est merum est F², merum est F¹ (8) in ins. dett. (9) habere: F¹ (10) et del. Mo. (11) et om. F¹

Página da edição crítica do Corpus iuris, de Ph. Mommsen, P. Krüger, Schöll e Kroll (Berolini 1877); na gravura, reproduz-se uma página do Digesto. No canto superior esquerdo, a numeração do livro e do título a que a página respeita. Os fragmentos são numerados e antecedidos pelo nome do jurista clássico seu autor (em maiúsculas) e pelo título da obra de que foram extraídos (em itálico). Em notas, o aparato crítico (variantes dos manuscritos, «massas», etc.).

ANEXO IX

PÁGINA DA MAGNA GLOSA DE ACÚRSIO

Página da Magna Glosa *na edição veneziana de Battista di'Tortis, (1484). Ao centro da mancha, o texto do* Corpus Iuris *(aqui,* Digesto, 1, 1, 1)*. À sua volta, o texto da glosa; note as glosas de Acúrsio, assinaladas com a sigla final ac. (v.g., as glosas d., h., z.); as outras são da autoria de outros juristas da escola (cf. a glosa 1., da autoria de Azo).*

ANEXO X

ESTATUTOS DO VISCONDE DA CACHOEIRA

Projeto de regulamento ou estatutos para o Curso Jurídico creado pelo Decreto de 9 de Janeiro de 1825, organizado pelo Conselheiro de Estado Visconde da Cachoeira, e mandado observar provisoriamente nos Cursos Jurídicos de S. Paulo e Olinda pelo art. 10 desta lei.

Visconde de Cachoeira

Tendo-se decretado que houvesse, nesta Corte, um Curso Juridico para nelle se ensinarem as doutrinas de jurisprudencia em geral, a fim de se cultivar este ramo da instrucção publica, e se formarem homens habeis para serem um dia sabios Magistrados, peritos Advogados, de que tanto se carece; e outros que possam vir a ser dignos Deputados e Senadores, e aptos para occuparem os lugares diplomaticos, e mais empregos do Estado, por se deverem comprehenderem nos estudos do referido Curso Juridico os principios elementares de direito natural, publico, das gentes, commercial, politico e diplomatico, é de forçosa, e evidente necessidade, e utilidade formar o plano dos mencionados estudos; regular a sua marcha, e methodo; declarar os annos do mesmo Curso; especificar as doutrinas que se devem ensinar em cada um delles; dar as competentes instrucções, porque se devem reger os Professores e finalmente formalisar estatutos próprios, e adequados para bom regimento do mesmo Curso, e solido aproveitamento dos que se destinarem a esta carreira.

Sem estatutos, em que se exponham, e se acautelem todas estas circumstancias, não se poderá conseguir o fim util de tal estabelecimento. De que serviriam Bachareis formados, dizendo-se homens jurisconsultos na extensão da palavra, se o fossem só no nome? Não tendo conseguido boa, e pura cópia de doutrinas da sã jurisprudencia em geral, por maneira que utilmente para si, e para o Estado podessem vir a desempenhar os empregos, para que são necessários os conhecimentos desta sciencia, que sob os principios da moral publica, e particular, e de justiça universal, regula e prescreve regras praticas para todas as acções da vida social, haveria em grande abundancia homens habilitados com a carta sómente, sem o serem pelo merecimento, que pretenderiam os empregos para os servirem mal, e com prejuizo publico, e particular, tornando-se uma classe improductiva com damno de outros misteres, a que se poderiam applicar com mais proveito da sociedade, e verificar-se-hia deste modo o que receiava um sabio da França da minima facilidade, e gratuito estabelecimento de muitos lyceus naquelle paiz.

A falta de bons estatutos, e relaxada pratica dos que havia, produziu em Portugal pessimas consequencias. Houve demasiados Bachareis, que nada sabiam, e iam depois nos diversos empregos aprender rotina cegas e uma jurisprudencia casuistica de arestos, sem jamais possuirem os principios, e luzes desta sciencia. Foi entao necessario reformar de todo a antiga Universidade de Coimbra; prescreve-lhe estatutos novos, e luminosos, em que se regularam com muito saber e erudição os estudos de jurisprudencia, e se estabeleceu um plano dos estudos proprios desta sciencia, e as fórmas necessarias para o seu ensino, progresso, e melhoramento.

Parecia portanto que á vista de taes estatutos, e das mais providencias, que depois se estabeleceram ácerca das faculdades jurídicas; e tambem do proveito que destas instituições tem resultado, sahindo da Universidade grandes mestres, dignos e sabios magistrados e habilissimos homens d'Estado, que aos nossos olhos tem illustrado e bem sevido a patria, não era necessario outro novo regulamento, e bastava, ou pra melhor dizer, sobrava que se ordenasse, que o novo Curso Juridico mandado estabelecer nesta Côrte, se dirigisse, e governasse pelos novos estatutos da Universidade de Coimbra com as alterações posteriores.

Assim se persuadiram os autores do projeto de lei sobre as Universidades, que se apresentou, e discutiu na extincta Assembléia Constituinte e Legislativa, acrescentando que o Curso Juridico, que no referido projecto se mandava crear logo, e ainda antes de estabelecidas as Universidades, se governasse por aquellas instituições, e novos estatutos, até que pelo andar do tempo, e experiencia, restringissem, ou ampliassem os Professores o que julgassem conveniente. Esta persuasão fundava-se na facilidade e presteza, com que começava logo a pôr-se em pratica a proveitosa instituição dos estudos juridicos.

Dado porém que se não possa negar, nem a sabedoria dos autores do referidos estatutos, nem a demasiada cópia de doutrinas que elles contém, por maneira que é de admirar que houvesse em Portugal naquelle tempo de desgraça, e decadencia dos estudos em geral, e particularmente da jurisprudencia, homens de genio tão transcendente que soubessem com tão apurada critica, e erudição proscrever o mão gosto dos estudos, substituir-lhes doutrina methodica, e luminosa, e crear uma Universidade, que igualou, e a muitos respeitos excedeu as mais celebres da Europa, todavia o seu nimio saber em jurisprudência, e demasiada erudição de que sobrecarregaram os mesmos estatutos, a muita profusão de direito romano de que fizeram a principal sciencia juridica, á exemplo das Universidade de Allemanha; o muito pouco que mandaram ensinar da jurisprudencia patria, amontoando só em um anno, e em uma só cadeira tudo que havia de theorico e pratico della; a pobreza do ensino de direito natural, publico, e das gentes, (sem se lhe unir a parte diplomática) e que devia ser ensinada em um só anno; a falta de direito maritimo, commercial, criminal, e de economia politica, que não foram comprehendidas nos estudos, que se deviam ensinar dentro do quinquennio, fazem ver que os referidos estatutos, taes como se acham escriptos, não podem quadrar ao fim proposto de se formarem por elles verdadeiros e habeis jurisconsultos.

Os mesmos autores dos referidos estatutos conheceram tanto que os estudos de direito diplomatico, e de economia politica deviam entrar na faculdade de jurisprudencia que declararam que os Professores dessem noticia delles aos seus discipulos quando conviesse; mas nem isto era estabelecer estudo regular, nem preceitos vagos podiam aproveitar.

A falta de estudos mais profundos de direito patrio foi supprida depois pelo Alvará de 16 de janeiro de 1807, que deu nova fórma aos mencionados estudos, e ao ensino da pratica do foro estabelecida pelos autores dos estatutos da Universidade de Coimbra para o 5.º anno jurídico, ficando para o 3.º, e 4.º anno o ensino do direito patrio, com o que mais aproveitados sahem os estudantes nestes tempos modernos, quando anteriormente vinham totalmente hospedes nos usos praticos, e sabendo mui pouco de direito patrio, e sua applicação, quando estes eram os estudos em que deveriam ser mui versados, pois que se destinavam a ser jurisconsultos nacionaes.

Se este deve ser considerado o fim primordial dos estudos juridicos, salta aos olhos quão capital defeito era o pouco tempo que se empregava no estudo de direito pátrio, e sua applicação ao foro. Posto que o estudo do direito romano seja uma parte importante da jurisprudência civil, não só porque tem sido este o direito de quase todas as nações modernas, mas principalmente porque nelle se acha um grande fundo do direito da razão, pelo muito que os jurisconsultos romanos discorreram ajudados da philosophia moral; tanto assim que deste copioso manacial tiraram Thomasio, Grocio, e Pullendorfio o que depois chamaram direito natural, e os celebres compiladores do Codigo de Napoleão confessaram ingenuamente, que ali acharam em grande deposito a maior parte das regras que introduziram no mesmo codigo; todavia é o direito romano subsidiário ou doutrinal, como em muitas partes dos mesmos estatutos confessaram os seus ilustres autores, e não podia jámais ser ensinado com tanta profusão e extensão á custa do direito patrio, por quanto ainda que em grande parte as nossas leis sejam extrahidas dos romanos, principalmente nos contractos, testamentos, servidões, etc.; ainda que seus compiladores eram mui versados no estudo do direito romano; como tudo é o direito patrio um corpo formado de instituições próprias deduzidas do genio, e costumes nacionaes, e de muitas leis romanas já transvertidas ao nosso modo, e bastava por tanto, que depois do estudo das institutas se explicasse o direito patrio, e que nos lugares de duvidas do direito romano trouxessem os Professores á lembrança o que se tivesse ensinado nas ditas institutas, expondo tudo o mais que ocorresse daquelle direito, e indicando as leis romanas, onde existe a sua principal doutrina.

Além do que fica dito cumpre observar que a nimia erudição dos autores dos estatutos de Coimbra; a profusão com que a derramaram na sua obra, o muito e demasiado cuidado com que introduziram o estudo de antiguidades e as amiudadas cautelas que ensinaram para a intelligencia dos textos, e que só deveriam servir para aclarar e alcançar o sentido dos difficeis, fizeram que os estudantes sahissem da Universidade mal aproveitados na sciencia do direito patrio, e sobrecarregados de subtilezas, e antiguidades, que mui pouco uso prestaram na pratica dos empregos a que se destinaram. Os mesmos mestres e doutores, para se acreditarem de sabios perante estudos de direito romano e antiguidades, e seguindo nelles a escola Cujaciana, philosophavam muito theoricamente sobre os principios de direito, e por fugirem o rumo da de Bartholo, Alciato, e mais glosadores e casuístas, ensinavam jurisprudencia mais polemicado que apropriada á pratica da sciencia de advogar, e de julgar. Não foi só o nimio estudo de direito romano a causa principal de se não formarem verdadeiros jurisconsultos; foi tambem, como já dissemos, a falta de outras partes necessárias da jurisprudencia, e que fundadas na razão, preparam os animos dos que aprenderam para conseguirem ao menos os principios geraes de tudo, que constitue a sciencia da jurisprudencia em geral, e cujo conhecimento forma os homens para os diversos empregos da vida civil.

Se este é o fim, a que nos destinamos na instituição deste Curso Juridico, se a experiencia já nos tem ensinado e convencido dos inconvenientes da pratica seguida; se conhecemos que a jurisprudencia é filha toda da sã moral; se sabemos que desde os primeiros elementos da ethica, e da moral nos vamos elevando como por degráos ao cimo deste edificio; e se finalmente é da mais simples intuição que as sciencias todas se enlaçam, maiormente as moraes, que, de mistura com as instituições civis, são a base da jurisprudencia; porque não aproveitaremos estas lições do saber, e da experiencia, para abraçarmos um novo methodo mais regular, simples e farto dos conhecimentos necessarios e uteis, e que despido de erudições sobejas, abranja o que é mais philosophico e justo? Deve-se, portanto, sem perder de vista o que há de grande, e sabio em tão famigerados estatutos, cortar o que for desnecessario, instituir novas cadeiras para as materias de que nelles se não fez menção, as quaes são enlaçadas pelos mais fortes vinculos com a jurisprudencia em geral, e de nimia utilidade para o perfeito conhecimento della, e dirigirmo-nos ao fim de crear jurisconsultos brasileiros, enriquecidos de doutrinas luminosas, e ao mesmo tempo uteis, e que pelo menos obtenham neste curso bastantes e solidos principios, que lhes sirvam de guias nos estudos maiores, e mais profundos, que depois fizerem; o que é o mais que se póde esperar que obtenham estudantes de um curso academico.

Os autores dos mesmos estatutos, no Curso Jurídico que regularam, comprehenderam o direito canonico, e por maneira estabeleceram a fórma de estudos de ambas as faculdades juridicas, que os primeiros dous annos são inteiramente communs aos estudantes dellas, ajuntando-se depois nos annos, e aulas, em que se ensinava o direito patrio, e pratica de fôro. Considerada a necessidade de haver um curso de direito canonico, muito bem, se houveram prescrevendo aos alumnos que se destinavam á faculdade de canones o conhecimento das institutas de direito civil, e os das instituições de direito publico, ecclesiastico e de direito canonico aos alumnos de direito civil, attenta a relação, e affinidade que ha em geral entre estes estudos. Comtudo não entrará o ensino da faculdade de canones no Curso Juridico, que se vai instituir. Esta sciencia, toda composta das leis ecclesiasticas, bem como a theologia, deve reservar-se para os claustos e seminarios episcopaes, como já se declarou pelo Alvará de 10 de Maio de 1805 § 6.º, e onde é mais próprio ensinarem-se doutrinas semelhantes, que pertencem aos ecclesiasticos, que se destinam aos diversos empregos da igreja, e não aos cidadãos seculares dispostos aos empregos civis.

Como porém convenha a todo jurisconculto brazileiro saber os principios elementares de direito publico, ecclesiastico, universal, e proprio da sua nação, porque em muitas cousas, que dizem respeito aos direitos do chefe do governo sobre as cousas sagradas e ecclesiasticas, cumpre saber os principios e razões em que elles se estribam, convirá que se ensinem os principios elementares de direito publico, ecclesiastico, universal e brazileiro em uma cadeira, cujo Professor com luminosa e apurada critica e discernimento assignale as extremas dos poderes civil e ecclesiastico.

Por estes ponderosos motivos, e dest'art se organizam os estatutos, que hão de reger o Curso Juridico, que vai a ensinar-se nesta Corte, o qual abrangerá portanto os conhecimentos que formam o todo da faculdade de jurisprudencia civil.

FONTE: PROJETO de regulamento ou estatutos para o Curso Juridico creado pelo Decreto de 9 de Janeiro de 1825, organizado pelo Conselheiro de Estado Visconde da Cachoeira, e mandado observar provisoriamente nos Cursos Juridicos de S. Paulo e Olinda pelo art. 10 desta lei.

ANEXO XI

PROGRAMA E CURRÍCULO DOS ESTATUTOS DO VISCONDE DA CACHOEIRA

Quadro 2.1
Indicativo do Programa e Currículo no Estatuto do Visconde da Cachoeira e Bibliografia

Disciplina	Programa	Bibliografia
Direito Natural (ou da Razão) (1º ano)	Fundamentos dos direitos, deveres e convenções do homem; princípios gerais das Leis (ou Códigos da Natureza); Leis da razão; relações do homem não em abstrato, mas como cidadãos que vivem em sociedade; regulamento dos direitos e observações dos homens entre si.	Grócio, Pufendórfio, Wólfio, Tomácio, Fortuna (*Direito Natural*), Heinécio, Felipe, Burlamáqui, Cardoso (Projeto para o Código Civil)
Direito Público Universal (e Particular) (1º ano)	Consistência e diferença do Direito das Gentes, Político e Econômico; as opiniões dos professores antigos e modernos; relações sociais e dos deveres da massa geral da nação com o soberano e deste com ela; natureza destes direitos e obrigações e seus limites, formas de governo (simples, composto e misto, constitucional, representativo); divisão dos poderes e equilíbrio entre eles.	Brie, Perrault, Fritot (*Ciência do Publicista*)
Institutas de Direito Romano (1º ano)	História e um resumo das suas diversas épocas (*Institutas, Digesto, Código* e *Novelas*); a sua utilidade entre nós e seu caráter subsidiário e doutrinal; os princípios gerais das decisões romanas; a utilidade de seus fundamentos quando costumeiro e uma discreta seleção de outras doutrinas que devem ser rejeitadas.	Heinécio
Direito das Gentes Universal e Vactício, e Diplomático (2º ano)	Idéia global e história de seus progressos; o Direito Natural aplicado às nações, as regras da razão e justiça universal comum aos cidadãos; diferenças do Direito Público e resenha dos principais tratados; regras de isenções e privilégios dos agentes diplomáticos, suas imunidades e representação; etiquetas de cortes e cerimônias públicas; cartas de crença, máximas da política e negociações diplomáticas.	Grócio, Pufendórfio, Watel, Rayneval, Heinécio, Felice, Mably, Dumond, Martens (*Direito das Gentes*) Plasant, Isambert.
Direito Público Marítimo (2º ano)	Dedutibilidade; do preceito do Direito das Gentes; as especulações marítimas, convenções de nações navegadoras e guerreiras; diferenças do Direito Comercial; seu papel nas relações políticas dos povos; Direito das nações neutras a respeito dos beligerantes; dos mares territoriais, pescarias etc.	Azni (obra sobre Direito Marítimo), Boucher, Peuchet, Lampredi, Hubner, Galiani (*Código das Presas*)
Direito Comercial (2º ano)	Sua história e a ignorância pelo Direito Romano; a importância da sua regulação pelos princípios do Direito, mostrando que as decisões nele se fundam e não em simples fatos e arrestos.	Código Francês do Comércio, *Consulat del Mare, Traité de Assurances*. Abot, Pardessus, Boucher (*Direito Comercial*)

ANEXOS | 299

Quadro 2.1 (continuação)
Indicativo do Programa e Currículo no Estatuto do Visconde da Cachoeira e Bibliografia

Disciplina	Programa	Bibliografia
Direito Pátrio Público (3º ano)	História do Direito Pátrio, remontando, inclusive, aos princípios da Monarquia portuguesa; fontes próximas do Direito, dadas a conhecer a Constituição antiga da Monarquia e a atual do Império; a administração da Justiça e Fazenda; a organização dos tribunais atuais e futuros, a natureza dos tributos e imposições públicas, lançamento e arrecadação, a jurisdição suprema para o estabelecimento de leis; criação e provimento de ofícios e instrução pública.	Pascoal José de Melo (*Direito Público Pátrio*)
Direito Público Eclesiástico (3º ano)	Princípios elementares de Direito Público Eclesiástico, Universal e Nacional; Direito do governo em geral sobre as matérias da Igreja.	*Direito Público Eclesiástico Universal*, Fleury, Bohemero, Pascoal José de Melo (capítulo *De jure principis circa sacra*), Caminha, Strikiu
Direito Pátrio Particular (3º ano)	Favorecer que estudantes governem-se no estudo do vasto corpo da jurisprudência pátria; nos textos da Ordenação, mostrar quais são deduzidos de fontes portuguesas, do puro Direito Natural ou do Público Universal; por fim, quais são deduzidos das leis romanas; a utilização no foro, nos casos omissos da legislação pátria, principalmente civis, servirá o Direito Romano, quando for conforme ao Direito Natural e à boa razão.	Pascoal José de Melo (*Instituições de Direito Pátrio*, capítulo sobre *de jure personarum, de jure rerum, actionibus e de jure criminali*)
Direito Pátrio Criminal (3º e 4º anos)	História do foro criminal e suas crises; propor um sistema de Direito Criminal mais filosófico; mostrar a necessidade da justa medida das penas que está na razão composta de gravidade do delito e do dano por ele causado à sociedade; mostrar que não deve o delito ficar impunido nem ser castigada a inocência; dar idéia do processo criminal; simplicidade e exatidão devem se juntar na indagação dos delitos, com a menor opressão do acusado sem se ofenderem ilegalmente as garantias da liberdade individual; o processo criminal por jurados.	*De jure criminali*, Pascoal, Filangieri, Beccaria, Bentan, Pastoret, Bernarde, Brissot, Cottussanint Aigman, Aragão, Pascoal José de Melo

ENSINANDO E APRENDENDO O DIREITO COM O MÉTODO DO CASO

Quadro 2.1 (continuação)
Indicativo do Programa e Currículo no Estatuto do Visconde da Cachoeira e Bibliografia

Disciplina	Programa	Bibliografia
Economia Política (4º ano)	Explicar que seu principal objeto é produzir, fomentar e aumentar a riqueza nacional; mostrar a diferença entre Economia e Política e Jurisprudência; dar notícia das diversas seitas de economistas, dos demasiadamente liberais, dos do sistema comercial, os da vereda média; o ensino em função da prática.	J.B. Say (*Tratado de Economia Política*), Smith, Malthus, Ricardo, Sismondi, Godwen, Storch, Ganilh; *Direito Mercantil* (opúsculo)
Hermenêutica Jurídica (5º ano)	Origem jurídica da interpretação e sua combinação com os princípios do Direito Natural; diversas espécies de interpretações; limites da interpretação do jurisconsulto, do advogado e do magistrado; a interpretação autêntica, que só é própria do legislador (Lei de 18.8.1769 e Constituição do Império).	Lei de 18.8.1769, Eckard, Pascoal José de Melo (*Tratado de Interpretação*)
Prática do Direito (5º ano)	História resumida do processo judicial civil e criminal; origem, variações, os efeitos negativos dos praxistas e administradores da justiça; como as cautelas e fórmulas que protegem o direito de propriedade e liberdade individual, pelo abuso, se formaram em tropeços e trazem prejuízos aos litigantes; distinguir processo civil do criminal, o ordinário do sumário; nomeará por exercício entre os estudantes dois contendores, autor, réu, escrivão e advogado, em primeira instância, e fará que o advogado proponha ação que fará toda a movimentação judicial, inclusive processo de revista; o papel do promotor nos processos criminais; elaboração de escrituras, testamentos, procurações pelo aluno.	

ANEXO XII

COMPARATIVO DOS CURRÍCULOS JURÍDICOS DE 1825, 1827 E 1831

Quadro 2.2
Comparativo dos Currículos Jurídicos de 1825, 1827 e 1831

Estatuto do Visconde da Cachoeira de 23.3.1825	Lei de criação dos Cursos Jurídicos de 11.8.1827	Regulamento dos Cursos Jurídicos de 7.11.1831
1º ano		
Direito Natural Direito Público Universal Institutos do Direito Romano	Direito Natural Direito Público Análise da CPIB * Direito das Gentes Diplomacia	Direito Natural Direito Público Análise da CPIB
2º ano		
Direito das Gentes Direito Público Marítimo Direito Comercial	Direito Natural Direito Público Análise da CPIB Direito das Gentes Diplomacia Direito Público Eclesiástico	Direito Natural Direito Público Análise da CPIB Direito das Gentes Diplomacia Direito Público Eclesiástico
3º ano		
Direito Pátrio Público Direito Pátrio Particular Direito Pátrio Criminal e Direito Público Eclesiástico	Direito Pátrio Civil Direito Pátrio Criminal Teoria do Processo Criminal	Direito Civil Pátrio Direito Pátrio Criminal
4º ano		
Hermenêutica Jurídica (*De Obligationibus, De Actionibus, De Jure Crimine*) Economia Política	Direito Pátrio Civil Direito Mercantil	Direito Civil Pátrio Direito Mercantil e Marítimo
5º ano		
Hermenêutica Jurídica Noções de Processo Civil e Criminal	Economia Política Teoria e Prática do Processo Adotado pelas Leis do Império	Economia Política Teoria e Prática do Processo

* Constituição Política do Império do Brasil

ANEXO XIII

MODELO DE PLANO DE CURSO

1. **INFORMAÇÕES GERAIS**

Instituição de realização: Escola de Magistratura Nacional
Direção da Escola: Desembargador José Xavier de Toledo
Categoria/natureza: Formação para Vitaliciamento

Nome do Curso: PRUDÊNCIA JUDICIAL
Data de envio para o credenciamento: dd.mm.aaaa
Período de inscrição: dd.mm.aaaa – dd.mm.aaaa
Data da realização: dd.mm.aaaa – dd.mm.aaaa
Modalidade: presencial
Carga horária: 12 horas/aula
Público: Magistrados estaduais e federais
Número de participantes: 32
Número de turmas: 2 turmas de 16 alunos
Local: Salas 1, 2, 3 e 4 e auditório

Professores contratados:
J. P. Galvão de Sousa
Luís Cabral de Moncada
Miguel Reale

Equipe:
Responsável pelo projeto
André Gonçalves Fernandes
Coordenação pedagógica
André Gonçalves Fernandes

Desenvolvimento

J. P. Galvão de Sousa

Luís Cabral de Moncada

Miguel Reale

2. EMENTA

O presente curso pretende enfocar a dimensão prudencial que permeia a atividade jurisdicional na análise de cada processo, a fim de que as tecnicalidades do Direito, pautadas sempre em nome de um rigorismo científico estéril ou de um ultrapassado judicialismo formalista, a ela não se sobreponham.

3. JUSTIFICATIVA

Vivemos em tempos de judicialização da maioria das questões sociais, sejam de grande impacto, como o aborto anencefálico, a união estável entre pessoas do mesmo sexo, ou de menor, como a abusividade dos contratos consumeristas, o acesso administrativo aos medicamentos de alto custo na rede pública sanitária ou o direito à desaposentação.

Nessa órbita, o labor do magistrado, no cotidiano forense, envolve o trato e a decisão sobre problemas de indivíduos e coletividades que, muitas vezes, veem suas demandas particulares e seus direitos resistidos por inúmeras razões, nem sempre justificáveis ou sustentáveis.

Todo agir jurisdicional, na condução dos processos e lides judiciais, é filosófico, no sentido de ser uma atividade que visa ao esclarecimento e questionamento do real para um correto discernimento na distribuição do justo concreto no âmago de uma pretensão resistida.

Para tanto, uma leitura prudencial da realidade dos processos é capaz de provocar, no julgador, o aguçamento da dimensão social das responsabilidades inerentes ao cargo e do sentido de que, para se alçar a plenitude do bem comum e da justiça social, a ideia de dar a cada um o seu – o justo concreto – deve sempre ser respeitada pelas decisões judiciais, tanto para quem sai vencedor da lide, quanto para quem resta sucumbente.

4. OBJETIVOS DA AÇÃO EDUCACIONAL

4.1. Objetivo geral

Ao final do curso, o magistrado, por intermédio de uma visão prudencial do direito, estará apto a proferir uma solução final que corresponda ao justo concreto, sempre a partir da análise crítica das implicações de uma superação do paradigma tecnicista-decisionista e racionalista-instrumental a que o positivismo normativista conduziu o Direito.

4.2. Objetivos específicos

1. Ler um processo judicial hermeneuticamente;

2. Elaborar uma *ratio decidendi*, explicitando seus valores;

3. Proferir uma sentença que corresponda prudencialmente ao justo concreto.

5. UNIDADES/TEMAS DE ESTUDO

Objetivos específicos	Conteúdo/ Unidades de estudo
Objetivo 1: Ler um processo judicial hermeneuticamente.	**Unidade I**: Hermenêutica Jurídica **Conteúdo:** 1. Interpretação jurídica como saber prudencial. Prudência e seus três atos. 2. Realidades jurídicas primárias e derivadas. Chaves de leitura da realidade jurídica processual: reconstrução dos fatos relevantes, determinação dos problemas e síntese das teses.
Objetivo 2: Elaborar uma *ratio decidendi*, explicitando seus valores.	**Unidade II**: *Ratio decidendi* **Conteúdo** 1. *Ratio decidendi*. Conceito. Relação com o labor hermenêutico: determinação e criação. *Iter*: subsunção normativa das teses, juridicidade e visão crítica. 2. Valores. Conceito. Assinalação e motivação racional na sentença.
Objetivo 3: Proferir uma sentença que corresponda prudencialmente ao justo concreto.	**Unidade III**: Sentença como dimensionamento prudencial **Conteúdo** 1. Sentença. Conceito. Elementos. 2. Justo concreto. Conceito. Estrutura. Positivação na sentença. 3. Prudência judicial. Conceito. Elementos. Critérios para projeção e modulação na sentença.

ANEXOS | 305

6. PROPOSTA METODOLÓGICA

Pretendemos empregar os *métodos expositivo e ativo de modo integrado*, tendo em vista a consecução dos objetivos gerais e específicos delineados no presente projeto e em respeito às diretrizes metodológicas da Escola de Magistratura.

Carga-horária total: 12 horas-aula, sendo 8 horas-aula por meio de método ativo (unidades II e III), de molde a permitir a aplicação sistemática do conteúdo teórico do curso.

UNIDADE I (4 horas-aula): *aula expositiva*, consistente na apresentação e na introdução dos alunos ao conteúdo proposto, de forma organizada, valorizando as experiências e as observações pessoais do professor e despertando a atenção dos alunos no processo de transmissão do conhecimento.

Atuação do formador: preparar o plano de aula, via levantamento do conteúdo adequado e da referência bibliográfica com foco no objetivo específico; realizar uma sequência de apresentação no auditório com introdução, desenvolvimento, além do fechamento, onde haverá destaque no objetivo específico, sem prejuízo do esclarecimento de dúvidas; explorar as vivências dos alunos; atuar como motivador e mediador pedagógico no ambiente escolar; ouvir, depois do fechamento, cada aluno expor seu parecer acerca do conteúdo transmitido, corrigindo e pontuando, se necessário; ficar visível para toda a classe e movimentar-se no auditório; adotar ferramentas de comunicação eficazes; escolher, dentre os recursos instrucionais, distribuição de material, quadro e *powerpoint*.

Atuação do aluno: participar com a atenção focada no conteúdo transmitido pelo professor, anotando-o; responder aos questionamentos do professor, caso seja estimulado, e suscitar as dúvidas que julgar pertinentes; expor seu parecer, ao final, sobre o conteúdo transmitido; elaborar posterior resumo expandido do conteúdo dado para fins de assimilação.

UNIDADE II (4 horas-aula): *método do estudo de caso*, consistente no desenvolvimento da capacidade analítica do aluno na preparação para o enfrentamento e a tomada de decisões em situações complexas, mediante o estudo coletivo de casos reais ou fictícios, depois da análise das várias alternativas de solução.

Atuação do formador: via plano de aula, preparar minuciosamente o caso real ou fictício de acordo com os objetivos de aprendizagem específicos daquele caso; suscitar a leitura prévia e o levantamento, por cada aluno, dos fatos, dos problemas e da solução dada; introduzir o caso, com apontamento das diretrizes gerais; reger, na plenária, o debate, sem expressar seus próprios juízos de valor; conduzir os alunos, nos grupos de estudo e na plenária, sem desvios temáticos e com o controle do tempo, às perguntas que os levem a descobertados elementos mais relevantes do caso estudado, mediante a introdução de questões controversas e das possíveis objeções frente aos argumentos adotados, além da respectiva solução tomada; estabelecer conexões com casos semelhantes, análogos ou estudados na unidades anteriores; estimular a criação de uma verdadeira microarena dialógica no ambiente da plenária; suscitar nos alunos a assinalação da *ratio decidendi* e a explicitação dos valores, mediante apresentação pelos grupos na plenária; assinalar, ao final, a síntese dos conceitos e ideias-chave tratados pelos alunos; escolher, dentre os recursos instrucionais pertinentes, o quadro, a distribuição de material (*case-book*) e o *powerpoint*.

Atuação do aluno: ler previamente o caso; elaborar o sumário, como preparação ao levantamento dos fatos, problemas, questões, relação do caso com outros semelhantes e a solução dada, mediante análise crítica; participar ativamente na plenária e nos grupos, conduzindo-se propositivamente na relação dialógica travada com o formador e com os demais alunos; respeitar os pontos de vista contrários e consistentes; apresentar, na plenária, os resultados do trabalho em grupo, expondo a *ratio decidendi* e os valores adotados; saber interagir eticamente com os demais atores no ambiente da plenária e dos grupos de trabalho.

UNIDADE III (4 horas-aula): *método do estudo de caso*, consistente no desenvolvimento da capacidade analítica do aluno na preparação para o enfrentamento e a tomada de decisões em situações complexas, mediante o estudo coletivo de casos reais ou fictícios, depois da análise das várias alternativas de solução.

Atuação do formador: via plano de aula, preparar minuciosamente o caso real ou fictício de acordo com os objetivos de aprendizagem específicos daquele caso; suscitar a leitura prévia e o levantamento, por cada aluno, dos fatos, dos problemas e da solução dada; introduzir o caso, com apontamento das diretrizes gerais; reger, na plenária, o debate, sem expressar seus próprios juízos de valor; conduzir os alunos, nos grupos de estudo e na plenária, sem desvios temáticos e com o controle do tempo, às perguntas que os levem à descoberta dos elementos mais relevantes do caso estudado, mediante a introdução de questões controversas e das possíveis objeções frente aos argumentos adotados, além da respectiva solução tomada; estabelecer conexões com casos semelhantes, análogos ou estudados nas unidades anteriores; estimular a criação de uma verdadeira microarena dialógica no ambiente da plenária; assinalar, ao final, a síntese dos conceitos e ideias-chave tratados pelos alunos, ouvindo as decisões individuais na plenária; escolher, dentre os recursos instrucionais pertinentes, o quadro, a distribuição de material (*case-book*) e o *powerpoint*.

Atuação do aluno: ler previamente o caso; elaborar o sumário, como preparação ao levantamento dos fatos, problemas, questões, relação do caso com outros semelhantes e solução dada, além da análise crítica; participar ativamente na plenária e nos grupos, conduzindo-se propositivamente na relação dialógica travada com o formador e com os demais alunos; respeitar pontos de vista contrários e consistentes; apresentar, na plenária, sua decisão individual, expondo o conteúdo da sentença e o balanceamento prudencial feito na motivação; saber interagir eticamente com os demais atores no ambiente do auditório e da sala de aula.

7. AVALIAÇÃO

7.1.1. Avaliação do curso e professores

Em relação às *atividades propostas em cada uma das unidades*, será empregado, durante seu desenvolvimento, o **portfólio** na modalidade de avaliação formativa. E, ao final, com o intuito de apreciar o *desempenho docente*, a *qualidade do programa do curso* e a *forma de avaliação dos alunos*, será aplicado o **questionário**, na modalidade de avaliação somativa.

O **questionário de avaliação do curso** será focado nos seguintes itens: carga horária, conteúdo programático do curso e pertinência com a realidade jurídica. O **questionário de avaliação do professor** levará em conta os seguintes itens: domínio do conteúdo desenvolvido, capacidade de transmissão do conhecimento, capacidade de interação com o corpo discente, linguagem técnica e capacidade de motivação e de correlação entre teoria e prática.

7.1.2. Avaliação de Aprendizagem – tipos, critérios e conceito final.

O tipo mais recomendado para o curso em foco é o da **avaliação formativa**, porque é o mais apto a aferir o real desenvolvimento de habilidades e competências pelo aluno processualmente durante todo o curso.

Na aula expositiva (unidade I), o formador verificará o desempenho discente, observando, em sala de aula, a coerência, pertinência, lógica, articulação, síntese e solidez dos argumentos empregados pelo aluno nas respostas aos questionamentos feitos e na construção de suas dúvidas, bem como analisando a ordem, pontualidade e abrangência do conteúdo de uma tarefa (resumo expandido), a ser entregue por escrito até a abertura da unidade seguinte.

No método do estudo de caso (unidades II e III), o formador verificará o desempenho discente por meio da análise global da coerência, pertinência, lógica, articulação, síntese e solidez dos argumentos empregados pelo aluno em sua análise crítica, nos momentos da plenária e dos grupos, além da observação global de postura ética que prestigie o diálogo e respeito ao posicionamento contrário naqueles momentos e, também, por meio de análise oral, na plenária da unidade III, **de um estudo de caso de resolução individual**, sendo os critérios de avaliação os mesmos adotados para a avaliação do aluno em plenária e nos grupos.

8. CRITÉRIOS PARA AVALIAÇÃO

Na *unidade I*, o conceito, cujo *feedback* informará, individualmente, o atendimento total/parcial dos critérios de avaliação, levará em consideração a média ponderada dos valores atribuídos a cada uma das duas atividades avaliativas indicadas no item anterior para a mesma unidade, com apontamento da nota numérica e observando-se a emissão de um dos seguintes conceitos, tomado a partir da aplicação da nota numérica convertida na tabela abaixo:

0 a 49,99	50 a 69,99	70 a 88,99	90 a 100
Insuficiente	Regular	Bom	Ótimo

Nas *unidades II e III*, o conceito, cujo *feedback* informará, individualmente, o atendimento total/parcial dos critérios de avaliação, levará em consideração a média ponderada dos valores atribuídos a cada uma das três atividades avaliativas indicadas no item anterior para as mesmas unidades, excepcionada a atividade de estudo de caso de resolução individual da unidade III, com apontamento da nota numérica e observando-se a emissão de um dos seguintes conceitos, tomado a partir da aplicação da nota numérica convertida na tabela abaixo:

0 a 49,99	50 a 69,99	70 a 88,99	90 a 100
Insuficiente	Regular	Bom	Ótimo

O *conceito final* será composto pela média ponderada da equação composta pelos conceitos numéricos individualizados e atribuídos para cada uma das unidades I, II e III e pelo conceito numérico dado para o estudo de caso de resolução individual (unidade III). O resultado dessa equação será convertido em conceito final, mediante o emprego da tabela de conversão de conceito já indicada.

9. REFERÊNCIAS BIBLIOGRÁFICAS DO PLANO DE CURSO

ADORNO, Theodor; HORKHEIMER, Max. *Dialética do Esclarecimento*. Rio de Janeiro: Zahar, 1985.

A filosofia do direito e as condições de possibilidade do discurso jurídico. Disponível em: <http://www.conjur.com.br/2014-jun-14/filosofia-direito-condicoes-possibilidade-discurso-juridico>. Acesso em: 28 fev. 2017.

A importância da filosofia para o curso de direito. Disponível em: <http://www.paradigmas.com.br/index.php/revista/edicoes-21-a-30/edicao-27/312-a-importancia-da-filosofia-para-o-curso-de-direito>. Acesso em: 28 fev. 2017.

A resolução 75 do CNJ e a importância da filosofia do direito. Disponível em: <http://www.migalhas.com.br/dePeso/16,MI99903,11049-A+Resolucao+75+do+CNJ+e+a+importancia+da+Filosofia+do+Direito>. Acesso em: 28 fev. 2017.

ARENDT, Hannah. *A condição humana*. Rio de Janeiro: Forense Universitária, 2000.

_____. *Entre o passado e o futuro*. São Paulo: Perspectiva, 2002.

ARISTÓTELES. *Metafísica*. Lisboa: Fundação Calouste Gulbenkian, 2006.

ARNAUD, André-Jean. *Le droit trahi par la philosophie*. Rouen: Centre d'Etudes de Système Politiques et Juridiques, 1977.

AUBENQUE, Pierre. *A Prudência em Aristóteles*. São Paulo: Paulus, 2003.

BERGSON, Henri. *La risa*. Barcelona: Plaza-Janés, 2007.

BITTAR, Eduardo Carlos Bianca. *Curso de filosofia do direito*. São Paulo: Atlas, 2015.

_____. *O direito na pós-modernidade*. Rio de Janeiro: Forense Universitária, 2009.

BONNECASE, Juan. *La Escuela de la Exégesis em el derecho civil*. Ciudad del México: Cajica, 1994.

CABRAL DE MONCADA, Luís. *Estudos de filosofia do direito e do Estado*. Lisboa: Imprensa Nacional-Casa da Moeda, 2004.

_____. *Filosofia do direito e do estado*. Coimbra: Coimbra Editora, 2006.

CASTANHEIRA NEVES, Antônio. *A crise atual da filosofia do direito no contexto da crise global da filosofia*. Coimbra: Coimbra Editora, 2003.

_____. *O direito hoje e com que sentido? O problema atual da autonomia do direito*. Lisboa: Instituto Piaget, 2012.

CÍCERO, Marco Túlio. *Tusculanas*. Madrid: Alianza Editorial, 2012.

COING, Helmut. *Elementos fundamentais da filosofia do direito*. Porto Alegre: Sergio Antonio Fabris Editor, 2002.

_____. *Fundamentos de filosofia del derecho*. Barcelona: Ariel, 1979.

Desafio das disciplinas zetéticas no ensino jurídico brasileiro. Disponível em: <http://www.ambitojuridico.com.br/site/?n_link=revista_artigos_leitura&artigo_id=9643&revista_caderno=1>. Acesso em: 28 fev. 2017.

DIP, Ricardo. *Propedêutica Jurídica, uma Perspectiva Jusnaturalista*. Campinas: Editora Millennium, 2001.

FABBRINI, Ricardo Nascimento (Org.). *Direito e filosofia – a noção de justiça na história da filosofia*. São Paulo: Atlas, 2007.

FARALLI, Carla. *A filosofia contemporânea do direito – Temas e desafios*. São Paulo: Martins Fontes, 2006.

FERNANDES, André Gonçalves. *Razão, Sociedade e Niilismo*. Disponível em: <http://correio.rac.com.br/_conteudo/2013/07/colunistas/andre_fernandes/66407-razão-sociedade-niilismo.html>. Acesso em: 28 fev. 2017.

FERRAZ JUNIOR, Tércio Sampaio. *O que é a filosofia do direito?* São Paulo: Manole, 2004.

FERREIRA DA CUNHA, Paulo. *Filosofia jurídica prática*. Lisboa: Quid Juris Sociedade Editora, 2009.

_____. *Instituições de direito – filosofia e metodologia do direito*. Coimbra: Livraria Almedina, 1998.

_____. *Lições de filosofia jurídica – natureza e arte do direito*. Coimbra: Livraria Almedina, 1999.

_____. *Lições Preliminares de filosofia do direito*. Coimbra: Livraria Almedina, 2009.

_____. *Pensar o direito*. Coimbra: Livraria Almedina, 1990.

_____. *Síntese de filosofia do direito*. Coimbra: Livraria Almedina, 2009.

Filosofia do direito: o que, por que e para quê? Disponível em: <http://filosofiajuridicaufma.blogspot.com.br/2012/03/filosofia-do-direito-o-que-por-que-e.html>. Acesso em: 28 fev. 2017.

FINNIS, John. *Philosophy of law*. Oxford: Oxford University Press, 2011.

GADAMER, Hans-Georg. *Verdad y Metodo*. Salamanca: Sígueme, 1994. v. II.

GARCÍA-CARRASCO, Amador. *Claves para entender y transformar el Derecho*. Madrid: Difusión Jurídica, 2009.

GEORGE, Robert Parker. *Entre el derecho y la moral*. Pamplona: Aranzadi, 2009.

GILSON, Étienne. *El amor a la sabiduría*. Barcelona: Herder, 2003.

GROSSNER, Carl. *I filosofi tedeschi contemporanei tra neomarxismo, ermeneutica e razionalismo critico*. Ontario: Philosophy Documentation Center, 1983.

HABERMAS, Jürgen. *Consciência moral e agir comunicativo*. Rio de Janeiro: Tempo Brasileiro, 1989.

_____. *Direito e moral*. Lisboa: Instituto Piaget, 1992.

HEIDEGGER, Martin. *Essere e Tempo*. Milano: Bocca, 1953.

HERNÁNDEZ GIL, Antonio. *Metodología de la ciência del derecho*. Madrid: Technos, 1991.

HERVADA, Javier. *Lições propedêuticas de filosofia do direito*. São Paulo: Martins Fontes, 2008.

ANEXOS | 311

_____. *O que é o direito? A moderna resposta do realismo jurídico*. São Paulo: Martins Fontes, 2006.

_____. *Temas de Filosofía del Derecho*. Pamplona: EUNSA, 2012.

HILDENBRAND, Dietrich Von. *Qué es filosofía?* Madrid: Encuentro, 2000.

HORKHEIMER, Max. *Eclissi della ragione*. Milano: Mondadori, 2001.

JAEGER, Werner. *Aristóteles – Bases para la historia de su desarrollo intelectual*. Madrid: RIALP, 1992.

JASPERS, Karl. *Ragione e antiragione nel nostro tempo*. Firenze: Sansoni, 1999.

_____. *Way to wisdom, an introduction to philosophy*. New Haven: Yale University Press, 2010.

KALINOWSKI, Georges. *Philosophie et Logique d'Interprétation en Droit*. Paris: Archives de Philosophie du Droit, 1972. n. XVII.

_____. *Sémiotique et philosophie*. Paris: Hadès-Benjamins, 1984.

KAUFMANN, Arthur. *Filosofia do direito*. Lisboa: Fundação Calouste Gulbenkian, 2009.

_____. *La filosofía del derecho en la posmodernidad*. Bogotá: Editorial Temis, 2007.

KELSEN, Hans. *Justicia y Derecho Natural*. Madrid: Castelhana, 1966.

_____. *Teoria Geral do Direito e do Estado*. São Paulo: Martins Fontes, 1990.

_____. *Teoria Pura do Direito*. Coimbra: Almedina, 1984.

LAMAS, Félix Adolfo. *La Experiencia Jurídica*. Buenos Aires: I.E.F. Tomás de Aquino, 1991.

MARÍAS, Julián. *História da filosofia*. São Paulo: Martins Fontes, 2004.

_____. *Introdução à filosofia*. São Paulo: Livraria Duas Cidades, 1966.

MARTÍNEZ DORAL, José María. *La Estructura del Conocimiento Jurídico*. Pamplona: EUNSA, 1960.

MASSINI CORREAS, Carlos Ignacio. *Hermenêutica Filosófica e Direito Natural. Algumas Considerações Crítico-Valorativas*. In: Quaestio Iuris. Rio de Janeiro: Universidade do Estado do Rio de Janeiro (UERJ), 2006, n° 04/242.

_____. *La Ley Natural e su Interpretación Contemporánea*. Pamplona: EUNSA, 2006.

_____. *La Prudencia Juridica – Introducción a la Gnoseología del Derecho*. Buenos Aires: Abeledo-Perrot, 2006.

MELENDO, Tomás. *Iniciação à filosofia*. São Paulo: Ramon Llull, 2005.

MILLÁN-PUELLES, Antonio. *Fundamentos de filosofia*. Madrid: RIALP, 2001.

MONDIN, Batista. *Introdução à filosofia*. São Paulo: Paulus, 2009.

MORENTE, Manuel Garcia. *Lições preliminares de filosofia*. São Paulo: Mestre Jou, 1980.

MORIN, Edgar. *O método, III – O conhecimento do conhecimento*. Porto Alegre: Editora Sulina, 2015.

MORRA, Gianfranco. *Filosofia para todos*. São Paulo: Paulus, 2008.

OLLERO, Andrés. *Interpretación del Derecho y Positivismo Legalista*. Madrid: Edersa, 1982.

_____. *Hermenéutica Jurídica y Ontológica em Tomás de Aquino*. Roma: Atti del Congreso Internazionale Tommaso d'Aquino nel suo settimo centenário, 1974.

_____. *Tiene razón el derecho?* Madrid: Congreso de los Diputados, 2006.

PERELMAN, Chaïm. *Lógica jurídica*. São Paulo: Martins Fontes, 2004.

PIEPER, Josef. *Defensa de la filosofia*. Barcelona: Herder, 1999.

_____. *El ocio y la vida intelectual*. Madrid: Rialp, 1994.

_____. *Filosofia medieval y mundo moderno*. Madrid: Rialp, 2003.

_____. *Que é filosofar?* São Paulo: Loyola, 2007.

PLATÃO. *Eutidemo*. São Paulo: Loyola, 2015.

_____. *Menon*. São Paulo: Loyola, 2009.

_____. *Teeto*. São Paulo: Loyola, 2011.

Por que filosofia? Disponível em: <http://www.unisc.br/portal/upload/com_arquivo/porque_filosofia_suzana.pdf>. Acesso em: 28 fev. 2017.

RADBRUCH, Gustav. *Introducción a la filosofia del derecho*. México, D.F.: Fondo de Cultura Económica, 2013.

_____. *Filosofía del Derecho*. Madrid: Editorial Reus, 2013.

REALE, Giovanni. *Storia dela filosofia antica*. Milano: Vita e Pensiero, 2002. v. I.

REALE, Miguel. *Filosofia do direito*. São Paulo: Saraiva, 1993.

SAVAGNONE, Giuseppe. *Theoria. Alla ricerca dela filosofia*. Brescia: La Scuola, 1991.

VATTIMO, Gianni. *O fim da modernidade, niilismo e hermenêutica na cultura pós-moderna*. Coimbra: Livraria Almedina, 2012.

VIEHWEG, Theodor. *Tópica y filosofia del derecho*. Barcelona: Gedisa, 2011.

VIGO, Rodolfo Luis. Ética *del abogado*. Buenos Aires: Abeledo-Perrot, 1989.

_____. *Interpretação jurídica, do modelo juspositivista-legalista do século XIX a nossas perspectivas*. São Paulo: RT, 2010.

_____. *La Noción de Principio desde el Punto de vista Filosófico. Algunas Reflexiones Críticas*. In: Sapientia: Buenos Aires, 2004, nº LIX-215.

VILLEY, Michel. *Filosofia do direito: definições, fins e meios do direito*. São Paulo: Martins Fontes, 2008.

_____. *Le Droit, les sciences humaines et la philosophie*. Paris: Vrin, 1993.

VOLKMANN-SCHLUCK, Karl-Heinz. *Introducción al pensamiento filosófico*. Madrid: Gredos, 1997.

WEBER, Max. *Metodologia das ciências sociais*. Campinas: Editora da Unicamp, 2001. v. I.

WITTGENSTEIN, Ludwig. *Tractatus Logico-Philosophicus*. São Paulo: Martins Fontes, 2005.

10. CURRÍCULO RESUMIDO DOS PROFESSORES

André Gonçalves Fernandes

Juiz de Direito, Pesquisador e Professor-Doutor da IES.

J. P. Galvão de Sousa

Professor Livre Docente do Departamento de Teoria Geral e Filosofia do Direito da Faculdade de Direito da USP.

Luís Cabral de Moncada

Professor Livre Docente do Departamento de Teoria Geral e Filosofia do Direito da Faculdade de Direito de Universidade de Coimbra.

Miguel Reale

Professor Livre Docente do Departamento de Teoria Geral e Filosofia do Direito da Faculdade de Direito da USP.

ANEXO XIV

CASO "OS LIVROS DO MERCADOR DE VENEZA"

CURSO: DIREITO, ECONOMIA E NEGÓCIOS	
PROFESSOR: EDISON CARLOS FERNANDES	
TEMA: FUNDAMENTOS DA CONTABILIDADE	**DATA:**

CASO

Os livros do mercador de Veneza

A seguir, apresenta-se um trecho da peça "O mercador de Veneza", de William Shakespeare: Ato I – Cena I (edição eletrônica obtida em www.dominiopublico.gov.br). Nessa cena, Bassânio pede um empréstimo a António, cuja riqueza "no momento" encontra-se em alto mar. Para que Bassânio possa obter o dinheiro necessário para conquistar "uma jovem de Belmonte", António aceita ser o "fiador" do empréstimo concedido por Shylock (Ato I – Cena III).

Esse caso ilustra os primórdios do mercantilismo e do renascimento do comércio, especialmente na cidade de Veneza, no final da Idade Média. De certa forma, nesse mesmo contexto histórico, o frei Luca Pacioli inicia os seus estudos sobre matemática e escreve sua "Suma de aritmética, geometria, proporção e proporcionalidade", que viria a ser o início da contabilidade, principalmente por demonstrar que a matemática poderia ser utilizada no comércio. Assim, o caso do mercador de Veneza é uma ótima oportunidade para estudar contabilidade, e, mais do que isso, a sua relação com o direito.

Então, pede-se o seguinte:

1. Identifique na conversa das personagens os possíveis contratos (relações jurídicas) contraídos por António:

    a. Quais são esses contratos (relações jurídicas)?

    b. Em quais contratos (relações jurídicas) António figura como credor e em quais figura como devedor?

    c. Qual a relação jurídica entre António e Bassânio?

2. Na Cena III do Ato I, Shylock estabelece a seguinte condição para a concessão do empréstimo:

SHYLOCK - Quero dar-vos prova dessa amizade. Acompanhai-me ao notário e assinaime o documento da dívida, no qual, por brincadeira, declarado será que se no dia tal ou tal, em lugar também sabido a quantia ou quantias não pagardes, concordais em ceder, por equidade, uma libra de vossa bela carne, que do corpo vos há de ser cortada onde bem me aprouver.

    a. Diante disso, pergunta-se: há confusão entre o patrimônio pessoal dos comerciantes e o conjunto de bens e direitos afetados ao negócio jurídico comercial (empresa)?

3. Imagine, suponha, elabore alternativas para as formas de registrar os elementos patrimoniais dessas relações jurídicas:

    a. Quando e como pode ser reconhecida a existência de um crédito?

    b. Quando e como pode ser reconhecida a existência de um débito?

ATO I

Cena I

Veneza. Uma rua. Entram António. Salarino e Salânio.

ANTÓNIO - Não sei, realmente, porque estou tão triste. Isso me enfara; e a vós também, dissestes. Mas como começou essa tristeza, de que modo a adquiri, como me veio, onde nasceu, de que matéria é feita, ainda estou por saber. E de tal modo obtuso ela me deixa, que mui dificilmente me conheço.

SALARINO - Vosso espírito voga em pleno oceano, onde vossos galeões de altivas velas – como burgueses ricos e senhores das ondas, ou qual vista aparatosa distendida no mar - olham por cima da multidão de humildes traficantes que os saúdam, modestos, inclinando-se, quando perpassam com tecidas asas.

SALÂNIO - Podeis crer-me, senhor: caso eu tivesse tanta carga no mar, a maior parte de minhas afeições navegaria com minhas esperanças. A toda hora folhinhas arrancara de erva, para ver de onde sopra o vento; debruçado nos mapas, sempre, procurara portos, embarcadoiros, rotas, sendo certo que me deixara louco tudo quanto me fizesse apreensivo pela sorte do meu carregamento.

SALARINO - Meu hálito, que a sopa deixa fria, produzir-me-ia febre, ao pensamento dos desastres que um vento muito forte pode causar no mar. Não poderia ver correr a ampulheta, sem que à ideia me viessem logo bancos e mais bancos de areia e mil baixios, inclinado vendo o meu rico "André" numa coroa, mais fundo o topo do que os próprios flancos, para beijar a tumba; não iria à igreja sem que a vista do edifício majestoso de pedra me fizesse logo lembrado de aguçadas rochas, que, a um simples toque no meu gentil barco, dispersariam pelas ondas bravas suas especiarias, revestindo com minhas sedas as selvagens ondas. Em resumo: até há pouco tão valioso tudo isso; agora, sem valia alguma. Pensamento terei para sobre essa conjuntura pensar, e há de faltar-me pensamento no que respeita à ideia de que tal coisa me faria triste? Mas não precisareis dizer-me nada: sei que António está triste só de tanto pensar em suas cargas.

ANTÓNIO - Podeis crer-me, não é assim. Sou grato à minha sorte; mas não confio nunca os meus haveres a um só lugar e a um barco, simplesmente nem depende o que tenho dos azares do corrente ano, apenas. Não me deixam triste, por conseguinte, as minhas cargas.

SALARINO - Então estais amando.

ANTÓNIO - Ora! Que idéia!

SALARINO - Não é paixão, também? Então digamos que triste estais por não estardes ledo, e que saltar e rir vos fora fácil e acrescentar, depois, que estais alegre porque triste não estais. Pelo deus Jano de dupla face, a natureza, agora, confecciona uns sujeitos bem curiosos: uns, de olhos apertados, riem como papagaio trepado numa gaita de foles; outros andam com tal cara de vinagre, que nunca os dentes mostram à guisa de sorriso, muito embora Nestor jurasse que a pilhéria é boa.

(Entram Bassânio, Lourenço e Graciano.)

SALÂNIO - Eis que vem vindo aí Bassânio, vosso muito nobre parente, acompanhado de Lourenço e Graciano. Passai bem, que em melhor companhia vos deixamos.

SALARINO - Ficaria convosco até deixar-vos mais disposto, se amigos muito dignos não me solicitassem neste instante.

ANTÓNIO - Sei apreciar em tudo vossos méritos. Os negócios vos chamam, estou certo, e o ensejo aproveitais para deixar-nos.

SALARINO - Bom dia, caros lordes.

BASSÂNIO - Quando riremos outra vez, senhores? Dizei-nos: quando? Quase vos tornastes estranhos para nós. É concebível semelhante atitude?

SALARINO -Nossas folgas irão ficar só ao dispor das vossas.

(Saem Salarino e Salânio.)

LOURENÇO - Caro senhor Bassânio, já que achastes António, vos deixamos. Mas mui gratos vos ficaremos, se hoje à noite, à ceia, vos lembrardes do ponto em que devemos encontrar-nos de novo.

BASSÂNIO -Combinado.

GRACIANO - Signior António, pareceis doente. Preocupai-vos demais com este mundo. Perda de vulto é tudo o que nos custa tantos cuidados. Podeis dar-me crédito: mudastes por maneira extraordinária.

ANTÓNIO - O mundo, para mim, é o mundo, apenas, Graciano: um palco em que representamos, todos nós, um papel, sendo o meu triste.

GRACIANO - O de bobo farei. Que entre folguedos e risadas as velhas rugas cheguem. Prefiro o fígado aquecer com vinho, a esfriar o peito com gemidos lúgubres. Se o sangue temos quente, por que causa deveremos ficar imóveis como nossos antepassados de alabastro? Dormir de pé, ficar com icterícia só de não fazer nada? Escuta, António - dedico-te afeição; ela é que fala -pessoas há, cuja fisionomia se enruga e enturva como uma lagoa parada, e que a toda hora se retraem num silêncio obstinado, só com o fito de aparência envergarem de profunda sabedoria, gravidade e senso, como quem diz: "Eu sou o senhor Oráculo; quando eu falar, nenhum cachorro ladre!" Conheço, caro António, muita gente que é tida como sábia, tão-somente por não dizerem nada, quando é certo que, se a falar chegassem, os ouvintes condenariam, por levá-los, logo, a dar o nome, ao próximo, de tolos. De outra vez falaremos mais sobre isso. Mas com isca assim triste não me pesques semelhante opinião, pois como engodo, só serve para os tolos. Vem, bondoso Lourenço. Por enquanto, passai bem. Depois da ceia acabarei a prédica.

LOURENÇO - Muito bem; até à ceia vos deixamos, Vou fazer o papel de sábio mudo, porque falar Graciano não me deixa.

GRACIANO - Para ao meu lado apenas mais dois anos, que a própria voz há de ficar-te estranha.

ANTÓNIO - Adeus; para alcançar esse objetivo vou ficar falador.

GRACIANO - Sim; que o silêncio só é virtude em língua defumada ou em virgem que não quer ser conquistada.

(Saem Graciano e Lourenço.)

ANTÓNIO - Que sentido há em tudo isso?

BASSÂNIO - Graciano fala sempre uma infinidade de nadas, como ninguém em Veneza. Suas ideias razoáveis são como dois grãos de trigo perdidos em dois alqueires de palha: gastais um dia inteiro para encontrá-los; mas, uma vez achados, não compensam o trabalho.

ANTÓNIO - Dizei-me agora o nome da donzela a que jurastes ir secretamente em peregrinação, de que devíeis falar-me hoje, segundo o prometestes.

BASSÂNIO - Não ignoras, António, até que ponto dissipei meus haveres, pretendendo sustentar um estilo mais custoso de vida do que minhas fracas rendas podiam comportar. Presentemente não me pesa abrir mão desse alto estilo. Consiste todo o meu cuidado apenas em liquidar airosamente as dívidas em que me enleou a vida um tanto pródiga. Convosco, António, tenho o maior débito, de amizade e dinheiro, assegurandome vossa amizade o mais propício meio de aliviar-me dos planos e projetos de como ficar livre dessas dívidas.

ANTÓNIO - Confiai-me, bom Bassânio, esses projetos, que, se estiverdes ainda, como sempre, sob a mirada da honra, ficai certo de que minha pessoa, a bolsa, todos os meus recursos ficarão patentes à vossa precisão.

BASSÂNIO - Quando menino de escola, se eu perdia alguma flecha, costumava lançar outra em seguida, para achar a primeira. Assim, as duas arriscando, acabava, muitas vezes, por ambas encontrar. Se menção faço desse jogo infantil, é porque tudo quanto se segue é de inocência pura. Já me emprestastes muito, e, como jovem estúrdio, perdi tudo o que vos devo. Mas se quisésseis mandar outra flecha na direção daquela, não duvido que, atento à meta, encontrarei as duas, ou, quando menos, a última devolvo, ficando a vos dever apenas uma.

ANTÓNIO - Conheceis-me mui bem; por isso mesmo perdeis tempo apelando desse modo para a minha afeição. Além de tudo, pondo em dúvida o meu devotamento, muito mais me ofendeis do que se houvésseis malbaratado tudo o que possuo. Basta dizerdesme o que é necessário que eu faça, o que julgardes que só pode ser por mim realizado, e eis-me disposto para tudo fazer. Falai, portanto.

BASSÂNIO - Em Belmonte há uma jovem que de pouco recebeu grande herança. É muito linda e, mais do que esse termo, de virtudes admiráveis. Outrora eu recebi de seus olhos mensagens inefáveis.

Chama-se Pórcia, inferior em nada à filha de Catão, Pórcia de Bruto. Não lhe ignora o valor o vasto mundo. pois pelos quatro ventos lhe têm vindo de toda parte muitos pretendentes de fama sublimada.

Como velo de ouro o solar cabelo lhe orna a fronte, o que transforma a sede de Belmonte em uma nova Cólquida, empenhando-se muitos Jasões no afã de conquistá-la. Ó meu António! Se eu possuísse meios para poder apresentar-me como pretendente também, não me restara, diz-me o pressentimento, a menor dúvida de que eu viria a ser o felizardo.

ANTÓNIO - Sabes que está no mar quanto possuo. Dinheiro ora não tenho, nem disponho, nesta ocasião, de nada com que possa levantar qualquer soma. Sai a campo; põe à prova meu crédito em Veneza. Hei de espichá-lo ao último, contanto que te prepares para que em Belmonte vejas a bela Pórcia. Vai; informa-te por teu lado, como eu, onde há dinheiro para emprestar. Seria fato inédito nada obtermos agora com meu crédito.

(Saem.)

ANEXO XV

CASO "COMPANHIA SIDERÚRGICA DO BRASIL S/A Vs. CRIPTÔNIO GASES LTDA"

CURSO: DIREITO, ECONOMIA E NEGÓCIOS	
PROFESSOR: LUCIANO BENETTI TIMM	
TEMA: ANÁLISE ECONOMIA DO DIREITO APLICADA I	**DATA:**

COMPANHIA SIDERÚRGICA DO BRASIL S.A.
Vs.
CRIPTÔNIO GASES LTDA[1]

A empresa Companhia Siderúrgica do Brasil S.A. ("CSBR") dedica as suas atividades na fabricação de aços e ferros fundidos para destiná-los à construção civil e a outros setores da economia.

CSBR, para alimentar a sua planta industrial localizada no Estado de São Paulo, utiliza-se majoritariamente de oxigênio, argônio e nitrogênio, todos na forma gasosa.

Com vistas a dar início à sua recente planta industrial localizada em São Paulo, CSBR firmou contrato com a empresa Criptônio Gases Ltda ("Criptônio") com o objetivo de contratar o fornecimento dos gases necessários.

Basicamente, a atividade de Criptônio consiste na liquefação de gases atmosféricos (Argônio, Dióxido de Carbono, Hélio, Nitrogênio, Oxigênio, dentre outros), reduzindo a sua temperatura para que eles possam ser separados, uma vez que esses gases apresentam-se misturados na natureza, para então vende-los aos seus clientes.

As principais características do contrato de fornecimento ("Contrato") firmado entre as empresas são as seguintes:

Vigência

O Contrato foi firmado em 2001 inicialmente pelo prazo de 30 anos, podendo ser prorrogado ao final do período inicial de vigência mediante acordo entre os contratantes.

---

[1] Todos os eventos, fatos, personagens e empresas aqui narrados ou citados são fictícios e foram criados com o propósito único e exclusivo de servirem de material de apoio para o curso Direito, Economia e Negócios do CEU-IICS Escola de Direito. Qualquer semelhança com eventos, fatos, personagens ou empresas reais é mera coincidência.

Quantidade de gases a serem fornecidos mensalmente

Considerando que a principal obrigação assumida por CSBR é a de comprar com exclusividade de Criptônio os gases para a sua planta industrial, ao passo que Criptônio se comprometeu a vender e entregar a CSBR os gases, os contratantes estabelecer no Contrato que Criptônio deveria garantir fornecer no mínimo as seguintes quantidades de gases:

Oxigênio Gasoso:	*9.000 Nm³/hora*
Nitrogênio Gasoso:	*750 Nm³/hora*
Argônio Gasoso:	*90 Nm³/hora*

Mensalmente, Criptônio encaminhava uma fatura à CSBR discriminando o volume de cada um dos gases que foram demandados por CSBR.

Preço a ser pago pelos gases mensalmente

Em contrapartida ao fornecimento dos gases, CSBR pagaria a Criptônio um determinado preço. Este preço seria variável de acordo com as vazões contratadas, de modo que o preço base dos gases foi fixado com base na seguinte tabela:

Oxigênio Gasoso (gox):	*R$ 0,1900/m³*
Nitrogênio Gasoso (GAN):	*R$ 0,1900/m³*
Argônio Gasoso (gAR):	*R$ 2,5000/m³*

Nas faturas mensalmente enviadas a CSBR, Criptônio informava o valor a ser pago por CSBR pelos gases fornecidos.

Cláusula de *Take or Pay*

A Cláusula *Take or Pay* estabelece uma determinada quantidade mínima mensal que CSBR deve pegar à Criptônio, estando assim redigida:

> *CSBR reconhece que Criptônio, para garantir à CSBR o fornecimento das vazões contratadas dos gases de que esta última necessita, efetuará investimentos. Assim sendo, CSBR se compromete à consumir e à pagar, ou a pagar mesmo que não consuma os volumes abaixo estabelecidos, apurados mensalmente.*
> *Parágrafo Único: Para as vazões contratadas, o consumo mínimo obrigatório por CSBR será de:*
> *Oxigênio Gasoso:*   *4.385.500 Nm³/mês*
> *Nitrogênio Gasoso:*   *385.000 Nm³/mês*
> *Argônio Gasoso:*   *46.000 Nm³/mês*

Cláusula de reajuste de preço

Além da mencionada cláusula de preço base dos gases, os contratantes criaram um mecanismo de reajuste variável de preço a fim de reajustar o valor pago por CSBR pelos produtos.

Esta fórmula, segundo o Contrato, deve ser aplicada periodicamente, mais especificamente de 12 em 12 meses, conforme segue:

A partir de 1º de janeiro de 2002, os preços dos gases serão reajustados a cada período de 12 (doze) meses ou na menor periodicidade que a lei permitir, de acordo com a seguinte fórmula:

$$Pt1 = Pt0 \ (30\% \ \Delta DD + 70\% \ \Delta IGP\text{-}M)$$

Onde:
Pt1 = preço reajustado
Pt0 = preço praticado na última data base constante deste Contrato
ΔDD = variação do preço em R$/kWh para a tarifa de encargos de consumidores livres sub grupo A2 (88 a 138kV), referente à concessionária local, calculada com base na diferença entre o preço vigente na data do reajuste e o preço vigente na data-base do último reajuste, ambos publicados pela ANEEL
$\Delta IGP\text{-}M$ = variação do IGP-M verificada no período compreendido entre o mês anterior ao reajuste a ser aplicado e o mês anterior ao último reajuste efetivamente aplicado.

Cláusula de desequilíbrio econômico e financeiro

O Contrato também possuía uma cláusula denominada *"Desequilíbrio Econômico e Financeiro"*, estabelecendo que:

> *Caso, durante o curso deste Contrato, a situação econômica geral ou as circunstâncias nas quais este Contrato está baseado vierem a sofrer modificações substanciais em relação àquelas existentes por ocasião da sua assinatura e se isso resultar em dificuldade de executar o contrato para uma das partes e, levando em consideração os interesses de ambas as partes, o mesmo não for justo as partes deverão tentar ajustar o contrato para adequar-se às circunstâncias, através de um acordo amigável.*

Durante vários anos, a relação comercial entre os contratantes transcorreu de maneira tranquila e sem maiores problemas entre as partes. Durante os momentos de alto crescimento do país, a produção de GSBR batia recordes atrás de recordes, o que demandava uma quantidade sempre alta dos gases de Criptônio para alimentar sua planta industrial.

Este cenário de projeção de alto crescimento foi o que incentivou GSBR e Criptônio a ingressarem em uma relação de longa duração (*long term agreement*), mas sabendo que essa relação exigiria adaptações ao longo do tempo, razão pela qual as partes firmaram a cláusula de reajuste do preço.

Todavia, especialmente a partir do ano de 2011, a situação econômica do país em geral, bem como os níveis de produção do setor siderúrgico e também dos setores econômicos que demandam pelos produtos de CSBR (como o da construção civil, por exemplo) sofreram modificações substanciais.

Este novo cenário tornou a execução do Contrato por parte de CSBR extremamente oneroso, e, de forma diametralmente oposta, gerou um benefício econômico para Criptônio substancialmente alto.

Em decorrência destas importantes mudanças no cenário fático e econômico observados à época da celebração do Contrato, CSBR notificou extrajudicialmente várias vezes Criptônio para fins de iniciar tratativas visando a renegociação de determinadas cláusulas contratuais.

Em primeiro lugar, CSBR demonstrou que, tendo em vista a diminuição de sua atividade produtiva nos últimos anos, decorrente da queda dos setores que demandam os aços e ferros fundidos por si produzidos, nos últimos anos na maioria dos meses não vem atingindo o patamar de consumo mínimo obrigatório constante na cláusula *Take or Pay*, sendo que, em diversos meses, tem consumido entre 1.500.000 Nm^3 e 2.250.000 Nm^3 de gás oxigênio, de 100.000 Nm^3/mês a 120.000 Nm^3/mês de gás nitrogênio, e entre 40.000 Nm^3/mês e 43.000 Nm^3/mês de gás argônio.

Até pouco tempo atrás, Criptônio ignorava as tentativas de CSBR de renegociação do Contrato. Contudo, mais recentemente, Criptônio respondeu uma das notificações extrajudiciais de CSBR informando o seguinte:

i. As alterações na conjuntura econômica valem para ambas as partes contratantes, sendo que Criptônio também vem sofrendo com a situação econômica do país;

ii. Durante todo o período de vigência do Contrato, Criptônio apenas cumpriu com as disposições do Contrato, evidenciando a máxima do *pacta sunt servanda*, ressaltando que os acordos fazem lei entre as partes e devem ser cumpridos;

iii. Relembrou CSBR que, ainda em meados de 2012, CSBR já havia requerido a modificação das bases do Contrato, o que foi atendido por Criptônio, chegando-se as partes a um consenso, resultando nos patamares nos quais o Contrato está atualmente redigido, sem um verdadeiro absurdo querer-se novamente alterar o Contrato;

Diante destes fatos, o Diretor Jurídico de CSBR entrou em contato com você, através de seu escritório de advocacia, para saber da sua disponibilidade e interesse em representar a siderúrgica em uma possível ação judicial em face de Criptônio.

Você prontamente aceitou o encargo e em seguida o Diretor Jurídico lhe convocou para uma reunião na sede da empresa para que fossem discutidas e traçadas as estratégias do caso. Nesta reunião participarão não apenas os membros da diretoria jurídica, como também os funcionários da área de engenharia da empresa para a discussão das questões técnicas que envolvem os fornecimentos dos gases.

Em decorrência disto, concomitantemente à sua preparação para a referida reunião, tendo em vista a experiência de sua firma de advogados em casos semelhantes ao presente, e com a concordância do cliente, você entrou em contato com uma empresa especializada em consultoria econômico-financeira, a fim de que esta elaborasse um parecer sobre a situação econômica em geral e sobre a situação econômica vivida pelo setor siderúrgico em específico nos últimos anos, com o objetivo de fornecer maiores subsídios para a sua apresentação junto à empresa siderúrgica.

As principais conclusões dos economistas no referido parecer podem ser sistematicamente resumidas da seguinte forma:

<u>Produção física da indústria nacional:</u>

Em primeiro lugar, cabe ressaltar que aproximadamente 94% das receitas de CSBR são provenientes do mercado interno, portanto, possíveis alterações na produção da indústria interna tendem a afetar diretamente nas receitas da empresa:

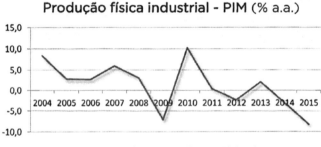

Demanda de consumo de aços longos e ferros fundidos no Brasil

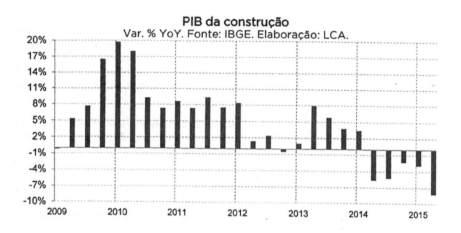

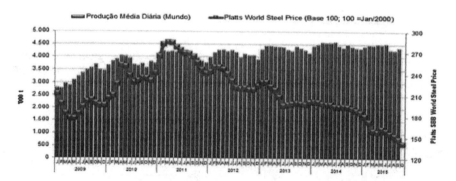

Ademais, diversos meios de comunicação noticiaram a notória crise pela qual têm passado as empresas siderúrgicas do Brasil, movida especialmente pela retração de setores que tradicionalmente impulsionaram a demanda por aços longos e ferros fundidos, como o automotivo, o de linha branco e especialmente o de construção civil:

Fonte: Jornal Valor Econômico (online), acessado em 16/02/2016.

Na condição de advogado da empresa siderúrgica, você deverá montar um memorando contendo os principais argumentos que você julga adequados para fundamentar uma possível ação judicial em face da sociedade produtora de gases, indicando os fundamentos fáticos e, principalmente, jurídicos para embasar o caso[2].

Por fim, tendo em vista a recente aprovação da Lei de Mediação (Lei n. 13.140/15) bem como iminência da entrada em vigor do Novo Código de Processo Civil (considerando a principiologia deste novo diploma que privilegia os métodos alternativos de resolução de conflitos), você deverá também propor ao Diretor Jurídico CSBR a possibilidade de iniciar um procedimento de mediação com o objetivo de obter uma solução consensual sobre o conflito, evitando assim que o conflito seja direcionado ao Poder Judiciário.

Recomenda-se, que quanto a este ponto, você indique ao cliente alguma câmara de mediação para o caso, e explique ao Diretor Jurídico como funciona um procedimento de mediação, visto que a empresa siderúrgica jamais participou de procedimento semelhante, aconselhando-o quanto aos pontos positivos e negativos desta forma de resolução de conflitos.

---

[2] Este memorando servirá de guia para você utilizar nas discussões em sala de aula.

Recomendação de tópicos a serem discutidos em sala de aula[3]:

i.   Natureza jurídica e principais características dos contratos relacionais;

ii.   Principiologia contratual no âmbito específico nos contratos relacionais;

iii.   Natureza jurídica e principais características da cláusula *Take or Pay;*

iv.   Requisitos para a aplicação do instituto da onerosidade excessiva, devendo observar se há margem para aplicação no caso concreto objetivando a revisão do Contrato;

v.   Requisitos para aplicação da cláusula de renegociação do Contrato, relacionando-os com os resultados do parecer econômico lavrado pela consultoria especializada;

vi.   Entendimento do instituto da mediação, regras aplicáveis, forma de instituição, escolha da Câmara, dentre outros tópicos relacionados à mediação de acordo com a Lei nº 13.140/15.

---

[3] Os itens descritos como recomendação não devem ser entendidos como exaustivos da discussão, sugerindo-se que o aluno, na medida do possível, apresente outros tópicos que julgar relevantes para a solução do caso.

ANEXO XVI

CASO "GOVERNANÇA CORPORATIVA DA SADIA"

CURSO: DIREITO, ECONOMIA E NEGÓCIOS	
PROFESSOR: ERIK FREDERICO OIOLI	
TEMA: ANALISE ECONOMICA DO DIREITO APLICADA II	

CASO

GOVERNANÇA CORPORATIVA DA SADIA[4]

Assim descrevia a situação o jornalista Alexandre Teixeira para a revista Época Negócios: "Foi uma sequência de eventos perturbadores. Primeiro, estourou a crise financeira internacional, acendendo a discussão sobre a governança dos bancos americanos por trás das hipotecas *subprime*. Em seguida, o debate chegou ao Brasil, com os questionamentos a respeito do desempenho dos conselhos de companhias como Aracruz e Sadia, vitimadas por apostas exageradas com derivativos cambiais. Quando os momentos dramáticos da virada de 2008 para 2009 começavam a ficar no passado, a Comissão de Valores Mobiliários anunciou que está investigando a atuação dos conselheiros da Sadia, que não teriam cumprido seu papel de supervisão dos gestores da companhia e de controle dos riscos financeiros. Tudo isso começa a levar as companhias abertas brasileiras a repensar o papel dos seus conselhos de administração, de modo a torná-los mais atuantes sobretudo no controle de riscos. Na outra mão, obriga administradores de empresa a refletirem sobre o potencial ônus de assumir posições no topo da estrutura decisória das corporações. Catorze pessoas são alvo do processo aberto pela CVM com base no artigo 153 da Lei das Sociedades por Ações, segundo o qual "todo administrador de companhia deve empregar, no exercício de suas funções, o cuidado e diligência que todo homem ativo e probo costuma empregar na administração dos seus próprios negócios". Entre os investigados estão os 11 integrantes do conselho da Sadia no final de 2008, incluindo notáveis como Cássio Casseb, ex-presidente do Banco do Brasil e do Pão de Açúcar, Luiza Helena Trajano, presidente do Magazine Luiza, e

---

[4] Este caso foi elaborado com base no Processo Administrativo Sancionador CVM nº 18/08 e em entrevistas relatadas na matéria "Conselheiros na Berlinda" de autoria de Alexandre Teixeira e publicada pela revista Época Negócios, disponível *on line* em http://epocanegocios.globo.com/Revista/Common/0,,EMI137050-16642,00-CONSELHEIROS+NA+BERLINDA.html (consulta em 6.3.16).

Vicente Falconi, sócio da consultoria INDG e veterano conselheiro da AmBev. Alcides Tápias e Marcelo Fontana, que atuaram no conselho até dezembro de 2007, foram incluídos entre os acusados. Todos estão sujeitos a penas severas, como a inabilitação por até 20 anos e multas de até R$ 500 mil. Além disso, uma condenação abriria caminho para ação judicial movida por minoritários que podem exigir reparação. O episódio dos derivativos gerou perdas financeiras de R$ 2,6 bilhões à Sadia e resultou na fusão com a Perdigão".

Nas primeiras horas do dia 25 de setembro de 2008, a Sadia S.A. ("Sadia") divulgava Fato Relevante, por meio do qual noticiava sua decisão de liquidar antecipadamente operações com derivativos, que ocasionaram "perdas de cerca de R$760.000.000,00". No dia seguinte, em 26.09.08, foi divulgado novo Fato Relevante, complementando o anterior, informando que a Sadia, em atuação conjunta do seu Comitê de Auditoria e seu Comitê de Finanças, estaria conduzindo auditoria interna e externa "para avaliar a adequação de referidas operações às políticas da Sadia". Na ocasião, esclareceu-se que "as liquidações de mencionadas operações financeiras ocorreram com caixa próprio da Sadia, sendo que já foram obtidas linhas de crédito que garantem a normalidade de suas operações. Nesta data, o caixa da Sadia é de R$ 1,6 Bilhão".

Em 7.10.08, a Superintendência de Relações com Empresas ("SEP") da Comissão de Valores Mobiliários (CVM), questionou a Sadia sobre o teor dos Fatos Relevantes. Em resposta, apresentada em 27.10.08, a Sadia informou que: (i) "as perdas mencionadas nos Fatos Relevantes decorreram da liquidação de operações de câmbio (operações de hedge) e da liquidação e/ou perdas na marcação a mercado de ativos em moeda estrangeira detidos pela Sadia ou suas subsidiárias à época (operações de investimento)"; (ii) "a Diretoria Financeira e de Desenvolvimento Corporativo era chefiada pelo Sr. Adriano Lima Ferreira, que exerceu cargo de Diretor Financeiro desde 01.12.06 a 01.10.08"; (iii) "o Sr. Adriano era responsável pelas mencionadas decisões de investimento, quer diretamente pela Sadia, quer indiretamente por meio de suas controladas e subsidiárias, tais como Wellax e Concordia Foreign Investment SPC"; (iv) "as operações de hedge foram realizadas pela Wellax através de procuradores com poderes para contratar tais operações"; (v) "com relação à autoridade de tal pessoa na contratação das operações de hedge, cumpre esclarecer que as operações financeiras de tal natureza eram reguladas por política interna da área financeira contida em diversos atos e decisões do Conselho de Administração e do Comitê de Finanças e Relações com Investidores"; e (vi) "foi elaborado um cronograma contendo o nome das pessoas que tinham conhecimento dos fatos relacionados às perdas decorrentes das operações, bem como a forma e data em que tais pessoas tomaram conhecimento dos fatos".

Em 25.11.08, a Sadia apresentou os seguintes esclarecimentos, em resposta a novo ofício da SEP: (i) o processo de aprovação de realização de operações financeiras está definido na Política Financeira; (ii) o cumprimento desta Política Financeira é responsabilidade da Diretoria Financeira e de Desenvolvimento Corporativo, na pessoa do Diretor de Finanças; (iii) o cumprimento da Política Financeira implica praticar as estratégias desenvolvidas e fixadas, obedecidos os limites de alçada estabelecidos e as regras de enquadramento; (iv) o processo de aprovação descrito na "nova" Política Financeira (aprovada em 01/09/08) é substancialmente o mesmo da anterior; (v) os órgãos responsáveis pela elaboração de estratégia de investimentos/operações são: o Comitê de Finanças, que tem como atribuição a sugestão ao Conselho para validação de estratégias e políticas para operação descritas na Nova Política; Comitê Financeiro e Investimentos da Diretoria de Finanças, que tem como atribuição, entre outras, a sugestão ao Comitê de Finanças do desenvolvimento de estratégias, aprovação de limites e alçadas de contratação; Comitê de Risco – Gerência Financeira e Risco, que tem como atribuição, entre outras, o desenvolvimento e aplicação de estratégias, e identificação e acompanhamento das fontes de risco; Comitê de Investimentos e Risco, que tem como atribuição, entre outras, a validação de estratégias e políticas de investimento financeiro. O Comitê de Finanças recebia informações e relatórios referentes às posições financeiras consolidadas realizadas pela Sadia por meio de reportes da Diretoria Financeira nas reuniões do órgão. Em qualquer ocasião, o Comitê de Finanças deveria ser informado sobre eventuais desenquadramentos; sendo que os desenquadramentos que foram detectados nas datas de 19/08 e 02/09/08 não foram comunicados ao Comitê de Finanças. Tais desenquadramentos seriam assim caracterizados tanto pelos critérios definidos na Política Financeira antiga como nos critérios definidos na Política Financeira aprovada em 01/09/08.

Adriano Ferreira, ao ser indagado sobre os Fatos Relevantes divulgados pela Sadia em 25 e 26/09/08, informou, em 25/11/08, que: "As operações financeiras da Sadia, sem exceção, eram realizadas com observância da Política Financeira vigente, em especial das alçadas e limites nela estabelecidos, conforme cargo de cada gestor e tipo de operação: ativa, passiva ou hedge"; ii. "Nas operações de hedge, observava-se o seguinte no tocante a limites e alçada: (i) até US$30 milhões por dia – Gerente de Tesouraria; (ii) até US$100 milhões por dia – Gerente Financeiro; (iii) até US$200 milhões por dia – Diretor Financeiro; e (iv) acima de US$200 milhões por dia, os negócios eram submetidos à análise e aprovação do Comitê de Finanças do Conselho de Administração". "Quanto aos limites de risco: exposição mínima de 03 meses de exportação e máxima de 7,5 meses de exportação, observando o Valor em Risco máximo calculado pela metodologia VaR e com 95% de intervalo de confiança, de 20% do Patrimônio Líquido consolidado da Sadia, ou seja, R$ 636,5 milhões, em 31 de julho de 2008". "Os operadores responsáveis por suas negociações enviavam o boleto de operação ao Gerente de Risco e Gerente de Contabilidade ou, por e-mail, resumo dos negócios concluídos, para validação, acompanhamento dos documentos, entrada no sistema de controle de risco (*Risk Control*), aprovação conforme alçadas dentro do sistema e liberação das operações para contabilização". "As operações concluídas pela gerência deveriam, conforme previsto na Política Financeira, ser reportadas mensalmente ao Diretor Financeiro". "Entre os dias 10 e 15 do mês seguinte ao de sua realização era encaminhado, pela gerência, ao Diretor Financeiro um relatório das operações para verificação de enquadramentos e desenquadramentos ao disposto na Política Financeira vigente". "Os procedimentos aprovados e adotados pela Sadia consistiam no envio mensal ao Diretor Financeiro, entre os dias 10 e 15 de cada mês, pelo Gerente de Risco, de um relatório contendo planilha de resultados e enquadramentos à Política Financeira, elaborado com base nas operações concluídas até o final do mês anterior". "Adotava-se ainda, como forma adicional de controle, a elaboração, até o dia 20 de cada mês, de uma apresentação com diversas informações de controle dos negócios concluídos até o final do mês anterior". "Tomei conhecimento do desenquadramento quando os bancos começaram a chamar margens de garantia acima do normal e com intensidade". "O Coordenador de Captação de Recursos me procurou pessoalmente para informar a necessidade de levantamento de recursos para depositar as referidas margens junto aos bancos. Não me lembro com exatidão da data, mas foi entre os dias 03 e 05 de setembro de 2008 (...) procurei imediatamente esclarecimentos junto ao Gerente Financeiro e ao Gerente de Risco (...) só então tomei conhecimento do desenquadramento das operações". "Esclarecida a questão, imediatamente determinei a toda equipe a realização de operações com o objetivo de enquadrar os negócios aos limites estabelecidos na Política Financeira e passei a me envolver pessoalmente nos esforços para enquadrá-los e recompor o caixa da Sadia". "Na reunião do Comitê de Finanças do dia 01.09.08 não cuidei de discutir os resultados dos negócios concluídos até o fim do mês anterior (agosto) porque, além de não ser item da pauta da reunião, ainda não havia tomado conhecimento do problema e nem mesmo havia recebido o relatório previsto na Política Financeira, o qual deveria me ser entregue entre os dias 10 e 15 do mês subseqüente". "Desde o início de 2008 (...) identifiquei melhorias a serem adotadas, as quais, depois de discutidas, ensejaram proposta de alteração da Política Financeira e dos sistemas de controle de riscos (...) proposta essa encaminhada para aprovação do Comitê de Finanças. As alterações propostas estavam em análise desde ao menos abril de 2008". "Por problemas de agenda dos membros do referido Comitê, ficamos sem reunião de maio até setembro, de sorte que apenas na reunião de 01/09 a proposta de alteração encaminhada pela Diretoria Financeira pôde ser aprovada para encaminhamento ao Conselho".

O empresário Roberto Faldini, um dos ex-controladores da Metal Leve, era um dos alvos mais visíveis da investigação. Faldini participava dos comitês de auditoria e de finanças da Sadia, o que podia lhe render complicações extras. Ele, porém, qualifica a crise dos derivativos de "erro perfeito" e diz que o conselho foi atropelado pelos fatos. "Tudo deu errado ao mesmo tempo, e as consequências foram sérias para os acionistas e administradores. Estamos sendo analisados pela CVM e enfrentamos esta realidade", afirma.

Conforme comenta Alexandre Teixeira, "a leitura deste caso na comunidade dos membros de conselho de administração é uma mistura de surpresa pelo cochilo dos colegas e a percepção renovada da existência de riscos no exercício da função de conselheiro. O espírito de corpo impede esses profissionais de comentarem publicamente o assunto. Mas ficou, sim, a impressão de que o conselho da Sadia foi negligente ou, na melhor das hipóteses, ingênuo. "Ou bobeou ou não fez o que devia", diz um experiente conselheiro de empresas".

Faldini respondia aos críticos: "Tínhamos regras claras quanto ao que podia ser feito, com limites [à exposição a riscos cambiais no mercado de futuros]". Segundo ele, até agosto de 2008 não havia operação com derivativos fora do teto estabelecido. Mas, no fatídico mês de setembro, quando a quebra do banco Lehman Brothers nos Estados Unidos provocou uma onda global de pânico, o então diretor financeiro da companhia, Adriano Ferreira, teria ultrapassado esses limites sem comunicar seus superiores. "A coisa toda explodiu em oito dias, e não tínhamos muito o que fazer", diz Faldini. "Estou junto com meus colegas de conselho e não posso negar a minha responsabilidade. Estourou uma bomba no nosso colo." Sua versão dos acontecimentos ecoa no relatório da OCDE sobre as falhas dos sistemas de administração de riscos durante a crise bancária americana: "A informação sobre a exposição [a riscos], em vários casos não alcançou o conselho de administração e nem mesmo os altos níveis da gestão".

"Nossos conselhos não cumprem muitos de seus papéis", afirma Sandra, consultora especialista em governança corporativa. Do mais básico, que é participar da definição das estratégias da empresa, ao mais crítico – monitorar o desempenho da companhia e dos gestores. Segundo ela, não é raro empresas listadas na bolsa cumprirem apenas o mínimo indispensável: quatro reuniões de conselho por ano, de três horas cada uma. Inclusive no Novo Mercado. Por isso, muitos conselheiros não têm consciência do tempo que teriam de dedicar à atividade para exercer seus cargos para valer. Discute-se, por exemplo, a presença de notáveis em conselhos de várias companhias de capital aberto. Como o ex-ministro Maílson da Nóbrega, que chegou a ter assento em dez conselhos e tornou-se alvo de críticas de seus pares, em geral longe dos microfones. "Se o sujeito dá 18 palestras por mês, não dá para participar de dez conselhos, por mais que ele vá às reuniões e fale coisas inteligentes", diz um empresário paulista que ocupa, ele próprio, cargo em vários colegiados.

De acordo com o código de melhores práticas do IBGC, o ideal é que um conselheiro participe de, no máximo, cinco conselhos – se não tiver outras atividades profissionais. Há um atrativo financeiro relevante para ocupar-se várias cadeiras. A recomendação do instituto é que o conselheiro tenha remuneração por hora similar à do CEO da empresa. Na prática, o salário costuma girar em torno de R$ 15 mil em empresas de grande porte listadas na bolsa. A maioria paga menos, mas a soma de vários salários resulta em rendimentos polpudos. Um conselheiro com assento em cinco empresas, que lhe paguem, em média, R$ 10 mil mensais, recebe R$ 50 mil por seus trabalhos. Tratar o cargo de conselheiro como profissão, no entanto, pode ser limitador. Um conselheiro independente precisa sentir-se livre para, a qualquer momento, fazer perguntas ou ponderações inconvenientes a controladores e gestores da companhia. Se depende dos pagamentos, talvez hesite em dizer o que precisa ser dito nos momentos críticos.

Operações com derivativos

As operações financeiras com derivativos praticadas pela Sadia eram conhecidas como "operações com derivativos "2x1".

O relatório da BDO Trevisan, elaborado em razão da deliberação da AGE da Sadia, apresentou considerações sobre as operações com derivativos realizadas pela Sadia. Explicava a operação da seguinte forma: "a Sadia, na condição de grande exportadora, tem necessidade de proteger sua receita em moeda estrangeira contra variações cambiais. A proteção cambial pode ser realizada por meio da contratação de derivativos, que possibilitam cobertura do valor da exposição ao risco cambial. Com relação às operações "2x1", em condições normais de mercado, estas poderiam ser consideradas como uma forma de estrutura para realização de hedge, desde que o preço do ativo objetivo, no mercado à vista, apresentasse oscilação dentro de limites representados pelo "Cap" e "Floor". No caso, a contratação da Sadia dos derivativos, face a suas características, não propiciaram a devida proteção esperada como resultado de hedge."

Conforme o relatório da comissão de inquérito coordenada pela Sadia para apuração de desvios, as operações 2x1 contratadas só ofereceriam proteção à Sadia contra variações do câmbio dentro de uma banda pré-definida, sendo que fora desses limites "a proteção desaparecia, o que, por conseqüência, impediria que tal tipo de operação fosse considerado como hedge".

Como a proteção proporcionada por esse tipo de operação 2x1 limitava-se a uma banda cambial, eventuais perdas cambiais com os ativos e receitas da Sadia eram protegidas apenas parcialmente. Por outro lado, cada vez que o câmbio extrapolasse a banda contratual, a "proteção" se tornava prejuízo em dobro, sem qualquer limitação.

Sobre as operações em referência, Adriano Ferreira afirmou que "a operação 2x1 tinha um custo menor que uma operação plain Vanilla, vis-a-vis os cenários de mercado". "A operação 2x1 permitia ter preços de exercícios bastante superiores às cotações futuras do mercado (...) e a probabilidade de perda nos contratos 2x1 era mínima, cerca de 1%".

Por sua, Walter Fontana Filho, presidente do Conselho de Administração e membro do Comitê de Finanças da Sadia, declarou que conheceu com detalhes estas operações apenas após o evento descrito no Fato Relevante de 25.09.08 e que, no seu entendimento, "as operações 2X1 são operações especulativas", estando, por essa razão, desenquadradas da Política para hedge da Sadia.

Acerca do controle de tais operações, a CVM, durante o inquérito para apurar irregularidades praticadas pela Sadia, ouviu os membros da área financeira, que apresentaram as seguintes declarações:

(i) Adriano Ferreira (Diretor Financeiro): "o controle era feito pelo Gerente de Risco utilizando como base o sistema *risk control*; a partir do sistema, colocava todos os dados de risco e controle em planilha de excel e encaminhava diariamente para os Gerentes de Tesouraria e Financeiro"; recebia tais relatórios quando solicitava e, mensalmente, quando lhe era encaminhado "um relatório de risco e outros que o subsidiavam na gestão e nas apresentações que deveria fazer aos Comitês e aos Conselhos";

(ii) Álvaro Ballejo (Gerente Financeiro): "a Gerência de Risco fazia o controle oficial, além de um controle realizado por um funcionário da Gerência de Tesouraria, Felipe Soares"; que, "além do relatório gerencial era feito um relatório baseado em software da *risk control* no qual eram lançadas todas as operações, apresentando como resultado todas as exposições da empresa, considerados cenários de *stress test* e diferentes valores de VaR"; e

(iii) Bruno Tsuji (Gerente de Risco): acerca do sistema *risk control*, afirmou que "para incluir as operações no sistema ele tinha que decompô-las nos derivativos que as compunham e também nos diversos vencimentos, para que o sistema refletisse os riscos reais das operações, pois o sistema não era parametrizado para operações *target forward*; que, antes de sua chegada à área de risco, as operações 2x1 eram lançadas como NDF, o que distorcia a mensuração dos riscos". Acrescentou que o acompanhamento das operações 2x1 "era através do *currency book*, onde havia o registro detalhado de cada operação, era descrito o tamanho da exposição, considerada a posição consolidada, e era possível ser feito o teste da posição considerando diversos cenários, a partir de variáveis atribuídas por cada usuário da planilha e era possível projetar os resultados"; e que "as variáveis utilizadas nos diversos cenários não constavam da Política Financeira."

Política Financeira

Ao contrário de seus principais concorrente ou empresas do mesmo porte, a Sadia apresentava uma Política Financeira bastante robustas. As principais responsabilidades definidas pela Política Financeira eram:

(i) "Comitê Financeiro do CA" – "Sugestão ao Conselho para validação de estratégias e políticas para operação descritos neste documento e acompanhamento de resultados.";

(ii) "Comitê Financeiro e Investimentos da Diretoria de Finanças" – "Sugestão ao Comitê Financeiro do Conselho de Administração, do desenvolvimento de estratégias, aprovação de limites e alçadas de contratação, definição de limites operacionais e análise de resultados. Participantes: Walter Fontana, Joel Rosa, Marcelo Canguçu, Adriano Ferreira e Álvaro Castro.";

(iii) "Comitê de Risco – Gerência Financeira e Risco, CCV" (Concórdia Corretora de Valores) – "Desenvolvimento e aplicação de estratégias, identificação e acompanhamento das fontes de risco, gestão e monitoramento de resultado. Participantes: Adriano Ferreira, Álvaro Castro, Joel Rosa, Ricardo Martins e Rogério Bissoli";

(iv) "Tesouraria da Sadia e CCV" – "Operacionalização das estratégias, acompanhamento das necessidades de caixa, análise e desenvolvimento de estruturas financeiras."; e

(v) "Comitê de Investimento e de Risco da Sadia e CCV" – "Validação de estratégias e políticas de investimento financeiro. Participantes: Joel Rosa, Marcelo Canguçu, Ricardo Gattai, Adriano Ferreira e Álvaro Castro."

No decorrente das investigações da CVM, Adriano Ferreira declarou que "participava como convidado dos Comitês de Finanças, de Auditoria e de Estratégia; que a nível de diretoria, era coordenador do Comitê Executivo da Corretora, do Comitê de Risco da Sadia, além de fazer parte do Comitê de Investimento da Corretora, cujas reuniões funcionavam juntamente com as do Comitê Executivo da Corretora; que havia um outro Comitê da Sadia, descrito na política financeira, que não se recorda ao certo o nome preciso, algo como Comitê de Investimentos e Finanças, comitê esse que nunca existiu na prática". Já Álvaro Ballejo declarou não fazer parte de nenhum dos comitês, apesar de constar como membro do "Comitê Financeiro e Investimentos da Diretoria de Finanças", do "Comitê de Risco – Gerência Financeira e Risco, CCV" e do "Comitê de Investimento e de Risco da Sadia e CCV". Bruno Tsuji, por sua vez, informou que o "Comitê de Risco – Gerência Financeira e Risco" não existia.

Sobre a detecção de situações que configurassem o desenquadramento das previsões contidas na Política Financeira, apurou-se que alguns funcionários da área financeira da Sadia – Bruno Tsuji, Álvaro Ballejo e Daniel Azevedo – se comunicaram por e-mail, em 19/08/08, da seguinte maneira:

De: Bruno Tsuji

Para: Álvaro Ballejo e Daniel Azevedo

"Estamos bastante desenquadrados com relação a exposição de USD/BRL para 12 meses dado a subida da curva e da Vol da última semana. Conforme a Política, podemos ter como exposição até 50% da Geração Operacional Líquida (que hoje está em aprox USD 720MM). Estamos com quase USD 1,2 bi. A preocupação é do dólar continuar subindo junto com a vol, ..dado que as probabilidades de dobrar as posições aumentam e as chances de KO se postergam,...aumentando ainda mais o desenquadramento."

De: Álvaro Ballejo

Para: Bruno Tsuji e Daniel Azevedo

"Ok, mas a Cia diz que vai dobrar o faturamento (o que não consta no PO). Temos ver que este cenário pode ser passageiro e que a curva já andou mais de dois desvios em relação ao fechamento do mes passado. Eh hora de ter calma e não desfazer nada (talvez aumentar!!). Nway...Daniel veja como estão as calls."

De: Bruno Tsuji

Para: Álvaro Ballejo e Daniel Azevedo

"Ok e concordo. fico só preocupado com relação ao desenquadramento, uma vez que é apresentado ao Comitê/Conselho."

ANEXOS | 337

De: Álvaro Ballejo

Para: Bruno Tsuji

"Eu falo c/ o Adriano (comitê sem. q. vem cancelado...só em setembro)."

Sobre as mensagens acima, Adriano Ferreira declarou que só veio a perceber a existência de problemas de desenquadramento em 03.09.08, quando notou que estavam sendo necessários recursos excessivos para atender às chamadas de margem necessárias à cobertura de posições com derivativos.

A CVM também indagou os membros do Conselho de Administração acerca da responsabilidade pelo acompanhamento dos controles de alçada para realização de operações financeiras. Para ilustrar as diferentes declarações prestadas, foi preparado o quadro abaixo reproduzido:

	Quem acompanhava se as operações financeiras contratadas estavam dentro da alçada do responsável								
	Comitê de Finanças	Diretoria Financeira	Gerência de Risco	Auditores Externos	Comitê de Auditoria	Auditores Internos	Controladoria	Presidente do Conselho	Conselho de Administração
Alcides Lopes Tápias				●		●	●		
Cassio Casseb Lima			●	●		●	●		
Diva Helena Furlan			●						
Eduardo Fontana d'Ávila			●						
Everaldo Nigro dos Santos				●		●	●		
Francisco Silverio M. Cespede			●						
José M. Konder Comparato								●	
Luiza H. Trajano I. Rodrigues			●						
Marcelo Fontana									
Norberto Fatio		●							
Roberto Faldini	●			●	●				●
Vicente Falconi Campos				●		●			
Walter Fontana Filho			●	●		●			

Marcelo Fontana não precisou área alguma, tendo citado um "sistema de informática".

Das declarações prestadas, consta, também, o apontamento da Gerência de Risco como responsável pelo acompanhamento das operações financeiras. No entanto, conforme observa a acusação, essa Gerência de Risco era diretamente subordinada à Diretoria Financeira, razão pela qual suas considerações não chegavam ao alcance do Conselho de Administração, "com o qual a Gerência de Risco não tinha ligação direta". Sobre a periodicidade das reuniões do Comitê Financeiro, não houve questionamento acerca do fato de o Comitê Financeiro não se reunir durante um terço do mandato, apesar de a Política Financeira prever sua atuação mensal no monitoramento da curva de tendência de cada fator de risco. A acusação indica, nesse sentido, que não foram relatadas quaisquer outras formas de atuação do Comitê Financeiro, com o objetivo de "desincumbir-se do mister para o qual foi criado".

As declarações dos Conselheiros indicavam ainda que, embora a Diretoria Financeira tivesse uma relação direta com o Conselho de Administração, inclusive em razão da alegada "relevância estratégica" de seus trabalhos, "o fato é que tal sistemática de reporte supostamente diferenciada acabou por se converter em instrumento que, na verdade, permitiu à Diretoria Financeira ficar submetida a controles bem menos efetivos do que as demais Diretorias". Por outro lado, a acusação concluiu que a maioria dos membros do Conselho de Administração esperava que a atuação da Diretoria Financeira fosse acompanhada diretamente pelo Presidente daquele órgão societário. Sobre esse ponto, o Presidente do Conselho de Administração, Walter Fontana, não reconheceu a atribuição específica de acompanhar a Diretoria Financeira. Adriano Ferreira, por sua vez, declarou que se reportava "para o Presidente do Conselho, Walter Fontana".

Conforme a acusação da CVM, não havia canais de comunicação entre a Gerência de Risco e o Comitê Financeiro, pois aquela Gerência reportava-se diretamente ao Diretor Financeiro. Dessa forma, a acusação indica que "a informação era gerada no âmbito da Diretoria Financeira e nela permanecia, não havendo instrumento de controle externo, embora a maioria dos Conselheiros assim o entendesse".

As investigações levaram a acusação a concluir que o sistema de controle de risco da Sadia – *risk control* –não estava preparado para o registro adequado das operações "2x1" e, consequentemente, não controlava efetivamente as alçadas nem os riscos das operações. Nesse sentido, verificou-se que diversas operações foram realizadas com valores superiores à alçada da Diretoria Executiva, conforme descrição do relatório da BDO Trevisan, que levou em consideração apenas valores por operação (e não a soma dos contratos por banco no mesmo dia ou a soma de todos os contratos realizados no dia com todos os bancos). A área técnica da CVM estava, então, pronta para formular a acusação contra os administradores da Sadia, que seria levada a julgamento pelo Colegiado daquela autarquia.

À época da investigação, contudo, empresas apontadas como referências de melhores práticas já colhiam os frutos das reformas iniciadas anos atrás por movimentos relacionados ao Novo Mercado e a atuação do IBGC. Mauro Bellini, recém-nomeado vice-presidente do conselho da Marcopolo, afirmava que, graças aos controles adotados na empresa, em especial seu comitê de auditoria, a companhia não estaria exposta ao tipo de crise que atingiu a Sadia. Como mais de um terço de suas receitas provinham de exportações, a Marcopolo precisava se proteger dos riscos de oscilações cambiais e fazia operações com derivativos rotineiramente. "Mas não com derivativos tóxicos", diz José Rubens de la Rosa, diretor-geral da companhia. As operações usuais na Marcopolo eram de proteção às vendas já efetuadas. Essas transações eram registradas em relatórios emitidos mensalmente pela área financeira e checados pela auditoria interna, que informa tanto De la Rosa quanto o conselho sobre as movimentações, que devem estar sempre associadas às vendas. "Portanto, não há especulação. Não compramos nem vendemos dólares sem cobertura."

Questões para reflexão:

1) Do que trata o caso Sadia?

2) Quem são os "stakeholders" representados no caso e quais são os seus interesses? Esses interesses são conflitantes?

3) O que levou ao problema descrito no caso? O resultado final poderia ter sido evitado? Como?

REFERÊNCIAS

ABBÀ, Giuseppe. *História crítica da filosofia moral*. São Paulo: Instituto Brasileiro de Filosofia e Ciência Ramon Llull, 2011.

_____. *Quale impostazione per la filosofia morale?* Roma: LAS, 1996.

ADORNO, Sérgio. *Os aprendizes do poder:* o bacharelismo imperial na política brasileira. Rio de Janeiro: Paz e Terra, 1988.

ADORNO, Theodor. *Educação e emancipação*. Rio de Janeiro: Paz e Terra, 2006.

_____; HORKHEIMER, Max. *Dialética do esclarecimento*. Rio de Janeiro: Jorge Zahar Editor, 1985.

AGOSTINHO. *A cidade de Deus*. São Paulo: Vozes, 2011.

_____. *Las confesiones*. Madrid: BAC, 1958.

ALBERTUNI, Carlos Alberto. *O conceito de sindérese na moral de Tomás de Aquino*. Tese (Doutorado em Filosofia) Unicamp, Campinas, 2006.

ALMEIDA, Frederico de. Ensinar direito para administrar a justiça. *Última instância*, UOL, 5 abr. 2013. Disponível em: <http://ultimainstancia.uol.com.br/conteudo/artigos/61844/ensinar+direito+para+administrar+a+justica.shtml>.

_____. Os cursos jurídicos e a educação republicana. *Última instância*, UOL, 21 nov. 2011. Disponível em: <http://ultimainstancia.uol.com.br/conteudo/artigos/53201/os+cursos+juridicos+e+a+educacao+republicana.shtml>.

AMBRÓSIO. *De officiis ministrorum*. Oxford: Oxford UK, 2002.

ANTISERI, Dario; REALE, Giovanni. *História da filosofia*. v. I, II e III. São Paulo: Paulus, 1991.

AQUINO, Tomás de. *A prudência*. São Paulo: Martins Fontes, 2005.

_____. *Opera Omnia*. v. XVIII. Paris: S. E. Fretté, 1976.

_____. *Suma Teológica*. v. I, II, V e VI. São Paulo: Loyola, 2005.

ARENDT, Hannah. *A condição humana*. Rio de Janeiro: Forense Universitária, 2002.

_____. *Entre o passado e o futuro*. São Paulo: Perspectiva, 2011.

ARISTÓTELES. *Da alma*. Lisboa: Almedina, 2001.

_____. *Ética a Nicômaco*. São Paulo: Atlas, 2009.

_____. *Metafísica*. Bauru: Edipro, 2006.

_____. *Política*. Madrid: Centro de Estudios Políticos y Constitucionales (CEPC), 2005.

_____. *Retórica*. Bauru: Edipro, 2011.

AUBENQUE, Pierre. *A prudência em Aristóteles*. São Paulo: Paulus, 2003.

BALMANT, Ocimara. Medicina e Direito USP debate reforma curricular dos cursos. *O Estado de São Paulo*, São Paulo, 30 abr. 2013.

BARZOTTO, Luis Fernando. *Filosofia do direito, os conceitos fundamentais e a tradição jusnaturalista*. Porto Alegre: Livraria do Advogado, 2010.

BASTOS, Aurélio Wander. *Criação dos cursos jurídicos no Brasil*. Brasília: CD-FCRB, 1977.

_____. *O ensino jurídico no Brasil*. Rio de Janeiro: Lumen Juris, 1998.

BITTAR, Eduardo C. B. *Estudos sobre o ensino jurídico*. São Paulo: Atlas, 2006.

BOTELHO, Afonso. *Da saudade ao saudosismo*. Lisboa: Instituto de Ciência e Língua Portuguesa, 1990.

BRASIL. Leis etc. *Collecção das leis do Imperio do Brazil de 1827*. Rio de Janeiro: Typographia Nacional, 1878.

CAMBI, Franco. *História da pedagogia*. São Paulo: Unesp, 1999.

CAMPOS PEDROSO, Antônio Carlos. Aplicação prudencial dos esquemas normativos. *Revista da Faculdade de Direito da Universidade de São Paulo*, São Paulo, Universidade de São Paulo, v. 93, 1998.

_____. Etapas do processo hermenêutico. *Revista Iustitia*, São Paulo, APMP, v. 156, 1991.

CARPEAUX, Otto Maria. *História da literatura ocidental*. v. I, II, III e IV. Brasília: Edições do Senado Federal, 2008.

CASTRO, Leticia de. USP guarda 160 mil livros amontoados em caixas há 2 meses. *Folha de São Paulo*, Cotidiano, 27 mar. 2010. Disponível em: <http://cadeabiblioteca.wordpress.com/2010/03/29/usp-guarda-160-mil-livros-amontoados-em-caixas-ha-2-meses/>.

CÍCERO, Marcus Tullius. *De Officiis*. Lisboa: Edições 70, 2000.

_____. *Do orador*. Porto: Res Jurídica, 2010.

_____. *La invención retórica*. Madrid: Editorial Gredos, 1997.

CIFUENTES, Carlos L. Aprendizage de la ciencia e de la prudencia. In: *Pensamiento y Cultura*, Cundinamarca, UAEMEX, v. 8, 2005.

COELHO, Mario; SARDINA, Edson. OAB critica "recorde" do Brasil em cursos de Direito. *Congresso em Foco*, UOL, 22 jan. 2014. Disponível em: <http://congressoemfoco.uol. com.br/noticias/brasil-recordista-de-cursos-de-direito-no-mundo/>.

COING, Helmut. *Elementos fundamentais da filosofia do direito*: Grundzüge der Rechtsphilosophie. Porto Alegre: Sergio Antonio Fabris Editor, 2002.

COUTO, Mônica; SANCHES, Samira; SILVEIRA, Vladmir. *Educação jurídica*. São Paulo: Saraiva, 2013.

CUETO RUA, Julio C. El Buen Professor de Derecho. *La Ley - Revista Jurídica Española de Doctrina*, Jurisprudencia y Bibliografia, Madrid, Collado Mediano, 2009.

D'ORS, Xavier. *Antología de textos jurídicos de Roma*. Madrid: Ediciones Akal, 2001.

ENGISCH, Karl. *Introdución al pensamento jurídico*. Madrid: Guadarrama, 1977.

ENSINAR Direito. Editorial. *Folha de São Paulo*, São Paulo, 18 mar. 2013.

ENSINO Jurídico na berlinda. *Jornal do Advogado da OAB-SP*, São Paulo, abr. 2013.

EPICURO. *Carta sobre a felicidade a Meceneu*. São Paulo: Unesp, 1999.

EPSTEIN, William. The Classical Tradition of Dialectics and American Legal Education. *Journal of Legal Education*, New Jersey, 1982.

FERNÁNDEZ, Aurelio. *Compendio de teologia moral*. Madrid: Palabra, 2002.

FERRAZ JUNIOR, Tercio Sampaio. *Introdução ao estudo do direito*. São Paulo: Atlas, 1991.

FERREIRA DA CUNHA, Paulo. *Iniciação à metodologia jurídica*. Coimbra: Almedina, 2009.

_____. *Pensar o direito*. v. I e II. Coimbra: Almedina, 1991.

_____. *Síntese de filosofia do direito*. Coimbra: Almedina, 2009.

_____; DIP, Ricardo. *Propedêutica Jurídica, uma Perspectiva Jusnaturalista*. Campinas: Editora Millennium, 2001.

FÓRUM da Esquerda. As Bibliotecas e o Ministério Público Federal. *Cadê a biblioteca?*, 26 mar. 2010. Disponível em: <http://cadeabiblioteca.wordpress.com/2010/03/29/as-bibliotecas-e-o-ministerio-publico-federal/>.

FRANCO, Afonso A. de Mello. *Curso de direito constitucional brasileiro*. Rio de Janeiro: Forense, 1958.

FRANKL, Victor. *Psicoterapia e sentido da vida*: Fundamentos da Logoterapia e Análise Existencial. Ed. Quadrante: São Paulo, 1989.

GADAMER, Hans-Georg. *Hermeneutik als praktische Philosophie*. Freiburg: Rombach, 1972.

_____. *Verdad y método*. v. II. Salamanca: Sígueme, 1994.

GAIO. *Institutas*. Buenos Aires: Abeledo Perrot, 1993.

GARCÍA GARRIDO, Manuel Jesús. *Responsa, casos prácticos de derecho romano planteados y resueltos*. Madrid: Ediciones Académicas, 2003.

GARCIA HOZ, Victor. *Pedagogia visível, educação invisível*. São Paulo: Editora Nerman, 1988.

GAUTHIER, René-Antoine. *Introdução à moral de Aristóteles*. Lisboa: Publicações Europa--América, 1992.

_____. *La Morale d'Aristote*. Paris: Presses Universitaires de France (PUF), 1973.

_____; JOLIF, Jean Yves. *L'Éthique à Nicomaque. Introduction, Traduction et Commentaire*. v. I, II e III. Louvain: Publications Universitaires de Louvain, 2002.

GILLISEN, John. *Introdução histórica ao direito*. Lisboa: Fundação Calouste Gulbenkian, 1986.

GILSON, Étienne. *A filosofia na Idade Média*. São Paulo: Martins Fontes, 2007.

GHIRARDI, Olsen. *Lecciones de lógica del derecho*. Córdoba: Universidad Nacional de Córdoba, 1982.

GOERGEN, Pedro; NUNES, César. Ética e educação: reflexões filosóficas e históricas. Campinas: Autores Associados, 2005.

GUARDINI, Romano. *Ética: lecciones en la Universidad de Munich*. Madrid: BAC, 2000.

HÄRING, Bernhardt. *Moral Personalista*. São Paulo: Paulinas, 1974.

HEIDEGGER, Martin. *Essere e tempo*. Milano: Bocca, 1953.

HERÁCLITO. *Fragmentos contextualizados*. São Paulo: Odysseus, 2012.

HERVADA, Javier. *Crítica introdutória ao direito natural*. Porto: Res Jurídica, 2004.

_____. *Lições propedêuticas de filosofia do direito*. São Paulo: Martins Fontes, 2008.

_____. *O que é o Direito? A Moderna Resposta do Realismo Jurídico*. São Paulo: Martins Fontes, 2006.

HESSE, Konrad. *Grundzüge des Verfassungrechts der Bundesrepublik Deutschland*. Heidelberg: Müller, 1988.

HOBBES, Thomas. *De Cive*. London, 2000 [1651]. Disponível em: <http://www.unilibrary.com/ebooks/Hobbes,%20Thomas%20-%20De%20Cive.pdf>.

HOLMES, Oliver Wendell. *Book Notices and a Review of Christopher Columbus Langdell, Summary of the Law of Contracts and WR Anson, Principles of the Law of Contract*. Boston: American Law Review 14, 1880.

HOMERO. *Ilíada*. São Paulo: Penguin Companhia, 2013.

_____. *Odisseia*. São Paulo: Penguin Companhia, 2011.

IHERING, Rudolf Von. *L'Ésprit du Droit Romain dans les Diverses Phases de son Développement*. Paris: Antoine Maresq, 1877.

IRWIN, Terence Henry. The Metaphysical and Psychological Basis of Aristotle's Ethics. In: *Essays on Aristotle Ethics*. Berkeley-California: University of California Press, 1980.

ISIDORO DE SEVILHA. *Etimologias*. Madrid: BAC, 2009.

JAEGER, W. *Paideia, a formação do homem grego*. São Paulo: Martins Fontes, 2003.

JOÃO PAULO II. Encíclicas. *Acidigital*, Documentos. Disponível em: <http://www.acidigi tal.com/Documentos/enciclicas.htm>.

KALINOWSKI, Georges. *Philosophie et Logique d'Interprétation en Droit*. n. XVII. Paris: Archives de Philosophie du Droit, 1972.

_____. *Sémiotique et philosophie*. Paris: Hadès-Benjamins, 1984.

KANT, Immanuel. *Eine Vorlesung über Ethik*. Berlin: Paul Menzer, 1945.

_____. *Metafísica dos costumes*. Bauru: Edipro, 2008.

KÄSER, Max. *Sur la Méthode des Jurisconsultes Romains*. v. 4. Rio de Janeiro: *Romanitas*, 1962.

KAUFMANN, Arthur. *Gesetz und Recht*. Frankfurt: Athenäum, 1972.

KELSEN, Hans. *Justicia y derecho natural*. Madrid: Castelhana, 1966.

_____. *Teoria geral do direito e do Estado*. São Paulo: Martins Fontes, 1990.

_____. *Teoria pura do direito*. Coimbra: Almedina, 1984.

LAMAS, Félix Adolfo. *La experiencia jurídica*. Buenos Aires: I.E.F. Tomás de Aquino, 1991.

LANGDELL, Christopher C. *A Selection of Cases on the Law on Contracts*. Boston: Little, Brown and Co., 1871.

LAVILLA RUBIRA, Juan José. Sobre el Case-Method para la enseñanza del derecho: La Experiencia de la Harvard Law School. *Revista de Administración Pública*, Madrid: Centro de Estudios Políticos y Constitucionales (CEPC), v. 117, 1988.

LAURENT, François. *Cours élémentaire de droit civil*. Bruxelles: Bruylant-Christophe, 1881.

LOMBARDI, José Claudinei; SAVIANI, Dermeval; SANFELICE, José Luís. *Capitalismo, trabalho e educação*. Campinas: Autores Associados, 2005.

MACHADO NETO, Antônio Luis. *História das ideias jurídicas no Brasil*. São Paulo: USP, 1969.

MACINTYRE, Alasdair. *Justiça de quem? Qual racionalidade?* Loyola: São Paulo, 1991.

MADEIRA, Hélcio. Carta do Professor Hélcio Madeira aos alunos da São Francisco. *Cadê a biblioteca?*, 29 mar. 2010. Disponível em: <http://cadeabiblioteca.wordpress.com/2010/03/29/carta-do-professor-helcio-madeira-aos-alunos-da-graduacao-e-da-pos-graduacao/>.

MANACORDA, Mario Alighiero. *História da educação, da antiguidade aos nossos dias.* São Paulo: Cortez Editora, 2010.

MARCHESE, Fabrizio. *A crise do ensino jurídico no Brasil e as possíveis contribuições da educação geral.* Dissertação (Mestrado em Educação). Campinas: Unicamp, 2006.

MARÍAS, Julián. *Antropologia metafísica.* São Paulo: Livraria Duas Cidades, 1971.

MARITAIN, Jacques. *Pour une philosophie de l'education.* Paris: Fayard, 1959.

_____. *Rumos da educação.* Rio de Janeiro: Agir, 1968.

MARROU, Henri-Irénée. *Histoire de l'education dans l'Antiquité.* Paris: Éditions du Seuil, 1998.

MARTÍNEZ DORAL, José María. *La estructura del conocimiento jurídico.* Pamplona: EUNSA, 1960.

MASSINI CORREAS, Carlos Ignacio. Hermenêutica Filosófica e Direito Natural: algumas considerações crítico-valorativas. *Quaestio Iuris*, Rio de Janeiro: Universidade do Estado do Rio de Janeiro (UERJ), n. 04/242, 2006.

_____. *La ley natural e su interpretación contemporánea.* Pamplona: EUNSA, 2006.

_____. *La prudencia jurídica*: Introducción a la gnoseología del derecho. Buenos Aires: Abeledo-Perrot, 2006.

MAZZITELLI, Fábio. USP recebe ultimato para zelar por livros. *Jornal da Tarde*, 27 mar. 2010. Disponível em: <http://cadeabiblioteca.wordpress.com/2010/03/29/usp-recebe-ultimato-para-zelar-por-livros/>.

MELO, Luiz José de Carvalho; CACHOEIRA, Visconde de. *Estatutos dos cursos jurídicos.* Rio de Janeiro: Instituto dos Advogados Brasileiros, 1977.

MERLEAU-PONTY, Maurice. *Phénoménologie de la perception.* Paris: Gallimard, 1945.

_____. *Signes.* Paris: Presses universitaires de France (PUF), 1960.

MONDIN, Batista. *O homem*: quem é ele? São Paulo: Paulus, 2008.

MONTESQUIEU, Charles Louis de. *O espírito das leis.* São Paulo: Martins Fontes, 2005.

MOREIRA ALVES, José Carlos. *Direito romano.* Rio de Janeiro: Forense, 2012.

MORRISON, W. *Filosofia do direito.* São Paulo: Martins Fontes, 2006.

NASCIMENTO, Carlos Arthur Ribeiro do. A prudência segundo Santo Tomás de Aquino. *Revista Síntese Nova Fase*, Belo Horizonte, v. 20, n. 62, 1993.

NÉRI, Felipe. MEC interrompe abertura de novos cursos de direito para mudar regras. *G1*, Educação, Brasília, 22 mar. 2013. Disponível em: <http://g1.globo.com/educacao/noticia/2013/03/mec-interrompe-abertura-de-novos-cursos-de-direito-para-mudar-regras.html>.

NEVES DA SILVA, Paulo. *Citações e pensamentos do Padre Antonio Vieira*. Alfragide: Casa das Letras, 2010.

OLLERO TASSARA, Andrés. *Hermenéutica jurídica y ontológica em Tomás de Aquino*. Roma: Atti del Congreso Internazionale Tommaso d'Aquino nel suo settimo centenário, 1974.

_____. *Interpretación del derecho y positivismo legalista*. Madrid: Edersa, 1982.

_____. *Tiene razón el derecho?* Madrid: Congreso de los Diputados, 2006.

OLLERO TASSARA, Andrés; RABBI-BALDI CABANILLAS, Renato. *Las razones del derecho natural*. Buenos Aires: Ábaco, 1998.

PALÁCIOS, Leopoldo Eulogio. *Filosofia del saber*. Madrid: Grecos, 1974.

PASCAL, Blaise. *Pensamentos*. São Paulo: Martin Claret, 2003.

PERELMAN, Chaïm. *Lógica jurídica*. São Paulo: Martins Fontes, 2004.

PIEPER, Josef. *Abertura para o Todo*: a Chance da Universidade. São Paulo: Apel, 1989. Disponível em: <http://www.hottopos.com.br/mirand9/abertu.htm>.

_____. *As virtudes fundamentais*. Lisboa: Aster, 1960.

PLATÃO. *A República*. Lisboa: Fundação Calouste Gulbenkian, 2008.

_____. *Cartas*. Madrid: Akal Ediciones, 1993.

_____. *Diálogos Completos*. Belém: Universidade Federal do Pará, 1980.

PROLIFERAÇÃO Indiscriminada. *Jornal do Advogado da OAB-SP*, São Paulo, abr. 2013.

RABBI-BALDI, Renato. *Los derechos individuales ante el Interés general*. Buenos Aires: Abaco, 1998.

RADBRUCH, Gustav. *Filosofia do direito*. Coimbra: Armênio Amado Editor, 1974.

RAWLS, John. *A Theory of Justice*. Cambridge-Massachusetts: Harvard University Press, 1971.

_____. *Justicia como equidad*. Madrid: Editorial Tecnos, 2012.

REALE, Miguel. *Filosofia do direito*. São Paulo: Saraiva, 1993.

RODRIGUES DO AMARAL, Antonio Carlos. Subsídios Filosóficos ao Ensino Jurídico: as Virtudes da Prudentia e da Iustitia e o "Método do Caso" aplicado à Disciplina de Direitos e Garantias Fundamentais. Tese (Doutorado em Educação). Universidade de São Paulo, São Paulo, 2007.

RODRÍGUEZ PUERTO, Manuel Jesús. Interpretación, derecho e ideología: La Aportación de la Hermenêutica Jurídica. *Colección Filosofía, Derecho y Sociedad*, Granada, Editorial Comares, 2011.

ROSS, Alf. *Sobre el derecho y la justicia*. Buenos Aires: Universidad de Buenos Aires, 1997.

ROUBIER, Paul. *Théorie Générale du Droit. Histoire des Doctrines Juridiques et Philosophie des Valeurs Sociales*. Paris: Dalloz, 1951.

SAN TIAGO DANTAS, Francisco Clementino. Educação Jurídica e a Crise Brasileira. *Revista Forense*, Rio de Janeiro, v. 159, a. 52, maio/jun. 1955.

SAVIANI, Dermeval. *História das ideias pedagógicas no Brasil*. Campinas: Autores Associados, 2008.

_____. *Pedagogia histórico-crítica*. Campinas: Autores Associados, 1991.

SCHELER, Max. *Vom Ewigen im Menschen*. Madrid: Encuentro, 2007.

SCHOPENHAUER, Arthur. *Fundamento de la moral*. Valencia: Castelhana, 2010.

SENA, Jorge de. *Poesia*. Lisboa: Moraes, 1977.

SHEPPARD, Steve. *The History of Legal Education in the United States*: Commentaries and Primary Sources. Pasadena: Salem Press, 2001.

SOAJE RAMOS, G. Filosofía oráctica, razón práctica y teleologia. *Ethos*, Buenos Aires, v. 23 e 25, 1997.

SÓFOCLES. *Antígona*. São Paulo: Topbooks, 2006.

SOUZA SANTOS, Boaventura. *Um discurso sobre as ciências*. Porto: Afrontamento, 1996.

STAMMLER, Rudolf. *Tratado de filosofía del derecho*. Madrid: Reus, 2008.

STANISCI, Carolina. Biblioteca de Direito-USP está inacessível para alunos. *O Estado de São Paulo*, São Paulo, 26 mar. 2010. Disponível em: <http://cadeabiblioteca.wordpress.com/2010/03/29/biblioteca-de-direito-usp-esta-inacessivel-para-alunos/>.

STEVENS, Robert. *Law School*: Legal Education in America from the 1850s to the 1990s. New Jersey: The Lawbook Exchange, 2001.

SUCHODOLSKI, Bogdan. *Pedagogia e a as grandes correntes filósoficas*: Pedagogia da essência e pedagogia da existência. Lisboa: Livros Horizonte, 1984.

TAGLIAVINI, João Virgílio (Org.). *A Superação do Positivismo no Ensino do Direito*: uma releitura de Kelsen que possibilita ir além de um positivismo restrito e já consagrado. Araraquara: Junqueira & Marin, 2008.

THOMSEN, D. *Techne als Metapher und als Begriff der sittlichen Einsicht*: Zum Verlältnis von Vernunft und Natur bei Platon und Aristoteles. Freiburg-München: Karl Alber, 1990.

TOLLER, Fernando. *Orígenes históricos de la educación jurídica con el método del caso*. Buenos Aires: El Derecho, 2005.

UTZ, Arthur. *Étique Sociale*: Philosophie du Droit. Suisse: Universitaires de Freibourg, 1967.

VERGER, Jacques; CHARLE, Christophe. *História das universidades*. São Paulo: Editora Unesp, 1996.

VERGNIÈRES, Solange. Éthique et Politique chez Aristote. Paris: Presses Universitaires de France (PUF), 1995.

VIEHWEG, Theodor. *Tópica y jurisprudencia*. Madrid: Taurus, 1986.

VIGO, Alejandro. La noción de principio desde el punto de vista filosófico: algunas reflexiones críticas. *Sapientia*, Buenos Aires, n. LIX-215, 2004.

VIGO, Rodolfo Luís. *Interpretação Jurídica*: do modelo juspositivista-legalista do Século XIX às Nossas Perspectivas. São Paulo: Ed. RT, 2010.

_____; ATIENZA, Manuel. *Código Iberoamericano de ética judicial*. Brasília: Conselho da Justiça Federal (CJF), 2008.

VILLAREAL PALOS, Arturo. Revalorización del Método de Casos en la Enseñanza del Derecho em Siglo XXI. In: *Memoria del 1º Congreso Internacional "Innovación Educativa y Retos de la Docencia Jurídica en el Siglo XXI"*. Ciudad del México Editora: Universidad Michoacana de San Nicolás de Hidalgo, 2007.

VILLEY, Michel. *Filosofia del derecho*. v. I e II. Pamplona: EUNSA, 1981.

VOLPI, Francesco. Ermeneutica e filosofia pratica. In: *Ars Interpretandi*. Padova: CEDAM, 2002.

WINDSCHEID, Bernhard. *Diritto dele pandette*. Milano: Giuffrè, 1970.

XENOFONTE. *Memorabilia*. La vergne: Lightning Source, 2007.

YARZA, Ignacio. *La racionalidad de la ética de Aristóteles*: un estudio sobre Ética a Nicómaco. Pamplona: EUNSA, 2001.

Este livro foi impresso pela Psi7 para a Edipro
em fonte Garamond Premier Pro sobre papel Offset 75 g/m^2.